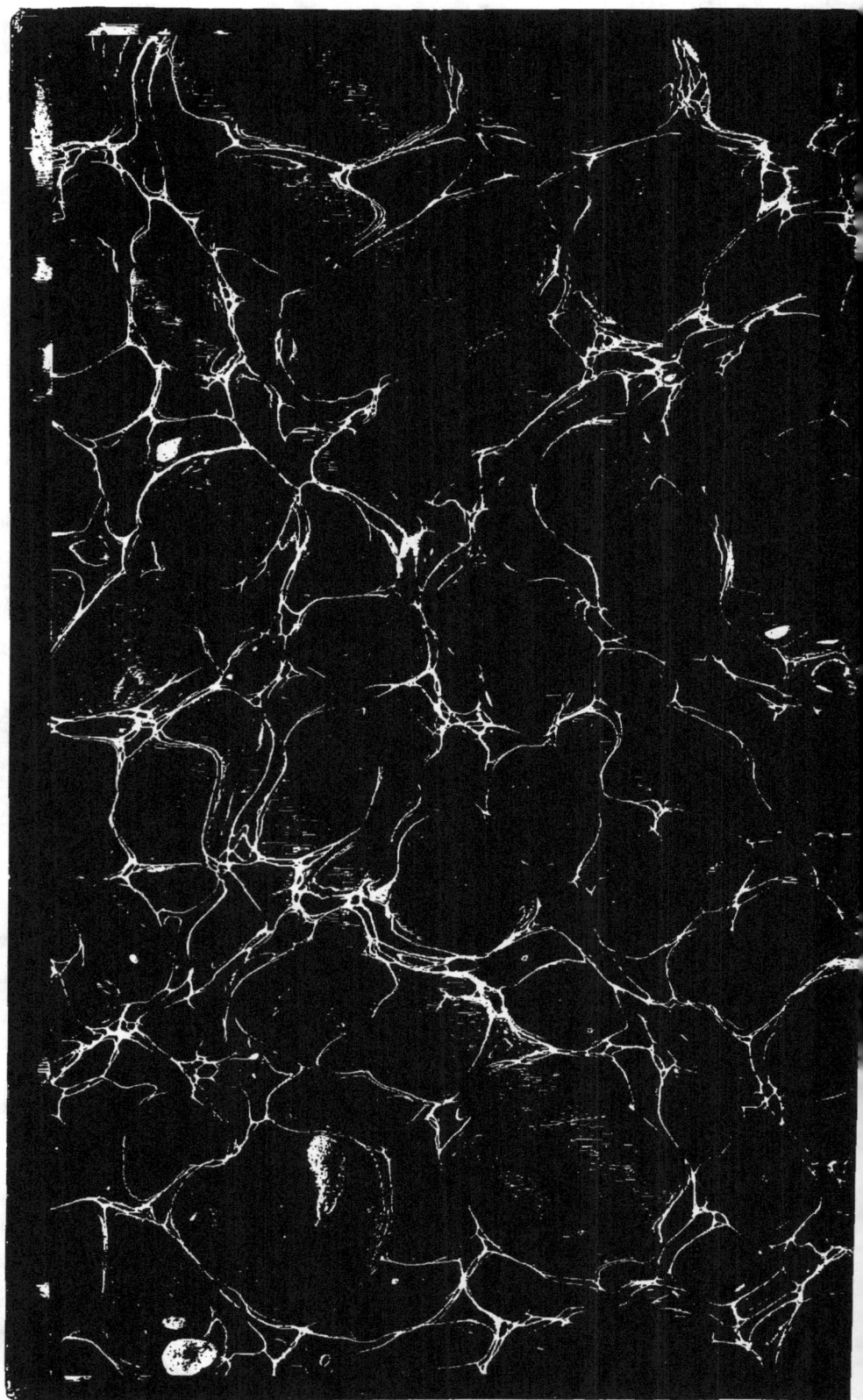

Г

HISTOIRE ABRÉGÉE

DE LA

LIBERTÉ INDIVIDUELLE

CHEZ

LES PRINCIPAUX PEUPLES ANCIENS ET MODERNES.

SE TROUVE AUSSI,

A AUXERRE,

Chez Mme GALLOT-FOURNIER, Libraire,

RUE CROIX-DE-PIERRE, N° 27.

AUXERRE, Imprimerie de Ed. PERRIQUET.

HISTOIRE ABRÉGÉE

DE LA

LIBERTÉ INDIVIDUELLE

CHEZ

LES PRINCIPAUX PEUPLES ANCIENS ET MODERNES,

PAR L. NIGON DE BERTY,

SUBSTITUT DU PROCUREUR DU ROI A AUXERRE.

> La Liberté individuelle est aussi
> nécessaire à la prospérité des États
> qu'au bien-être des Citoyens.

PARIS.

MOUTARDIER, LIBRAIRE-EDITEUR,

RUE DU PONT-DE-LODI, N° 8, PRÈS LA RUE DAUPHINE.

Mars 1834.

HISTOIRE ABRÉGÉE

DE LA

LIBERTÉ INDIVIDUELLE

CHEZ

LES PRINCIPAUX PEUPLES ANCIENS ET MODERNES.

INTRODUCTION.

La liberté individuelle peut être définie :
la faculté que le droit naturel accorde à chacun
de disposer, à son gré, de sa personne et de ses
actions, en se conformant aux lois du pays qu'il
habite. Elle est la première et la plus précieuse
de toutes les libertés ; rien ne peut la remplacer ni suppléer à sa perte. Vainement, en son
absence, la presse ferait entendre une voix

I

indépendante; que me sert le droit de publier mes pensées, si la main, qui les transcrit, est chargée de fers, ou si la franchise de mes opinions me fait ravir la propriété de ma personne ?

La liberté individuelle est, dans un pays, la plus forte garantie du bien-être des citoyens; tranquille sous son égide, chacun se livre sans crainte à ses travaux comme à ses plaisirs; le pauvre bénit la loi qui protège sa faiblesse; la vertu goûte en paix une félicité sans nuage; le crime seul est inquiet; seul il redoute le glaive vengeur de la justice.

Sous la féconde influence de cette liberté, l'industrie se développe, le commerce s'agrandit, la littérature et les beaux-arts jettent un plus vif éclat; l'histoire publie ses salutaires enseignemens; les magistrats, zélés défenseurs de chaque citoyen, marchent environnés de la considération et de la reconnaissance universelles; et l'autorité, désormais à l'abri des plaintes que multipliait l'arbitraire, s'assure l'amour et le respect des peuples.

Ainsi la liberté individuelle, qui ne parait destinée qu'au bonheur des particuliers, devient pour les Etats un élément de prospérité. Si quelquefois elle entrave l'exercice du pouvoir, par une heureuse compensation elle en prévient les abus, et lui imprime toute la force, toute la dignité de la modération.

Cette liberté se lie, dans la pratique, à toutes les institutions d'un pays, de sorte que, pour en compléter l'histoire, il faudrait écrire l'histoire constitutionnelle de chaque nation. Notre intention n'est pas de suivre un plan aussi vaste; nous voulons seulement tracer un essai historique, c'est-à-dire, examiner rapidement les principales causes qui ont influé sur l'usage de la liberté individuelle.

La première de ces causes est la nature du gouvernement. Lorsque la puissance du chef se trouve circonscrite par la constitution dans de justes limites, que le peuple choisit lui-même ses représentans, qu'il participe ainsi à la confection des lois et au vote des impôts, les intérêts et les droits de tous sont respectés; car la liberté politique. fut, dans tous les siècles, la meilleure sauve-garde de la liberté privée (1). Mais si le souverain, sans cesse le sabre à la main, fait peser sur ses sujets un joug de fer, ou si, du fond de son palais, il peut, sans frein et sans contrôle, imposer sa volonté; la fortune, la sureté, la vie même des habitans de

_____

(1) *Jus privatum latet sub tutelâ juris publici*, a dit Bacon.

ses États, tout est soumis à son moindre caprice ;
ils gémissent opprimés, soit par le monarque
lui-même, soit par ses délégués. Un bon roi
n'est plus alors, suivant l'ingénieuse expression
de l'empereur Alexandre, *qu'un heureux accident*(1). Aussi la liberté individuelle demeure
presque toujours inconnue sous les gouvernemens militaires et despotiques qui ne devront
pas fixer long-tems notre attention. Elle existe
souvent de fait dans les royaumes où le gouvernement est tempéré, mais ce n'est véritablement que dans les gouvernemens constitutionnels ou démocratiques qu'elle peut rencontrer
les garanties nécessaires à sa conservation.

Montesquieu l'a dit avec raison : De la bonté
des lois criminelles dépend la liberté du citoyen (2). Sont-elles vagues, obscures, dictées par la crainte ou l'ambition ? ses droits les
plus chers restent à la merci d'un arbitraire
d'autant plus effrayant qu'il se cache sous des
formes légales. Si, au contraire, elles ont été
rédigées dans un esprit de justice et d'huma-

(1) Mme de Stael rapporte ce mot d'Alexandre dans
son ouvrage sur l'Allemagne.

(2) Liv. XII, chap. 2 de l'Esprit des lois. Dans ce
même chapitre, Montesquieu ajoute ces mots d'une
profonde vérité : *Quand l'innocence des citoyens n'est
pas assurée, la liberté ne l'est pas non plus.*

nité, elles protègent chaque homme, quel qu'il soit, contre les excès du pouvoir et contre les attaques du crime, assurent à l'innocence calomniée les moyens de présenter sa prompte justification, proportionnent les peines à la gravité des délits, veillent enfin au maintien de l'ordre public, sans lequel il n'est pas, il ne peut même exister de liberté individuelle.

Mais il ne suffit pas de trouver dans les archives des nations des lois plus ou moins parfaites; il faut encore vérifier si elles sont loyalement et scrupuleusement observées; c'est l'exécution qui leur donne la vie; c'est donc elle seule qui peut attester leur utilité. Impossible de découvrir la vérité sur ce point sans s'éclairer du flambeau de l'histoire. Le légiste qui, loin d'ouvrir les annales de la révolution française, se bornerait à lire les articles 9 et 10 de la constitution de 93, si favorables à la liberté individuelle, dans quelle erreur ne tomberait-il pas? Fut-il jamais un tems où le fait l'emporta plus sur le droit! Tems déplorable dont le seul souvenir interdit maintenant encore à de vénérables vieillards l'amour de la liberté!

Souvent aussi le caractère, l'esprit, les coutumes d'un peuple modifient l'application des lois; la jurisprudence corrige ce qu'elles ont de défectueux, adoucit ce qu'elles ont de trop sévère; rarement elles résistent à la puissance de l'opinion publique.

L'état des mœurs réagit sans aucun doute sur la liberté individuelle; simples et pures, elles élèvent l'âme, elles la fortifient, elles lui communiquent cette indépendance, cette énergie que les séductions du pouvoir ou du luxe ne peuvent ébranler. *Semez la frugalité*, disait Agésilas, *et vous recueillerez la liberté*. Dès que la corruption infecte les cœurs de son funeste venin, tout s'énerve, tout s'abâtardit; l'homme, affamé de plaisirs et de repos, ne songe qu'à satisfaire à tout prix les besoins qui l'accablent, et la liberté, dont la brillante image charme encore ses yeux, n'est plus alors exploitée que comme un instrument de déception.

Toutefois la religion exerce sur la destinée des peuples un empire encore plus marqué; tantôt elle contribue à leur oppression, en réunissant dans les mains des sultans l'autorité spirituelle et temporelle; tantôt elle améliore leur sort en opposant aux rois ses préceptes et ses ministres. Chez les payens, elle tolérait la servitude; chez les sauvages, elle immole des victimes humaines. Dans l'histoire moderne, partout où règnent le mahométisme et l'idolâtrie, les hommes condamnés à l'ignorance, leurs

compagnes réduites à une dépendance perpétuelle, languissent abrutis sous le poids d'une
domination tyrannique. Honneur au christianisme! il a détruit l'esclavage, proclamé l'é-
galité, et, réparant les longues injustices de
l'homme, il a rendu à la femme le rang qui lui
appartient dans la société; mais dénaturé par
les passions, il n'a que trop souvent servi de
prétexte aux tortures de l'inquisition, et de
voile aux vengeances de l'hypocrisie.

Enfin il existe dans presque toutes les lois
civiles un droit qui porte atteinte à la liberté
individuelle, c'est la contrainte par corps;
elle arrache un débiteur à ses affaires et à sa
famille, le plonge dans une prison et l'y retient captif plusieurs années pour le forcer à
remplir ses engagemens; elle hypothèque la
liberté comme un arpent de terre, et la jette
pour de modiques sommes dans le commerce.
Cependant la plupart des législateurs ont pensé
que ce grand sacrifice était dû à l'intérêt non
moins sacré de la propriété; seulement ils y ont
apporté des restrictions plus ou moins philantropiques selon les principes qui les dirigeaient.
Il importera donc de rechercher comment les
lois, qui ont autorisé l'exercice de la contrainte
par corps, en ont atténué la rigueur.

Ainsi la constitution de chaque peuple, son

gouvernement, sa législation criminelle et civile, son caractère, ses mœurs, sa religion,
telles sont les causes dont nous essaierons de
déterminer les effets sur la liberté individuelle (1).

Nous ne croyons devoir nous occuper que
des principaux peuples qui ont brillé sur la
terre; quant aux autres, leurs lois sont tellement incomplètes, les documens transmis sur
leurs institutions si incertains, qu'il serait difficile de ne point hasarder des conjectures.

Jusqu'à ce jour, les habiles jurisconsultes (2)
qui ont traité cette matière, se sont contentés
d'établir les droits et les devoirs des fonction-

(1) En voulant examiner tant de points si importans
chez chaque peuple, nous savons que nous nous exposons à la double critique d'être trop long ou trop court;
nous répondrons à la première : La liberté individuelle
dépend de tant de causes et d'institutions, que notre
travail serait fort incomplet si nous n'indiquions pas au
moins les principales; nous dirons à ceux qui nous ac-
cuseraient d'être superficiel : N'oubliez pas que nous
n'avons promis de faire *qu'une Histoire abrégée.*

(2) *V.* le Traité de la Liberté individuelle de Me *Coffinières,* la Liberté individuelle des pauvres gens de
M. *De Molènes,* le Code de la Liberté individuelle de
Me *Franque,* le Chapitre de M. *Dalloz* sur cette matière dans sa Jurisprudence générale du royaume, 28e
livraison, etc. etc.

naires et des citoyens; nous venons aujourd'hui envisager la liberté individuelle sous un point de vue plus étendu ; notre but est de constater, de prouver par des faits sa puissante influence, et sur le bonheur des citoyens, et sur la prospérité des Etats. Nous déduirons les importantes conséquences de ces faits dans un dernier chapitre, résumé de tout notre travail.

La situation actuelle de la France donnera peut-être à cet écrit un nouveau degré d'utilité. Dans les tems calmes où les partis semblent avoir replié leurs drapeaux, la liberté individuelle est pour le citoyen paisible ce qu'est la santé pour l'homme robuste; il en jouit sans s'en apercevoir, avec une sorte d'indifférence; il ne commence réellement à en sentir le prix qu'au moment où il en est privé. Un mois d'emprisonnement la lui fait mieux connaitre qu'une vie entière de théories (1); mais il n'en peut être ainsi dans ces jours d'agitations et d'effervescence qui suivent inévitablement une grande révolution. Les intérêts

---

(1) On peut suppléer à l'épreuve un peu dure d'un emprisonnement réel en lisant les Mémoires de certains détenus célèbres, notamment le récit touchant de la captivité, pour délit politique, de Silvio Pellico. (*V*. cet ouvrage intitulé : *Le mie prigioni, Memorie di Silvio Pellico*. Paris, 1833.)

froissés, les ambitions déçues, les passions
exaspérées multiplient les délits politiques,
et par suite les arrestations. Il n'est personne
alors qui ne s'attache à la liberté individuelle;
qu'y a-t il de plus propre à mettre en lumière
tous ses avantages, qu'un tableau historique représentant, d'un côté ses inestimables bienfaits,
de l'autre le malheureux sort des peuples qui
en ont été dépouillés, et les sanglans efforts
de ceux qui l'ont enfin obtenue ? Il faut savoir
combien elle coûte à conquérir pour comprendre combien elle est précieuse à garder.

Non, les leçons de l'expérience ne seront
point perdues pour ma patrie; on n'oubliera pas
que les lois d'exception furent toujours des armes funestes aux mains qui s'en servirent; la liberté individuelle restera irrévocablement fixée
en France. Désormais, que tous les fonctionnaires de l'ordre administratif et judiciaire mettent journellement en pratique cette maxime si
juste, si morale : Ne faites pas à autrui ce que
vous ne voudriez pas qu'on vous fît; que chaque
citoyen soit aussi indigné d'une arrestation arbitraire que celui qui en est victime, et le respect pour la liberté individuelle, partout inviolable, deviendra un véritable culte.

CHAPITRE PREMIER.

DE LA LIBERTÉ INDIVIDUELLE

CHEZ LES ÉGYPTIENS.

LES Egyptiens sont à la fois l'un des peuples les plus célèbres de l'antiquité et l'un des premiers qui aient reçu un gouvernement et des lois ; à ce double titre, ils méritent la première place dans cet ouvrage. Leur histoire, dont les commencemens sont demeurés fort obscurs, peut se diviser en deux parties : l'Egypte ancienne et l'Egypte moderne.

L'Egypte ancienne avait un gouvernement absolu, tempéré par la théocratie ; aucune loi ne limitait l'autorité du monarque. Entouré d'une garde nombreuse et de tout l'appareil du despotisme, il se fesait appeler le roi des rois, pouvait rendre lui-même la justice, et disposait à son gré des biens et de la liberté de ses sujets ; mais ce pouvoir si étendu, si arbi-

De l'Egypte ancienne.

traire, trouvait un contre-poids dans celui des
prêtres. Le privilège d'élever la jeunesse,
l'honneur d'instruire les enfans des rois et de
composer leur conseil, le monopole de la
science, d'immenses richesses, la multiplicité
de leurs fonctions, leur profession héréditaire
dans leurs familles, tout concourait à perpétuer l'ascendant des ministres de la religion;
chaque jour, les souverains allaient dans les
temples entendre leurs discours, quelquefois
même leurs remontrances sur l'accomplissement des devoirs de la royauté, et la crainte
du sacerdoce modérait ainsi la puissance des
rois.

Les Egyptiens étaient partagés en trois castes
qui représentaient l'intelligence, la force, et
la matière, c'est-à-dire, les prêtres, les guerriers, et le peuple. La caste sacerdotale, qui
occupait, après le monarque, le premier rang
dans l'état, domina la caste des guerriers, et
conquit une si haute influence par ses lumières
qu'elle tint plusieurs rois sous sa dépendance;
elle renversa l'Ethiopien Sabacon qui s'était
rendu maître de l'Egypte, et le prêtre Séthon
monta sur le trône. Le peuple, éloigné dans
tous les tems des honneurs et des emplois,
n'eut jamais aucun droit politique, aucune part
directe ni indirecte au gouvernement; il ne pos-

sédait même pas de propriétés immobilières; les laboureurs, réduits à l'état de fermiers des terres, qui appartenaient aux rois, aux prêtres et aux soldats, étaient rangés, comme les artisans, parmi les mercenaires. Si cependant les prêtres avaient usé de leur prépondérance dans l'intérêt général, le peuple aurait connu peut-être la liberté; mais tel ne fut, à aucune époque, le but de leur infatigable ambition.

Jamais nation, dit Rollin (1), *n'a été plus crédule ni plus superstitieuse que les Egyptiens*. Des hommes, qui se prosternaient devant un chat, et adoraient des légumes, pouvaient-ils être libres!.....

Il existait dans ce pays diverses espèces de servitudes; parmi les esclaves, dont la plupart étaient des étrangers achetés ou faits prisonniers, les uns servaient dans les maisons, les autres étaient employés aux travaux extérieurs; dans aucun cas, la loi ne permettait à leurs maîtres de disposer de leur vie.

L'histoire ne nous a transmis que des renseignemens très succints sur la procédure criminelle des Egyptiens; Hérodote (2) ne cite qu'un seul fait qui puisse nous en donner une

(1) Histoire ancienne, tome 1er, p. 73. *Paris*, 1737.
(2) Livre xi, § 112, 113, 115.

idée ; encore est-il relatif à un étranger. Pâris,
ravisseur de la belle Hélène, est jeté par la
tempête sur les rivages de l'Egypte ; ses esclaves dénoncent son crime aux prêtres ; il se ré-
fugie dans un temple. Le roi Protée, instruit
de cette accusation, envoie aussitôt un ordre
ainsi conçu : « Arrêtez l'étranger, quel qu'il
» soit ; qu'on me l'amène, et que j'entende ce
» qu'il peut alléguer pour sa défense. » Le fils
de Priam, conduit à Memphis, est interrogé
par le prince lui-même ; il veut trahir la vérité ;
ses dénonciateurs l'interrompent, et rapportent les détails de son adultère qui devait être
si fatal à sa patrie. Le roi déclare par un jugement qu'il garde la femme et l'or de Ménélas
pour les lui remettre, et ordonne que Pâris
sortira dans trois jours de ses Etats. Ainsi les
souverains d'Egypte réunissaient le triple et
dangereux pouvoir de faire les lois, de les
appliquer et de les exécuter.

Dès qu'une plainte était formée, on arrêtait
ordinairement le prévenu ; mais le mode d'arrestation n'était soumis à aucune règle ; la liberté individuelle des Egyptiens restait, sans
aucune garantie, à la discrétion du monarque et de ses principaux officiers ; Pharaon
fait descendre de leurs places brillantes dans
une prison son grand échanson et son grand

pannetier parce qu'ils ont encouru sa dis-
grâce (1) ; quelque tems après, le premier reprend sa charge, et le second est mis à mort
sans jugement. Faussement accusé d'avoir voulu séduire la femme de son maître, Joseph est
déposé dans une prison publique sur l'ordre
seul de Putiphar ; après deux années de captivité, il en sort le premier ministre de l'Egypte ;
le roi, en l'élevant à cette dignité, lui adressa
ces paroles rapportées dans la Genèse : *Ad tui
oris imperium cunctus populus obediet, abs-
que tuo imperio, non movebit quisque ma-
num aut pedem in omni terrá Egypti* (2).
Joseph usa de cette autorité si arbitraire dans
une circonstance mémorable : lorsque ses dix
frères viennent en Egypte implorer des secours contre la famine qui désole leur patrie,
il feint de les prendre pour des espions, et les
fait emprisonner durant trois jours ; puis il
leur rend la liberté ; mais il retient captif Si-
méon, l'un d'eux, pendant que les autres vont
chercher Benjamin dans la maison paternelle (3).

Une loi d'Amasis astreignait chaque Egyp-

---

(1) Genèse. Chap. 42, versets 16, 17, 18, 19 et 20.
(2) Chap. 40 versets 3 et 4.
(3) Genèse. Chap. 41 , versets 40 et 44.

tien à déclarer au gouverneur de la province qu'il habitait, son nom, son état, la nature de ses biens et les profits de son industrie ; celui qui fesait une déclaration infidèle était puni de mort. Cette loi, destinée à réprimer le vagabondage et la mendicité, autorisait par le fait l'inquisition dans la vie privée ; mais elle ne compromettait pas la sureté publique comme celle-ci relatée par Delamarre en son Traité de police (1) : une compagnie de voleurs était organisée en Egypte ; celui qui voulait y entrer, se fesait inscrire chez le chef des voleurs (2), *apud furum principem ;* une fois admis, il lui rendait compte de tous ses vols qui étaient soigneusement analysés sur un registre. Les plaignans pouvaient s'adresser au chef ; s'ils reconnaissaient en sa possession les objets qui leur avaient été dérobés , on les leur restituait en en retenant toutefois un quart pour récompense. Sparte oublia aussi le respect dû à la propriété ; mais du moins son législateur se proposait un but utile.

Selon plusieurs auteurs, la torture fut mise

(1) Tome 1er, au chapitre de la police des Egyptiens, page 20. *Paris,* 1722.

(2) Le roi Amasis avait été long-tems voleur ; son mérite le fit élever au trône. (*Hérodote,* liv. xi, ch. 174.)

pour la première fois en pratique chez les Egyptiens. Les hommes, qui y étaient exposés, dit Elien (1), mouraient au milieu des tourmens plutôt que de confesser leur crime. Avant l'établissement des Israélites en Egypte, il existait déjà plusieurs prisons; l'historien Josephe (2) remarque que des travaux habituels, assez pénibles même, étaient imposés aux détenus. Antiphile éprouva les plus horribles traitemens; mais le crime de sacrilège, dont il était accusé, si grave chez un peuple religieux, peut expliquer cette barbarie inusitée envers les autres prisonniers.

La législation pénale était généralement sévère; les châtimens souvent atroces, tels que la mutilation, n'étaient point proportionnés aux délits; ainsi on punissait de mort le parjure, le mensonge en certains cas, le meurtre volontaire d'un animal. Quelquefois même si c'était un animal sacré, le peuple n'attendait point que la condamnation fût prononcée; dans son fanatisme, il devenait juge et bourreau de l'accusé.

L'humanité présidait à l'exécution des condamnés; on les enivrait avant de les mener

(1) Histoires diverses, liv. vii, ch. 18.
(2) Livre xi, chap. 5, § 1.

au supplice; la femme enceinte ne pouvait point y être conduite : *Loi sage et sublime*, dit M. de Pastoret (1), *dont tous les peuples éclairés ont assez fait l'éloge en l'adoptant.*

Trente juges, choisis parmi les hommes les plus recommandables du royaume, distribuaient la justice et statuaient également sur les affaires civiles et criminelles. Tout s'y traitait par écrit; l'accusateur et l'accusé présentaient tour à tour leurs moyens respectifs, et la mûre délibération, qui précédait les jugemens, attestait aux deux parties que leur cause avait été scrupuleusement examinée.

Sous les premiers rois de l'Egypte, le débiteur, qui ne pouvait remplir ses engagemens, expiait dans les prisons son insolvabilité. Sésostris, à son avénement à la couronne, paya les dettes d'un grand nombre de détenus; mais ce fut le roi Bocchoris qui abrogea la contrainte par corps; les biens restèrent seuls garans du débiteur, sa personne fut mise à l'abri des violences des créanciers (2). Plus tard, le roi Asychis défendit d'emprunter de l'argent à moins qu'on ne donnât en gage le corps de son père; c'était à la fois une

(1) Histoire de la législation, tome 1er.
(2) Diodore de Sicile, livre 1er, § 54 et 79.

infamie et une impiété de ne pas le retirer promptement; celui qui mourait, sans s'être acquitté de ce devoir, ne recevait pas les honneurs funèbres ; ici l'on reconnait la sagesse peut-être trop vantée des Egyptiens ; cette loi conservait tout ensemble aux créanciers leurs droits, aux débiteurs leur liberté, et à leur pays des citoyens utiles.

Ainsi l'absolutisme des rois, une superstition presque invraisemblable, une procédure criminelle sans règles déterminées, des peines sévères et souvent barbares, s'opposaient en Egypte à l'exercice de la liberté individuelle ; mais ce qui devait l'entraver plus fréquemment encore, c'était la minutieuse prévoyance de la loi; elle réglait les occupations de chaque citoyen, ses devoirs, et même ses plaisirs; le poursuivant en quelque sorte dans les moindres détails de la vie, elle pénétrait jusque dans l'intérieur de la chambre nuptiale. Les Egyptiens n'avaient donc pas la libre disposition de leurs personnes ni de leurs actions.

Il serait injuste néanmoins de confondre le gouvernement de ce royaume avec ceux des autres états despotiques. L'autorité du souverain, il est vrai, fut illimitée; mais, comme

l'observe Bossuet (1), il était obligé plus que
tous ses sujets à vivre selon les lois, qui
fixaient aussi l'emploi de son tems à chaque
instant du jour (2), et désignaient jusqu'aux
heures de ses repas et de son sommeil. Soumis
durant sa vie à la censure des prêtres, il était
jugé publiquement après sa mort selon ses
œuvres; on a vu quelques princes privés de la
sépulture par décision du peuple; la crainte de
ces sentences solennelles, qui formaient ainsi
pour les rois une postérité anticipée, pouvait
quelquefois paralyser leur main au moment
de signer un acte contraire à la justice.

Le climat brûlant de l'Egypte, sa tempéra-
ture uniforme exercèrent sur l'esprit de ses
habitans une constante influence. D'un naturel
peu belliqueux, ils aimaient la vie tranquille
et sédentaire; leurs mœurs douces, leur goût
pour les sciences, la longue paix dont ils
jouirent, le caractère de leurs monarques,
qui, à l'exception de Sésostris, furent généralement pacifiques, contribuèrent à leur assurer un gouvernement modéré (3).

(1) Discours sur l'Histoire universelle, page 373.
Paris, 1821.

(2) *V.* Diodore, liv. 1, sect. 2, n° 22; et l'ouvrage de
M. de Chastellux sur la félicité publique, t. 1ᵉʳ, p. 20.

(3) L'opinion générale est que le gouvernement de

L'Egypte subsista ainsi durant seize siècles ;
après être devenue la proie de Cambyse, elle
passa successivement sous la domination des
Perses, des Macédoniens et des Romains ; elle
garda long-tems ses coutumes et ses lois ;
mais, par l'effet du mélange des nations grec-
ques et asiatiques, ses premières mœurs s'effa-
cèrent peu à peu Lorsque l'empereur Auguste
renversa le trône des Lagides, il ne trouva
plus de gouvernement organisé ; contraint de
renoncer à la sage politique des Romains qui
laissaient aux peuples vaincus leurs institutions,
il confia l'administration de cette province,
*insciam legum, ignaram magistratuum, dit
Tacite* (1), à un préfet revêtu d'une autorité
sans bornes.

Vers l'année 640, les Arabes, sous la conduite d'Amrou, lieutenant du trop fameux
De l'Egypte moderne.

l'Egypte, fut modéré ; *voyez* le Discours de Bossuet sur
l'Histoire universelle ; l'Esprit des lois de Montesquieu,
livre 18, chapitre 6 ; les Recherches philosophiques
sur les Chinois et les Egyptiens, par M. de Paw, tome II,
section 9, page 268 ; et l'Histoire ancienne de Rollin.
Cependant M. de Pastoret est d'un avis contraire ; il cite
même plusieurs traits de cruauté et de tyrannie pour
prouver le despotisme des rois, *voyez* l'Histoire de la
législation, tome II, pages 45 à 65.

(1) *Lib.* 1er, *Historiarum*, § XI, page 359.

Omar, firent la conquête de l'Egypte; c'est à cette époque que commence l'histoire de l'Egypte moderne, déplorable série de crimes et de révoltes. Les vainqueurs lui imposèrent la religion mahométane et un gouvernement despotique qui en est la funeste conséquence. Ses chefs furent successivement les califes Fatimites, les sultans Ayoubites et les Mamlouks.

En 1516, Sélim Ier, empereur des Turcs, arracha l'Egypte à la valeur des Mamlouks, et maintint habilement dans leurs droits les vingt-quatre sangiaks ou beys, gouverneurs de provinces, qui partageaient l'autorité avec le délégué du sultan. Dans un traité publié l'an 887 de l'égire (1517 de notre ère) il accorda à l'Egypte une république moyennant un tribut annuel de 560,000 *assanis* (1); dès lors, le gouvernement devint en réalité aristocratique; car la puissance du pacha était trop faible, trop incertaine pour résister à l'ambition des sangiaks, d'ailleurs investis du droit de le suspendre de ses fonctions; bientôt resserré et gardé à vue dans le château du Caire, il ne fut plus qu'un vain fantôme qu'on déposait à volonté; les beys, à la tête des provinces et des armées, s'emparèrent de tout le

(1) L'assani vaut environ trois livres tournois.

pouvoir, et l'Egypte eut à subir vingt-quatre
tyrans de plus. Dans le traité de Sélim, il n'é-
tait pas même question des intérêts du peuple;
« Ne croirait-on pas voir, dit Savary (1), un
» marchand vendant trois ou quatre millions
» d'esclaves à vingt-quatre étrangers? » L'agriculture détruite, des impôts exorbitans levés
avec violence, les gens de bien dépouillés ou
massacrés, des séditions perpétuelles, tels
furent les résultats de la république égyp-
tienne.

Plus tard, les pachas reprirent leur empire
sur l'Egypte épuisée; quelques-uns même portèrent plus loin leur audace; en 1766, Aly-
Bey conçut et réalisa le projet de secouer le
joug de la Porte-Ottomane; Mohammed-Aly,
pacha actuel, est parvenu à se rendre presqu'entièrement indépendant.

Depuis la conquête des Arabes jusqu'au
19ᵉ siècle, la liberté individuelle a été indignement foulée aux pieds en Egypte (2); quand
un délit était commis, l'aga, ou le chef militaire, avait le droit d'arrêter le coupable, de le
juger, et d'exécuter lui-même son jugement dans

(1) Lettres sur l'Egypte, tome ii, page 196.

(2) V. le Voyage de Volney en Syrie et en Egypte
pendant l'année 1785.

les vingt-quatre heures. Il serait difficile de retracer ici combien fut malheureuse la condition
des indigènes; tour à tour victimes de leurs ennemis, de leurs chefs, de la guerre et de la peste,
ces hommes dégénérés ne savaient que changer
de tyrans. Terrible exemple des vicissitudes humaines! L'Egypte, qui fut la mère de la civilisation, le berceau des arts, dont les plus
beaux génies vinrent étudier les lois, dont les
pyramides semblent encore porter jusqu'au
ciel les glorieux souvenirs, qui a vu combattre
sur ses bords les plus grands conquérans,
Alexandre, César, Tamerlan, Napoléon, demeura, durant douze siècles, la terre classique
de l'ignorance et de l'esclavage.

Aujourd'hui l'aurore d'un nouvel avenir parait luire sur cette célèbre contrée. Mohammed-Aly a profité de sa puissance pour préparer la régénération de ses sujets; il a ouvert
des écoles, encouragé l'agriculture, favorisé
l'industrie, fondé un journal, envoyé à Paris
plusieurs jeunes gens puiser à la source de toutes
les sciences; enfin il a réuni en 1829 une assemblée composée des principaux fonctionnaires et de 93 cheyks-beled ou chefs des
villages, en qualité de députés des départemens, et soumis à sa décision les affaires de
l'Etat; mais ce qu'il y a de plus remarquable

dans un pays despotique, c'est la publication
d'un code pénal rédigé dans un esprit d'humanité : il abolit la peine de mort pour tous les
crimes autres que les délits politiques, et lui
substitue les travaux forcés, dont la durée
doit être proportionnée à la gravité des faits.
Lorsqu'une plainte est rendue, si l'accusateur
ne prouve pas la culpabilité dans l'espace de
quinze jours, l'accusé est mis en liberté en
présentant des cautions ; mais si, après quelque tems, ce même homme est encore traduit
devant les magistrats pour le même crime, et
qu'il soit reconnu coupable, les cautions subissent une punition d'un an de galères ; dans
tous les cas, l'inculpé a le droit de se défendre.
De semblables dispositions législatives annoncent évidemment l'intention de protéger la liberté individuelle.

Sans doute ces changemens, commencés
en 1826 (1), et d'ailleurs exécutés à l'aide de
mesures oppressives, n'ont pas encore réellement amélioré le sort du peuple. Le mahométisme, la grossière ignorance et l'indolence

(1) *V.* l'Aperçu de M. Jomard, sur la régénération
de l'Egypte, inséré dans l'Abrégé de géographie
de M. Balbi, page 854. *Paris*, 1833, et l'Histoire de la
régénération de l'Egypte, par M. Planat.

des Egyptiens seront d'immenses obstacles au succès des généreux efforts du vieux pacha; mais si ces innovations se consolident, Mohammed-Aly aura acquis la plus utile des gloires, celle d'assurer, malgré eux, le bonheur de ses sujets.

CHAPITRE II.

DE LA LIBERTÉ INDIVIDUELLE

CHEZ LES JUIFS.

———❋———

LE peuple Juif sort de l'Egypte au milieu des prodiges ; il adore sur la terre promise un Dieu inconnu aux autres nations, abandonne plusieurs fois son culte pour se prosterner devant des idoles, reçoit tour à tour le châtiment de ses infidélités et la récompense de son repentir, s'élève au plus haut degré de gloire et de prospérité sous le roi Salomon, retombe dans une dépendance avilissante sous ses successeurs, se laisse trainer tout entier en captivité à Babylone, retourne à Jérusalem, y reprend sa première splendeur, se rend coupable d'un déicide, et, dispersé depuis près de dix-huit siècles sur toutes les parties de l'univers, l'expie au sein des humiliations et du malheur.

Telle a été la destinée extraordinaire de cette na'ion. Nous considèrerons rapidement ses institutions : 1° sous les juges ; 2° sous les rois ; 3° depuis le retour de la captivité de Babylone jusqu'à la destruction du temple de Jérusalem ; 4° depuis la dispersion des Juifs jusqu'à nos jours.

Durant la première période, le gouvernement fut une théocratie pure ; plusieurs peuples payens firent des Dieux de leurs rois, le souverain des Hébreux était le Dieu même qu'ils adoraient. Un chef gouvernait au nom de Jéhovah sous le titre de juge ; le sénat, (appelé aussi le conseil des anciens) composé des membres les plus distingués de chaque tribu, lui servait de conseil ; dans les affaires importantes, les décisions du sénat étaient déférées à l'assemblée du peuple. *Enfans d'Israël*, s'écriaient les anciens, *vous voici tous, délibérez entre vous et donnez votre avis* (1), puis le peuple changeait par son approbation ces décisions en lois, et le chef les exécutait ; ainsi c'est chez les Hébreux qu'on rencontre la première idée du gouvernement

Première période

Sous les juges.

_____

(1) Les Juges, chap. 20, versets 7 et 8. Le texte latin porte ces mots : *adestis omnes filii Israel, decernite quid facere debeatis.*

représentatif que Montesquieu a cru découvrir dans les forêts de la Germanie.

Sous un gouvernement théocratique, les prêtres auraient sans doute conquis un pouvoir aussi étendu qu'en Egypte sans la sage prévoyance de Moïse; ils appartenaient à la tribu de Lévi dont on avait disséminé les membres parmi les autres tribus, et ne pouvaient, dans aucun cas, devenir propriétaires; chaque Lévite trouvait dans la dîme qu'on lui payait ses moyens de subsistance. Dépositaires des lois, chargés de les enseigner, les prêtres se voyaient contraints par ces fonctions mêmes de donner l'exemple de l'obéissance.

Chaque tribu possédait une administration particulière appuyée sur les mêmes bases que l'administration générale; ainsi chacune avait son conseil des anciens et ses assemblées du peuple. De cette façon, les douze tribus d'Israël formaient une sorte de république fédérative dans laquelle aucune résolution grave ne pouvait être prise sans l'assentiment de tous.

Tant que la nation fut gouvernée par les Juges, elle jouit d'une grande liberté ; les divisions de castes, si marquées chez les Egyptiens, les priviléges de naissance, de terres et de profession lui demeurèrent inconnus;

c'était plutôt une réunion de familles placées
sous l'autorité paternelle de leurs chefs naturels, qu'une nation organisée (1). Les volontés
individuelles se courbaient devant la loi, parce que chacun la regardait comme la volonté
écrite de Jéhovah; Moïse d'ailleurs ne l'avait
acceptée que du consentement exprès des Hébreux (2). Leur liberté consistait à faire tout
ce que la loi ne défendait pas, à n'être forcé de
faire que ce qu'elle commandait, sans être sujet
aux ordres d'aucun homme en particulier (3);
si un chef quelconque prescrivait un acte
contraire à la loi, il n'était pas obéi, *attendu*,
disaient les anciens, *que le commandement
du serviteur doit passer après celui du*

---

(1) Jusqu'au tems des rois, les Israélites vécurent
sans chefs réglés, sans qu'il y eût au milieu d'eux
une autorité souveraine chargée de l'administration
de la justice. Les *juges*, chefs temporaires de l'Etat,
furent pris, tantôt dans une tribu, tantôt dans
une autre, pour des exploits bornés, sans se suc-
céder les uns aux autres soit par le droit de la
naissance, soit par celui de l'élection. (*Abrégé chrono-
logique de l'Histoire des Juifs*, p. 212.)

(2) Bossuet, politique tirée de l'Ecriture Sainte, livre Ier, art. 4, proposition 6e.

(3) *V*. Mœurs des Israélites par l'abbé Fleury, page
118, *Paris* 1819.

maître (1). L'intérêt seul des Hébreux aurait dû les déterminer à observer la loi ; lorsqu'ils s'y montraient fidèles, ils vivaient en sureté et en liberté ; dès qu'ils la violaient, ils tombaient dans l'anarchie ; malheureusement ils se lais-sèrent souvent emporter par leurs passions impétueuses, et ne purent guère profiter de la sagesse de leurs institutions.

Inconstans par nature, les Hébreux désirè-rent un roi à l'instar des nations voisines, et Samuel couronna Saül ; mais ils s'aperçurent bientôt qu'ils s'étaient eux-mêmes imposé un monarque absolu. Tout en conservant le sénat, les rois s'arrogèrent le pouvoir de convoquer à leur gré les réunions du peuple, et de lever des contributions publiques (2) ; Salomon sur-tout accabla les Israélites de taxes excessives pour soutenir l'éclat de son règne. Après la mort de ce prince, les Hébreux dirent à Roboam, son fils : « Votre père a fait peser sur nous un » joug très dur ; gouvernez-nous avec plus de » douceur, et nous vous servirons. » Roboam leur répondit : «Mon père vous a frappés avec des verges, et moi je vous frapperai avec des

Deuxième période.

Sous les rois.

(1) Maimonide, *acta regum*, chap. 3, § 16.

(2) Mœurs des Israélites par Fleury, chap. 27, p. 133.

» fouets armés de pointes de fer (1). » Ces paroles, aussi cruelles qu'impolitiques, déterminèrent le schisme des dix tribus d'Israël.

Investis en outre du terrible droit de vie et
de mort sur leurs sujets, les rois pouvaient
faire périr les criminels sans formalités judiciaires; David en usa contre le jeune Amalé-
cite qui avait tué Saül sur la demande de ce
dernier prince, contre les deux Israélites qui
lui apportèrent la tête d'Isboseth qu'ils venaient d'assassiner (2). Toutefois l'histoire cite
peu d'exemples de l'exercice de ce droit despotique; on voit même Achab et Jézabel forcés
de recourir aux tribunaux et de suborner les
juges et les témoins pour obtenir la condamnation capitale du vertueux Naboth.

Durant cette seconde période, la liberté des
Hébreux fut considérablement restreinte; elle
demeura, sur plusieurs points, à la discrétion
des rois; du reste, la puissance royale se trouvait elle-même tempérée par le respect public
dont la loi était l'objet (3); chaque jour on en

(1) Les Rois, IIIᵉ livre, chap. 12, versets 4, 14. Le
texte latin porte : *Ego autem cœdam vos* scorpionibus.

(2) Les Rois, livre II, chap. 1, versets 14, 15. Chap.
4, verset 12.

(3) *Lex major omnibus,* tel était l'apophtegme hébraïque.

lisait quelques parties aux souverains, afin qu'elle restât incessamment présente à leur esprit (1); s'ils osaient l'enfreindre, ils avaient à subir les observations du sénat, les remontrances du grand-prêtre, et les sévères reproches des prophètes.

Pendant les 70 ans de captivité à Babylone, Troisième période. les Juifs furent traités avec plus de bienveillance et de justice que des vaincus n'auraient dû l'espérer; à l'exception de quelques-uns d'entr'eux choisis pour être esclaves du roi, les autres purent pratiquer leur religion, appliquer leurs lois et acquérir des propriétés. Le procès de la chaste Suzanne prouve qu'ils avaient même conservé des juges de leur nation.

Depuis le retour de la captivité de Babylone jusqu'à la destruction du temple de Jérusalem.

Lorsque Cyrus leur permit de retourner en Judée, ils reprirent leurs institutions primitives; seulement, au lieu d'un juge, leur chef fut le grand-prêtre qui commanda souvent les armées; il était assisté du conseil des 71 anciens, nommé plus tard le grand Sanhédrin. Le désir de réparer les ruines de leur patrie inspira aux Juifs une noble émulation; ils s'adonnèrent à l'agriculture, et, grâce à la

(1) V. l'Histoire des institutions de Moïse et du peuple Hébreu, par M. Salvador, t. 3, p. 163.

douce influence de la paix, ils recueillirent
bientôt, au milieu d'une heureuse abondance,
les fruits de leurs travaux. Mais, depuis le retour de la captivité, la nation ne recouvra,
qu'à de très courts intervalles, son indépendance. Assujettis tour à tour aux Perses, aux
Macédoniens, aux rois d'Egypte et de Syrie,
les Juifs éprouvèrent toutes les rigueurs d'une
domination étrangère, et même subirent sous
Antiochus d'atroces persécutions; c'est alors
qu'ils déployèrent une héroïque énergie. Les
uns ceignirent avec enthousiasme la couronne
du martyre; les autres, sous la conduite des
Machabées, taillèrent en pièces les Syriens,
leurs bourreaux, et rendirent à leur pays quelques jours de gloire et de tranquillité. Plusieurs années après, ils tombèrent sous la dépendance des Romains.

Liberté, égalité, humanité, voilà les principes fondamentaux des lois de Moïse. Le
Décalogue, ainsi que l'a justement observé
M. Salvador (1), renferme dans ses préceptes
la liberté individuelle; car il recommande à
chaque Hébreu de respecter son concitoyen
dans sa personne, sa femme et ses proprié-

(1) Loi de Moïse; *Paris*, 1822, pages 26 et 27.

tés (1). La Bible est à la fois le code religieux, civil et criminel des Juifs; de là s'explique l'immobilité de leur législation, en vigueur sous les trois périodes que nous venons de parcourir.

Lorsqu'un crime était commis, le coupable qu'on surprenait en flagrant délit, était arrêté sur-le-champ; ainsi on s'empara de l'Israélite qui ramassa du bois le jour du Sabbat (2), du fils de l'Egyptien blasphémateur (3), de Jérémie au moment où il prédisait les malheurs de Jérusalem (4); mais la loi prescrivait de ne point laisser les détenus languir dans leur prison. Après le tems nécessaire pour la plus rapide information, on statuait sur leur sort; les actes des apôtres nous apprennent que le conseil national fit saisir Saint-Pierre et Saint-Jean enseignant au peuple le Christianisme; on les déposa dans une prison jusqu'au lendemain, par la raison, dit le texte (5), qu'il était trop tard, et le jour suivant, on les conduisit

(1) Exode, chap. 20, versets 13, 14, 15, 16, 17.

(2) Nombres, chap. 15, versets 32, 33, 34, 35, 36.

(3) Lévitique, chap. 24, versets 10, 11, 12, 14.

(4) Jérémie, chap. 26, versets 8, 11, 14, chap. 32, verset 2.

(5) *Erat enim jam vespera*. Actes des Apôtres, chap. 4, versets 3, 18, 21.

devant les Anciens qui se contentèrent de leur
adresser une simple admonition. Bientôt les
deux apôtres recommencent leurs prédications
avec une plus vive ardeur; arrêtés de nouveau, ils sont ramenés au conseil; le lendemain même de leur incarcération, on leur
inflige, attendu la récidive, la peine correc-
tionnelle, (c'est-à-dire le fouet); puis on les
rend aussitôt à la liberté.

Hors le cas de flagrant délit, l'accusé n'était
arrêté qu'après un grand nombre de formalités; on le traduisait immédiatement, pour qu'il
pût se défendre, devant l'un des tribunaux,
suivant la nature de son crime : ses juges
étaient choisis parmi les citoyens les plus in-
tègres de sa tribu; ils siégeaient ordinairement
à la porte des cités, sous des arbres, en présence du peuple; le ciel semblait assister à la
distribution de la justice, et l'air libre, que
respirait l'accusé, communiquait à son âme
une nouvelle force; on procédait ainsi à l'instruction orale de l'affaire :

Après un examen scrupuleux de la moralité
des témoins, les juges entendaient tous ceux
qui ne se trouvaient pas compris dans les nombreuses exceptions prononcées par la loi; chaque témoin prêtait serment; le président lui
adressait une exhortation terminée par ces

mots formidables : « Si tu fesais condamner
» injustement l'accusé, son sang même, le
» sang de toute sa postérité dont tu aurais
» privé la terre, retomberait sur toi ; Dieu
» t'en demanderait compte, comme il deman-
» da compte à Caïn du sang d'Abel, parle. »
L'accusé comparaissait en état d'innocence
présumée ; une seule déposition ne pouvait
établir sa culpabilité ; si la peine de mort était
prononcée, la loi imposait aux témoins à charge
la pénible mission de lancer les premières
pierres. Les juges interrogeaient ensuite l'accusé avec une bonté remarquable ; les débats
fermés, l'un des juges résumait la cause, la
décision était rendue, et l'accusé acquitté mis
à l'instant même en liberté ; mais s'il fallait punir, elle n'était point irrévocable ; de retour
à leurs demeures, les juges devaient méditer
l'affaire dans le calme de la solitude ; le sur-
lendemain ils remontaient sur leurs sièges,
et pouvaient réformer eux-mêmes leur première sentence. Sur les 23 membres du tribunal appelés à connaitre des affaires capitales,
onze suffrages suffisaient pour absoudre, tandis que treize étaient nécessaires pour condamner.

Deux officiers judiciaires accompagnaient le
criminel au lieu du supplice ; la loi les char-

geait de recueillir et d'apprécier ce qu'il aurait
à ajouter pour sa défense. Un héraut fendait
la foule en s'écriant : « Le malheureux, que
» vous voyez, est déclaré coupable; il marche
» à la mort; est-il quelqu'un de vous qui
» puisse le justifier; qu'il parle. » Si un citoyen se présentait, soudain le condamné était
reconduit dans sa prison, et les moyens in-
diqués par son défenseur vérifiés; il pouvait
être ainsi ramené jusqu'à cinq fois; c'est à
l'aide d'une loi si conforme à l'humanité que
Daniel sauva Suzanne (1). A quelque distance
du lieu où le condamné devait perdre la vie,
on lui ordonnait de faire l'aveu de son crime;
puis on l'enivrait pour lui rendre moins cruelles
les approches de la mort. Ainsi l'on voit dominer dans la procédure criminelle des Hébreux trois règles salutaires, encore inconnues
chez plusieurs nations modernes, et introduites parmi les autres au milieu de sanglantes
révolutions, savoir : la garantie contre les
dangers du témoignage, la publicité des débats,
et la liberté complète de la défense.

Il existait une autre forme de juger en matière criminelle, connue sous le nom de *juge-*

(1) *V*. le Dictionnaire de l'Ecriture Sainte, au mot
Suzanne.

ment de zèle (1); un Israélite commettait-il publiquement un attentat évidemment caractérisé? soudain un murmure général s'élevait, le cri unanime du peuple devenait une décision définitive aussi promptement exécutée que prononcée. Séduits par les femmes Moabites, les Hébreux adorent dans le désert le dieu Beelphégor; aussitôt Phinées, l'épée à la main, se précipite sur eux, et en tue un grand nombre; au lieu d'un châtiment, il reçoit pour récompense l'établissement du sacerdoce dans sa famille. Ces jugemens de zèle auraient été fort dangereux dans la pratique, s'ils eussent été fréquens; il faut d'ailleurs remarquer qu'ils ne punirent jamais que les attentats contre la religion. Si le plus léger intervalle s'était écoulé depuis le délit, on devait attendre la justice des tribunaux; la prévenir eût été un crime.

Les peines étaient généralement très rigoureuses, surtout pour les délits contre les mœurs; les minutieux détails, dans lesquels les lois juives sont descendues sur ce point, révèlent la haute prudence de Moïse; ce grand homme pensait avec raison que la pureté des mœurs est la base de toutes les vertus. On

(1) Deuteronome, chapitre 13, versets 5, 9, 10, 15.

comprendra difficilement, au 19ème siècle, qu'il ait pu déclarer passibles de mort l'adultère (1), le viol d'une fille fiancée, le moindre acte d'idolatrie, le vol nocturne. Toutefois la jurisprudence hébraïque s'efforça constamment de tempérer la sévérité des peines par la difficulté de l'application. Les juges prononçaient rarement la peine capitale; on appelait sanguinaire le tribunal qui condamnait une fois à mort dans l'espace de sept années (2).

L'esclavage, connu chez toutes les nations de l'antiquité, qu'on rencontre même sous les tentes d'Abraham et de Jacob, fut toléré par Moïse; cependant il ne laissa point aux maîtres une autorité illimitée sur leurs esclaves; il voulut que ceux-ci fussent doucement traités et prissent part au repos du sabbat; il veilla à la conservation de leur pudeur, de leur santé et de leur vie. L'esclave, blessé par son maître, était renvoyé libre; s'il méritait la mort, c'était aux magistrats à la lui infliger; le maître, qui l'aurait fait expirer sous ses coups, subissait la peine capitale (3).

(1) Deuteronome, chap. 22, versets 21, 22, 23, 24, 25.

(2) *Synedrium, si quem interficiat unum heptaeride, (in septem annis) vocatur perditorium (Mischna,* tome 4. *Tractatus de pœnis,* chap. 1, § 10.)

(3) Exode, chap. 21, versets 20, 26, 27.

Un Hébreu devenait esclave de trois manières différentes : 1° les magistrats pouvaient réduire en servitude le voleur hors d'état de payer la restitution pécuniaire que son délit lui avait fait imposer ; 2° dans le principe, les Juifs possédaient le droit de vie et de mort sur leurs enfans ; Moïse leur défendit d'en user sans l'autorisation des tribunaux ; mais il leur accorda la faculté de les vendre, soit pour fournir à leur propre subsistance, soit pour acquitter une dette, soit pour suppléer à la succession de leur époux, ainsi que le fit la veuve protégée par le prophète Elisée ; 3° le débiteur, sans ressources, pouvait aussi se vendre pour éteindre sa dette (1) ; cet esclavage était purement volontaire de sa part ; la loi le tolérait sans l'exiger.

Le rachat, l'affranchissement octroyé par le maître, la mort seule du maître s'il était Gentil, sa mort sans enfans s'il était Hébreu, telles furent les principales causes qui rendaient un esclave à la liberté ; il en existait une autre, encore plus universelle dans ses effets ; elle ré-

---

(1) *Si, paupertate compulsus, vendiderit se tibi frater tuus, non eum opprimes servitute famulorum, sed quasi mercenarius et colonus erit.* Chap. 25, versets 39 et 40 du Lévitique.

sultait du vœu même de la loi. Aux années sabbatiques qui revenaient tous les sept ans, aux années jubilaires, les fers de l'esclave étaient brisés sans rançon (1) ; son attachement à son maître le déterminait-il à ne point profiter de ce privilége périodique ? on lui perçait l'oreille ; c'était le signe d'une éternelle servitude (2).

Le créancier ne pouvait, dans aucun cas, exercer la contrainte par corps sur la personne de son débiteur ; il lui demandait seulement, suivant l'usage, des garanties, telles que le cautionnement judiciaire, le gage, l'hypothèque.

Si, au jour marqué, la dette n'était point payée, le créancier n'avait point le droit d'entrer dans la maison de son débiteur pour saisir le gage promis ; il devait l'attendre sur le seuil de la porte, et même le lui rendre, après l'avoir reçu, si l'indigence de l'emprunteur était notoire (3).

On croit généralement que les dettes étaien remises tous les sept ans à l'année sabbatique.

(1) Exode, chap. 21, verset 2. Deuteronome, chap. 15, verset 12.

(2) Exode, chap. 21, versets 5 et 6. Deuteronome, chap. 15, versets 16 et 17.

(3) Deuteronome, chap. 24, versets 10, 11, 12, 13.

Suivant M. de Pastoret (1), cette remise n'était que temporaire pendant la septième année; selon les rabbins juifs (2), les dettes se prescrivaient à cette époque; mais il demeure incontestable que, tous les cinquante ans, l'année jubilaire les anéantissait intégralement.

Dès que l'empereur Titus eut renversé de fond en comble le temple de Jérusalem, la destinée des Juifs, qui semblait attachée à ce monument, ne tarda pas à changer; bientôt ils cessèrent de former un corps de nation; répandus çà et là dans toutes les régions du monde, ils perdirent état politique, patrie, gouvernement, en un mot, tout ce qui constitue un peuple; ils ont néanmoins conservé jusqu'à nos jours, avec une persévérance inouie, les rites multipliés de leur religion; mais ils sont contraints d'adopter les lois civiles et criminelles des divers pays qu'ils habitent. La trace de plusieurs peuples célèbres de l'antiquité s'est entièrement effacée; les Juifs, quoique depuis dix-huit cents ans sans chefs et sans protecteurs, ont survécu immobiles à toutes les révolutions. Leur population

Quatrième période.

Depuis la dispersion des Juifs jusqu'à nos jours.

(1) Histoire de la Législation, tome III, page 452.
(2) Ils émirent cette opinion dans l'assemblée réunie à Paris en 1806.

actuelle, évaluée à trois millions deux cent
mille âmes (1), va chaque jour s'augmentant.
Cependant qu'elle a été affligeante leur condition ! Partout proscrits et méprisés, leur histoire
n'est qu'un déplorable enchaînement d'injustices et de persécutions ; des contributions arbitraires sont levées sur les produits de leur
industrie. On leur impose des vêtemens différens de ceux des autres hommes ; des lois exceptionnelles les flétrissent dans l'opinion publique ; leur nom même devient pour le com-
merçant une épithète outrageante. En vain
l'inquisition allume contre eux ses bûchers
sanglans ; en vain ils sont déclarés indignes
d'être citoyens, dépouillés de leurs richesses,
jetés dans des cachots et mis hors la loi ; les
Juifs résistent partout, unis entr'eux par le
double lien de la religion et du malheur.

La loi du 13 novembre 1791 abrogea, en
France, les anciennes ordonnances si cruelles
et si tyranniques contre les Juifs (2) ; cependant

---

(1) *V*. l'Histoire des Juifs depuis la destruction du
temple de Jérusalem, publiée en 1830 par M. Charles
Malo.

(2) Les Juifs furent chassés en masse de la France
plusieurs fois, notamment par ordonnances, ou édits,
de Philippe Ier en 1096 ; de Philippe-Auguste en 1152 ;
de Louis IX en 1231 ; de Philippe-le-Bel en 1306, qui

la Révolution ne dissipa point complètement les préventions générales contre leur cupidité. Par deux décrets des 30 mai 1806 et 17 mars 1808, Napoléon soumit, pendant dix années, les Juifs, qui prêtaient de l'argent, à l'accomplissement d'humiliantes formalités. Enfin les Chartes de 1814 et de 1830 les ont rangés sans distinction au nombre des citoyens français; elles ont ainsi étendu sur eux leur bienfaisante protection. Une loi récente, du 8 février 1831, est venue révéler plus clairement encore les

les fit tous arrêter en un même jour, et confisqua leurs biens; de Philippe-de-Valois en 1346, qui obligea les Juifs de se convertir ou de quitter le royaume; de Jean en 1362; de Charles VI en 1394, qui leur défendit de demeurer en France, sous peine de la vie; de Louis XIII, par sa déclaration du 23 avril 1615, qui ordonna à tous les Juifs de sortir du royaume dans un mois, à peine de la vie et de la confiscation de leurs biens. Ainsi expulsés, les Juifs ne tardaient pas à reparaître en France pour prêter de l'argent aux grands et quelquefois même aux rois. *Voyez* le Code de la Religion, tome 1er, page 20.

Les Juifs furent aussi cruellement persécutés en Angleterre. On rapporte qu'une fois, sous le roi Jean-sans-Terre, on les mit tous en prison, et qu'ils n'obtinrent leur liberté qu'en payant 60,000 marcs d'argent. (Hume, Histoire de la maison des Plantagenets, tome 1er, page 585; *Amsterdam*, 1765). *Voyez* l'Esprit des Lois, livre XXI, chap. 20, à la deuxième page.

principes actuels du gouvernement français;
en accordant un traitement aux rabbins, elle
a rétabli entre la religion juive et les autres
cultes une juste égalité. Espérons que bientôt
un esprit d'humanité, partout triomphant, dé-
truira pour jamais d'odieux préjugés contre un
peuple, assez à plaindre déjà de n'avoir plus
de patrie.

CHAPITRE III.

DE LA LIBERTÉ INDIVIDUELLE

CHEZ LES ATHÉNIENS.

———◆✴◆———

D'un esprit vif et léger, d'un caractère inconstant, les Athéniens aimaient par nature l'indépendance personnelle. Ils abhorraient le despotisme, et cependant on pouvait aisément leur imposer des chaînes en les couvrant de fleurs. Mais, après quelques années d'une apparente léthargie, leur passion pour la liberté se réveillait plus ardente; le goût des arts et des lettres la développa; leurs institutions démocratiques vinrent encore l'accroître et la fortifier.

Athènes a été gouvernée durant 487 ans par des rois (1); ils réunissaient à leur couronne les fonctions de pontife, de général et de juge; toutefois leur puissance était peu

(1) *Fasti attici de Corsini*, tome 1er, page 51.

étendue (1); ils étaient obligés de prendre les avis d'un conseil, placé près du trône, et de communiquer ses décisions à l'assemblée générale de la nation, qui les approuvait ou les rejetait. Les rois d'Athènes n'en avaient réellement que le nom; ils se montrèrent presque tous de véritables chefs de famille, et laissèrent chaque Athénien entièrement maître de sa personne (2). Quoique souvent exposés aux caprices et aux violences de leur peuple, ils restreignirent eux-mêmes les limites de leur autorité. Thesée partagea les citoyens en trois ordres, maintint parmi eux l'égalité, et jeta les premiers fondemens d'une république. Erecthée consolida les innovations de ce héros; Codrus dévoua sa vie pour ses sujets; comment les Athéniens reconnurent-ils un si généreux sacrifice? Ils détruisirent le gouvernement monarchique. Aristide exilé, Miltiade expirant dans les fers, Phocion condamné à mort ont prouvé que la reconnaissance n'était pas la vertu des Athéniens.

Leur extrême mobilité les entraîna souvent

(1) De l'origine des lois par Goguet, tome 3, p. 103.
(2) *V*. le Dictionnaire des Antiquités de Furgaut, au mot : Gouvernement des Athéniens, *Paris*, 1809.

à changer leurs lois; il faut néanmoins leur rendre cette justice qu'ils surent ménager les transitions, si funestes en politique quand elles sont brusquées. Au gouvernement des rois on substitua l'archontat qui fut d'abord perpétuel, puis décennal, puis annuel. Le pouvoir, centralisé dans les mains d'un seul homme, les inquiéta encore; ils le divisèrent entre neuf archontes.

Depuis la glorieuse mort de Codrus jusqu'à la première olympiade, c'est-à-dire, durant environ trois siècles, l'histoire est restée muette sur l'état de la république. Athènes n'eut probablement pas à déplorer ces événemens qui affligent et illustrent les nations. Cependant, au bout de cette longue période de tems, le besoin d'une législation plus complète se fit sentir; un homme intègre, mais inflexible, Dracon fut choisi pour la composer; il prodigua la peine de mort pour les fautes les plus légères, et, suivant l'expression de l'orateur Démades, il traça ses lois avec du sang. La sévérité des châtimens produisit l'impunité. Le peuple se souleva, des troubles éclatèrent; Athènes languissait en proie à l'anarchie, lorsque Solon parut.

Un sénat , de fréquentes assemblées du peuple, neuf archontes, un aréopage, telles furent les principales bases de la constitution de ce législateur.

Le sénat délibéra sur toutes les affaires publiques et jugea les crimes d'état. Le peuple statua définitivement sur les délibérations du sénat, les convertit en lois par son approbation et nomma à toutes les magistratures; ainsi il demeura, en réalité, dépositaire de la souveraine puissance; le sénat, dont les actes politiques étaient purement préparatoires, dont chaque membre d'ailleurs, à l'expiration de ses fonctions annuelles, attendait sa récompense du peuple, n'avait pas reçu assez d'autorité pour maintenir l'équilibre que Solon voulut établir. Aussi Anacharsis disait un jour à ce philosophe (1) : *J'admire que vous ne laissiez aux sages que la délibération, et que vous réserviez la décision aux fous.*

Les archontes, chargés de l'exécution des lois et de la police, exerçaient en outre, chacun selon leur rang, une surveillance spéciale.

L'aréopage, le premier des tribunaux judiciaires, comprit dans ses attributions la religion, l'éducation et les mœurs; ce ne fut

(1) *V*. Le Dictionnaire historique de M. Delandine et autres, au mot *Anacharsis*.

pas seulement une cour de justice ; c'était encore une institution politique préposée à la
garde de ce qu'il y a de plus précieux parmi
les hommes.

Hormis les aréopagites (1), les fonctionnaires d'Athènes étaient tous élus par la voie
des suffrages, quelquefois par la voie du sort,
et ne pouvaient remplir plus d'un an leur
charge. En déposant leurs insignes, tous se
voyaient contraints de rendre compte de leur
conduite à une commission appelée pour ce
motif, la Chambre des comptes. La courte
durée d'un pouvoir, dont l'usage était soumis
à un si scrupuleux examen, en prévenait les
empiétemens et les dangers; le sénat lui-
même, produit libre et sincère des élections,
ne fut jamais à Athènes le soutien d'une orgueilleuse oligarchie.

Grâce au système électif partout appliqué,
l'Athénien jouissait, comme citoyen, de toute
sa consistance individuelle; il prenait une véritable part de la souveraineté, soit en jugeant
les criminels, soit en votant dans ces assemblées publiques où se mettait chaque jour

---

(1) Les archontes, en quittant leurs fonctions, devenaient de droit aréopagites, et pouvaient seuls être
élevés à cette dignité qu'ils conservaient toute leur vie.

en action ce gouvernement essentiellement démocratique.

Dans ses relations privées, l'Athénien n'était point assujetti, comme les autres peuples de l'antiquité, au joúg d'une loi minutieuse; il n'avait à redouter que la censure de l'aréopage; le commerce multipliait les agrémens de sa vie intérieure, facilitait ses rapports de société en égalisant tous les rangs, augmentait en lui le besoin et l'amour de son indépendance personnelle.

Les femmes d'Athènes, quoique moins dépendantes que les dames romaines, vivaient néanmoins dans un pénible état de contrainte. La loi ne leur permettait de sortir pendant le jour que dans certaines circonstances, et pendant la nuit qu'en voiture. Mais cette loi, inexécutable pour les femmes du peuple, ne devint pour les autres qu'une règle de bienséance. Si l'extérieur des femmes blessait la pudeur, les magistrats, chargés de veiller sur elles, les condamnaient à une forte amende, et leur sentence restait affichée sur la promenade publique (1).

Toutefois cette république goûta rarement

(1) *V.* Le Voyage du jeune Anacharsis, par Barthelemy, tome II, chap. 20.

les douceurs de la paix ; elle eut tour à tour à supporter le despotisme de Pisistrate, le choc des armées de Xercès, les trente tyrans imposés par Lysandre, et ces divisions intestines qui si souvent déchirèrent son sein. Au milieu de ses malheurs, Athènes se montra constamment jalouse et digne de sa liberté ; elle éleva des statues aux deux héros qui la délivrèrent des Pisistratides ; plus tard, à la voix de Thémistocle, ses courageux citoyens abandonnèrent leurs dieux pénates, leurs femmes, leurs enfans, leurs propriétés pour se soustraire à la domination du roi des Perses, transportèrent leur patrie indépendante sur de fragiles vaisseaux, et forcèrent leur superbe ennemi à fuir précipitamment dans ses Etats. Il n'a été donné qu'à un peuple libre de déployer un aussi admirable patriotisme !

Ainsi protégée par les institutions politiques, la liberté individuelle des Athéniens trouva également un appui dans leur législation civile et criminelle !

A l'époque où florissait Solon, l'emprisonnement pour dettes avait été la principale cause des troubles qui désolaient Athènes ; le premier acte de ce grand homme fut d'abolir toutes les dettes ; il remit lui-même à ses débiteurs sept talens qu'il avait recueillis dans la succession de son père, espérant que son exemple serait suivi; de plus, il déclara nulles toutes les obligations qui se contracteraient à l'avenir sous peine de la contrainte par corps (1).

Il était de principe qu'aucun citoyen ne pouvait, pour un motif quelconque, aliéner sa liberté, ni celle de ses enfans. Une seule exception avait été posée dans l'intérêt des mœurs. Si un Athénien se trouvait témoin du déshonneur de sa fille, ou d'une sœur dont il surveillait la conduite, il était maître de la réduire en servitude. Du reste, il fallait un crime pour autoriser la suspension de la liberté d'un citoyen; dès qu'il était commis, chacun pouvait en demander la répression. Loi sage qui provoquait le châtiment des forfaits, et semblait, en liant les Athéniens par un même intérêt, n'en faire qu'une seule famille! Cependant les parties lésées avaient seules le droit de poursuivre les délits privés.

Le coupable était-il surpris au moment où il consommait son crime? des officiers publics, appelés *undécemvirs*, pouvaient l'incarcérer (2)

(1) *V.* l'Abrégé de la vie des plus illustres Philosophes, par Fénélon, page 22. *Lyon*, 1811.

(2) *V.* le discours de Démosthène C. Androtion, p. 703.

et le dénoncer ensuite aux archontes. Chaque citoyen avait aussi le droit de l'arrêter; s'il n'en usait pas, il s'adressait au magistrat qui se transportait sur les lieux et constatait le délit. Ce droit, conféré à chaque particulier, aurait été une arme fort dangereuse contre la liberté individuelle, si celui qui l'exerçait n'avait pas été forcé de se constituer accusateur; il comparaissait devant le second archonte ou l'un des six derniers archontes, nommés *thesmotètes*, suivant la gravité des faits. Après deux interrogatoires, le magistrat lui demandait s'il était en état de soutenir son accusation; lorsqu'il persistait, il prêtait serment de dire la vérité, produisait ses preuves, et déposait une somme d'argent comme garantie de sa dénonciation qui demeurait affichée jusqu'à l'appel de la cause. On a vu quelquefois l'accusateur se rendre volontairement en prison pour proclamer à tous les yeux la justice de l'action qu'il avait intentée. L'archonte procédait à une information; puis il renvoyait l'affaire devant le tribunal compétent.

Les audiences étaient publiques; on permettait à l'accusé d'employer tous les moyens qu'il croyait nécessaires à sa défense. Les témoins fesaient, en sa présence, leurs dépositions à haute voix; et la *question* n'était

ordonnée contre un citoyen que dans des cas
extraordinaires. Les juges s'assemblaient en
très grand nombre; s'il y avait partage entr'eux, l'accusé était absous; l'accusateur qui
ne réunissait pas le cinquième des suffrages,
ou qui même renonçait à son accusation avant
le jugement, se voyait condamner à une
amende de mille dragmes. La crainte de cette
peine, d'ailleurs toujours ignominieuse, fut
souvent funeste à la sureté publique en assurant l'impunité des coupables. Quelquefois les
formes judiciaires, les plus favorables aux
intérêts de l'accusé, sont d'inutiles boucliers
contre les erreurs et les passions des juges. Le
récit du procès de Socrate va le prouver:

Une dénonciation ainsi conçue est portée à
l'archonte-roi:

« Mélitus, fils de Mélitus, intente une ac-
» cusation criminelle contre Socrate, fils de
» Sophronisque, du bourg d'Alopèce. Socrate
» est coupable en ce qu'il n'admet pas nos
». dieux, et qu'il introduit parmi nous des divi-
» nités nouvelles sous le nom de génies; Socrate
» est coupable en ce qu'il corrompt la jeunesse
» d'Athènes; pour peine, la mort (1). »

Pendant l'instruction, les témoins sont ga-

(1) *V*. le Voyage du jeune Anacharsis, chap. 67.

gnés. Anytus et Lycon, orateurs d'état, en possession d'un grand crédit sur la multitude, unissent leurs efforts à ceux de Mélitus pour la séduire. Socrate est jeté dans une prison ; cependant l'archonte saisit de l'affaire le tribunal des héliastes. Le vertueux accusé est assigné à comparaitre devant ses juges, au nombre d'environ 500. Après les insidieuses plaidoiries de ses adversaires, il prend lui-même la parole. Son discours est simple comme la vérité, noble comme l'innocence. Un premier jugement, rendu à une très faible majorité, le déclare coupable ; à ce moment, il lui était libre, suivant la loi, de choisir entre une amende et une prison perpétuelle ; il pouvait se condamner lui-même à l'exil. Seulement, dans ce dernier cas, ses biens auraient été confisqués et vendus ; mais Socrate, dédaignant un privilége dont l'usage suppose l'aveu du crime, expose sa vie passée et les services qu'il a rendus à son pays. Le peuple irrité, dans un second arrêt, prononce contre lui la peine capitale ; et le plus sage des hommes, condamné à mort, est reconduit dans sa prison ; là, entouré de sa famille et de ses disciples, il continue ses leçons jusqu'au moment où les undécemvirs viennent lui annoncer qu'il doit boire la ciguë.

Ainsi que l'apprend la détention préalable de ce philosophe, l'accusé pouvait être arrêté avant son jugement, même hors le cas de flagrant délit; mais il avait le droit d'obtenir sa liberté en présentant des cautions, à moins qu'il ne fût inculpé de certains crimes graves, comme d'une conspiration contre le gouvernement. Ce droit si précieux de donner caution rencontrait une nouvelle garantie dans le serment des sénateurs; ils juraient, en commençant leurs fonctions, de ne jamais faire incarcérer aucun Athénien qui offrirait trois répondans possédant le même revenu que lui; dans tous les cas, l'accusateur discutait l'admission de ceux qui étaient proposés.

La loi autorisait encore l'emprisonnement des débiteurs de l'Etat insolvables, tels que les condamnés à l'amende, les dépositaires infidèles des revenus publics jusqu'au jour où ils pouvaient se libérer. Elle consacrait l'hérédité des peines, principe souverainement injuste. Hors d'état de payer l'amende de 50 talens prononcée contre Miltiade, Cimon fut envoyé dans une prison; on n'avait à lui reprocher que d'être le fils d'un grand homme; il remplaça son père qui venait d'y mourir couronné des lauriers de Marathon, et ne recouvra sa liberté qu'aux dépens de son bonheur. Cet illustre capitaine fut obligé de céder en mariage Elpinice, sa sœur et sa femme, au riche Callias qui acquitta sa dette (1).

Les lois pénales de Solon, quoique plus douces que celles de Dracon, ne se firent point cependant remarquer par leur indulgence. Elles infligèrent la peine capitale aux vols qualifiés, aux attentats contre la religion, le gouvernement et la liberté des citoyens; mais elles tolérèrent, même en cas d'assassinat, les compositions pécuniaires.

L'homicide cessa d'être un crime quand il fut exécuté sur un tyran; c'était alors un acte conservateur de la liberté nationale. Le meurtrier recevait et transmettait à ses descendans les témoignages de la reconnaissance publique. Il était même permis d'ôter la vie à l'ambitieux, seulement soupçonné de vouloir renverser le gouvernement populaire (2).

La mort, la déportation, l'emprisonnement, la dégradation, voilà les châtimens que subissaient les hommes libres. La mutilation, le

____

(1) *V*. Plutarque, Vie de Cimon; Cornelius Nepos, Vie de Cimon, chap. 1er, page 31, édition stéréotype de Didot.

(2) *V*. le Discours de l'orateur Lycurgue contre Léocrite, page 165.

fouet, les stigmates, les fers furent, hors quelques cas rares, réservés aux esclaves (1). Devant les tribunaux, les dépositions des hommes
libres étaient affirmées par des sermens; celles
des esclaves, par des tortures. Cruauté d'autant plus inexplicable que, malgré la puissance
illimitée des maîtres, les esclaves étaient ordinairement traités avec douceur à Athènes(2),
que la loi se plaisait même, dans certaines
circonstances, à protéger leur sureté! Ainsi
un esclave, frappé par un autre que son maître, avait le droit de l'appeler en justice,
et l'on punissait rigoureusement le coupable.
Etait-il mécontent des traitemens de son propre maître? il pouvait le citer devant le magistrat, et obtenir l'autorisation d'être vendu
à un autre plus humain. Toutefois, il lui fut
interdit de repousser la violence par la vio-

(1) *V*. l'Histoire de la Législation, de M. de Pastoret, tome VII, page 78.

(2) Il parait que, du tems de Démétrius de Phalère,
la population d'Athènes s'élevait à 71,000 habitans,
sur lesquels on comptait 40,000 esclaves, et 10,000
étrangers domiciliés (*V*. l'Abrégé de Géographie de
M. Balbi, page 548.); et cependant les esclaves ne se
sont jamais révoltés. Est-il une plus forte preuve de
la bienveillance dont on usait généralement à leur
égard?

lence; s'il tuait, en se défendant, un homme libre, on le considérait comme un parricide.

Le goût des plaisirs, si prononcé chez les Athéniens, profita du moins aux prisonniers qui prenaient part à leurs nombreuses fêtes; certains détenus étaient rendus à la liberté aux Thesmophories; tous voyaient leur captivité suspendue pendant les Bacchanales.

Cette législation criminelle pouvait sans doute garantir sur plusieurs points la liberté individuelle des Athéniens; mais que sont les meilleures lois, si elles sont mal appliquées! Aristote a critiqué avec raison l'organisation judiciaire de ce peuple. Outre l'aréopage, tribunal permanent, il existait dix tribunaux, renouvelés tous les ans par la voie du sort, et composés d'un grand nombre de juges. Quatre étaient chargés de statuer sur les meurtres, et les six derniers de prononcer sur les affaires civiles et criminelles. Trente ans d'âge, une conduite sans reproche, ne rien devoir au trésor public, telles étaient les seules qualités requises pour exercer les fonctions de juge.

Solon avait divisé les Athéniens en quatre classes; les trois premières renfermaient les propriétaires distribués suivant la quotité de leur fortune. La quatrième, uniquement composée d'artisans, ne put long-tems aspirer à aucun emploi public, ni assister aux assemblées du peuple ; mais par une inconcevable bizarrerie, les membres de cette dernière classe, dès qu'ils remplissaient les conditions exigées pour faire partie d'un tribunal, pouvaient disposer de l'honneur, de la liberté, et de la vie de leurs concitoyens. On donnait à chaque juge trois oboles par séance. L'appât du gain redoubla l'assiduité de ces hommes, trop souvent sans argent et sans lumières. Avec de tels magistrats, faut-il s'étonner que la balance de la justice ait été tant de fois agitée par les passions !

Les lois de Solon éprouvèrent des modifications généralement peu favorables à la liberté ; l'une des plus remarquables fut l'ostracisme. Tous les cinq ans, le peuple, réuni au nombre de 6000 votans, pouvait, à la simple majorité, condamner un citoyen illustre à un exil de dix années. Cette peine honorable ne lui enlevait ni la considération publique ni la jouissance de ses biens ; on punissait en lui, non son crime, mais ses talens qui fesaient redouter sa puissance ; l'ostracisme était le privilége des grandes renommées et le châtiment de leur gloire ; il ne fut prononcé qu'une seule fois contre un homme méprisé, contre Hyperbolus ;

honteux de l'avoir avili, les Athéniens l'abolirent (1).

Ainsi l'ostracisme, les vices d'une constitution trop démocratique et de l'organisation judiciaire, la continuelle surveillance de l'aréopage, les troubles fréquens de la république s'opposèrent à l'entière et paisible possession de la liberté individuelle; néanmoins il est certain qu'elle fut connue et souvent respectée à Athènes.

Depuis le siècle de Périclès, cette ville perdit chaque jour une partie de sa puissance et de sa liberté; l'aréopage cessa d'exister comme corps politique et influent; le sénat fut successivement dépouillé de ses prérogatives, la palce publique resta seule souveraine; le pouvoir populaire l'emporta sur les deux autres; mais les triomphes de la démocratie, toujours turbulente et passionnée, ne sont jamais d'une longue durée. A peine échappée aux discordes civiles, Athènes se soumit, malgré l'éloquence de Démosthènes, à la domination des Macédoniens. Plus tard, elle se laissa prendre et ravager par Sylla; dès ce moment, l'Attique devint province romaine. Cependant

(1) *V.* Plutarque, Vie d'Aristide; Thucydide, livre 8, § 73.

ses habitans conservèrent long-tems encore
leur esprit audacieux et frivole, leurs lois et
leurs magistrats; on les vit rendre des honneurs
divins à Démétrius Poliorcète qui proclama
dans le Pirée la liberté du peuple, se ranger
du parti de Pompée et de Brutus, et dresser
des statues aux assassins de César.

En 323, Constantin transforma la république de Solon en une principauté dont le chef
prit le titre de grand-duc. Après avoir été
conquise tour à tour par les Français croisés,
les Catalans et les Vénitiens, Athènes tomba,
en 1455, au pouvoir de Mahomet II.

Comme si la fortune avait voulu lui faire
expier sa gloire, elle gémit écrasée, durant
près de quatre siècles, sous le joug odieux des
Turcs. Le voyageur vint, d'un œil consterné,
contempler ses ruines. Que de fois il s'arrêta
indigné à l'aspect du stupide Musulman tantôt
indolemment couché sur les débris du Parthé-
non, tantôt foulant aux pieds les tombeaux
des plus grands génies de l'antiquité! Ainsi,
quoique descendue au dernier degré de la
servitude, la patrie de Sophocle et de Thucydide n'en conserva pas moins sa célébrité;
désormais le tems lui-même ne pourrait la lui
ravir.

Dans la noble régénération de la Grèce, les

Athéniens se sont fait distinguer par leur héroïque persévérance, et, de leurs mains cou-
rageuses qu'un long esclavage n'avait pu énerver, ils ont eux‑mêmes brisé leurs fers.
Dignes de leurs ancêtres, ils se sont retirés,
comme eux, dans l'île de Salamine, à l'appro-
che d'autres barbares. En vain les Ottomans
leur promirent la grâce de récolter en paix
leurs moissons; « Si nous étions vos prison-
» niers, répondirent‑ils, nous ne voudrions
» même pas nous abaisser à vous demander
» la vie (1). »

(1) Tome III, page 408 de l'Histoire de la régénération de la Grèce par M. Pouqueville.

5

CHAPITRE IV.

DE LA LIBERTÉ INDIVIDUELLE

CHEZ LES LACÉDÉMONIENS.

LE génie de Lycurgue comprit toute la puissance de l'éducation sur l'avenir d'un peuple. On le vit aussi transformer, avec une rapidité vraiment magique, les Lacédémoniens dépravés (1) en guerriers de mœurs simples et sévères; et sa patrie, tant qu'elle demeura fidèle à ses lois, domina sur la Grèce.

Le gouvernement, que créa Lycurgue, était un mélange de royauté, d'aristocratie et de démocratie.

Deux rois se partageaient le trône; leur pouvoir était très borné, surtout pendant la

(1) *V.* la Biographie universelle de Michaud, au mot *Lycurgue.*

paix; ce furent, en réalité, les deux premiers citoyens de Sparte, chargés de présider le sénat. En tems de guerre, ils avaient une autorité plus étendue et le commandement des armées; mais on leur adjoignait encore des commissaires ou inspecteurs qui leur servaient de conseil nécessaire. Ainsi divisée entre deux princes dont la couronne et la désunion semblaient également héréditaires, la puissance royale pouvait difficilement devenir absolue!

L'aristocratie résidait dans le sénat; il délibérait sur les affaires publiques, et jugeait certaines causes graves. Les fonctions de sénateurs duraient toute la vie: mais il fallait soixante ans d'âge et une conduite irréprochable pour les mériter.

On soumettait au peuple les délibérations du sénat dans des assemblées convoquées tous les mois; le peuple avait seulement le droit de les approuver ou de les rejeter. S'il venait à les modifier, une loi, rendue sous Polydore et Théopompe, autorisait les rois et le sénat à annuler ce qu'il aurait changé. Ainsi, dans le principe, l'élément démocratique n'était pas fort influent; il consistait principalement dans l'élection des sénateurs laissée au peuple. On devait craindre que les efforts réunis du sénat et des rois ne diminuassent encore la faible

part de liberté politique réservée aux Lacédémoniens; mais le caractère de cette nation,
avide d'indépendance comme tous les Grecs,
s'opposa à cette usurpation. Elle réclama avec
énergie des mandataires permanens, et Théopompe confia à cinq éphores la défense de ses
droits.

Chacun de ces magistrats, élu par le peuple,
ne remplissait cette importante mission que
pendant une année; ils présidaient les assemblées publiques, dirigeaient le choix des fonctionnaires, leur demandaient compte de leur
gestion, et, lorsque les rois marchaient à la
tête des armées, ils gouvernaient en leur absence. Appelés à statuer sur la plupart des affaires civiles et criminelles, ils pouvaient casser
les sénateurs, les faire incarcérer et même les
condamner à mort. Les rois étaient obligés de
leur obéir à la troisième sommation, et se le-
vaient, dès que les éphores paraissaient dans
un lieu public, par déférence pour leur qualité de représentans du peuple. Sous leur protection, les assemblées générales acquirent
une haute prépondérance dans le gouvernement.

Les éphores s'attribuèrent successivement
l'inspection des mœurs et de la jeunesse, la surveillance de tous les autres magistrats, l'exécu-

tion des lois; mais, non contens de s'être en-
richis des dépouilles de la royauté, ils se
permirent d'étendre leur juridiction jusque sur
les princes, et même quelquefois de les faire
arrêter. L'intérêt du peuple avait été le spécieux prétexte dont les éphores s'étaient servis
pour s'emparer d'une autorité aussi arbitraire.
Ils en abusèrent ensuite pour l'opprimer lui-
même, et les défenseurs du peuple devinrent
ses tyrans. Sparte, qui n'était, depuis leur
création, qu'une république parée des formes
monarchiques, se changea en une odieuse oligarchie. Le gouvernement mixte, établi par
Lycurgue, fut détruit de fait; l'expérience
prouva que la concentration des pouvoirs est
aussi favorable au despotisme que leur division
est utile à la liberté.

Les institutions de ce législateur, lors même
qu'elles furent scrupuleusement observées,
ont-elles assuré aux Lacédémoniens la jouissance de la liberté individuelle? Qui oserait
soutenir l'affirmative?

Lycurgue sacrifia tout au désir de faire de
ses compatriotes un peuple de héros; la guerre,
toujours la guerre, voilà l'idée qui devait absorber leur esprit, qui fut le but de leurs exercices, de leurs jeux, de leurs plaisirs mêmes,
en un mot, de toute leur existence. Sparte de-

vint une caserne. Mais ses fiers habitans, si durs envers les vaincus, ne pouvaient se vêtir, se nourrir, s'occuper, se divertir, ni même se marier à leur volonté. La loi réglait jusqu'à leurs relations les plus secrètes; il n'était pas loisible à un Spartiate de visiter librement sa nouvelle épouse (1); ses enfans mêmes ne lui appartenaient pas exclusivement; leur complexion délicate, en naissant, annonçait-elle qu'ils seraient incapables de soutenir les fatigues de la guerre, on les précipitait inhumainement dans un gouffre, près du mont Taïgete. Agésilas, mort après quatre-vingts ans de victoires, montra pourtant qu'on pouvait être à la fois boiteux et grand capitaine.

Les Lacédémoniens ne connaissaient pas les charmes de la vie privée; les repas, les travaux, les conversations, tout était commun entr'eux, tout se passait dans des lieux publics; leurs actions, à chaque instant du jour, étaient déterminées d'avance par la loi; ils ne pouvaient donc en disposer à leur gré, et avaient ainsi perdu la propriété de leurs personnes.

Sans doute rien ne paraîtrait plus assujettissant, plus intolérable à un Français de nos jours que cet oubli permanent de son indivi-

(1) *V.* Plutarque, Vie de Lycurgue.

dualité, que cette continuelle abnégation de
soi-même. Le Spartiate se soumettait sans peine
à une véritable discipline de régiment (1),
parce qu'il savait que la loi l'imposait également
à tous ; il y était d'ailleurs accoutumé dès
l'enfance. Les priviléges attachés à la qualité
de citoyen l'en dédommageaient, et l'amour de
la patrie, que cette vie tout extérieure avait
pour objet de fortifier, ennoblissait du moins
son dévouement.

Le partage des terres, si habilement exécuté
par Lycurgue, attesta tout ce que ce beau sentiment était capable d'inspirer aux Lacédémoniens ; leurs biens respectifs diminuèrent ; mais
la simplicité et la frugalité se naturalisèrent à
Lacédémone. Le mépris de l'argent (2) leur
laissa long-tems ignorer les dangers du luxe ;

(1) « Le gouvernement de Sparte ne semblait pas
» estre police de chose publique, ains plustost reigle
» de quelque dévote et saincte religion, » dit Plutarque, Vie de Lycurgue, § 23, traduction d'Amyot.

(2) Quant aux procès, on peut bien penser qu'ils
furent bannis de Lacédémone avec l'argent, attendu
mêmement qu'il n'y avait plus d'avarice, de convoitise,
de pauvreté, ni de disette, ains égalité avec abondance, et grande aisance de vivre à cause de leur sobriété sans aucune superfluité. (Plutarque, Vie de
Lycurgue, traduction d'Amyot.)

ils n'eurent à redouter ni l'acharnement des poursuites judiciaires, ni la rigueur de la contrainte par corps; ce n'est que du moment où l'or des Perses pénétra parmi eux que les dettes se multiplièrent; les rois, en montant sur le trône, avaient droit de les abolir.

En matière criminelle, la liberté individuelle n'était nullement garantie; il serait difficile de retracer ici un tableau complet de la procédure; Lycurgue s'en est très peu occupé; comme s'il espérait que ses institutions, sagement fondées sur les mœurs, auraient la puissance de prévenir tous les délits.

Dès qu'un crime grave était commis, les éphores pouvaient faire saisir et renfermer l'accusé dans une prison; suivant la nature des faits, ils le jugeaient eux-mêmes, ou le traduisaient, soit devant le sénat, soit devant les magistrats inférieurs; il n'était pas permis au Spartiate, arrêté provisoirement, de recouvrer sa liberté en offrant une caution.

Les dépositions des témoins, les écrits de l'accusé, ses aveux qu'on pouvait lui arracher à force de tortures, voilà les preuves qu'on admettait pour établir sa culpabilité. De simples présomptions auraient été insuffisantes; après son absolution, si de nouvelles charges se découvraient, il était poursuivi une seconde fois pour le même fait qui avait motivé son acquittement.

Les peines étaient généralement fort sévères, sans proportion avec le crime; toutefois le plus scrupuleux examen devait précéder une condamnation capitale; elle s'exécutait la nuit, dans l'intérieur de la prison; un lacet terminait les jours du condamné, afin de ne point prolonger ses souffrances.

On tolérait à Sparte le vol de légumes et d'autres objets de peu de valeur, commis par des jeunes gens, dans le but d'exercer leur adresse; mais s'ils avaient le malheur d'être surpris au moment du larcin, ils subissaient un châtiment.

Un roi était-il inculpé d'un crime? il était jugé comme les autres citoyens; seulement il comparaissait devant un tribunal composé des vingt-huit sénateurs, des cinq éphores et de l'autre roi, et pouvait appeler du jugement prononcé contre lui devant l'assemblée générale du peuple.

Lycurgue ne voulut pas que ses lois fussent écrites; il aima mieux qu'elles demeurassent gravées dans le cœur des citoyens; son vœu fut rempli; les Lacédémoniens professèrent long-tems pour elles un véritable culte; mais ce législateur n'avait peut-être pas assez songé

sur ce point à la fragilité humaine; que de fois,
en matière pénale, se firent sentir les funestes
effets de son imprévoyance! Obligés de statuer sur des cas non prévus, les éphores,
qu'aucun texte ne guidait, se laissèrent entrainer à satisfaire leurs inimitiés personnelles;
ce fut surtout contre les rois qu'ils firent un
coupable abus de leur pouvoir illimité; ainsi
ils condamnèrent à l'amende Archidamus pour
avoir épousé une petite femme, et Agésilas
pour s'être fait aimer de ses sujets. La porte
du temple, où se réfugia Pausanias, fut murée
par leur ordre; et le vainqueur de Platée expira au milieu des tourmens de la faim. Rappellerai-je encore l'arrestation d'Agis exécutée
par un éphore, par le perfide Ampharés (1),
l'assassinat judiciaire de ce prince digne d'un
meilleur sort, et le meurtre d'Archidamie et
d'Argésistrata, son aïeule et sa mère, étranglées toutes deux sans jugement sur son cadavre? Non, toute la gloire de Sparte ne
pourra effacer ce triple forfait aux yeux de la
postérité.

Le nombre des esclaves était fort considérable dans cette cité (2); on les divisait en deux

(1) *V*. Plutarque, Vie d'Agis, § 18.
(2) A la bataille de Platée, chaque Spartiate menait
à sa suite sept esclaves.

classes : les esclaves domestiques, et les ilotes ;
les premiers, ordinairement employés aux travaux intérieurs du ménage ; les seconds, particulièrement attachés aux fonds de terre, qui
tenaient le milieu entre les esclaves domestiques et les hommes libres. Ces derniers affer-
maient les biens ruraux des Lacédémoniens,
et, dans la vue de les fixer par l'appât du gain,
on n'exigeait d'eux qu'une modique redevance.
Toutefois la condition des esclaves à Sparte
était misérable ; elle se ressentait de leur origine et peut-être aussi du caractère rude et impitoyable des Spartiates. Ils descendaient tous
des habitans d'Hélos réduits en servitude pour
avoir voulu reconquérir leur indépendance, les
armes à la main. Depuis la prise de cette ville,
il était permis de les frapper, de les blesser,
de les tuer, de les traiter, en un mot, comme
des prisonniers de guerre, ou plutôt comme
des bêtes de somme (1). Quelque fût la conduite des maîtres, la loi refusait aux esclaves
sa protection ; vainement aussi les esclaves au-

(1) Dans un mémoire inséré au tome 23 des Mémoires de l'Académie des inscriptions et belles-lettres,
M. Capperonnier rapporte ce fait presqu'invraisemblable : Si quelqu'esclave semblait, par sa taille avantageuse, s'élever au-dessus de sa condition, il était
puni de mort, et son maître condamné à l'amende, afin

raient-ils rendu d'importans services ; les maîtres ne pouvaient leur donner la liberté pour
récompense ; ils appartenaient à l'Etat ; à ce
titre, il fallait qu'ils fussent affranchis par un
décret public. Lorsque leurs fers étaient brisés,
ils pouvaient, en se signalant par quelque action d'éclat, s'élever au rang de citoyens ; et
cette classe, si cruellement opprimée, se glo-
rifia d'avoir produit trois grands hommes :
Callicratidas, Gylippe et Lysandre.

Il existait encore à Lacédémone un usage
tellement barbare, que la postérité l'a mis en
doute, c'était la chasse aux ilotes (1). En commençant leurs fonctions, les éphores leur dé-
claraient la guerre ; dès ce moment, chaque
Spartiate, en embuscade dans les champs, avait
le droit de massacrer tous les ilotes qu'il rencontrait, la nuit, sur les chemins. Dans tous
les cas, l'histoire a proclamé avec raison cette
triste vérité : nulle part, l'esclave n'a été plus
malheureux qu'à Sparte (2).

qu'il empêchât, par ses mauvais traitemens, que les esclaves, qui lui restaient, ne pussent un jour par leurs
avantages extérieurs blesser les yeux des citoyens.

(1) *V.* Sur la chasse aux Ilotes et la Cryptie, les savantes notes de Barthélemy, dans le Voyage du jeune
Anacharsis, tome 4, page 395, édit. de Bure, 1791.

(2) *V.* Lettres de quelques Juifs, par l'abbé Guénée,
tom. IV, p. 13.

Lorsque l'audace et la tyrannie des éphores furent parvenues à leur comble, les Lacédémoniens ne les supportèrent plus qu'avec répugnance. Cléomène III, devenu à dix-sept ans le roi et le réformateur de son pays, profita habilement de cette disposition des esprits. A son avénement à la couronne, il fit périr les éphores et rétablit les lois de Lycurgue ; mais ses généreuses intentions ne purent long-tems se réaliser. Lacédémone, qui exerça pendant tant d'années une haute influence sur les destins de la Grèce, succomba devant les armées réunies des Achéens et des Macédoniens. Plus tard, Philopémen renversa pour jamais son gouvernement ; et cette ville, ainsi dépouillée des institutions de Lycurgue auxquelles sa puissance semblait attachée, se vit obligée de se résigner paisiblement à la domination des Romains.

En 527, à l'époque où l'empire d'Orient fut divisé en gouvernemens nommés *themata*, elle se transforma en une principauté dont les chefs portèrent la sinistre dénomination de *despotes*. Depuis lors, son histoire resta presque inconnue. Vers l'année 1130, le Péloponèse n'est plus appelé que la Morée. Dans les siècles suivans, on oublie la position et jusqu'au nom de Sparte. Plusieurs écrivains la confondent

même avec la ville de *Misitra* élevée à quelques milles de ses ruines.

En 1460, la Laconie tombe au pouvoir de
Mahomet; elle partage la servitude et les
chaînes de la Grèce jusqu'au jour où elle
prouva qu'elle renfermait encore dans son sein
de dignes descendans de Léonidas. Maintenant
la cabane d'un chévrier sert à faire reconnaître
l'emplacement d'une des cités les plus célèbres
de l'univers (1). Que Sparte du moins se con-
sole des vicissitudes de la fortune! la Morée,
si long-tems soumise à ses lois, est devenue le
principal théâtre de la gloire nouvelle des
Hellènes.

(1) *V.* l'Itinéraire de Paris à Jérusalem, tom. 1er,
p. 81, OEuvres complètes de Châteaubriand, édition
de Ladvocat.

CHAPITRE V.

DE LA LIBERTÉ INDIVIDUELLE

CHEZ LES ROMAINS.

JAMAIS peuple ne se montra plus attaché à la liberté que les Romains (1); ils en firent une divinité, et lui élevèrent un temple; elle fut la base de leurs institutions, l'âme de leur gouvernement sous la république, le but et plus souvent le prétexte des insurrections populaires, la cause principale de leur grandeur, et dès qu'elle diminua, le signal de leur décadence.

Mais cette liberté, dont les Romains étaient si jaloux et si fiers, ne fut-elle pas plus politique qu'individuelle? l'esquisse de leur histoire sous les rois, sous les consuls, sous les empereurs servira peut-être à résoudre cette intéressante question!

(1) *V*. Bossuet, Discours sur l'Histoire universelle, p. 412.

Pour peupler la ville éternelle, Romulus y fonda un lieu d'asile et enleva les filles des Sabins. Les aventuriers, les esclaves, les voleurs s'y réfugièrent en foule ; tous réclamèrent à l'envi des garanties pour leur indépendance d'autant plus précieuse à leur yeux que la plupart en avaient été privés. Romulus sut comprendre le vœu de ses concitoyens ; il eut même l'habileté, en le satisfesant, d'assurer la force au pouvoir et de jeter les fondemens de cette aristocratie du sénat qui devait conquérir à ses descendans l'empire du monde. Les trois principaux élémens de sa constitution furent : un roi électif, un sénat composé des nobles ou patriciens, et les assemblées du peuple.

Le roi commandait les armées, proposait les lois et exerçait une grande partie du pouvoir exécutif. Conseil du prince, le sénat statuait, sous sa présidence, sur les affaires publiques, civiles et criminelles. Le peuple élisait les rois, décidait la paix et la guerre, et jugeait certaines causes graves. Le roi, le sénat et le peuple participaient également à la puissance législative ; mais au peuple seul appartenait le droit de sanctionner les lois (1).

(1) *V*. Bossuet, Discours sur l'Histoire universelle, p. 412.

Romulus divisa ses sujets en deux ordres principaux, les patriciens et les plébéiens. Le premier renferma les citoyens les plus recommandables par leur âge, leur capacité ou leur fortune; le second, le reste des hommes libres. Ce prince tira ensuite des plus riches familles de Rome des militaires, nommés *celeres*, destinés à faire partie de la cavalerie, qui formèrent plus tard une classe intermédiaire, connue sous le nom de chevaliers; il répartit les Romains en six tribus; dans la sixième se trouvaient les affranchis auxquels on refusait l'honneur de combattre dans les armées (1). Les plébéiens donnaient leurs suffrages dans les assemblées, et jouissaient de tous les droits de citoyen; cependant ils furent exclus des honneurs et des dignités.

On attribue à Romulus l'établissement du patronage (2); desirant entretenir entre les diverses parties de la société cette harmonie si nécessaire à la tranquillité publique, il prescrivit à chaque plébéien de se choisir parmi les patriciens un patron. Dès ce moment, il s'établis-

(1) On ne les enrôlait dans la milice de terre que dans les cas pressans. *V.* Grandeur et décadence des Romains par Montesquieu, chap. 9.

(2) *V.* le Voyage de Polyclète, par M. de Théis, tom. 1, p. 307.

sait entr'eux deux des rapports de bienveillance et d'égards. Le patron devait veiller sur ses cliens comme un père sur ses enfans; et le client, vivant en quelque sorte sous sa dépendance, était tenu de lui prodiguer partout des marques de déférence et de respect; le tems vint étendre encore ces obligations réciproques; quiconque les violait, pouvait être tué comme sacrilège.

Dès les premières années de la fondation de Rome, le frère de Rémus accorda le droit de vie et de mort aux pères sur leurs enfans, aux maris sur leurs femmes, aux maîtres sur leurs esclaves; cette législation barbare substitua aux douces affections de la famille des sentimens de crainte et de méfiance; elle troubla le charme des relations les plus intimes, et accoutuma les enfans à voir dans leur père un tyran plutôt qu'un ami. Ne soyons plus surpris maintenant si les mœurs des Romains ont toujours conservé quelque chose de dur et de farouche qui rappelait la rudesse de leurs ancêtres.

La contrainte par corps fut aussi introduite à Rome dès l'origine; le créancier pouvait emmener et garotter son débiteur aussitôt que le roi le lui avait adjugé. Servius Tullius modifia une loi si contraire à la liberté individuelle; il n'accorda aux créanciers que la faculté de poursuivre sur les biens seuls le recouvrement de leurs dettes.

Rien ne prouve que l'administration de la justice ait été soumise à des règles déterminées ; la volonté des rois tenait lieu de loi ; ils se réservèrent d'abord le pouvoir de juger les crimes, puis le déléguèrent en grande partie à des magistrats nommés duumvirs capitaux ; on pouvait appeler de leurs décisions au peuple. Horace, dans l'enivrement de la victoire, souille ses mains du sang de sa sœur ; les duumvirs le condamnent à mort ; mais il défère leur sentence à l'assemblée du peuple, et les lauriers, dont sa tête est couronnée, la sauvent du dernier supplice.

Les peines d'ailleurs, incertaines comme les autres parties du droit, étaient laissées à l'arbitrage des rois ou de leurs délégués. « *Popu* » *lus sine lege certâ* (dit la loi 2 au digeste *de* » *origine juris*), *sine jure certo primùm agere* » *instituit, omniaque manu à regibus gu* » *bernabantur.* » On a remarqué la rigueur du petit nombre de lois pénales recueillies dans le code Papyrien (1).

La première prison fut construite au centre

(1) Ce code porte le nom du sénateur Papyrius qui le rédigea sous le règne du dernier Tarquin.

de la ville par l'ordre d'Ancus Martius (1) ;
elle atteste que l'on commença sous ce prince
à priver les criminels de leur liberté.

Les rois de Rome occupèrent le trône 244
ans ; si l'on jugeait leur gouvernement par la
haine profonde des Romains pour la royauté
depuis son abolition, on serait tenté de maudire leur tyrannie ; cependant le dernier Tarquin mérita seul cette réprobation ; les autres
souverains, quoiqu'investis d'une autorité illimitée sur plusieurs points, ne paraissent pas
avoir opprimé leurs sujets (2) ; après l'assassinat de Romulus, les sénateurs ne parvinrent
à calmer la fureur du peuple qu'en dressant des
autels à leur victime. Numa, Ancus Martius,
Tarquin l'Ancien, Servius Tullius consacrèrent leurs règnes à fonder d'utiles établissemens,
à perfectionner les lois. L'équilibre, que la
constitution tendait à maintenir entre le roi le
sénat et le peuple, subsistait encore à l'avénement de Tarquin le Superbe ; ce prince voulut
le détruire ; il fut détrôné.

Si, durant cette première période, les Ro-

(1) *V*. Tite-Live. livre 1er, n° 33.
(2) *V*. les Révolutions romaines de Verlot, tom. 1er ;
l'Esprit de l'histoire par M. Ferrand, tom. 1er ; la tragédie
de Brutus par Voltaire, acte 1er, scène 2.

mains ne connurent pas le bonheur matériel, ce fut plutôt la faute des grands que celle des rois. Les patriciens abusèrent de l'influence que leur assurait leur fortune; et le peuple, accablé d'impôts, gémit en proie aux odieuses exactions des usuriers (1).

La révolution, qui éleva deux consuls à la place d'un roi, ne changea pas la condition des plébéiens; elle ne fit que développer en eux le sentiment de leur force et proclamer le principe de la souveraineté du peuple. Les consuls héritèrent du pouvoir et de la plupart des honneurs de la royauté. Seize ans après l'expulsion de Tarquin, les plébéiens résolurent de s'opposer à l'ambition toujours croissante des patriciens; ils quittèrent en masse la ville, et se retirèrent sur une montagne désignée depuis sous le nom de Mont-Sacré. Le motif apparent de cette insurrection fut l'insatiable avidité des créanciers; le peuple demanda énergiquement la remise des dettes, et des magistrats préposés à la défense de ses droits. Tout lui fut concédé; il rentra triomphant dans Rome, précédé de ses tribuns; de cette époque date véritablement la liberté po-

Des Romains sous les consuls.

(1) *V*. dans Denis d'Halycarnasse, le discours de Servius Tullius aux Romains.

litique dont les Romains jouirent sous la république.

Le sénat délibéra, le peuple décida, et les consuls exécutèrent. Les attributions des consuls, fort étendues en tems de paix, l'étaient plus encore durant la guerre ; ils commandaient à la tête des armées comme des maîtres absolus ; mais leurs fonctions électives restèrent toujours annuelles. En les quittant, ils rendaient compte de leurs actes au peuple et rencontraient souvent en lui un juge sévère.

Plusieurs magistrats furent successivement créés, ou parvinrent à relever l'importance de leurs charges, tels que les questeurs, les édiles, les préteurs, les censeurs. Institués d'abord pour faire *le cens* ou le dénombrement des citoyens, ces derniers s'arrogèrent peu à peu l'inspection des mœurs et de la conduite privée. A l'époque du cens, qui avait lieu tous les cinq ans, ils rayaient, à leur volonté, de la liste des sénateurs le patricien qui s'était rendu indigne de son rang, fesaient descendre dans une classe inférieure le citoyen signalé par quelque action répréhensible, et pouvaient infliger une *note* au dissipateur, au négligent administrateur de ses biens, au célibataire sans motif légitime, à tout homme enfin qui étalait un luxe immodéré : cette note n'avait rien d'infamant; c'était une simple censure; mais pour obtenir quelque dignité, il fallait mériter par une conduite plus régulière qu'elle eût été effacée par les censeurs qui leur succédaient.

Ces diverses magistratures se croisaient, se limitaient mutuellement; la surveillance, qu'elles exerçaient l'une sur l'autre, tournait en réalité au profit du citoyen. Bientôt les censeurs furent très redoutés; chargés de l'exécution des lois somptuaires, leurs regards scrutateurs pénétraient dans l'intérieur des familles; ils ont long-tems contribué à maintenir la pureté des mœurs; sous ce rapport, leur influence sur la prospérité de Rome est incontestable; en suspendant les ravages de la corruption, ils arrêtèrent l'impétuosité du torrent qui devait renverser leur patrie.

Les tribuns n'avaient reçu d'abord que la mission de défendre les intérêts du peuple. Peu à peu, on les vit présider ses assemblées, les convoquer à leur gré, citer devant elles presque tous les fonctionnaires, s'opposer aux décrets du sénat, les casser, publier des réglemens et des lois, quelquefois même faire emprisonner les consuls et condamner les dictateurs à l'amende.

Jamais les tribuns n'eurent le droit d'appeler

un citoyen et de le forcer à comparaitre devant leur tribunal, ce qu'on appelait à Rome *jus vocandi*; mais, par une étrange bizarrerie, ils possédaient celui de le faire saisir et amener devant eux, ce qu'on nommait le *jus prehendendi*. Un agent, nommé *viator*, qui les précédait toujours en public, mettait leurs ordres à exécution. On avait déclaré leurs personnes sacrées, on leur donnait même le titre de *sacro-sancti* (religieusement saints), de sorte que la religion les couvrait encore de sa puissante égide.

L'infatigable ambition des tribuns troubla souvent la sécurité de la république romaine; Tiberius et Caius Gracchus, les plus illustres d'entr'eux, périrent l'un et l'autre assassinés dans une émeute (1). Le sénat, de son côté, exploita habilement leurs fautes pour consolider son aristocratie. Victime de ces luttes perpétuelles entre le sénat et les tribuns, le peuple se croyait libre parce qu'il choisissait ses protecteurs, qu'il prenait part au jugement des affaires ca-

---

(1) Caius Gracchus, se voyant poursuivi de toutes parts et sachant que sa tête avait été mise à prix par le sénat, ordonna au seul esclave qui l'accompagnait de le tuer. *V.* l'Abrégé de l'Histoire romaine par Goldsmith, p. 134. *Paris,* 1812.

pitales, ainsi qu'à l'élection des consuls et des principaux magistrats.

Sans doute ce droit de voter dans les assemblées pouvait entretenir ses illusions de liberté ; toutefois la nouvelle division des Romains en six classes, établie par Servius Tullius, avait fortement diminué dans les élections l'influence des plébéiens. Depuis ce roi, la quotité de la fortune marquait la place de chaque citoyen ; la première classe contenait 98 centuries, tandis que les cinq autres n'en renfermaient que 95 ; de là dans les assemblées où l'on opinait par centurie, la prépondérance se trouvait par le fait assurée à la première classe composée des patriciens et des Romains les plus riches.

Sous la république, la liberté politique des Romains ne fut suspendue qu'à de courts intervalles, lorsque des circonstances graves nécessitèrent la nomination d'un dictateur, ou seulement la promulgation du décret *caveant consules* (1). Le dictateur n'était point élu suivant les formes ordinaires ; un des deux consuls le désignait en vertu de l'autorisation du sénat ; dès que son choix était proclamé, le dictateur exerçait sans limite le droit effrayant

(1) Ce décret accordait aux consuls une autorité presque absolue.

de vie et de mort sur tous les citoyens; mais son despotisme légal ne durait jamais plus de six mois; il était d'ailleurs obligé de rendre compte de l'usage de ce pouvoir extraordinaire.

Les plébéiens continuèrent long-tems encore à être éloignés des dignités et des emplois supérieurs. 150 ans après l'établissement du consulat, à force de séditions et d'audace, ils obtinrent enfin la faveur de voir prendre dans leurs rangs les consuls et les censeurs; mais ces élections n'étaient qu'exceptionnelles. Les patriciens accaparèrent presque constamment le monopole des honneurs; la domination du sénat fut arbitraire, comme celle de tout pouvoir oligarchique. Surveillés d'un côté par les censeurs, de l'autre assujettis à l'orgueil fastueux de leurs patrons, les plébéiens végétaient dans une position précaire dont leurs fréquentes insurrections trahissaient la pénible incertitude.

Pendant long-tems, ils ne purent même se marier suivant les trois modes admis à Rome; il ne leur était permis de légitimer leurs unions que par une cohabitation prolongée durant plus d'une année; espèce de demi-mariages, appelés *per usum*, les seuls que les esclaves aient jamais pu contracter. Dans le cinquième siècle après la fondation de Rome, une loi fut nécessaire pour interdire l'application au peuple de coups de verges, jusque alors infligés dans certains cas.

Loin de modifier l'autorité illimitée que Romulus avait abandonnée aux pères, aux maris, aux maîtres, la loi des douze Tables la confirma; elle permit au père de vendre son fils comme esclave; si le jeune homme parvenait à racheter sa liberté, l'auteur de ses jours pouvait jusqu'à trois fois le reduire en servitude (1). L'arbitraire régnait ainsi dans toutes les familles patriciennes et plébéiennes. Les femmes vivaient dans une dépendance perpétuelle (2). Lorsqu'elles n'étaient pas soumises, comme épouses, à la puissance conjugale, on les plaçait sous la tutelle fort gênante du plus proche de leurs parens mâles (3). Chaque citoyen d'ailleurs n'avait pas la permission de donner à son fils l'éducation la mieux appropriée à son ca-

(1) *V*. la ivᵉ table de cette loi; on trouva moyen dans la suite d'éluder cette loi par des ventes simulées.

(2) Quelquefois les Romains accordaient à leur principal esclave le droit de châtier leurs épouses. (*V*. l'ouvrage de M. de Ségur sur les Femmes. t. 1ᵉʳ. p. 292, édition in-12. 1822.)

(3) *V*. l'Esprit des lois. liv. 7. ch. 12. La loi Papienne ordonna, sous Auguste, que les femmes, qui auraient eu trois enfans, seraient affranchies de cette tutelle.

ractère ; il était contraint, quelles que fussent
ses opinions, de se conformer aux lois sur l'enseignement public, et, malgré les répugnances
de sa conscience, de suivre aveuglément la religion de l'Etat.

Ainsi les Romains ne possédaient réellement
pas cette indépendance personnelle, cette faculté de disposer de soi, de ses actions, qui
constitue chez les modernes la liberté individuelle.

Comment peindre sous ses véritables couleurs le triste sort des esclaves ? Cette classe,
si considérable à Rome, renfermait les hommes
pris à la guerre, les enfans nés de pères et mères
dans la servitude, ou seulement de mères,
ceux qu'on achetait dans les marchés, enfin les
citoyens libres qui se vendaient à leurs créanciers. Les Romains aimaient à s'entourer d'un
grand nombre d'esclaves ; quelques - uns en
comptaient plus de mille à leur suite, c'était
pour eux un objet de luxe et d'ostentation.
Chaque esclave avait un emploi particulier
soit dans la maison du maître, soit à la campagne ; dès que sa tâche était terminée, il pouvait travailler pour son compte. Les profits de
son industrie, réunis aux cinq deniers et aux
quatre boisseaux de blé qu'on lui remettait par
chaque mois pour sa nourriture, formaient son

pécule; mais il ne pouvait en disposer que de
son vivant; faire un testament était le privilége
du citoyen.

Les maîtres avaient sur leurs esclaves (1) les
droits les plus étendus; il leur était permis de
les châtier, de les maltraiter, de les tuer même
selon leur caprice; un esclave de Védius Pollion brisait-il un vase par accident? ce barbare
Romain le faisait jeter dans un vivier, et son
corps allait engraisser les murènes favorites (2).
Cicéron rapporte qu'un esclave fut mis à
mort pour avoir percé un sanglier avec une
arme dont il ne devait pas se servir (3). Le
châtiment ordinaire était le fouet; des laniè-
res de cuir, sans cesse suspendues à la porte
de l'escalier de chaque habitation, semblaient
une menace perpétuelle qui rappelait à l'esclave
et son malheur et ses devoirs. Considéré comme
une propriété vivante, il était plus ou moins
bien traité selon sa valeur intrinsèque; s'il tom-
bait malade ou infirme, souvent on ne lui donnait aucun soin, et l'infortuné mendiait dans

(1) *V.* le Voyage de Polyclète par M. de Théis.
tom. 1. p. 44.

(2) *V.* le Dictionnaire historique de Delandine, au
mot *Pollion*.

(3) Oratio in Verrem. ch. 3.

les rues quelque soulagement à ses souffrances. Plusieurs Romains se contentaient d'envoyer leurs esclaves dans une île du Tibre, nommée l'île d'Esculape, et de les y abandonner, sans ressources, sous la stérile protection du Dieu de la médecine; c'est ainsi que Caton d'Utique, dont la vertu est tant vantée, soignait les siens.

Si le maître périssait victime d'un assassinat, les esclaves alors à son service, les affranchis mêmes qui habitaient sa maison au moment du crime, tous étaient condamnés à mort. Si un maître avait été tué dans un voyage, on égorgeait ceux qui étaient restés avec lui et ceux qui avaient pris la fuite. Lorsque les esclaves appartenaient par indivis à plusieurs propriétaires, le meurtre de chacun des maîtres entrainait la peine capitale de tous les esclaves. Il semble difficile de pousser plus loin la rigueur; cependant on alla jusqu'à prescrire cette horrible boucherie, en cas d'homicide des enfans du maître, de son gendre, de son père, de sa femme, et même de son fils adoptif (1); obliger les esclaves à veiller tous à la sureté de leurs maîtres, tel était le but de ces lois sanguinaires. Comme s'il n'existait pas encore assez

_____

(1) *V*. le titre entier de *Senatusconsulto Sillano*.

de causes de mort pour les esclaves, on inventa les combats de gladiateurs. Ces malheureux hommes s'y massacraient entr'eux pour distraire le peuple (1).

Quelle effroyable condition que celle des esclaves romains! Il leur restait du moins l'espérance de recouvrer un jour la liberté. Sous la république, l'affranchi montait au rang de citoyen, il usait de ses principaux droits; mais maintenu par l'opinion publique dans une position inférieure, il né pouvait servir dans les légions, ni parvenir aux hautes dignités, et reprenait ses chaînes s'il manquait aux obligations de dépendance et de respect qui le liaient encore à ses anciens maîtres.

Les esclaves goûtaient aussi quelques instans de repos pendant les Saturnales. Ces fêtes, instituées en mémoire de l'égalité qui avait régné, disait-on, parmi les hommes du tems de Saturne, se célébraient chaque année le 17 décembre. Durant trois jours, la puissance des maîtres restait suspendue; les esclaves pouvaient dire et faire impunément

(1) Dans les combats de gladiateurs livrés après le triomphe de Trajan sur les Daces, dix mille gladiateurs succombèrent dans des jeux qui durèrent 123 jours. (Etudes historiques de M. de Châteaubriand, tom. 3, p. 52, édit. de Ladvocat.)

tout ce qui leur plaisait (1). Tous mangeaient ensemble; quelquefois même les maîtres les servaient, et changeaient avec eux de vête-mens. Peut-être ces trois jours de liberté n'avaient-ils d'autre résultat que de faire sentir plus vivement encore aux esclaves toute l'horreur de leur position!

L'organisation judiciaire varia plusieurs fois à Rome. Souvent éloignés de cette ville par la guerre, les consuls déléguèrent aux préteurs le soin de juger les crimes. A chaque affaire un peu importante, ces derniers magistrats composaient le tribunal qui statuait sur le point de fait, puis ils prononçaient soit par eux mê-mes, soit par un magistrat, nommé *judex quæstionis*, sur l'application de la peine.

Les préteurs choisirent d'abord les juges seulement parmi les sénateurs; ensuite, d'a-près la loi *Sempronia* rendue en 630, parmi les chevaliers; sous Pompée, parmi les gardes du trésor (*tribunii ærarii*); sous César, parmi les centurions; enfin, sous Antoine, parmi les simples soldats. Cette magistrature mobile, qui se recrutait dans toutes les classes,

---

(1) Comme l'indiquent ces vers d'Horace :
Age, libertate decembri,
Quandò ità majores voluerunt, utere; narra.
(Satire 7, liv. 11, vers 4 et 5.)

ne montra point cette indépendance justement regardée comme la plus ferme garantie des droits des citoyens. Les gardes du trésor ont prouvé que les hommes fiscaux sont
trop faciles à séduire pour tenir la balance
de la justice. Du moins le droit d'agréer leurs
juges et de les récuser jusqu'à un certain nombre, même dans les affaires pécuniaires les
moins sérieuses, devenait pour les Romains un
puissant rempart contre les dangers de la corruption (1).

On divisait les crimes en publics et privés.
Chaque citoyen était libre de poursuivre les
premiers. Quant aux crimes privés, la partie
lésée pouvait seule en demander aux préteurs
la répression.

Dès qu'on dénonçait un délit, l'inculpé était
appelé devant le magistrat sans qu'aucune contrainte pût précéder ce premier avertissement.
Un licteur osait-il l'arrêter ? il paralysait son
bras en prononçant ces trois mots : Je suis citoyen ! Si le prévenu refuse de comparaitre,

(1) Dans la célèbre affaire de Milon, quatre-vingt-
un juges furent nommés pour entendre la cause ; l'accusateur et l'accusé en récusèrent chacun quinze. Le
nombre des juges, qui opinèrent, fut réduit à cinquante et un. (*V.* le discours de Cicéron *Pro Cluentio,*
§ 120).

dit la loi des douze Tables, qu'on prenne des témoins et qu'on l'arrête : *eum capito*. S'il veut
fuir, portez la main sur sa personne : *ma-
num in eum injicito ;* s'il offre caution, lais-
sez-le aller libre : *eum dimittito ;* mais si l'on
ose traduire un citoyen en jugement contre la
disposition des lois, qu'il ne marche pas, et
qu'il ne soit pas entrainé par violence : *neque
sequatur, neque ducatur ;* si cependant on
veut l'y contraindre, il lui est permis de repousser la force par la force : *vim vi repellere
licet.*

Honneur à la loi des douze Tables ! c'est elle
qui la première a textuellement consacré le
principe de la liberté individuelle.

Lorsque l'accusé comparaissait, l'accusation
intentée, soit par un citoyen, soit par un magistrat, était publique et répétée trois fois à un
jour d'intervalle ; puis on entendait les témoins (1), on produisait les pièces à conviction. Un acte, nommé *rogatio*, contenant l'exposé des faits et la nature de la peine, demeurait affiché pendant dix-huit jours sur la place
publique. Au jour fixé pour le jugement, l'ac-

_____

(1) Les Vestales étaient les seules femmes dont le
témoignage fût admis en justice. (*V.* l'ouvrage de
M. de Ségur sur les *Femmes*. tom. 1. p. 292).

cusé se présentait devant le peuple dans l'état le plus propre à exciter sa pitié ; on lisait d'abord l'acte d'accusation fortifié de toutes les preuves de l'instruction faite précédemment ; ensuite l'accusateur, ou son avocat, développait la plainte, et le défenseur de l'accusé épuisait en sa faveur toutes les ressources de l'éloquence. Après un court résumé des charges et des moyens de la défense fait par le préteur, l'assemblée délibérait. Chaque juge exprimait son opinion en jetant dans une urne un bulletin marqué, soit d'un *A* pour absoudre, soit d'un *C* pour condamner, soit des lettres *N L* (1) pour annoncer que l'affaire n'était pas suffisamment éclaircie ; le plus âgé des officiers préposés au dépouillement du scrutin, nommés *custodes*, en publiait le résultat. Le préteur, se levant alors, prononçait à haute voix la sentence en ces termes : « Le peuple romain assemblé selon les formes prescrites par les » lois et avec le consentement des Dieux, con- » damne l'accusé N à telle peine. » Puis se tournant vers ses licteurs : « Allez, leur di- » sait-il, que le coupable soit conduit en

____

(1) Les lettres *N. L.* sont les initiales des mots *non liquet*.

» prison, et qu'il subisse ce que la loi a or-
» donné. »

L'accusé, qui n'obtempérait pas à la première sommation du magistrat, ou qui même
avait offert caution, pouvait prendre la fuite;
mais alors on le condamnait à l'exil (1). La loi
lui permettait même, quel que fût son crime,
de s'exiler volontairement avant d'être jugé.
Aux yeux des Romains, le bannissement de la
patrie était un châtiment aussi redoutable que
la mort même.

Egards pour l'accusé, respect pour la défense, publicité des débats, délais nécessaires
pour parvenir à la découverte de la vérité,
surveillance des gardes placés près de l'accusateur pour l'empêcher de corrompre les juges
et les témoins, tache (2) infamante résultant
d'une plainte injuste, tout ce que peut, en un
mot, désirer l'innocence calomniée, se trouvait réuni dans cette procédure criminelle.

La procédure civile fut loin de se montrer
aussi favorable à la liberté individuelle; les
droits les plus chers à l'homme étaient sacri-
fiés à l'intérêt du créancier. Suivant la loi des

(1) *Tite-Live*, liv. 25, chap. 4.
(2) On lui imprimait la lettre *K* sur le front. (*V*. *l'Esprit des lois*. livre 12, chap. 20).

douze Tables, le débiteur était plus durement traité que le criminel; le sort de ce dernier était confié du moins à ses juges, tandis que le premier se voyait livré seul à l'impitoyable cupidité de son adversaire (1).

Si une personne citée devant le magistrat ne comparaissait pas, celui qui l'ajournait pouvait la retenir en chartre privée dans son domicile, et l'empêcher d'aller où bon lui semblait. Cherchait-elle à s'évader ou à retarder la décision? le demandeur avait le droit de mettre la main sur elle, et de la conduire de force devant le magistrat. Dès qu'une condamnation était prononcée, la quatrième loi des douze Tables autorisait le créancier à emmener chez lui le débiteur qui ne présentait aucune caution, à le charger de fers dont le poids ne pouvait s'élever à plus de quinze livres, à le réduire en esclavage après soixante jours de captivité, à le vendre, à en user enfin comme de sa propriété. S'il y avait plusieurs créanciers, ils pouvaient, suivant quelques interprètes, mettre en pièces leur débiteur, et se partager les lambeaux de son cadavre. Les commentateurs ont frémi à la pensée des conséquences de cette

(1) *V*. la 3me Table de la *Loi des douze Tables*.

dernière interprétation ; la plupart ont cru que
le texte avait été altéré (1).

Rien de plus sévère, en matière pénale, que
la loi des douze Tables ; la peine capitale, qu'on
y voyait prodiguée, était infligée même au vol
de nuit ; les condamnés périssaient au milieu
d'horribles supplices. Après le renversement
de la tyrannie passagère des décemvirs, presque toutes les lois pénales, qu'ils avaient portées, se trouvèrent suspendues par la loi *Por-*
cia (2) ; elle ne les abrogea pas expressément ;
mais en défendant de faire mourir un citoyen
romain, elle ne leur laissa plus d'application.

Des Romains
sous les empereurs.
Durant les dernières années de la république, le luxe et la corruption dépouillèrent
les Romains de leur première énergie ; Marius
et Sylla, Pompée et César s'achetèrent des
partisans au poids de l'or, et déchirèrent le
sein de leur patrie par leurs funestes rivalités.
A peine sortis de l'anarchie des guerres civiles,
les Romains tombèrent sous le despotisme de
l'empire ; ils subirent ainsi en peu de tems ces

(1) Les mots *licitare* et *secare*, qui sont dans le
texte, ont donné lieu à cette interprétation. (*V*. l'*Es-*
prit des lois, liv. 29. chap. 2).

(2) La loi *Sempronia* vint plus tard corroborer encore
la loi *Porcia*.

deux fléaux qui châtient d'ordinaire les excès des peuples.

Le gouvernement des empereurs ne fut, dans le principe, qu'une perfide hypocrisie; on conserva les formes de la république, les couleurs de la justice, le respect extérieur des lois; à l'aide de ces trompeuses apparences, la politique rusée d'Auguste enracina dans le pays de la liberté le plus despotique des gouvernemens. Les empereurs réunirent à la couronne les fonctions de tribuns, et s'emparèrent de tout le pouvoir du peuple. Tibère lui enleva l'élection des magistrats, sa dernière garantie, sous le prétexte qu'il était trop nombreux. Elle fut transmise au sénat; cette compagnie si célèbre retint ses honneurs, mais perdit son influence et sa position indépendante; le souverain concentra toute l'autorité dans ses mains; du fond de son palais, il commanda au monde entier, leva des tributs, promulgua les lois, choisit seul les fonctionnaires, acquitta ou condamna les accusés; en un mot, la seule loi de l'empire romain fut la volonté de son empereur. « Tout m'est permis, et contre tous, » disait Caligula (1). Vainement après la mort de

---

(1) *Memento omnia mihi et in omnes licere.* (*V.* la Vie de Caligula dans Suétone).

ce tyran, le sénat voulut ressaisir ses anciennes prérogatives; les soldats l'emportèrent, et les prétoriens, devenus maîtres de la destinée des souverains, disposèrent à leur gré de la couronne. On vit alors ce que l'expérience des siècles a confirmé, c'est que, partout où le sabre domine, le despotisme s'organise. Pour les hommes de guerre, la loi, c'est la force; le gouvernement, c'est l'arbitraire; les moyens de répression, ce sont la prison et l'échafaud.

Les Romains, si avides de liberté pour eux, si impérieux envers les peuples vaincus, ressentirent à leur tour, sous les Césars, tous les maux de la servitude politique; ces citoyens superbes, qui se plaçaient dans leur orgueil au-dessus de toutes les nations, bornèrent alors leur ambition à demander d'une voix suppliante..... du pain et des spectacles (1). Leur déplorable condition s'aggrava encore sous ce fantôme d'empire d'occident qui n'était qu'une sanglante anarchie. Dès lors, plus de force dans le pouvoir, plus d'ordre public, et par suite plus de sûreté personnelle. L'empire tomba pièce à pièce jusqu'au jour où les Barbares voulurent bien se le partager.

(1) *Duas tantum res anxius optat, panem et Circenses.* (Juvénal, Satire x. v. 78).

Comme s'il était dans la destinée des Romains d'éprouver successivement les avantages et les inconvéniens de leurs institutions, celles, qui naguère devaient les protéger, servirent à les persécuter. Ainsi le droit d'accusation, dont chaque citoyen avait été investi dans l'intérêt de la liberté générale, se changea sous les empereurs en l'infâme métier de délateur. Les grands, les pauvres, les riches, tous l'exercèrent à l'envi. On reçut sans distinction les accusations publiques et les délations secrètes. Un mot hasardé dans le forum ou dans un repas devint un crime, et, dans la crainte sans doute que les haines privées ne fussent pas encore assez actives, la loi *Papia Pompea* encouragea les délateurs par la promesse d'une récompense (1).

Qui pourrait dire tous les attentats à la liberté individuelle dont les dénonciations furent la cause ! Cremutius Cordus (2), Helvidius, Thraséas en périrent victimes. De nouveaux délits,

---

(1) *Sic delatores, genus hominum publico exitio repertum, et pœnis quidem nunquam satis coercitum, per præmia eliciebantur.* (Tacite, liv. iv des Annales, § 30.)

(2) Cremutius Cordus fut condamné pour avoir appelé Cassius le dernier des Romains. La mort pour une parole !.... *V.* le liv. iv des Annales de Tacite, § 34 et 35.

de nouveaux supplices furent découverts; l'accusation du crime de lèse-majesté se multiplia à l'infini; c'était, dit Pline, le crime de ceux auxquels on n'en pouvait reprocher d'autre; attendu la gravité de cette imputation, on appliquait la question même aux citoyens qu'un privilège légal exemptait de ce châtiment provisoire (1). Plusieurs princes essayèrent de réprimer le scandale des dénonciations; mais elles s'étaient tellement naturalisées dans les mœurs romaines, que les lois de Galba, de Titus, de Nerva, de Trajan, d'Antonin et de Constantin purent à peine en diminuer le nombre.

La législation romaine, maintenant encore répandue dans tout l'univers et surnommée *la raison écrite*, demeura stationnaire jusqu'au règne d'Adrien. A cette époque, des hommes distingués se consacrèrent à l'étude du droit; leurs ouvrages obtinrent l'honneur d'être considérés à l'égal des rescrits impériaux; mais quelques-uns de ces jurisconsultes se sont à jamais déshonorés par le honteux emploi de leur science. Ils enseignaient publiquement que l'empereur était supérieur aux lois, que son autorité s'étendait sur la vie et sur la fortune

---

(1) *V*. le titre 18 du liv. 48 au Digeste *de Quæstionibus*, et le tit. 41 du liv. 9 au Code *de Quæstionibus*.

des citoyens, et qu'il pouvait disposer de l'état comme de son patrimoine.

Ces maximes despotiques furent également mises en pratique par les empereurs chrétiens, car le climat de Constantinople n'a jamais été favorable à la liberté; toutefois la législation civile et criminelle éprouva quelques heureuses améliorations (1). Une des plus importantes, c'est la modification de la loi des douze Tables si cruelle sur l'exécution de la contrainte par corps.

Déjà il n'était plus permis d'arracher violemment un débiteur de son domicile pour le conduire devant le magistrat (2). Un officier, nommé appariteur, lui notifiait un libelle ou assignation pour comparaître devant le tribunal. Déjà les débiteurs avaient la faculté d'assurer la liberté de leurs personnes en fesant aux créanciers la cession de leurs biens (3), lorsque Constantin défendit expressément de les emprisonner. Suivant ce prince, une prison est le séjour des coupables et non celui d'un homme déjà assez malheureux de ne pouvoir acquitter

(1) *V.* le *Legum delectus* de Domat, p. 179.

(2) *De domo suâ nemo extrahi debet. V.* la Loi 21 au Digeste de *In jus vocando.*

(3) *V.* les Lois 1 et 4 au Code, du tit. 71, *qui bonis cedere possunt.*

ses dettes (1). Les biens seuls pouvaient être vendus, même pour les créances privilégiées du fisc. Dans tous les cas, il fut interdit d'enlever pour dettes les femmes de l'intérieur de leurs maisons; le juge, qui se serait permis d'ordonner une semblable arrestation, aurait été sévèrement puni.

Sous la république, les accusés pouvaient, en toutes circonstances, présenter des cautions et éviter ainsi les angoisses de la détention préalable. Sous les empereurs, il appartenait au proconsul de décider s'ils devaient demeurer libres, ou être mis en prison, ou placés sous la surveillance d'un soldat, ou confiés à leurs cautions (2). Accorder une telle latitude à ce haut fonctionnaire, c'était remettre à sa discrétion la liberté des citoyens. Antonin restreignit ce droit si arbitraire; il défendit par un rescrit de retenir en prison l'accusé qui offrait des cautions ou répondans, à moins qu'on ne lui imputât un grave attentat contre la société; s'il avouait son crime, il était privé du bénéfice de la cau-

(1) *V.* la Loi 2 au Code, du tit. 19 *de Exactoribus tributorum.*

(2) *V.* la Loi 1re au Digeste *de Custodiâ et exhibitione reorum.*

tion et incarcéré (1); loi impolitique qui punissait l'aveu, signe ordinaire du repentir!

Du reste, les autres lois criminelles sont généralement empreintes d'un caractère touchant de bienveillance pour les accusés; partout il est recommandé d'abréger, autant que possible, le tems si pénible de la détention provisoire. Constantin prescrivit les plus sages mesures pour entretenir la salubrité des prisons. Les inculpés, avant leur jugement, conservaient dans les lieux, où l'on les déposait, la vue du soleil et la jouissance d'un air pur (2). Etait-il nécessaire de leur mettre des chaines? elles devaient être attachées de manière à ne leur causer aucune souffrance. Enfin, et ce fut là le moyen le plus efficace de protéger leurs personnes, un sévère châtiment menaçait le geolier qui les aurait maltraités.

Constantin voulut dignement célébrer le retour de l'impératrice Hélène sa mère, et de Crispus son fils; au milieu de la fête brillante qu'il donna dans ce but, il fit ouvrir les prisons (3). Jaloux de suivre un si noble exem-

---

(1) *V.* les Lois 3 et 5 au Digeste *de custodiâ reorum.*

(2) *V.* la Loi 4 au Code *de custodiâ reorum,* liv. 9, tit. 4.

(3) *V.* Histoire des Empereurs par Crevier, tom. 12, p. 215.

ple, Théodose (1) ordonna de rendre chaque année, au jour de Pâques, la liberté à tous les détenus, excepté à ceux que d'odieux forfaits signaleraient comme indignes de cette faveur.

Suivant la novelle 134, les femmes, prévenues d'un grand crime, n'étaient point exposées aux dangers d'une prison; on les renfermait dans un monastère, ou bien on les confiait à la garde d'autres femmes.

Aucun accusé ne pouvait être condamné après un premier interrogatoire; on craignait que les juges ne se laissassent quelquefois entrainer à un premier mouvement d'indignation; il fallait l'interroger une seconde fois pour donner au magistrat le tems de se calmer, et à l'accusé les moyens de se défendre. Dès que le jugement avait été prononcé, les condamnés exécutaient leur peine sans se voir jamais chargés de fers, car l'emprisonnement, d'après la loi romaine (2), a lieu pour contenir les hommes et non pour les punir.

Quant aux lois pénales, loin d'être mitigées,

---

(1) *V.* Histoire de Théodose par Fléchier, p. 257.

(2) *Carcer enim ad continendos homines, non ad puniendos haberi debet.* (Loi 8, § 9, au Digeste, *de Pœnis.*)

leur rigueur fut remarquable, même sous les empereurs chrétiens; ainsi Constantin décerna la peine de mort contre l'adultère et le rapt. Qui pourrait se rappeler sans indignation l'atroce cruauté des supplices inventés par les princes payens pour faire couler le sang si fécond des martyrs!

Durant cette troisième période de l'histoire romaine, l'état des personnes s'améliora; il ne fut plus permis aux pères d'ôter à leurs enfans la vie qu'ils leur avaient donnée (1); seulement sur la plainte des pères, les magistrats infligèrent la peine que ceux-ci indiquaient. Les femmes sortirent peu à peu de cette position dépendante où les lois jusqu'alors les avaient maintenues. Les enfans portèrent à leurs mères le respect qui leur est dû à tant de titres. Ici rendons au christianisme un hommage de reconnaissance! En enseignant le premier l'égalité parmi les hommes, il contribua puissamment à adoucir le sort des esclaves. Le maître, qui les tuait, était lui-même puni de mort; s'il se livrait sur eux à de mauvais traitemens, il pouvait être obligé de les vendre à un prix raisonnable; toutefois les esclaves restèrent soumis aux tortures de la question. Cons-

(1) *V*. Loi 3 au Code *de Patriâ potestate*.

tantin rendît la liberté à ceux qui en avaient
été induement privés, facilita aux autres les
moyens de la recouvrer, et autorisa l'affranchissement dans les églises, sur la simple attes-
tation d'un évêque.

Dans les premiers tems de la république, un
esclave, pour s'élever à la dignité de citoyen,
devait être affranchi par un mode solennel, c'est-
à-dire, obtenir le consentements imultané de la
cité et de son maître à son indépendance ; cependant, en fait, et dans l'usage, les maîtres les
affranchissaient souvent par des actes privés
en les fesant asseoir à leur table, en déclarant
devant des amis leur intention (*per convivia*
et inter amicos). Alors, sans être entièrement libres, ces esclaves vivaient néanmoins
en liberté (*in libertate morabantur*). Si le
maître, se repentant de son bienfait, demandait plus tard la nullité de l'affranchissement
auquel la cité n'avait pas consenti, le préteur
s'y opposait, et l'esclave devait à son utile médiation de ne point retomber dans les liens de
la servitude.

En 772, sous le règne de Tibère, cette classe
particulière d'affranchis fut régulièrement organisée par la loi *Julia norbana* ; ils portèrent
le nom de *Latini Juliani*. Complètement libres relativement au maître qui leur avait res-

titué leur indépendance, ils n'étaient pas cependant considérés comme citoyens, parce que
l'Etat n'avait point sanctionné leur affranchissement; ils ne possédaient que les droits des
Latins, c'est-à-dire, des peuples du Latium
auxquels on n'avait point accordé tous les priviléges du citoyen romain. Cette distinction
entre les affranchis citoyens et les affranchis
latins fut définitivement supprimée sous Justinien.

Peu d'années avant le règne de Constantin,
il s'établit une classe intermédiaire entre les
esclaves et les affranchis, celle des agricoles
ou colons; on les divisait en deux sections
différentes : les uns s'appelaient *censiti ad-
scriptii,* ou *tributarii;* les autres se nommaient *inquilini, coloni liberi,* ou quelquefois
simplement *coloni*; tous étaient également attachés à perpétuelle demeure aux terres qu'ils
cultivaient, et quand la terre était vendue,
ils la suivaient nécessairement dans les mains
de l'acquéreur. Les *censiti,* ou *tributarii,*
ainsi désignés parce qu'ils payaient un tribut
de tant par tête, se rapprochaient plus des esclaves; ils ne possédaient rien par eux-mêmes;
leur pécule appartenait à leurs maîtres (1), et

(1) *V.* Loi 18 au Code *de Agricolis et censitis et colonis.*

les enfans partageaient la destinée de leurs mères.

Les *coloni liberi* s'éloignaient moins des citoyens; exempts de tout impôt personnel, ils ne payaient qu'une redevance annuelle en denrées ou quelquefois en argent. Avaient-ils à se plaindre de leurs maîtres? la voie criminelle leur était ouverte; ils pouvaient acquérir des immeubles, mais défense leur était faite de les vendre, d'accepter aucune fonction et de servir comme soldats.

La condition des *coloni liberi* ressemblait à peu près à celle des serfs attachés à la glèbe sous le régime féodal; le servage ne fut en effet que la transition de l'esclavage à la domesticité.

L'organisation municipale reçut aussi, sous les empereurs, un nouveau développement. Dans chaque ville romaine, la Curie (espèce de conseil municipal dont les membres, appelés décurions, furent d'abord choisis par le gouverneur de la province et ensuite élus par le peuple) était chargée des affaires particulières de la cité, et nommait aux fonctions publiques. Deux magistrats annuels, nommés *duumvirs*, la présidaient; ils portaient la robe prétexte et avaient presque la même autorité que les consuls à Rome (1). Les officiers de l'empire ne s'occupaient que d'assurer le maintien de l'ordre public et la perception des impôts; du reste, l'administration et la police intérieure des cités demeuraient tout entières entre les mains des décurions. Malheureusement ces fonctionnaires, investis de cette autorité locale qui exerce une influence de tous les instans sur le bien-être des particuliers, en abusèrent pour les opprimer (2).

On vit s'élever, sous les empereurs chrétiens, une autre magistrature municipale, celle des défenseurs des cités (*defensores civitatum*). Protéger les intérêts de la classe inférieure du peuple, partout si dédaigneusement négligée, fut leur plus belle attribution : « Montrez-vous les pères des plébéiens, » leur disaient Valentinien et Théodose, sou-

____

(1) *V.* le Dictionnaire d'antiquités au mot *Duumvirs.*

(2) La novelle de l'empereur Majorien, publiée l'an 458, prouve combien était pénible la position des décurions eux-mêmes. Responsables envers le préfet du prétoire de l'acquittement des contributions et de l'exécution des ordres qu'on leur transmettait, ils se voyaient obligés de vexer leurs concitoyens pour ne pas payer de leurs deniers, et, en cas de retard, ils étaient eux-mêmes persécutés par les officiers de l'Empire. Aussi

» tenez le pauvre habitant des campagnes et
» des villes contre les injustices des chefs; ne
» souffrez pas qu'on les surcharge ni qu'on les
» dépouille; vous devez les défendre comme
» vos enfans (1). » Plus tard, cette magistrature paternelle tomba dans le mépris (2); elle
subsistait cependant encore après l'invasion
des Barbares.

Ainsi, durant cette troisième période, la
position des Romains, affligeante sous plusieurs
rapports, ne fut pas cependant sans compensation. Si, d'un côté, ils gémirent écrasés sous
le despotisme, si leurs fortunes et leurs vies
ne furent que trop souvent abandonnées aux
caprices d'un tyran, ou aux brutales passions
d'une soldatesque effrénée; de l'autre, l'humanité pénétra dans les lois civiles et criminelles, les esclaves sentirent le poids de leurs
chaines s'alléger; à la voix du christianisme,

les principaux citoyens tâchaient de se soustraire aux
fonctions de décurions, et se cachaient dans des lieux
retirés. La novelle de Majorien prononce des peines
graves contre ceux qui les recueillaient. « Quel devait
» être, dit Sismondi (p. 62 du tome 1ᵉʳ de l'Histoire
» des Français), l'état d'une société où l'on punissait
» de mort l'esclave qui recelait un magistrat se dérobant
» à sa magistrature? »

(1) Code de Justinien, liv. 1, tit. 55, constitution 4.
(2) V. la Préface de la Novelle 15 de Justinien.

les ames s'épurèrent et s'agrandirent, les affections de famille furent mieux comprises, les
droits de la faiblesse et de l'innocence plus
respectés; on commença enfin à s'apercevoir
que la liberté du foyer domestique contribue
plus au bonheur de l'homme que la liberté de
la place publique.

CHAPITRE VI.

DU DROIT D'ASILE

CHEZ LES ANCIENS ET LES MODERNES.

Dès les premiers siècles du paganisme, un homme, esclave ou libre, au moment d'être arrêté pour une cause quelconque, pouvait se réfugier dans des édifices privilégiés, et se mettre ainsi à l'abri des poursuites judiciaires et des fureurs du peuple. L'arracher de ces espèces de forteresses, inaccessibles à la justice humaine, eût été un exécrable sacrilège; on laissait aux Dieux le soin de punir ceux qui avaient imploré leur miséricorde; tels étaient les principaux effets du droit d'asile.

Ce droit, si puissamment protecteur de la liberté individuelle, fut d'abord fondé sur des motifs d'humanité; dans ces âges de fer où la force physique était la principale loi, il parut équitable d'ouvrir aux accusés des ports de salut, de donner ainsi à l'innocence les moyens de se justifier, et au criminel le tems de se repentir.

Le droit d'asile, dont l'origine est presque aussi ancienne que le monde (1), s'appliqua dans le principe aux homicides involontaires; il avait pour but de soustraire à la vengeance des héritiers de la victime des hommes plus malheureux que coupables; mais bientôt on en abusa. Les assassins se précipitèrent, les mains encore ensanglantées, dans les lieux de refuge, et fièrement appuyés sur les autels des Dieux qu'ils venaient d'outrager, ils bravèrent la sévérité des lois; ainsi, par l'erreur d'une religion mal entendue, le droit d'asile plaça le crime sous la protection du ciel (2).

Ce droit fut établi en Egypte (3); Moïse le consacra dans la Judée, mais il en réserva sagement l'usage à l'homicide par imprudence (4).

(1) Les uns attribuent la première idée du droit d'asile à un roi d'Egypte, nommé Assyrophènes, les autres à Cadmus, fondateur de Thèbes, d'autres enfin à Moïse.

(2) Histoire de la législation par M. de Pastoret, t. 7, p. 101.

(3) En Egypte, la statue du roi était un asile où le coupable se réfugiait avec sécurité, (Histoire de la législation, tome 2, p. 60.)

(4) Nombres, chap. 35, versets 11, 12, 13, 25. *V.* la

L'infortuné, qui l'avait commis, se retirait incontinent dans une des six villes d'asile; dès qu'il avait prouvé devant les magistrats la pureté de ses intentions, il demeurait en sureté dans la cité qu'il avait choisie loin des regards des parens du défunt, et trouvait la consolation de son exil dans le bonheur d'habiter une ville nationale. S'il ne justifiait pas sa conduite, il ne jouissait point du bénéfice de la loi. Quant à l'auteur d'un crime, il ne lui était permis, dans aucun cas, de l'invoquer ; vainement se serait-il caché dans le tabernacle ? malgré la sainteté du lieu, la loi ordonnait de l'en expulser (1). Le prêtre coupable pouvait être également arrêté dans le temple. Joab, le meurtrier d'Abner, d'Absalon et d'Amasa, croit, en se sauvant dans le sanctuaire, se dérober à la justice de Salomon; il reçoit la peine de ses forfaits sur les marches mêmes de l'autel de Jéhovah (2).

Le droit d'asile fut importé de la Judée dans

Bible traduite par M. de Genoude, tome 3, p. 39, et l'Esprit des lois, liv. 25, fin du chap. 3.

(1) Exode, chap. 21, verset 14. Le texte latin porte : *Ab altari meo evelles eum, ut moriatur.*

(2) *V.* le Dictionnaire de l'Ecriture sainte, au mot *Joab,* et le Résumé de l'Histoire des Juifs anciens par M. Halevy.

la Phénicie, la Crète et la Grèce, mais sans les utiles tempéramens qu'avait prescrits le génie de Moïse ; à Lacédémone, on vit des brigands, des concussionnaires, des condamnés à mort ravir leurs têtes au bourreau en se jetant dans le temple de Pallas (1).

A Athènes, la cupidité des prêtres, qui prélevaient à leur profit une sorte d'impôt, attribua ce droit aux tombeaux des héros, aux statues d'Harmodius et d'Aristogiton, et même aux bois sacrés qui entouraient les temples (2). Les autels, élevés dans chaque maison aux dieux pénates, devinrent aussi un asile pour les crimes consommés dans l'enceinte domestique.

Les lieux de refuge, quoique très nombreux sous le paganisme où tout était Dieu, furent néanmoins toujours inviolables; personne n'aurait osé attenter à la liberté de l'homme le plus méprisé qui s'y serait renfermé; mais souvent on eut recours à l'artifice pour l'en éloigner. Tantôt un grand feu était allumé sur l'autel qu'il tenait embrassé, tantôt on murait les portes du temple où Pausanias avait cherché un dernier appui contre les éphores (3).

(1) *V.* le Dictionnaire d'Antiquités, au mot *Asile*.
(2) *V.* le Voyage du jeune Anacharsis, chap. 21.
(3) *V.* Cornélius Népos, Vie de Pausanias, chap. 5, pag. 30.

On a déjà remarqué plus haut (1) que Rome dut au droit d'asile une grande partie de sa population ; Romulus et Remus, ses fondateurs, y créèrent un lieu de refuge qui s'appela le temple du dieu Asilæus. Dans la suite, les asiles se multiplièrent tellement en Italie que les magistrats purent difficilement exercer la police ; le sénat, sous Tibère, fut obligé d'en réduire le nombre.

A Rome, les criminels avaient encore une autre chance d'éviter leur châtiment. Lorsqu'on les menait au supplice, rencontraient-ils, par un pur effet du hasard, une vestale ? ils pouvaient recourir à sa pitié et la supplier d'user à leur égard du droit de grâce, qui lui avait été accordé comme une prérogative de sa vertu (2).

Plusieurs lieux d'asile étaient communs aux hommes libres et aux esclaves ; mais il en existait quelques-uns particuliers à ces derniers, tels que le mausolée qui contenait à Athènes les restes de Thésée. Ici l'on s'étonne de voir les anciens, généralement si durs, si inhumains envers leurs esclaves, étendre jus-

(1) *V.* le chapitre précédent, pag. 80, et Plutarque, Vie de Romulus.

(2) *V.* le Dictionnaire d'Antiquités, au mot *Vestales.*

qu'à eux les avantages de cette institution. Il
n'est pas de preuve plus éclatante de leur respect pour les Dieux.

Dans les premiers tems, le droit d'asile
émanait de l'esprit de tolérance introduit par
la religion dans la justice criminelle (1) ; il
dégénéra, sous le paganisme, en une source
permanente de désordres. Le christianisme le
trouva trop fortement enraciné dans les habitudes des peuples pour chercher à le détruire ;
bientôt la superstition parvint à en aggraver
encore les abus. Les églises, les couvens, les
cimetières, les maisons des évêques furent autant de lieux sacrés d'où de vils malfaiteurs,
au nom de la religion la plus austère, insultè-
rent avec audace au glaive de la justice. Il était
défendu de les arracher des églises et de leurs
dépendances, sous peine de la vie. Le gouverneur de la province ne pouvait les faire
enlever des monastères, ou des maisons épis-
copales, sans y avoir été autorisé par les abbés et les évêques ; si, après trois réquisitions,
les criminels ne lui étaient pas livrés, il pouvait seulement alors violer l'immunité pourvu
qu'il parût en personne ; hors ce dernier cas,

(1) *V.* le Génie du Christianisme par M. de Châteaubriand, liv. 6, chap. 10.

le gouverneur, qui osait pénétrer dans ces
monumens, se rendait passible d'une amende
de six cents sous d'or; il ne lui en eut pas
coûté davantage s'il eut tué un comte. Les privilèges de ces nombreux asiles furent confirmés
l'an 425 par une loi de l'empereur Honorius,
consacrés en 511 par un concile d'Orléans, et
sanctionnés par Clovis.

Dès cette époque, chaque ville de France
eut ses lieux d'asile; les scélérats possédaient
à leur porte leur brevet d'impunité, et pouvaient se dire paisiblement l'un à l'autre :
« Volons, assassinons, qui nous retiendrait ?
» Les magistrats ne sont plus à redouter, ne
» voyons-nous pas d'ici le clocher de l'église
» et le palais du prince?» Ainsi raisonnait sans
doute celui qui voulut plonger son poignard
dans le cœur de Gontran, roi de Bourgogne,
au moment où ce monarque se disposait à
communier; saisi à tems, il avoua l'horrible
dessein qu'il n'avait pu exécuter; mais il ne
fut point puni parce qu'il avait été arrêté dans
une église; on craignit d'enfreindre le droit
d'asile envers un homme qui ne craignait pas
de profaner la demeure de Dieu par le plus
détestable attentat.

Les effets désastreux de ce privilège, institué dans l'intérêt du crime, frappèrent Char-

lemagne; ce grand roi, convaincu que l'ordre
public ne peut se maintenir sans l'exacte répression des délits, n'osa pas, il est vrai,
complètement l'anéantir; mais il lui porta une
profonde atteinte en défendant, sous les peines les plus rigoureuses, d'apporter des alimens aux personnes réfugiées dans les églises (1).

La faim et la crainte de retomber au pouvoir des magistrats rendirent souvent les lieux
d'asile non moins pénibles qu'une prison; une
fois le pied dans l'asile, le coupable était sacré; mais fesait-il un pas hors de l'endroit
réservé? on dirigeait contre lui des poursuites
d'autant plus actives qu'il avait essayé de les
fuir. Quelquefois des condamnés ont passé
des années entières dans un cloître, sur l'escalier d'un palais, dans le jardin d'une abbaye. Au Parlement seul appartenait le droit
d'ordonner par un arrêt que le condamné,
retiré dans un lieu de refuge, serait restitué
à l'exécuteur. En 1358, le maréchal Robert de
Clermont fit emporter de l'église St-Jacques-
la-Boucherie Perrin Macé, garçon changeur,
qui venait d'égorger un trésorier des finances;

(1) *V.* Variations de la monarchie française, par
Gautier de Sibert, tome 2, pag. 55.

il s'était fidèlement conformé aux ordres de
Charles V ; cependant Meulant, évêque de
Paris, déclara le maréchal coupable d'impiété,
et lui refusa, après sa mort, la sépulture ecclésiastique (1).

Les rois de France continuèrent tour à
tour l'accomplissement des projets de Charlemagne (2) ; ce ne fut néanmoins que durant le règne de Louis XII, et par l'adroite
politique du cardinal d'Amboise, que le droit
d'asile fut entièrement aboli.

Au moyen âge, dans les autres contrées de
l'Europe, chaque ville avait également son lieu
d'asile ; le plus célèbre de l'Angleterre était à
Beverley ; on y remarquait cette inscription :
Hœc sedes lapidea FREEDSTOOL *dicitur, id est,
pacis cathedra ad quam reus, fugiendo per-
veniens, omnimodùm habet securitatem* (3).

Le droit d'asile perdit de son empire dans
chaque pays à mesure que la religion chré-
tienne s'y dégagea de ces pratiques supersti-

---

(1) *V.* Notre-Dame de Paris, par M. Victor Hugo,
tome 2, p. 256, 3e édition.

(2) Quelquefois cependant on fesait temporairement
d'une ville tout entière un lieu de refuge pour la repeu-
pler. C'est dans ce but que Louis XI déclara, en 1467,
Paris un lieu d'asile.

(3) *V.* l'Encyclopédie, au mot *Asile.*

tieuses que l'ignorance confondit si souvent avec elle ; aussi, c'est en Espagne et en Italie qu'il s'est conservé le plus long-tems (1). A Rome, on rangeait parmi les lieux d'asile, plus ordinairement appelés lieux de franchise, un espace de terrain situé autour du palais des ambassadeurs et plus ou moins considérable selon leur volonté ; le pape Innocent XI diminua un peu cet abus en restreignant le privilège à l'enceinte même du palais de ces ambassadeurs.

Détruit par Napoléon, le droit d'asile a été rétabli en 1814 dans la plupart des villes de l'Italie, mais avec d'importantes modifications ; il ne s'exerce plus que dans les églises ; et pour arrêter l'accusé, qui parvient à y entrer, il suffit d'en demander la permission à l'autorité écclésiastique qui ne la dénie jamais.

Quoi de plus noble que le droit d'asile chez les Arabes ? Un étranger, un ennemi même a-t-il touché la tente du Bédouin ? Sa personne devient, pour ainsi dire, inviolable. Dès que le Bédouin a consenti à manger le pain et le sel avec le refugié, le sultan lui-même n'aurait

---

(1) Le droit d'asile subsiste maintenant encore dans quelques contrées du Nouveau-Monde. *V.* le Dictionnaire de la pénalité, par M. Saint-Edme.

pas la puissance, dit Volney (1), de le forcer à méconnaitre les lois de l'hospitalité.

En France, un prévenu peut, pendant le jour, être arrêté partout; cependant la législation sur la contrainte par corps contient une disposition qui a pour le débiteur l'effet momentané du droit d'asile. Suivant l'article 781 du code de procédure, sa personne ne peut être appréhendée ni dans les édifices consacrés au culte pendant la célébration des cérémonies religieuses, ni dans les salles des séances des autorités constituées, tant qu'elles remplissent leurs fonctions.

Enfin, il existe dans presque tous les pays civilisés une autre espèce d'asile qui dérive du droit des gens. Lorsqu'un homme accusé ou condamné, a le bonheur, en s'évadant, d'aborder une terre étrangère, dès ce moment il est censé se soumettre à la juridiction du souverain dont il vient chercher la protection; d'après ce principe, nul ne peut plus, sans l'assentiment de ce monarque, intenter, ni même continuer contre lui des poursuites criminelles; sa liberté demeure inattaquable. Grâce à cette coutume hospitalière, le coupable se couvre

(1) Voyage en Syrie et en Egypte pendant l'année 1785, tome 1, p. 377.

du bouclier destiné au malheur ; mais qui oserait en demander l'abrogation depuis que, dans les tempêtes révolutionnaires, elle a sauvé les jours de tant d'illustres proscrits ! Toutefois les gouvernemens peuvent, en s'accordant réciproquement le droit d'extradition, suspendre la jouissance de cet asile sur leurs territoires respectifs (1); dans les Etats même où aucun traité diplomatique de ce genre n'a été conclu, les réfugiés n'ont que trop fréquemment à subir les mesures plus ou moins arbitraires qui sont prises à leur égard (2).

Quelque funestes qu'aient été chez les anciens et au moyen âge les conséquences du droit d'asile, il faut pourtant reconnaitre que, dans ces siècles de barbarie où les lois languissaient impuissantes, il a dû souvent protéger la liberté individuelle. Si le crime a quelquefois échappé à la vindicte publique, du moins

(1) *V.* notamment l'ordonnance du 31 décembre 1828 qui publie le traité passé entre la France et la république helvétique, relatif à l'extradition des criminels des deux pays (Bulletin des lois, n° 274).

(2) La législation française sur les étrangers est vague et incomplète. *V.* l'art. 9 de la loi du 23 messidor an III; l'art. 7 de la loi du 28 vendémiaire an VI; l'art. 272 du Code pénal; l'ouvrage de M. Mahul sur le régime constitutionnel, p. 45, et la Liberté individuelle des pauvres gens par M. de Molènes, p. 37.

9

la vertu, injustement persécutée, pouvait avec succès revendiquer l'appui de la Divinité. Ce droit devait céder devant les lumières et les bienfaits de la civilisation(1); sous le régime de l'ordre légal, l'impunité devient une cause de perturbation publique; dès que le citoyen paisible rencontre dans la justice une efficace et constante garantie, le droit d'asile n'est plus que la sauvegarde du crime.

(1) L'art. 166 de l'ordonnance rendue par François Ier, en 1539, autorise les magistrats à ne pas maintenir les franchises accordées précédemment aux églises, et décide qu'aucune immunité ne doit empêcher d'y arrêter les délinquans ni les débiteurs.

CHAPITRE VII.

DE LA LIBERTÉ INDIVIDUELLE

DANS LES ÉTATS DESPOTIQUES.

Vous savez, mon ami (1), quel était mon penchant pour l'absolutisme. Ebloui de l'imposante majesté de Louis XIV, enthousiaste de la gloire de Napoléon, justement effrayé de ces troubles populaires qui mettent si souvent en question l'existence des gouvernemens démocratiques, je préférais la douce tranquillité de l'ordre matériel à l'éclat trompeur d'une orageuse liberté. Cependant la fin, tant de fois tragique, des rois absolus provo-

(1) On nous pardonnera la forme que nous avons adoptée dans ce chapitre en faveur de l'intention. Obligé de répéter, en peu de mots, des observations presque identiques sur un grand nombre d'Etats, et craignant pour le lecteur l'ennui de l'uniformité, nous avons pensé que le récit d'un voyage pourrait peut-être davantage l'intéresser.

quait dans mon esprit des doutes sérieux sur
le bonheur individuel de leurs sujets. Convaincu que l'expérience est en tout le plus
éclairé des juges, je résolus de constater par
moi-même les résultats de ce mode de gouvernement; je me mis alors à parcourir l'Afrique,
l'Asie, la Turquie, la Russie, l'Autriche, l'Italie, le Portugal et l'Espagne; voici le rapide
récit de mon long voyage :

AFRIQUE.   Au mois de décembre 1830, je m'embarquai
à Marseille; notre navire se dirigea d'abord
vers l'Afrique. Moins hardi que l'intrépide
Caillié, je ne pénétrai point dans l'intérieur,
que semblent interdire aux Européens l'ardeur dévorante de son climat et la férocité
plus redoutable encore de ses habitans. Arrivé
à Tunis, je visitai les ruines de Carthage situées à trois lieues de cette ville; j'aperçus
quelques débris de monumens, seuls et derniers restes de l'ancienne rivale de Rome, de
cette immortelle création du commerce, qui
lui dut sa puissance et la liberté de ses institutions. De là je me rendis à Alger, naguère
encore le théâtre d'une odieuse tyrannie et
maintenant colonie de la France. Je traversai
ensuite l'empire de Maroc; malgré la fertilité
du territoire, les écoles arabes, les efforts des
missionnaires de l'islamisme pour répandre

leur imparfaite civilisation, j'y sentis partout l'atmosphère lourde et accablante du despotisme.

Je me rembarquai à Oran, puis je me contentai de voir de loin, à la distance la plus rapprochée que les vents le permirent, la partie occidentale de l'Afrique. Le vaisseau néanmoins s'arrêta plusieurs fois, notamment à Christianbourg en Guinée, à Saint Paul de Loanda dans le Congo. Enfin, après avoir doublé le fameux Cap de Bonne-Espérance, cotoyé la partie orientale de l'Afrique, et navigué sur la Mer Rouge, il mouilla au port de Souakim, ou Suakem en Nubie; je profitai de ces stations successives pour explorer le pays, et examiner les mœurs locales.

Sans doute, je ne m'attendais pas à trouver des gouvernemens-modèles parmi les Africains dont une grande partie est encore à moitié sauvage; je savais que le despotisme est le fond de tous leurs gouvernemens, bien qu'ils se parent quelquefois de formes oligarchiques et même démocratiques; mais, au 19ᵉ siècle, je n'aurais pu croire à une absence aussi complète de lois et d'institutions protectrices. Pour les hommes abrutis par l'habitude de la tyrannie, le fleuve du tems semble stationnaire; son cours est enchainé par deux

obstacles invincibles : l'ignorance et le fanatisme.

Dans cette région, la plus connue après
l'Egypte, appelée maintenant la Barbarie, qui
produisit autrefois Annibal, Térence, Ter-
tullien et Saint-Augustin, les indigènes, quoique plus civilisés que la plupart des Africains,
conservent avec un soin religieux l'esclavage,
la polygamie (1) et toute l'intolérance musul-
mane pour les Chrétiens. Dans les autres contrées, j'ai vu presque partout l'arbitraire avec
son hideux cortège, persécutant les hommes
jusque dans leurs foyers domestiques, muti-
lant les uns, massacrant les autres et prodi-
guant la mort, sans doute bien peu effrayante
quand elle doit terminer une aussi misérable
existence.

Je ne pus surtout contempler sans pitié les
nègres esclaves. Pour ces êtres dégradés, vi-
cieux, presque tous idolâtres, condamnés par
leur naissance à des travaux matériels, le

(1) La polygamie est contraire par ses effets à la liberté individuelle ; elle trouble la paix des familles en
fesant de chaque enfant le rival de son frère ; elle diminue l'importance sociale des femmes, et les réduit
à une dépendance voisine de la servitude ; enfin elle
énerve les hommes, et les dispose ainsi au despotisme
qui en est presque inséparable.

bonheur, c'est la satisfaction des besoins physiques, la liberté, c'est le charme du *far
niente;* leur stupide ignorance n'en saurait
comprendre d'autre. Le sort des négresses est
plus déplorable encore; leur vertu appartient
en propriété à leurs maîtres, elles sont d'autant plus malheureuses que les hommes sont
moins civilisés et moins sédentaires; on voit
même, parmi plusieurs hordes de sauvages,
particulièrement parmi les Hottentots, des femmes devenir insensibles pour la fille qu'elles
allaitent, en songeant aux maux qui la me-
nacent (1).

Avant l'abolition de la traite, la vente des
esclaves formait la principale branche de l'industrie africaine, souvent exploitée par des Européens. En dépit de toutes les lois et de toutes
les croisières, cet infâme commerce se continue encore sur les côtes orientale et occidentale; il s'est même ouvert un nouveau débou-
ché sur la Méditerranée par le port de Tripoli.
Quant à celui qui se fesait par terre, il est

(1) *V.* l'Ouvrage de M. de Ségur sur les femmes,
tome 1er, p. 130. Ce même auteur rapporte, tome 1er,
p. 295, que, parmi quelques hordes sauvages des côtes
de la Guinée, les hommes ne permettent point aux
femmes de paraître devant eux sans se mettre à genoux.

devenu plus considérable depuis que le commerce par mer éprouve des entraves. Croiriez-vous que des princes mahométans, des chrétiens mêmes dans l'Abyssinie vont attaquer des villages de nègres idolâtres pour en faire des esclaves et les vendre ? Cette chasse aux hommes s'appelle une *ghazie* du mot arabe qui signifie guerre contre les infidèles (1).

Les marchés d'hommes, qui se tiennent régulièrement dans certaines villes, soulevaient mon ame d'indignation; mais, à l'aspect des sacrifices humains, je frémis d'horreur. Si les Barbares n'étaient pas maintenus par leur ignorance dans une funeste immobilité, concevrait-on que les plus riches propriétaires des côtes de la Guinée fussent encore dans l'usage d'immoler, au moins une fois dans leur vie, des victimes humaines aux mânes de leurs pères ? Dans la Nigritie, les femmes du roi se tuent entr'elles, le jour de l'avénement de son successeur, jusqu'à ce qu'il plaise au nouveau monarque de mettre un terme à cette effroyable boucherie; chaque année, on y célèbre l'anniversaire de la mort des princes en égorgeant des milliers de nègres sur leurs tombeaux. Quelques peuplades sont même encore, dit-on, antropo-

(1) *V*. l'Abrégé de Géographie par M. Balbi, p. 837.

phages. Ainsi, mon ami, coutumes atroces, chefs despotes et souvent sanguinaires, oppression des hommes et des femmes, condition abjecte et pitoyable des esclaves, traite des nègres, voilà, en peu de mots, le résumé de l'histoire d'Afrique. Dans cette contrée, si maltraitée par la nature et la fortune, on sent qu'il n'y a point de place pour le bonheur, parce qu'il n'en est pas pour la liberté.

Il me tardait d'aborder les rivages de l'Asie. ASIE. Si le despotisme y semble naturalisé chez les peuples anciens et modernes (1), si l'affligeante position d'un grand nombre d'hommes, l'esclavage domestique des femmes et l'arbitraire de presque tous les gouvernemens devaient encore y contrister mes regards, mon imagination espérait du moins se nourrir de ces brillantes rêveries qui charment les Orientaux; dans cette vaste partie du monde, on ne rencontre que rarement le matérialisme grossier des Africains. L'intelligence humaine se dévoile dans ces images fantastiques qui sans doute n'assurent pas le bien-être des individus, mais souvent les consolent de leur infortune par leurs riantes distractions. L'Asie est en

(1) *V.* l'Esprit des lois, liv. 5, chap. 14.

effet le domaine des fables; pourquoi faut-il' que la liberté y soit comprise!

Nous relâchâmes au port de Goa; vainement les Européens, et surtout les Anglais, ont plusieurs fois subjugué les riches régions actuellement désignées sous la dénomination d'Indes orientales; l'empreinte native des premières moeurs s'est conservée intacte parmi les habitans. Les Indiens adorent les mêmes idoles qu'au tems d'Alexandre. La loi de Brama, qui prescrit de brûler vives les femmes aussitôt après la mort de leurs maris, subsiste encore malgré les prohibitions de plusieurs rois (1); ils ont également repris, après l'avoir quelque tems abandonné, le système des castes.

Aucun peuple n'est peut-être plus ennemi de l'égalité que les Indiens; ils se divisent et se subdivisent entr'eux à l'infini; on distingue pourtant quatre classes ou castes principales : 1° celle des brames composée des prêtres et des hauts fonctionnaires; 2° celle des kchatrys, ou rajas, ou rajous, qui répond à ce qu'on appelle en Europe la petite noblesse; 3° celle des choutres, c'est-à-dire des gens du com-

(1) Les gouverneurs des Indes ont aussi pris des mesures pour empêcher ces autodafés conjugaux; la dernière ordonnance est du 3 mai 1830.

mun. Cette dernière, la plus considérable de toutes, renferme la plupart des artisans et des marchands pour lesquels les Indiens affectent un ridicule dédain. Plusieurs professions, telles que celles des blanchisseurs, des cordonniers, des barbiers sont tellement avilies qu'on ne les place qu'un degré au-dessus des parias; 4° enfin celle des parias si tristement célèbres par leur profonde dégradation. Tous la regardent comme une caste infâme avec laquelle il n'est pas permis d'entretenir des relations sans se perdre d'honneur. Les parias ne peuvent habiter les villes et villages où résident des choutres et des nobles; il ne leur est permis de bâtir leurs cabanes qu'à une distance déterminée des autres maisons; défense leur est faite d'entrer dans une pagode ou dans une maison particulière; si ce malheur arrive, on purifie tous les lieux que leur passage a souillés, leur souffle même est impur; rencontrent-ils un brame sur leur chemin? ils doivent s'éloigner aussitôt, et mettre la main sur leur bouche (1), dans la crainte que leur haleine ne l'empoisonne.

Le résultat de ces classifications d'habitans

_____

(1) *V.* le Voyage dans l'Indostan, par M. Perrin, missionnaire, tome 1er, page 304. *Paris,* 1807.

d'un seul pays est partout le même ; elles établissent au profit des nobles le monopole des honneurs et des privilèges, et perpétuent la misère des classes inférieures. Ces haines de castes, ces vexations personnelles, ces mépris de tous les instans rendent sous ce rapport la condition des Indiens plus pénible que celle des autres Asiatiques.

Le gouvernement d'ailleurs ne leur accorde pas les garanties dont ils auraient un si impérieux besoin ; dans la multitude des petites souverainetés qui partagent les Indes orientales, le principe universel et pratique, c'est que le prince est tout et que la nation n'est rien. Tout dépend donc du caractère des souverains, car les lois ne règlent pas l'exercice de leur autorité.

Sous la molle influence d'un climat enchanteur, l'Indien s'abandonne à une paresse qui l'énerve et l'assouplit à toutes les tyrannies. Les femmes se plongent à l'envi dans un torrent de voluptés ; elles semblent avoir oublié qu'elles languissent à la fois sous le joug de leurs sens et de leurs époux. Cette indolence naturelle se fait partout sentir ; elle a imprimé au caractère des Indiens une douceur et une patience peu communes ; ils traitent avec bienveillance leurs esclaves dont l'apathie est égale à celle de leurs maîtres; on dirait que ceux-ci trouvent fatigant d'user de leur pouvoir, et que les esclaves trouvent plus fatigant encore de jouir de leur libre arbitre (1).

Les lois du pays, d'ailleurs peu nombreuses, se font remarquer par leur indulgence en matière criminelle; les Anglais (2) les ont laissé subsister dans leurs immenses possessions, en y introduisant néanmoins plusieurs améliorations dans le mode d'administrer la justice et de faire la police.

L'Inde contient encore quelques peuplades qui vivent sans lois, dans l'état sauvage; une tribu de Gonds, appelée les Bhinderwas, est même antropophage par superstition. Dès que leurs pères et mères succombent sous le poids de l'âge ou des infirmités, ils les tuent et les mangent, croyant ainsi se rendre agréables à la divinité et faire un acte de piété filiale (3).

Ce ne fut pas sans peine que je quittai la CHINE. fertile terre des Indes, j'étais pourtant curieux de connaître la patrie de Confucius; la Chine, à ce nom que d'idées vont se presser dans votre esprit? Figures grotesques, usages

(1) *V.* le Journal asiatique de 1828.

(2) L'oppression de la Compagnie des Indes a été et est souvent encore intolérable.

(3) *V.* l'Abrégé de Géographie, par M. Balbi, p. 694.

bizarres et invariables, antiquité presque fa-
buleuse, population prodigieuse, religion
naturelle mélangée d'idolâtrie, esprit généralement éclairé des habitans et cependant
stationnaire (1), tels sont les traits distinctifs
des Chinois. On a cru long-tems que leur gouvernement était entièrement despotique; mais,
comme l'a remarqué un savant dont la statue
devrait être érigée sur une place de Péking
(M. Abel Rémusat), « Le despotisme de l'em-
» pereur est limité par le droit de représenta-
» tion donné à une certaine classe de magis-
» trats, et plus encore par l'obligation de
» choisir ses agens, d'après des règles fixes,
» dans le seul corps des lettrés. » Ce corps
forme ici une véritable aristocratie qui se re-
crute par les examens et les concours. Personne n'oserait se plaindre de ce privilège de
l'instruction, que le travail assure également
aux hommes de toutes les classes.

La société chinoise est fondée sur la base la
plus conforme à la nature, c'est-à-dire, sur le
respect des enfans pour leurs parens et sur
l'amour des parens pour leurs enfans; on considère l'Etat comme une grande famille; l'em-

(1) *V*. l'Esprit de l'Histoire, par M. Ferrand,
tome 1ᵉʳ, p. 85 et 459.

péreur est appelé le père de l'empire ; le vice-
roi, le père des provinces qui lui sont soumises,
et le mandarin, le père de la ville qu'il gouverne. A l'aide de ces sentimens si doux et si
puissans, développés par l'éducation, fortifiés
en outre par une habile politique, on parvient
à rendre facile l'exécution des lois au milieu
d'innombrables réunions d'hommes.

Cependant le peuple n'est pas généralement
heureux. Dans les villes, il est mal logé, mal
nourri, mal vêtu, il végète au milieu des pri-
vations de la misère. Dans les campagnes, il
est accablé de corvées, et peut difficilement
pourvoir à sa subsistance ; de fréquentes di-
settes viennent encore aggraver sa position.

On compte en Chine une assez grande quan-
tité d'esclaves : les esclaves de naissance, et
ceux qui, quoique nés libres, ont été vendus de gré ou de force, car un homme libre
peut s'y vendre encore. Les Chinois se sont
montrés assez bienveillans pour adoucir leur
sort, mais non assez justes pour briser leurs
chaines.

La tranquillité publique est le principal but
de la législation et du gouvernement chinois;
rien ne contribue plus à la garantir que l'active vigilance de la police. On applique dans
toute sa rigueur l'utile principe de la respon-

sabilité des pères de famille, des maîtres, des fonctionnaires. Ainsi un mandarin répond, sous peine de perdre sa charge, du moindre désordre qui se manifeste dans l'étendue de sa juridiction. Aux portes de chaque cité veille nuit et jour une garde chargée d'examiner les personnes qui y entrent ; si quelqu'un parait étranger ou suspect, il est arrêté immédiatement, et le mandarin averti vient l'interroger. Les Chinois, dans la crainte de voir des changemens s'introduire dans leurs coutumes, accueillent avec peu de faveur les Européens; dans ce pays, la routine est une puissance.

Au commencement de la nuit, on ferme exactement les portes de chaque ville et les barrières placées dans chaque rue; d'après la loi, à ce moment tous les honnêtes gens doivent rentrer dans leurs demeures; un citoyen est-il rencontré la nuit? on le regarde comme un voleur qui veut profiter des ténèbres, et les sentinelles posées de distance en distance l'arrêtent sur-le-champ. Que diraient nos Parisiens de cet usage aussi contraire à leurs goûts qu'à la liberté personnelle?

La justice s'administre avec impartialité, mais fort lentement. Avant de recevoir une sentence définitive, les affaires criminelles sont déférées à cinq ou six tribunaux subor-

donnés les uns aux autres et investis du droit
de recommencer successivement l'information. La longueur des procédures est, dans
la pratique, extrêmement funeste à la liberté
individuelle; elle prolonge indéfiniment les
anxiétés et la détention préalable des accusés (1).

Il existe, à la vérité, une loi qui doit beaucoup diminuer les accusations téméraires; le
plaignant est obligé de se constituer prisonnier
jusqu'à la fin de l'instruction criminelle; mais il
n'en faut pas moins déplorer l'excessive rigueur
dont on use envers les détenus. Sur ce point,
la législation chinoise révolte par sa prévoyante
barbarie; si le magistrat ne les renferme pas
étroitement dans une prison, avec les fers aux

(1) La lenteur des procédures a un autre inconvé-
nient grave, c'est d'encombrer les prisons; en 1805,
elles étaient tellement pleines dans la province de
Quang-Tumg que les magistrats firent placer les détenus dans des maisons particulières sans avoir
demandé l'autorisation, indispensable en ce cas, de
leurs supérieurs; dénoncés à l'empereur, les magistrats
coupables furent destitués. L'état des prisons, en
général mal saines et mal tenues, parait avoir fixé
depuis quelques années l'attention du gouvernement.
On prétend qu'en 1824, durant un seul mois d'hiver,
cent trente personnes moururent dans une prison à
Canton.

pieds et les menottes, elle le punit de son humanité, et lui fait infliger un nombre de coups de bâton, plus ou moins considérable suivant la gravité du fait imputé au prévenu; elle châtie également le geôlier dont les mauvais traitemens excéderaient la sévérité légale; ainsi il ne faut être ni plus ni moins cruel que la loi. La jurisprudence toutefois a permis de faire élargir les prisonniers qui offrent caution de se représenter.

Lorsqu'un délit est dénoncé à l'officier compétent et que les charges ont été consignées par écrit, l'accusé vient-il à prendre la fuite, ou bien oppose-t-il quelque résistance aux officiers de justice envoyés à sa poursuite? il subit une peine plus élevée de deux degrés que celle qu'il avait d'abord méritée. La fuite, surtout avant l'incarcération, est une conséquence du droit de défense naturelle; vous comprendrez difficilement, mon ami, que les Chinois aient pu la considérer comme un crime.

Ils ont aussi recours au supplice de la question ordinaire et extraordinaire pour arracher la vérité de la bouche des accusés; la première s'applique sur les pieds ou sur les mains; on les serre dans des instrumens de bois avec une force telle que les membres en sont quelque-

fois déplacés; la seconde, usitée seulement
pour les grands crimes, consiste à faire de
légères taillades sur le corps de l'accusé et à
lui enlever la peau par bandes en forme d'ai-
guillettes. Il est juste d'observer, ainsi que l'a
fait sir Georges Staunton (1), que la torture
est rarement employée et que l'exécution de
la loi est fort douce en Chine comparativement
à son texte (2).

Presque toutes les peines sont corporelles ;
la plus fréquente de toutes, c'est la bastonnade ; on l'applique avec un bambou plus ou
moins fort suivant le nombre des coups prescrit par la loi. En matière criminelle, le mandarin la fait quelquefois infliger aux parties
qui viennent lui soumettre leurs plaintes respectives, quelquefois aussi en matière civile à
la partie qui succombe; l'empereur de tems à
autre fait distribuer plusieurs coups de bambou
à de hauts personnages; il les revoit ensuite et
leur donne, comme auparavant, des témoi-

(1) *V.* le Code pénal de la Chine, traduit du chinois par sir Georges Thomas Staunton, mis en français
par M. Renouard de Sainte-Cloix. *Paris*, 1812.

(2) On fait ordinairement grâce de la vie au condamné qui n'a ni enfans ni frères pour perpétuer sa
famille, tant on tient à augmenter la population !

gnages de sa considération (1). C'est le bâton
qui gouverne la Chine, a dit le père Duhalde;
digne sceptre d'un despote, cette arme serait
elle seule un outrage pour des hommes vraiment libres (2).

On confisque très légèrement les propriétés; mais vous ne serez point étonné des nombreuses atteintes portées aux droits des familles
lorsque vous connaitrez une loi dont l'injustice
m'a frappé : les Chinois punissent les parens,
quoique fort innocens, d'un condamné, jusqu'au neuvième degré.

La peine de mort est prodiguée par leur
code pénal; on l'applique à tout homme accusé d'avoir manqué de respect au souverain;
comme on n'a pas défini de quelle manière ce
crime peut se commettre, le code chinois lé-
galise d'avance l'arbitraire (3); c'est surtout
dans les chapitres relatifs à l'inviolabilité du
palais impérial, au service personnel de l'empereur qu'on reconnait ce luxe de précautions

(1) *V.* la Description de la Chine par le père Duhalde,
tome 2, in-fᵒ, p. 157.

(2) C'est pour ce motif que la bastonnade a été abolie en Belgique par un arrêté du comité central provisoire, en date du 9 octobre 1830.

(3) *V.* la Description de la Chine par le père Duhalde,
tome 1, p. 43, et l'Esprit des lois, liv. 12, ch. 7.

rigoureuses dont s'environne un despotisme ombrageux. Malheur au cuisinier qui ne sert pas proprement ses mets, il est puni de soixante à quatre-vingts coups de bambou! Si jamais vous venez en Chine, n'entrez pas sans permission dans les appartemens de l'empereur, vous seriez étranglé.

Toutefois ces dispositions formidables n'ont pas suffi pour protéger la vie des rois; vingt-deux dynasties, tour à tour renversées du trône par l'intrigue ou l'assassinat, ont appris aux Chinois par une sanglante expérience tous les excès et tous les dangers du pouvoir absolu.

De la Chine, je me rendis dans la Perse en traversant l'ancien Empire du Grand Mogol. Fondée par Cyrus, la monarchie persane est maintenant divisée en plusieurs Etats sous la dépendance principale des Turcs; mon séjour ne fut pas long dans cette contrée, autrefois si célèbre par sa puissance; partout domine le despotisme le plus effréné. Les hommes et les propriétés, tout appartient au monarque; il est lui-même la loi vivante. A-t-il prononcé une condamnation dans un état d'égarement ou d'ivresse? il faut que sa décision s'exécute; lui demander grâce, ce serait l'exposer à se mettre en contradiction avec lui-même; or la

PERSE.

loi ne doit jamais se contredire. On m'a raconté un fait qui vous donnera une juste opinion du gouvernement de ce pays : un roi de Perse fit élever un jour, en forme de pyramide, les têtes de toutes les bêtes qu'il avait tuées en une seule chasse. Lorsque ce bizarre édifice fut terminé, l'architecte vint lui annoncer qu'il ne manquait plus qu'une grosse tête pour mettre au sommet. « Je crois, répondit le » roi, que la vôtre n'irait pas mal. » Cette brutale plaisanterie couta la vie à un homme innocent.

Efféminés par la volupté, les Persans s'assujettissent sans rougir à la servitude; quelques grands mêmes s'en font honneur. Les princes de la maison royale sont plus malheureux encore que les autres hommes; retenus dans un sérail durant la vie de leur père, réduits à l'indigence, on les rend aveugles le jour même de l'avénement de leur frère à la couronne, afin de les empêcher plus surement d'y prétendre (1).

Que le sort des femmes persanes est à plaindre ! sans cesse surveillées par d'affreux eu-

(1) *V.* le Dictionnaire de La Martinière, au mot *Perse*.

nuques, elles consument leurs inutiles jours
dans les langueurs de la captivité. Paraissent-
elles dans les rues? les hommes doivent se
retirer; celui qui resterait sur le passage du
roi, lorsqu'il sort accompagné de ses sultanes,
serait sur-le-champ puni de mort.

La condition des paysans est beaucoup moins
dure que je ne le craignais sous un tel gouvernement; ils cultivent les terres des nobles,
non comme fermiers, mais comme laboureurs; on leur abandonne un tiers, un quart
du produit selon l'importance de leur travail.
Du reste, la situation basse et infime du peuple
le met à l'abri des orages; c'est surtout dans
les Etats despotiques que la foudre tombe sur
les favoris de la fortune.

Les Persans manifestent un grand respect
pour la vérité; après le mensonge, rien de si
honteux, suivant eux, que de contracter
des dettes parce qu'il est impossible d'en avoir
sans mentir. De là leur sévérité pour les débiteurs; le créancier peut les arrêter, les emprisonner dans sa maison, les charger de coups,
pourvu qu'il ne les estropie pas, vendre leurs
biens, leurs femmes et leurs enfans. Cette
législation m'a rappelé par sa cruauté la
loi des douze Tables sur la contrainte par
corps.

Les procès s'instruisent publiquement devant les magistrats; chaque partie amène ses témoins et plaide sa cause elle-même. Si les plaideurs se laissent entrainer à une ardeur trop bruyante, le magistrat a le droit de les faire battre par ses valets.

Les peines sont cruelles et humiliantes pour l'homme; on applique la bastonnade aux gens du peuple; quant aux personnes distinguées qui ne sont pas encore jugées, on les met au carcan; c'est un instrument composé de trois morceaux de bois; le patient a le cou pris vers le sommet du triangle et le poing attaché à l'extrémité; comme, dans cette position, il peut encore marcher, on le place ordinairement sous la surveillance d'un des seigneurs de la cour (1).

L'homicide est un crime que le roi lui-même ne peut pardonner; on livre le coupable aux parens de sa victime; ils deviennent maîtres de sa personne et assouvissent sur elle toute la rage de leur vengeance.

Ainsi, mon ami, en Perse, la liberté individuelle est, sur tous les points, indignement foulée aux pieds; on y a conservé du moins

(1) *V*. le Voyageur français, par l'abbé Delaporte, tome 2, p. 310. *Paris*, 1771.

une utile coutume qui doit souvent arrêter les poursuites des créanciers et modérer les exactions des agens du pouvoir; il est permis à chaque Persan de quitter le royaume sans aucune formalité (1), et de se dérober par la fuite à des malheurs sans espérance.

Avant de rentrer en Europe, je parcourus ARABIE. avec un vif intérêt l'Arabie; elle est, pour ainsi dire, la seule terre de l'Asie où les hommes paraissent attacher quelque prix à la liberté; car les Tartares, humblement soumis au despotisme militaire, vivent dans l'esclavage politique.

La liberté des Arabes ne ressemble aucunement à celle que j'ai entendu si souvent préconiser en France; elle n'est pas d'abord protégée par les institutions; tous les Etats de l'Arabie offrent, il est vrai, les formes d'un gouvernement modéré; plusieurs des tribus nomades possèdent même un gouvernement tout-à-fait patriarchal, et quelques-unes sont de véritables républiques tantôt démocratiques, tantôt aristocratiques; mais le pouvoir des émirs ou chefs de l'Etat n'est circonscrit par aucune loi; l'incertitude de la législation favorise l'arbitraire, et la religion mahométane

(1) *V*. l'Esprit des lois, liv. 12, ch. 30.

n'est pas de nature à l'entraver. Ainsi un Arabe est-il accusé d'un crime? l'émir peut lui faire donner des coups de bâton, le faire pendre, empaler, décapiter, ou, ce qui est une peine infamante, ordonner que sa barbe sera coupée, le tout suivant son bon plaisir.

Qu'elle est honteuse pour un peuple l'existence des Arabes qui n'ont pas fixé leur résidence dans le petit nombre de leurs villes! ils s'adonnent au pillage; sans cesse en embuscade sur les routes, ils volent les passans et même les pélerins qui se rendent pieusement à la Mecque; je faillis moi-même tomber entre leurs mains; heureusement la présence d'esprit de mon guide me sauva. Triste pays que celui où l'on ne peut voyager sans une escorte armée, où les chemins sont continuellement infestés de brigands! Lorsque la sûreté publique est ainsi à chaque instant compromise, il ne peut pas exister de liberté individuelle; on y rencontre d'ailleurs un grand nombre d'esclaves, et la jalousie des maris retient les femmes dans un état permanent de gêne et de contrainte.

La liberté des Arabes consiste donc dans une vie indépendante et vagabonde. Le portrait, qu'Hérodote et Diodore de Sicile ont tracé de ce peuple (1), lui ressemble parfaitement encore après tant de siècles; vainement les Arabes ont fait d'immenses conquêtes sous la conduite de Mahomet! la gloire n'a pu changer leur caractère immuable et cependant si avide de mouvement. Une patrie presque partout aride et stérile, une honorable pauvreté, une sobriété qui leur permet de se suffire à eux-mêmes, telles sont en même tems les causes et les garanties de leur indépendance (2).

Lorsque j'arrivai à Constantinople, je me crus encore en Asie; j'y remarquai le même despotisme, le même abaissement des hommes devant une seule volonté, le même esclavage des femmes. Cette ville, fondée par le premier empereur chrétien, est maintenant le centre du mahométisme. Chef suprême de cette religion, le sultan se trouve tout à la fois investi de la puissance spirituelle, législative, exécutrice et judiciaire.

TURQUIE.

Parmi les habitans de la Turquie, les Musulmans seuls jouissent de quelques privilèges, nécessairement fort incertains dans un

(1) *V.* Hérodote, au livre intitulé : Thalie, et Diodore, liv. 19.

(2) *V.* les Lettres de Savary sur l'Egypte, tome 3⁻, p. 38.

pays où l'honneur, la vie, la fortune de tous restent à la discrétion du souverain. Du reste leur condition civile est égale ; l'honneur d'être attaché au service du sultan jette seulement entr'eux quelque distinction ; mais l'éclat passager des fonctions publiques s'efface entièrement le jour de la révocation ; les grands dignitaires retombent alors dans leur première obscurité ; on dirait qu'il ne doit exister entre le monarque et ses sujets d'autres rapports que ceux d'un maître avec ses esclaves ; le premier doit commander et punir, les autres ne semblent nés que pour trembler et obéir. Voyez les Turcs se présenter devant le Grand Seigneur : les yeux baissés, les mains jointes, le corps incliné jusqu'à terre, ils l'abordent en silence et le saluent dans cette humiliante posture sans oser lui parler ni le regarder ; vous ne me demanderez plus ensuite si ces hommes sont libres !...

Quant aux non-musulmans, c'est-à-dire les Chrétiens, les Juifs, les Payens, ils sont placés fort au dessous des Mahométans, soumis à la capitation et renfermés dans une classe connue sous le nom de rayas. Voulez-vous vous faire une idée des barbares traitemens dont ils sont journellement victimes ? lisez un fir-

man promulgué en 1827 ainsi conçu (1) :
« Aucun Chrétien ne peut paraitre en public
» que coiffé d'un bonnet de peau ou en crin,
» sous peine d'être pendu par le premier
» agent de police qui le saisit en contraven-
» tion. » Cependant lorsque les rayas sont un
peu nombreux dans une localité, ils composent une espèce de communauté présidée par
l'un d'entr'eux nommé primat, chargé de les
défendre.

Les esclaves, aussi malheureux que multipliés, sont privés de tout droit politique. Il est
de principe qu'un Musulman né libre ne peut
être réduit en servitude; si un esclave embrasse
l'islamisme, il reçoit ordinairement la liberté.

L'étendue de l'Empire Ottoman a contraint
le Grand Turc de déléguer son autorité aux
pachas ou gouverneurs des provinces, et à
d'autres préposés subalternes; mais c'est toujours en son nom que les ordres sont donnés
par le dernier de ses agens; ainsi le pacha,
véritable représentant du souverain dans son
gouvernement, est, comme lui, chef des troupes, des finances, de la police et de la justice
criminelle, maître de disposer de la vie et de

____

(1) *V*. le Traité de la liberté individuelle, par
M. Coffinières, t. 1ᵉʳ, p. 164. *Paris*, 1828.

la liberté de ses administrés, en deux mots ,·
despote absolu. Les subdélégués du pacha se
montrent encore plus arbitraires que lui , car
la tyrannie des fonctionnaires turcs est d'autant plus vexatoire qu'ils appartiennent à un
ordre moins élevé.

Partout où le pacha aperçoit un délit, il
fait saisir le coupable, et les bourreaux, qui
l'accompagnent, étranglent le prévenu, ou lui
coupent la tête sur-le-champ. Souvent dé-
guisé, il exerce une surveillance mystérieuse;
malheur à celui qui est surpris en flagrant
délit! Dans les lieux éloignés de sa résidence ,
le pacha commet à sa place un officier nommé
ouali , lequel juge aussi et condamne sans
appel. Dès qu'il a exprimé sa volonté, le coupable baisse le cou, le bourreau frappe, la
tête tombe, et l'on emporte le corps dans un
sac de cuir (1).

Il existe néanmoins des tribunaux chargés
de statuer sur les plaintes des particuliers et
sur leurs contestations respectives; les magistrats, qui les président, s'appellent *cadis*;
mais la corruption, qui souille toutes les parties de l'administration turque, les infecte de

---

(1) *V.* le Voyage de Volney en Syrie et en Egypte,
tome 2, p. 340 et suivantes.

son venin. Tout s'achète en ce pays, jusqu'à la justice.

C'est à l'égard des grands que les formalités judiciaires sont le plus fréquemment violées; le sultan est-il mécontent ou jaloux de son grand visir, ou d'un de ses principaux officiers? il lui envoie un cordon. Le ministre, la veille encore si puissant, n'a plus que le choix, ou de s'étrangler lui-même ou d'implorer le triste secours des seïdes qui lui apportent son arrêt de mort (1).

Malgré la merveilleuse activité de la police, malgré la défense faite aux osmanlis de sortir la nuit dans les rues sous peine d'être arrêtés par les patrouilles, malgré enfin un système de terreur appuyé sur la bastonnade et les empalemens, la tranquillité publique ne règne pas toujours dans les provinces de la Turquie; on a souvent à réprimer des révoltes dont l'unique résultat est de faire abattre plusieurs têtes en conservant tous les abus; quelquefois aussi la misère inspire au peuple turc une énergie qui n'est pas dans sa nature. Le peuple des campagnes est le plus misérable de tous; que la récolte soit abondante ou non,

(1) *V.* le Voyageur français, par l'abbé Delaporte, t. 2, p. 74.

les pachas et leurs agens exigent avec la même âpreté le paiement de leurs taxes arbitraires et font procéder à la vente de tout ce que possède le paysan insolvable; sa personne du moins reste libre. Les Turcs ne conçoivent pas qu'on puisse emprisonner pour dettes celui qui n'a plus rien.

L'ordre public est rarement troublé à Constantinople; mais les sanglantes tragédies du sérail, les massacres des sultans et la peste y portent périodiquement, depuis quatre siècles, l'épouvante et la mort.

Il était réservé à Mahmoud, monarque doué d'une fermeté inébranlable, de tenter l'amélioration du sort des Turcs. En 1826, il supprima les janissaires devenus, comme les prétoriens, les turbulens dispensateurs de la couronne, abolit la confiscation et restreignit la puissance des pachas en séparant l'autorité civile de l'autorité militaire. On lui doit encore un édit qui déclare égaux devant la loi tous ses sujets, quelles que soient leur religion et la classe dont ils dépendent, qui défend en outre d'infliger le moindre châtiment aux rayas sans le consentement de leurs primats. Plaise à Dieu que ces innovations se consolident! Mais n'est-il pas à craindre de les voir renverser à la mort de Mahmoud? chaque jour elles sont maudites des aveugles

adorateurs de Mahomet. « C'en est fait, s'é-
» crient-ils dans leur douleur, Mahmoud est
» un infidèle, un renégat; ô honte! il com-
» mence à consulter ses sujets, Dieu permette
» qu'on lui crève les yeux (1). »

Je plaignis de toute mon âme des hommes   RUSSIE.
assez abrutis pour appeler les vengeances cé-
lestes sur leur bienfaiteur, et je me hâtai de
diriger mes pas vers la Russie. Ici encore,
mon ami, je reconnus l'influence ou plutôt la
contagion des idées asiatiques, je déplorai la
concentration de tous les pouvoirs dans les
mains du Czar, la nature inquisitoriale de l'administration presqu'entièrement fondée sur la
police, l'autorité oppressive d'une aristocratie
militaire, enfin un bizarre mélange de luxe, de
corruption et de rudesse, dernier reste de
cette barbarie que le génie de Pierre-le-Grand
n'a pu détruire qu'au commencement du dix-
huitième siècle; mais depuis Catherine II,
tout est en progrès; la législation se perfectionne, les lumières se répandent, l'agriculture fleurit, le commerce prend un notable
accroissement, le besoin de la liberté civile
se fait généralement sentir, et les mœurs, la

(1) *V.* le Voyage de Marc-Farlane en Orient, de
1821 à 1829, traduit de l'anglais par M. Fontanier.

poésie (1), les relations plus fréquentes avec les autres peuples tendent chaque jour à le rendre plus vif encore.

La société russe se divise en quatre ordres : dans le premier, se placent les nobles subdivisés eux-mêmes en quatorze classes dont chacune correspond à un grade de l'armée, la quatorzième au grade d'enseigne et la première à celui de feld-maréchal (2). Les nobles commencent tous leur carrière par embrasser la profession des armes. L'édit du 21 avril 1785 leur a accordé d'immenses privilèges, entr'autres, celui de ne point payer d'impôt personnel. Possesseurs de presque toutes les terres, ils exercent un empire à peu près absolu sur leurs vassaux, peuvent leur infliger des punitions corporelles et même les vendre. Souvent un seigneur russe est propriétaire d'un village entier ; les paysans gardent néanmoins pour chef un *starots* (ancien) qui remplit à la fois les fonctions de juge de paix et de maire. Il est même élu par leurs suffrages ; le seigneur a le droit de rejeter sa nomination, mais il en use

(1) M. Alexandre Ponckin, célèbre poète russe, vient d'être exilé (en 1833) pour avoir chanté la liberté dans ses vers.

(2) *V*. Six mois en Russie par M. Ancelot.

rarement; car le choix tombe toujours sur les hommes les plus recommandables.

Nous retrouvons donc en Russie, mon ami, le régime féodal que vous avez si justement stigmatisé (1). Toutefois la vérité me fait un devoir d'ajouter que les seigneurs moscovites se montrent généralement fort humains envers leurs paysans, ils soignent même leur vieillesse. Peut-être l'intérêt et la crainte ne contribuent-ils pas peu à leur inspirer ces sentimens de bienveillance! Dès que les paysans éprouvent quelque injustice, ils se révoltent. Souvent encore ils adressent leurs plaintes à l'empereur, qui ordonne une enquête rigoureuse, et si elles sont fondées, punit sévèrement l'oppresseur. Déjà plusieurs fois on a vu des serfs, des villages entiers refuser d'une voix unanime le bienfait de l'affranchissement; ils n'envisageaient qu'avec effroi une existence sans patronage et sans appui. « Que deviendrons- » nous dans les années noires, s'écriaient-ils, » lorsque la disette nous surprendra? Qui as- » surera notre nourriture, celle de nos en- » fans? Où irons-nous couper du bois pour » nous chauffer? Enfin à quoi nous servira cette

___

(1) *V.* le chapitre suivant : *De la Liberté individuelle chez les Français*, 2ᵉ période.

» liberté, si ce n'est à manquer de tout (1)? »
L'empereur Alexandre avait raison de dire
que de tels hommes ne sont pas encore mûrs
pour la liberté, et qu'il faut, avant tout, les
éclairer.

Le second ordre des Russes est celui des
ecclésiastiques, exempts, comme les nobles,
de toute peine corporelle.

Le troisième, qu'on pourrait nommer le
tiers-état, se compose des marchands qui ont
toujours joui de nombreuses immunités, des
bourgeois ou habitans des villes libres, de tous
les citoyens qui, sans être ni gentilshommes ni
paysans, s'occupent des arts ou exercent des
métiers; ils sont autant libres qu'on peut l'être
sous le gouvernement d'un autocrate.

Le quatrième ordre renferme les paysans,
tous serfs hormis dans quelques provinces. Les
serfs des domaines impériaux relèvent immédiatement des officiers de la couronne et sont
ordinairement plus heureux que les serfs de
la noblesse. Quant aux paysans qui appartiennent à des particuliers, ils dépendent des
terres auxquelles ils sont attachés, se vendent

(1) *V.* l'Ermite en Russie, par M. Dupré de Saint-
Maure, t. 2, p. 164. *Paris,* 1829.

avec elles (1) et demeurent la propriété des acquéreurs de l'immeuble. On ne permet jamais aux serfs de sortir de leur pays. Ces hommes ignorans et rustiques semblent n'avoir reçu en partage, comme les bêtes, suivant la comparaison de Montesquieu (2), que l'instinct, l'obéissance, le châtiment.

Les Russes, en devenant soldats, cessent d'être esclaves. Honneur à cette loi moscovite qui élève ainsi aux yeux des peuples l'état militaire, et ne confie qu'à des bras indépendans le soin de défendre la patrie! Les colonies militaires, formidable création d'Alexandre, ont prodigieusement multiplié les affranchissemens des serfs de la couronne.

Les seigneurs peuvent encore rendre la liberté aux paysans dont ils veulent récompenser les services, ou qui l'achètent avec le produit de leur industrie; bien qu'affranchis, ces paysans n'ont droit d'acquérir des propriétés immobilières que sous le nom de leurs maîtres; ils restent conséquemment, sur certains points, dans une espèce de dépendance.

Il existe en outre en Russie des paysans li-

(1) *V.* le Voyage en Angleterre et en Russie par M. Montulé, p. 199.
(2) *V.* l'Esprit des lois, liv. 3, chap. 10.

bres qui possédant des terres à titre de propriétaires, les cultivent eux-mêmes ou les font cultiver par d'autres; ils forment une classe à part, mais beaucoup moins nombreuse que les autres.

Vous vous attendez peut-être, mon ami, à rencontrer dans la législation criminelle les principes absolus du gouvernement russe; détrompez-vous : on y remarque l'influence philantropique de la philosophie du 18ᵉ siècle qui compta Catherine II parmi ses adeptes. En 1769, cette princesse adressa une longue instruction à la commission chargée de dresser un nouveau code de lois; j'ai admiré dans ce chef-d'œuvre de raison et d'humanité une multitude d'idées favorables à la liberté individuelle, je me contenterai de vous rapporter l'article 163 qui définit si bien les caractères de la détention préalable : « S'assurer de la » personne n'est autre chose, sinon retenir » sous garde sure la personne d'un citoyen » accusé, jusqu'à ce qu'il soit connu pour inno- » cent ou pour coupable; la détention est aussi » douce que possible; sa durée doit être déter- » minée par le tems nécessaire à l'instruction » du procès; la rigueur de la plus simple dé- » tention ne peut être que celle qui est néces- » saire pour empêcher la fuite de l'accusé, ou

» pour découvrir les preuves du délit ; le pro-
» cès doit être jugé dans le moins de tems
» qu'il est possible. » Malheureusement cette
instruction de Catherine n'a pas encore été
convertie en loi ; elle peut tout au plus servir
de guide aux magistrats sans toutefois être obli-
gatoire.

Chaque délit est porté, suivant sa gravité,
devant l'un des nombreux tribunaux institués
dans chaque gouvernement ou province de la
Russie. Lorsque le fait incriminé n'entraine ni
la perte de la vie, ni une peine infamante, ni
quelque punition corporelle, le premier tribunal saisi peut statuer immédiatement ; si au
contraire le délit est passible d'une de ces
peines, le tribunal du district envoie l'information, son avis et l'accusé au tribunal terrestre supérieur, lequel procède à un nouvel
examen de l'affaire et la renvoie à la cour de
justice criminelle qui doit la juger.

Ces examens successifs facilitent sans doute
la découverte de la vérité ; mais il était à
craindre qu'ils ne retardassent la décision définitive ; l'article 188, chapitre 14 des réglemens publiés en 1775 par la même Impératrice sur l'administration de la justice, a prévu
cet abus de la pratique. « Il est ordonné, dit-
» il, au tribunal supérieur de terminer, en un

» seul tems de séance, les affaires pour les-
» quelles *quelqu'un est détenu aux arrêts;*
» et si l'on se plaignait de ce qu'une telle af-
» faire est restée indécise durant trois séances,
» en ce cas les membres du tribunal terrestre
» supérieur perdront leur salaire d'une année
» au profit de la partie souffrante et de ses
» héritiers. » Rien de plus efficace qu'une pa-
reille disposition qui joint au sentiment du
devoir, si puissant chez les magistrats de tous
les pays, l'action non moins énergique de l'intérêt personnel. L'expression *détenu aux arrêts*, dont se sert l'article 188, annonce qu'on
ne considère en Russie la détention préalable
que comme une privation provisoire de la
liberté tout à fait différente de l'emprisonnement; sur ce point, cet article confirme la sage
distinction de l'Impératrice entre détenir et
emprisonner.

Dans chaque gouvernement est établi un
tribunal de conscience. Toutes les personnes
illégalement détenues peuvent s'adresser à lui
pour faire mettre un terme à leur arrestation
arbitraire. Voici la procédure suivie en ce cas:
« Si quelqu'un transmet au tribunal de cons-
» cience une supplique portant qu'il est dé-
» tenu dans la prison depuis plus de trois jours,
» et que pendant ces trois jours on ne lui a pas

» déclaré pour quelle raison on le détient
» prisonnier, ou que pendant ces trois jours
» il n'a pas été interrogé, en ce cas le tribunal
» de conscience *est obligé* d'envoyer sur-le-
» champ un ordre pour qu'un tel prisonnier,
» s'il n'est pas détenu pour crime de lèse-ma-
» jesté, ni pour trahison, ni pour meurtre, ni
» pour vol ou brigandage, soit présenté sans
» délai au tribunal de conscience conjointe-
» ment avec la note des motifs de sa détention.

» Si, après la présentation du prisonnier,
» le tribunal trouve que le suppliant n'est dé-
» tenu ni pour crime de lèse-majesté, ni pour
» trahison, ni pour meurtre, ni pour vol ou
» brigandage, alors, avant de se séparer, il
» ordonne de mettre en liberté le prisonnier
» sous caution, tant pour sa conduite que pour
» sa comparution devant le tribunal de ce gou-
» vernement qu'il choisira lui-même, et au-
» quel le tribunal de conscience expédie en-
» suite les pièces de son procès. Dans le cas où
» les déclarations du suppliant sont reconnues
» mensongères, le tribunal le fait reconduire
» en prison pour y être traité plus durement
» qu'auparavant. »

Quand on a lu cet article 401 des réglemens
de Catherine II, on est tout surpris de le voir
en vigueur dans un pays où végète un peuple

innombrable de serfs, où la *question* n'a été
abolie qu'en 1808 par Alexandre, où le knout
est encore la principale peine.

Le knout (1) est pour les Russes ce qu'est
le bambou pour les Chinois, un châtiment corporel fort douloureux, mais rarement mortel.
Le condamné, après l'avoir subi, attend dans
les prisons l'époque de son départ pour les
mines de la Sibérie. Cet exil forme la seconde
partie de son supplice et ne finit ordinairement
qu'à sa mort.

Un jour l'impératrice Elisabeth passait près
du lieu où l'on exécutait un criminel ; à la vue
de l'échafaud, elle tomba évanouie au fond de
sa voiture ; en reprenant ses sens, elle fit vœu
de suspendre durant son règne la peine capitale ; ses successeurs ont rarement manqué de
suivre son exemple.

Dans ce vaste Empire des Russies se trouve
maintenant enclavée la malheureuse Pologne ;
je voulus visiter cette terre encore fumante du
sang de ses guerriers. La perte de sa nationalité fut la funeste conséquence d'un gouvernement mal ponderé et de l'ambition d'une aristo-

---

(1) *V*. les détails sur le knout donnés par M. Alph.
Rabbe dans son Résumé de l'Histoire de Russie, p. 336.
Paris, 1825.

cratie turbulente. En affaiblissant une royauté déjà viagère, en opprimant leurs serfs (1), les nobles polonais ont creusé eux-mêmes l'abîme qui a englouti leur patrie.

Je traversai ensuite l'Autriche, l'Italie, le royaume des Deux-Siciles; je m'embarquai à Naples et j'arrêtai ma course maritime à Lisbonne; de là je revins en France par l'Espagne. Inutile de vous entretenir de l'Autriche et de l'Italie, vous paraissez avoir étudié leurs institutions (2). NAPLES.

Naples possède un gouvernement absolu tempéré par la bonté du prince régnant. Le peuple n'a pas d'organes et ne prend aucune part à la confection des lois; les corps judiciaires ne s'occupent que des intérêts privés; on lit sur le recueil de la législation cette maxime fondamentale de l'absolutisme : *Omnia sunt regis, populo conceditur usus.* Ainsi tout est arbitraire, tout dépend de la volonté royale. Cependant les Napolitains ne sont point opprimés, ils jouissent même en fait d'une sorte de liberté. Le souverain, soit par crainte d'irriter un peuple oisif et inflammable, soit

(1) *V.* l'Histoire de la Pologne sous Sobieski, en 3 volumes, par M. de Salvandy.

(2) *V.* plus loin les chapitres 13 et 14 sur la Liberté individuelle chez les Allemands et les Italiens.

par un effet de sa modération naturelle ou de
son intérêt bien entendu, sait lui-même mettre
des bornes à son autorité; mais qu'un citoyen
soit arrêté sans droit, il ne sait près de qui
réclamer l'exercice de sa liberté individuelle,
aucune loi ne la garantit (1). Les agens du
pouvoir ne sont pas responsables de leurs
actes; et la presse languit étouffée sous les chaînes de la censure. Comme si l'empereur d'Autriche eût voulu perpétuer dans toute l'Italie
la domination de l'absolutisme, un article du
traité, qu'il conclut en 1815 avec le roi des
Deux-Siciles, interdit à Ferdinand IV la faculté
d'octroyer à son peuple une constitution démocratique.

PORTUGAL.   Quant au Portugal, je ne puis vous en parler que pour gémir sur sa triste destinée. La
révolution de 1820 avait imposé un gouver-

(1) En 1818 et 1819, la prison de la Piazza-Marina,
à Palerme, contenait 1700 individus détenus pour
délits de toute espèce, dans l'attente, non d'être jugés, mais d'être enfin mis dehors faute de place, comme
cela arrive de tems à autre. La cause de leur détention,
souvent peu importante, est oubliée, les témoins sont
morts ou éloignés; personne ne poursuit; mais on
garde toujours les prisonniers, parce que l'autorité
croit avoir fait preuve de zèle et de vigilance en tenant
les prisons bien pleines. (*V.* le Voyage en Italie et en
Sicile par Simond.)

nement constitutionnel aux Portugais, encore
trop peu éclairés et trop fiers pour renoncer à
leurs anciennes idées politiques. La charte des
Cortès (1) leur accordait des droits étendus et
consacrait spécialement la liberté individuelle.
Renversé en 1823, ce gouvernement fut rétabli en 1826 et confirmé par la constitution de Don Pedro (2), puis détruit une seconde fois par Don Miguel; enfin, dans l'année
1832, Don Pédro est revenu, les armes à la
main, relever le trône de sa fille Dona Maria,
et apporter dans sa patrie le fléau de la guerre
civile. Peuple infortuné! avec quelle douleur,
durant mon court séjour, je l'ai vu affronter
la mort sous les drapeaux de ces deux frères
ennemis, et verser son sang dans l'unique but
de satisfaire leur égoïste ambition! En ce moment, la condition des Portugais est aussi déplorable que l'état du royaume. Ses habitans
sont opprimés tout à la fois par le roi, le clergé,
les nobles, les agens de l'administration, la
police, et les juges qui vendent la justice au
plus offrant et dernier enchérisseur.

(1) *V*. les art. 3, 4, 5, 193 à 201 de la Constitution
de 1820.

(2) *V*. la Constitution du 29 avril 1826, et notamment l'art. 144.

Le royaume, partout dévasté, est sans pouvoir protecteur, sans institutions stables; l'agriculture manque de bras, les impôts pèsent sur la classe laborieuse seule, les communications sont devenues presque impossibles; enfin aux vices ordinaires d'une législation surannée, incohérente, trop rigoureuse, sont venues se joindre les habitudes tyranniques d'un régime militaire. Puisse bientôt une longue paix consoler tant de malheurs et réparer tant de ruines!

ESPAGNE. Les Espagnols forment une nation à part, d'une physionomie vraiment originale; souvent vaincus, jamais entièrement domptés, ils ont chassé tour à tour de leur territoire les Romains, les Visigoths, les Maures et plus tard les Français; cependant ces hommes si unis, si courageux contre leurs vainqueurs, sont divisés entr'eux et n'ont pu encore parvenir à conquérir des institutions tutélaires; ils se font remarquer par un incroyable mélange de qualités et de défauts en apparence incompatibles; ainsi les hommes du peuple, sobres et grossiers, tiennent au despotisme par leur apathique paresse, à la liberté par leur orgueil (1); le moindre d'entr'eux a la conscience de son individualité. La fierté espagnole se

(1) *V.* Don Alonzo, par M. de Salvandy, t. 1, p. 277.

révèle chez le muletier, l'artisan, le laboureur même, dans leurs discours, dans leur attitude et jusque dans leurs relations avec les grands. Aussi les nobles se gardent bien de leur témoigner le ridicule dédain des Anglais pour les prolétaires; ils entourent au contraire de soins paternels leurs nombreux domestiques, les paysans qui cultivent leurs domaines, et même la famille de leurs serviteurs; grâce à cette constante bienveillance, les classes inférieures, qui vivent de peu, s'attachent à un gouvernement où leur avenir est certain, où elles espèrent contenter leur passion pour le repos.

Les richesses ont été la première source de la noblesse, et sont encore l'unique objet de son ambition; on n'appelait pas dans l'origine ses membres des gentilshommes, mais des riches hommes (*ricos hombres*). Du reste l'influence des nobles est presque nulle. Le grand d'Espagne reste couvert devant le roi, on ne peut l'arrêter sans un ordre signé du souverain; tels sont à peu près tous ses privilèges. La noblesse vit en général dans une trop grande dépendance de la cour pour jouir de quelque autorité dans l'Etat (1).

_____

(1) On ne veut parler ici que de la haute *noblesse*, appelée en Espagne la grandesse. Les nobles ordinaires

Le clergé inférieur, sorti des derniers rangs de la société, a su se conserver une haute prépondérance en dirigeant à son gré l'enthousiasme religieux du peuple; c'est l'audace des moines qui seule entrave l'absolutisme royal. A leur voix, les paysans s'agitent et se révoltent; la camarilla, qui gouverne au nom de Ferdinand, tremble épouvantée; aussi le roi, despote sans force effective, maître de ses sujets sans en être aimé, n'ose entreprendre aucun acte important s'il n'est assuré de l'appui des prêtres. Rien d'ailleurs ne limite la volonté du monarque; à ces terribles mots : *Yo el Rey,* (moi le Roi) qui terminent ses ordres, tout tombe à sa discrétion, les fortunes, les droits individuels, les existences. Dans les autres monarchies absolues de l'Europe, les princes respectent certaines institutions comme d'inviolables barrières; le souverain d'Espagne seul n'en connait aucune.

y sont tellement communs que, dans certaines provinces, toute la population a des prétentions à la noblesse. La grandesse, généralement peu éclairée, éprouve depuis long-tems une dégénération remarquable sous le rapport intellectuel, et même sous le rapport physique. (*V.* l'Essai historique de M. de Martignac sur la révolution d'Espagne et l'intervention de 1823, p. 126. *Paris,* 1832.)

Hélas! qu'est devenue cette contrée sous un tel gouvernement? Ecrasée d'impôts, tiraillée en tous sens par une démocratie monacale, consumée par tous les excès d'une mauvaise administration, elle languit tristement dans la misère. Que de fois, mon ami, le cœur se serre de douleur en parcourant ses stériles campagnes! Point d'activité nulle part, point de commerce intérieur, point d'industrie. Les chemins, la plupart impraticables, sont infestés de brigands; la police semble avoir concentré sa vigilance et ses vexations dans les villes.

Loin de protéger la liberté individuelle (1), la législation criminelle consacre au contraire l'arbitraire le plus révoltant; ainsi sur une simple dénonciation, sur le soupçon d'un agent de l'autorité, elle permet non seulement l'arrestation de l'inculpé, mais encore sa détention au secret et aux fers; ses biens sont séquestrés

----

(1) Dans son décret du 4 mai 1814, Ferdinand avait dit : « La liberté, la sureté individuelle seront garanties » par des lois qui laisseront à tous mes sujets la jouis- » sance d'une sage liberté qui distingue un gouverne- » ment modéré d'un gouvernement despotique. » Il viola cette promesse comme toutes les autres contenues dans le même décret, et sa conduite déloyale et impolitique prépara la révolution de 1820. (*V.* l'ouvrage susénoncé de M. de Martignac, p. 147 et suivantes.)

sans qu'on songe même à envoyer des secours
à sa famille (1). Les procédures, ordinairement
très lentes, prolongent indéfiniment la détention provisoire ; on a vu quelquefois des accusés supplier les juges de les faire conduire au
gibet pour se soustraire ainsi aux horribles
souffrances d'une mise au secret illimitée.

Les débats et la défense sont publics en matière criminelle ; mais l'intérêt général n'est
que trop souvent sacrifié à la cupidité. Un prévenu riche est presque toujours sûr d'échapper
à la peine qui le menace ; l'impunité enhardit
les criminels et multiplie les désordres qui désolent la société en portant atteinte à la sécurité individuelle (2). On prétend que les
voleurs, en se distribuant leur butin, font toujours la part du juge.

Du reste, les lois civiles et criminelles sont

(1) *V*. L'ouvrage de M. Rey sur les institutions judiciaires de la France et de l'Angleterre, t. 2, p. 327.

(2) Malgré cette impunité dont au reste les riches
profitent seuls, le nombre des condamnés est encore
très considérable, ce qui prouve la multiplicité des
crimes. En 1826, on a compté 12,939 condamnés sur
une population de 11,447,629 ames. D'où il résulte
qu'en Espagne il y avait un criminel sur 885 habitans, tandis qu'en France on trouve pour la même année un condamné sur 1172 habitans, et en Angleterre
un sur 1226. (Revue encyclopédique, t. 37, p. 263.)

tellement nombreuses, tellement compliquées
et contradictoires que peu de jurisconsultes
les connaissent parfaitement; elles s'abrogent
les unes les autres ou se ressentent des tems
barbares où elles ont été faites; les plus su-
rannées sont quelquefois exhumées de l'oubli,
au grand étonnement des juges et des avocats
qui n'en soupçonnaient pas l'existence; de là,
dans quelque cause que ce soit, les parties ne
peuvent jamais être fixées sur leurs droits; et
leurs biens, leur honneur sont livrés aux magistrats, libres d'interpréter à leur gré une législation obscure et souvent inintelligible.

Vous parlerai-je maintenant de l'inquisition,
ce type sanglant des tribunaux arbitraires,
qui, dans les quatre premières années de son
institution, fit brûler six mille personnes? Elle
n'est que trop fameuse par la terreur qu'elle
inspirait. Vous savez que ce tribunal, établi
contre les délits religieux, avait pour code, le
caprice des juges, pour élément de conviction,
la torture, pour sauvegarde des accusés, le secret des informations, pour peine ordinaire,
la mort. Il a été heureusement aboli par les
décrets des Cortès en 1812 et 1820 (1).

Sous quelque point de vue que vous envi-

(1) L'inquisition fut rétablie en 1814; mais elle

sagiez l'état actuel de l'Espagne, vous ne trouvez que ruines, misère du peuple, corruption des nobles, anarchie intérieure, absolutisme. Etudiez plutôt, mon ami, son histoire aux douzième, treizième, quatorzième et quinzième siècles, vous la verrez, de concert avec l'Italie, précéder les autres nations de l'Europe dans la carrière de la liberté ; lisez la fameuse constitution donnée en 1283 par Pierre III aux habitans de l'Aragon, connue sous le nom de privilège général et appelée par un historien anglais la Grande Charte de cette province ; elle garantissait le droit de propriété, la liberté individuelle, prohibait les procédures clandestines, supprimait la torture et défendait de distraire les accusés de leurs juges naturels. Je ne puis résister au plaisir de vous rapporter le serment que prêtaient à leur roi les Aragonais : « Nous qui valons autant que » toi, nous te fesons notre roi à condition que » tu garderas et observeras nos privilèges et » nos libertés, sinon, non. » Alors aucune loi n'était publiée ni aucun impôt perçu sans le consentement des Cortès.

n'était plus alors qu'une commission de censure, qu'un tribunal de police institué contre les progrès de l'instruction et les dangers de la pensée. (*V.* le même ouvrage de M. de Martignac, p. 142.)

Plus tard même, au seizième siècle, lorsque Charles-Quint eut consommé l'établissement de la royauté absolue en dépouillant les
Espagnols de tout concours dans la confection
des lois, le régime municipal, les privilèges
des provinces, des castes, des universités,
l'indépendance du pouvoir judiciaire, les
prérogatives du conseil de Castille, étaient
autant de digues tutélaires qui bornaient l'autorité souveraine. Les rois les ont toutes renversées l'une après l'autre; maintenant sur
tous ces débris, il ne reste plus qu'un trône et
des moines.

En comparant ainsi le présent de l'Espagne
à son passé, vous reconnaitrez mieux encore
la justesse de ce mot de madame de Staël : La
liberté est d'antique origine, le despotisme
seul est moderne.

Nous voici arrivés au terme de mon voyage.
Sans doute, mon ami, vous allez me demander s'il m'a converti à la liberté; oui, je vous
avouerai ce que vous avez probablement déjà
deviné en lisant cette lettre, il a fait sur moi
l'impression que le spectacle d'un esclave ivre
devait produire sur les jeunes Lacédémoniens;
je suis revenu à jamais dégoûté de ces gouvernemens despotiques aussi funestes aux

peuples qu'aux rois. Occupons nous en premier lieu des peuples :

Quatre conditions, a dit Bossuet (1), constituent le gouvernement arbitraire ou despotique :

1° Les sujets sont vraiment serfs; 2° ils n'y possèdent rien en propriété; tout appartient au prince; 3° le monarque a le droit de disposer à son gré, non seulement des biens, mais encore de la vie de ses sujets; 4° sa volonté est l'unique loi. Ainsi la base de ce gouvernement est l'arbitraire, c'est-à-dire, l'absence de toute règle et de tout principe, la confiscation de tous les droits individuels au profit d'un seul homme. Or l'effet inévitable de l'arbitraire est d'enlever à un gouvernement sa nature, de lui faire manquer le but principal de son établissement; car, au lieu de protéger, le gouvernement persécute; au lieu de garantir contre les prévarications des fonctionnaires et les excès des particuliers, il les autorise par son exemple.

Nécessairement opprimés et malheureux, les sujets obéissent sans respect comme sans dévouement. La crainte est leur seul et perpétuel mobile. « Le peuple alors semble né,

(1) Politique tirée de l'Écriture sainte, liv. 8, art. 2.

» ainsi que l'a dit Montaigne, avec une selle
» sur le dos, et le roi avec un fouet et des
» éperons pour le faire chevaucher. » Si cette
métaphore vous parait exagérée, considérez
un instant le sort des indigènes de l'Afrique,
de l'Asie et de la Turquie d'Europe.

Cependant il serait fort injuste de confondre le gouvernement absolu avec le gouvernement despotique, de comprendre, par
exemple, dans la même catégorie l'Autriche
et la Perse, le Danemark et les Indes, Naples
et l'empire de Maroc.

Dans les Etats absolus, les habitans sont
libres de fait et propriétaires incommutables
de leurs biens; l'autorité du souverain est limitée par certaines lois, par les coutumes, et
plus encore par l'opinion et les mœurs publiques; mais comme cette autorité ne souffre
point de partage, qu'elle agit ordinairement
sans contre-poids, la transition de l'absolutisme au despotisme est rapide et facile. Le
bonheur des sujets dépend exclusivement du
caractère du monarque. A chaque changement
de règne, il est remis en question et soumis
aux chances des événemens politiques; cette
incertitude seule est déjà une calamité. On ne
jouit jamais paisiblement de sa liberté, lorsqu'on tremble à chaque instant de la voir violer

soit par un caprice royal, soit par les intolérables vexations d'un agent subalterne.

Sous quelque rapport qu'on examine l'absolutisme, il ne peut complètement garantir le
bien-être d'hommes éclairés et prévoyans. Si
le souverain se laisse emporter par la violence
de ses passions, rien n'est respecté pour les
assouvir. S'il se montre incapable ou faible, il
est bientôt dominé par de vils courtisans qui
deviennent autant de tyrans à subir. S'il réunit la capacité à la vertu, pourra-t-il tout voir,
tout faire, tout décider par lui-même? Non
sans doute : obligé de placer sa confiance en
d'autres hommes, il sera trompé par ses favoris, seuls intéressés à lui conseiller l'arbitraire
parce que seuls ils en profitent. Lui - même
d'ailleurs, en revêtant la pourpre royale, a-t-il
déposé la fragilité humaine? « C'est une ex-
» périence éternelle, selon la juste observa-
» tion de Montesquieu (1), que tout homme,
» qui a du pouvoir, est porté à en abuser ; il
» va jusqu'à ce qu'il trouve des limites. Qui le
» dirait? la vertu elle même a besoin de li-
» mites. »

L'absolutisme n'est pas moins funeste aux

_____

(1) *V*. l'Esprit des lois, liv. 11, chap. 4.

princes (1). Vainement un roi serait-il animé
des intentions les plus pures? on lui impute
toutes les exactions de ses ministres; il demeure responsable des injustices commises,
en son nom, par le dernier de ses délégués.
Toutes ses pensées n'ont qu'un but : la félicité
de ses sujets, et cependant ses officiers brisent
peu à peu la chaine d'affection qui attachait
ses peuples à lui. Si du moins ce roi savait
comment ses volontés sont dénaturées dans
l'exécution, il s'empresserait de sévir contre
les coupables; mais la vérité, consignée en
tout tems à la porte de son palais, parvient-
elle jamais aux oreilles d'un monarque absolu?

Il n'est pas, en outre, de gouvernement où la
vie et la couronne des rois soient plus souvent
compromises que sous le despotisme et l'absolutisme. Laissons parler les faits, ils seront
plus éloquens que tous les raisonnemens.

Vous connaissez déjà les drames sanglans
qui se renouvelèrent à chaque avénement de
dynastie chez les Perses anciens et modernes,
les Mongols, les Chinois, les Turcs, les Algé-
riens, enfin chez la plupart des nations de
l'Afrique et de l'Asie. Il me suffira de vous
rappeler ce qui s'est passé à Constantinople

_____

(1) *V.* les principes du droit politique par Burla-
maqui, tome 2, 1re part. , chap. 7, édition de 1764.

durant les premières années de ce siècle. Dans
l'espace de dix-huit mois, trois révolutions ont
éclaté ; deux sultans et environ trente mille
personnes en ont péri victimes (1). On a tellement contracté dans ces contrées l'habitude de
ne pas voir les rois mourir dans leur lit comme
de simples citoyens, que ces révolutions de
sérail troublent rarement la tranquillité de
l'empire. S'asseoir sur un trône, c'est se repo-
ser sur sa tombe, disent les Mahométans ; cet
adage, d'une exactitude pratique, résume en
peu de mots l'histoire de leurs despotes.

Portons à présent nos regards sur des états
plus civilisés : j'ouvre d'abord les annales de
Rome. Dans le principe, sept rois y exercent
une autorité mal déterminée sur plusieurs
points ; trois d'entr'eux tombent assassinés,
Romulus, Tarquin l'Ancien et Servius Tullius (2). Tarquin le Superbe est renversé du
trône, il rend le titre de roi tellement odieux
que depuis lors on n'osa jamais le rétablir.

(1) *V.* le Voyage en Turquie publié en 1828 par
M. Walsh, attaché à l'ambassade de lord Strangford.

(2) Peut-être objectera-t-on que les assassinats de
Tarquin l'Ancien et de Servius Tullius eurent pour
causes des vengeances particulières plutôt que des motifs politiques. Nous répondrons que ces deux princes
sont montés sur le trône, le premier, par intrigue en

La fin des empereurs romains est plus instructive encore; sur cinquante-huit empereurs depuis César jusqu'à Constantin, trente-sept périssent de mort violente, vingt-neuf sont assassinés, huit se suicident. Est-il une preuve plus convaincante des malheurs du despotisme pour les souverains que ce grand nombre de morts volontaires?

En Suède, le pouvoir royal fut toujours plus ou moins tempéré par celui des Etats; les rois tentèrent plusieurs fois de l'étendre à leur profit; mais depuis 1365 jusqu'en 1809, c'est-à-dire en 444 ans, six de ces princes sont expulsés ou déposés: Magnus II, Eric XII, Canutson, Christiern II, Sigismond et Gustave IV.

En Russie, Pierre-le-Grand a pour successeurs quatre princesses et cinq princes dont quatre ne font que passer sur le trône; Jean VI, encore enfant, quitte le berceau pour entrer dans une prison perpétuelle; Pierre III et Paul Ier meurent égorgés.

En Angleterre, depuis la conquête des Nor-

éloignant les enfans d'Ancus Martius, le second, par la ruse de Tanaquil sa belle-mère qui cacha pendant huit jours la mort de son mari, et que, sans l'origine suspecte et la nature arbitraire de leur pouvoir, les conspirateurs, qui ont renversé Servius Tullius, n'auraient peut-être pas triomphé.

mands jusqu'à Cromwel, pendant une période
d'un peu plus de cinq siècles, on compte huit
guerres civiles et quarante-neuf révoltes. Les
atrocités commises sous le despotisme des
Plantagenets et des Tudors ont fait dire que
l'histoire d'Angleterre aurait dû être écrite
par le bourreau.

Arrêtons - nous seulement aux dernières
années de la France (1); trois souverains
l'ont gouvernée depuis 1804 jusqu'en 1830.
Louis XVIII, roi sincèrement constitutionnel,
trouve, en 1815, le royaume dévasté par une
double invasion, dans un état déplorable de
trouble, de misère et d'épuisement. Il meurt
la couronne sur sa tête, laissant sa patrie flo-
rissante, paisible au dedans, puissante au dehors. Napoléon au contraire s'aliène le cœur
d'une partie de ses sujets par sa conscription,
ses impôts et son ambitieuse tyrannie; il est
deux fois détrôné. En 1830, Charles X veut
ressaisir le pernicieux pouvoir de l'absolu-

(1) Il n'est pas fait mention ici de l'assassinat de
Henri III, de Henri IV, de Louis XV, attendu que ces
trois crimes doivent plutôt être imputés au fanatisme
de Clément, de Ravaillac et de Damiens qu'aux vices
du gouvernement. Quant au malheureux Louis XVI,
par sa déclaration du 23 juin 1789, il avait renoncé
au pouvoir absolu.

tisme; peu de tems après, il va porter dans l'exil son sceptre brisé.

Détournons maintenant nos yeux de cette affligeante statistique pour contempler l'heureuse destinée des rois d'Angleterre depuis 1688, des présidens des Etats-Unis et des landammans en Suisse. Les premiers, couverts du manteau de l'inviolabilité royale, élèvent la Grande-Bretagne au plus haut degré de prospérité, et terminent sans péril leur carrière. Les autres, élus par les suffrages de leurs concitoyens, vivent estimés et meurent regrettés. Ce seul rapprochement fera vivement ressortir la différence des gouvernemens libres et des gouvernemens absolus; il justifiera cette maxime profonde de Tacite : Une puissance trop étendue n'est jamais solide, *nec unquam satis fida potentia ubi nimia est* (1).

Actuellement, mon ami, pourrai-je me plaindre des fatigues de mon voyage ? Il m'a démontré jusqu'à l'évidence que la liberté est aussi utile à la sureté des rois qu'au bonheur des peuples.

(1) *Liber 2 Historiarum*, § 92.

CHAPITRE VIII.

DE LA LIBERTÉ INDIVIDUELLE

CHEZ LES FRANÇAIS.

LA liberté a, de tout tems, fait battre le
cœur des Français ; elle s'allie si bien avec leur
franchise et leur vivacité ! Dans les forêts de la
Germanie, que demandaient les Franks ? l'indépendance individuelle et des armes pour la
défendre. Depuis la conquête des Gaules, ni
la longue influence du régime féodal, ni les habiles efforts de l'absolutisme, ni les malheurs
de l'anarchie, rien n'a pu détruire chez leurs
descendans cet attachement primitif à la liberté personnelle. On en aperçut toujours des
traces vivantes dans les mœurs des Français,
dans leur langage, et surtout dans leurs chan-
sons où brilla l'esprit frondeur de ce peuple.
Pendant le dix-huitième siècle, les odieux

abus des lettres de cachet ranimèrent et fortifièrent encore l'amour de cette liberté; d'éloquens écrits en firent partout apprécier les
bienfaits; mais il était réservé au gouvernement constitutionnel de lui assurer l'indispensable garantie des lois.

L'histoire de la liberté individuelle chez les
Français peut se diviser en quatre périodes :
la première s'étend depuis les commencemens
de la monarchie jusqu'à l'établissement de la
féodalité, la seconde jusqu'à la formation complète du pouvoir absolu, la troisième, jusqu'à
la révolution de 89, la quatrième, jusqu'à nos
trois jours.

Les Germains, quoique habitués à une vie
errante et presque sauvage, possédaient des
institutions que deux célèbres historiens, César
et Tacite, se sont plu à nous retracer. Chez ce
peuple belliqueux, l'état militaire fut le seul
honorable; tout homme, qui avait reçu solennellement des armes, obtenait en même tems le
droit de voter dans les assemblées générales,
nommées champs de mars ou de mai ; là chacun
siégeait appuyé sur sa framée, et l'agitait pour
exprimer son opinion ; tout s'y décidait, les
affaires publiques, les guerres, les procès criminels. Elles étaient composées des principaux
chefs et des hommes libres ; souvent même

Première période.

Depuis les com-
mencemens de la
monarchie jusqu'à
l'établissement de
la féodalité.

on y appelait les femmes ; ainsi les Germains prenaient une part directe au gouvernement, car le souverain pouvoir résidait dans ces assemblées. Le roi (1), chargé d'exécuter leurs décisions, n'était que leur premier mandataire ; son trône était un pavois ; à la guerre, son autorité se réduisait à celle d'un général. Comment aurait-il pu exercer un empire absolu sur des hommes qui refusaient de renfermer leurs habitations dans l'enceinte d'une ville, de peur d'y perdre la liberté (2) ?

Les chefs, ou généraux des Germains, n'avaient pas le droit d'emprisonner un homme libre, ni de lui infliger une peine corporelle. Il n'était permis qu'aux prêtres de châtier, de mettre des chaines, de frapper, non pas en vertu d'un ordre du prince, mais comme par une inspiration du Dieu tutélaire de leurs armées (3). Les Germains pensaient, ainsi que

(1) *Reges ex nobilitate, duces ex virtute sumunt. V.* Tacite *de situ, moribus et populis Germaniæ,* § 7.

(2) Les Germains ont apporté en Europe l'esprit de liberté, ainsi que l'a remarqué M. Guizot. *V.* son Cours d'Histoire en 1828-1829, 7ᵉ leçon.

(3) *V.* Tacite, *de Moribus Germaniæ,* § 7, et l'Etat des personnes en France sous les deux premières races par l'abbé de Gourcy, p. 6. *Paris,* 1789.

l'a très bien dit madame de Staël (1), que Dieu et la loi peuvent seuls commander aux hommes sans les avilir.

Leur passion pour l'indépendance individuelle s'était empreinte dans toutes leurs lois; chacun se voyait juger par ses pairs; les peines, généralement fort douces, ne restreignaient jamais l'exercice de la liberté. On avait réservé les droits de la vengeance aux particuliers outragés ainsi qu'aux membres de leur famille. Les inimitiés, qui devenaient par suite héréditaires, n'étaient pas cependant éternelles; elles s'éteignaient par les compositions pécuniaires.

Cependant les Germains eurent aussi des esclaves; mais ils les traitaient moins durement que les Romains. Ils les occupaient ordinairement aux soins de l'agriculture, et leur donnaient un champ à cultiver, comme colons, moyennant une redevance annuelle. La loi pourtant n'accordait pas aux esclaves la même protection qu'aux hommes libres; dans un moment de fureur, leur maître pouvait même les tuer impunément comme un ennemi (2). Cette puissance arbitraire révèle

---

(1) *V.* Considérations sur la révolution française, t. 3, p. 340.

(2) *V.* Tacite, *de Moribus Germaniæ*, § 25.

13

clairement l'origine de ces esclaves, presque tous prisonniers de guerre; quelques-uns avaient été vendus par leurs pères, qui avaient le droit de disposer de la liberté de leurs enfans (1).

Il était loisible aux maîtres de les affranchir; mais leur position ne devenait guère meilleure. On les admettait rarement dans l'intérieur des familles, jamais dans l'Etat (2).

Telles étaient à peu près les institutions des Franks (3), peuple de la Germanie inférieure, au moment de leur invasion dans les Gaules; on y voyait dominer les deux principes de liberté et d'égalité qui ne devaient être textuellement consacrés en France par la constitution que quatorze siècles après. La véritable source de la puissance, c'était la force physique; chacun devait à son courage, à ses

(1) Chez les Gaulois, la puissance paternelle s'étendait plus loin encore; les pères pouvaient reprendre la vie qu'ils avaient donnée à leurs enfans. (*V.* les Commentaires de César, *de Bello gallico,* liv. 6, chap. 19.)

(2) *Libertini non multùm suprà servos sunt, rarò aliquod momentum in domo, nunquàm in civitate.* (*V.* Tacite, *de Moribus Germaniæ,* § 25.)

(3) Le nom de Franks était commun à plusieurs peuples qui habitaient entre le Rhin et le Wéser; cet espace comprend maintenant la Franconie, la Frise, la Thuringe, la Westphalie.

bras son importance individuelle, et fesait ce qu'il voulait à ses risques et périls ; de là le peu d'autorité que les Franks avaient concédée à leur roi ; après une bataille, ils lui disaient à l'instant de partager le butin : « Tu ne pren-» dras rien ici que ce que le sort t'aura » donné (1). » Sous le règne de Clovis, les domaines de l'évêque de Reims furent pillés ; le prélat envoya deux députés prier ce prince de lui rendre un vase qui lui était fort précieux. Clovis supplia son armée de l'ajouter à sa part dans les dépouilles ; mais soudain un soldat, choqué de cette demande, brisa le vase d'un coup de francisque. Quoique profondément irrité, le roi garda un morne silence. Quelque tems après, ce même soldat commit, dans une revue, une faute contre la discipline militaire ; Clovis le fit sortir des rangs et lui abattit la tête. Rien ne prouve mieux, que l'audace de ce soldat, combien les Franks avaient alors le sentiment de leur valeur personnelle.

Cependant l'éclat des victoires de Clovis se réfléchit sur la royauté ; il lui imprima un

(1) *Nihil hinc accipies, nisi quæ tibi sors vera largitur. (Gregorii Turonensis Historiæ franciæ, lib. 2, cap. 27, p. 175.)*

caractère plus imposant; mais elle ne le retint pas long-tems. La funeste coutume des princes de la première et de la seconde races de diviser également leur royaume entre leurs fils multiplia les guerres civiles, et diminua sensiblement le pouvoir de la couronne. Les lois furent publiquement violées (1), les abus se propagèrent partout; la France gémit en proie aux désordres de l'anarchie; bientôt les maires du palais (2), s'appropriant l'autorité royale, choisirent les rois pour les premières victimes de leur tyrannie.

Si, pendant ces siècles, l'ordre ne se consolida que lentement en France, l'incapacité de certains princes, la cruauté des autres n'en furent que trop souvent la cause. Supposez à Clovis et surtout à Charlemagne des successeurs dignes d'eux; l'empire français eût peut-être remplacé l'empire romain!

(1) Un édit de l'année 615, par lequel Clotaire II tenta de détruire les abus existans, apprend à quels excès se portaient alors tous les hommes revêtus de quelque autorité.

(2) Les maires du palais n'étaient pas seulement de grands maîtres du palais, mais ils étaient encore des chefs militaires librement élus par leurs compagnons. (*V.* les Etudes historiques de M. de Châteaubriand, t. 3, p. 210, édition de Ladvocat.)

Il faut du moins rendre justice à ces rois ; la plupart manifestèrent un constant respect pour les droits de leurs sujets ; quelques-uns même s'efforcèrent de réparer les injustices de leurs ministres. Dagobert Ier s'empressa de secourir les plus opprimés ; Louis le Débonnaire, à son avénement au trône, chargea plusieurs commissaires de parcourir les diverses parties de son empire ; ils trouvèrent une multitude innombrable d'hommes dépouillés de leurs biens et de leur liberté. Louis annulla tous les actes contraires aux lois ; puis il tira des fers les malheureux qui y avaient été injustement jetés. « Nous voulons, » est-il dit dans un capitulaire, que les peu- » ples soient intimement persuadés qu'aucun » d'eux, de quelque ordre qu'il soit, ne sera » privé ni par volonté arbitraire, ni par la » suggestion de gens passionnés, ni contre les » règles judiciaires ou celles de l'équité et de » la raison, des droits qui lui sont acquis par » les lois. » Charles le Chauve, Louis le Bègue, Lothaire et Louis III se montrèrent pénétrés du même esprit de bienveillance et de justice.

Au milieu de ces tems et de ces rois à demi barbares, Charlemagne s'éleva, comme un brillant météore ; son génie comprit que les peuples libres sont les plus heureux; il réprima quelques instans l'ambition des grands qui déjà persécutaient leurs vassaux (1), restitua aux assemblées publiques leurs attributions, et déposa dans ses capitulaires ces nobles pensées qui décèlent le législateur philantrope et le philosophe chrétien.

Durant la plus grande partie de cette première période, les assemblées générales furent régulièrement convoquées (2); mais elles avaient éprouvé dans leur composition des changemens indispensables (3). On partagea les affaires de l'Etat en causes mineures et causes majeures. Des assemblées, dites nationales, formées seulement des grands et des évêques, connaissaient des causes mineures, les moins importantes, les réglaient seules et

---

(1) On voit, dans plusieurs capitulaires, combien étaient graves ces persécutions. Dans un capitulaire de l'an 805, art. 16, il est défendu de vexer les hommes libres qui sont dans la misère, et de les forcer, par de mauvais traitemens, à vendre leurs biens.

(2) Trente assemblées furent réunies sous Charlemagne, et 25 sous Louis le Débonnaire. (*V*. les Essais sur l'Histoire de France, par M. Guizot, p. 341 et 342. *Paris,* 1824.

(3) *V*. L'ouvrage de M. Henrion de Pansey sur les assemblées nationales de France, t, 1, p. 107. *Paris,* 1827.

définitivement par des actes législatifs publiés ensuite sous le nom de capitulaires.

A l'égard des causes majeures, on exigeait des formalités vraiment solennelles; la loi, d'abord rédigée en simple projet, était adressée à tous les gouverneurs de provinces, alors appelés comtes. Chaque comte réunissait les juges, les administrateurs, les notables du pays, leur soumettait le projet, recueillait les suffrages, et les portait à l'assemblée nationale. La majorité des voix décidait de l'adoption ou du rejet de la loi. Aussi il était d'usage de mettre en tête de ces lois qu'elles avaient été faites avec l'assentiment universel, *cum omnium consensu*. Le peuple existait encore sous les Carolingiens (1); il s'anéantit sous la féodalité pour se confondre avec les serfs.

Les Franks avaient laissé les Gaulois, les Visigoths, les Bourguignons en possession de leurs lois; néanmoins la supériorité des vainqueurs ne tarda pas à s'établir sur presque tous les points. Chose remarquable! c'est dans les lois pénales que se rencontrent les preuves

---

(1) Nous avons adopté pour le mot *Carolingiens*, au lieu de *Carlovingiens*, et pour l'orthographe du mot *Franks* au lieu de *Francs*, l'opinion de M. Augustin Thierry dans ses Lettres sur l'Histoire de France.

de la division hiérarchique des divers membres de la société.

Les compositions pécuniaires restèrent, sous les deux premières races, le châtiment de la plupart des crimes; la somme, dite *wehrgeld*, que le meurtrier devait à la famille du mort, était généralement proportionnée à la condition de la victime. Il payait 600 sous, s'il avait tué un antrustion, ou un Frank au service du roi, 300 sous, si c'était un Gaulois dans la même position, 200 sous pour l'homicide d'un Frank ripuaire, 100 sous pour un Gaulois, 80 sous pour un affranchi, et 36 sous seulement pour un esclave. Lorsqu'un Gaulois chargeait de liens un Frank, sans motif légitime, et entravait ainsi momentanément sa liberté, il était condamné à lui remettre 30 sous; le Frank, qui se serait permis le même attentat envers un Gaulois, ne subissait qu'une peine de 15 sous. Ainsi, à tous les degrés de l'échelle sociale, l'homme de race barbare était toujours estimé le double du Gaulois.

Les Franks se divisèrent en trois classes principales : la première renferma les grands de l'Etat, ou vassaux du roi, qu'on désignait tour à tour sous les noms de *leudes*, *d'anstrustions* et de *fidèles ;* ils obtinrent, dans le partage de la conquête, les terres les plus riches, et posèrent ainsi sur la propriété foncière les fondemens de la haute puissance dont ils devaient plus tard s'emparer.

La seconde classe, en quelque sorte mitoyenne, fut composée d'hommes libres, c'est-à-dire affranchis de toute dépendance personnelle, libres les uns à l'égard des autres, unis entr'eux à titre de concitoyens, marchant à la guerre sous les ordres d'un chef; ils possédaient généralement des terres allodiales, c'est-à-dire exemptes de toutes charges, pouvaient en user à leur volonté, et n'étaient assujettis qu'à un service militaire; on les appelait *ahrimans* ou *rachimbourgs.*

La troisième classe comprit les esclaves et les serfs; les esclaves étaient plus particulièrement attachés à la personne du maître, et les serfs employés aux travaux champêtres *(addicti glebœ).* L'esclavage précéda en France l'établissement du régime féodal; il était presque universel dans l'empire de Charlemagne; Alcuin comptait un nombre considérable d'esclaves sous ses ordres (1). Les esclaves et les serfs se fondirent plus tard ensemble sous la

(1) Suivant l'Histoire ecclésiastique de Fleury, liv. 45, chap. 17, ce nombre était de 20,000.

même dénomination. Aveuglément soumis à
la volonté de leurs maîtres, presque tous trai-
naient dans de pénibles travaux leur misérable existence. On avait seulement gratifié
les serfs d'église et du roi de quelques privilèges, notamment de celui d'ester en jugement (1).

Outre les cultivateurs propriétaires et jouissant de leur liberté, il y eut encore les colons
qui ne cultivaient que la terre d'autrui. Ces
colons tenaient le milieu entre l'homme libre
et le serf; leurs personnes demeuraient libres
par rapport au propriétaire de la terre; mais
ils étaient serfs relativement à la terre, où les
retenait un lien de dépendance qu'ils ne pouvaient rompre en aucun tems.

Du moins l'espérance de recouvrer leur liberté soutenait le courage des serfs; on les
affranchissait de trois manières : d'abord par
le *denier*, en présence du roi, ensuite par une
charte, ou acte authentique rédigé dans l'église

---

(1) Le serf d'un particulier était puni de mort pour
un meurtre commis dans une église, tandis que le serf
du roi ou de l'église était reçu pour la première fois à
payer sa composition, et n'était envoyé au supplice
qu'en cas de récidive. (*V*. l'Etat des personnes en
France pendant les deux premières races, par l'abbé de
Gourcy, p. 87.)

devant l'évêque ou des prêtres ; enfin par un acte privé, ou charte sans caractère solennel. La justice ordonnait elle-même l'affranchissement, lorsque le maître était convaincu d'avoir exercé des violences extraordinaires contre son esclave (1). L'affranchi n'acquérait pas une liberté entière ; quelques restrictions légales perpétuaient l'infériorité de sa condition ; ainsi il ne pouvait épouser une personne née libre, ou ingénue, ni témoigner en justice, ni exercer aucun droit politique ; le souverain lui-même n'aurait pu l'anoblir ; l'histoire cependant cite plusieurs affranchis dont les talens motivèrent la promotion aux plus hautes dignités (2). Leudaste, fils d'un esclave, devint comte de Tours ; sous Louis le Débonnaire, l'évêque de Reims était un affranchi (3).

Les Franks avaient aussi partagé la Gaule en comtés et en centuries ; dans chaque por-

(1) *V.* l'ouvrage susénoncé de l'abbé de Gourcy, p. 115.

(2) La loi des Ripuaires, dans son titre 53e, contient une disposition qui prouve combien ces élévations étaient fréquentes : Si un serf, dit-elle, qui a été affranchi dans l'église, devient comte, sa composition ne sera que de 300 sous.

(3) Cette remarque est de M. le comte de Montlosier dans son ouvrage de la Monarchie française en 1824, p. 476. *Paris*, 1824.

tion du territoire résidait un magistrat. C'était ordinairement le comte que remplaçait un vicaire, en cas d'absence ou de délégation. Des assemblées, composées de tous les hommes libres qui habitaient le pays soumis à la juridiction de chacun de ses officiers, rendaient la justice; les fonctions du magistrat se bornaient à les convoquer et à les présider. Le nombre des juges et leur position indépendante présentaient aux accusés de solides garanties.

En matière criminelle, l'offensé seul avait le droit de poursuivre son agresseur, de provoquer sa punition. La nature des peines n'exigeait pas la détention préalable des accusés. Cependant, en cas de flagrant délit, le comte, ou les magistrats ses inférieurs, arrêtaient le coupable, qui ne recouvrait la liberté qu'en donnant caution de se représenter au jour du jugement. La caution n'était pas même demandée à celui dont on connaissait la fortune. Dans ce même cas, les hommes libres pouvaient également arrêter le criminel; mais ils s'exposaient à se voir accusés de détention illégale (1).

(1) *V.* L'Esprit des institutions judiciaires de l'Europe par M. Meyer, t. 1, p. 383.

Le roi lui-même n'aurait pu, sans arbitraire, attenter à la liberté de ses sujets. « Si l'un de » vous, disait Charles le Chauve en 856, » prouve que je lui ai fait quelque injustice, » ou que j'ai prescrit son arrestation, je suis » prêt à réparer le tort qu'il aura souffert, » suivant que nos féaux l'estimeront conve- » nable. » Tous les détenus d'ailleurs profi- taient du bénéfice accordé par Charlemagne dans le chapitre 106 de ses capitulaires; ils étaient mis en liberté aux fêtes de Noël, de Pâques ou de la Pentecôte.

La partie plaignante et la partie inculpée comparaissaient devant le magistrat, entouré des hommes libres (c'est-à-dire les ahrimans), et produisaient leurs moyens d'attaque et de défense. Après cette première information, un fait semblait-il douteux? le juge président ordonnait le combat judiciaire, ou quelque autre de ces épreuves inventées par la super- stition et maintenues par l'ignorance. Un ac- cusé ne pouvait jamais être condamné sans être ouï (1). Dès que l'instruction de la cause était complète, le magistrat résumait devant les ah-

----

(1) *Si quis in aliquo crimine fuerit accusatus, non condemnetur penitùs inauditus. V.* le t. 1er des Capitu- laires, f° 7.

rimans les preuves alléguées pour et contre ; il
leur rappelait la loi et posait la question. Ensuite les ahrimans statuaient tant sur le fait
que sur le droit. Le juge recueillait les voix
de l'assemblée et prononçait le jugement.

Durant les premiers tems de la monarchie,
les leudes et les ahrimans jouirent de la liberté
individuelle, autant toutefois que l'usage en
est possible dans une société qui commence,
et dans des siècles de barbarie. Au milieu des
massacres des enfans de Clovis, des forfaits
de Frédégonde, et de guerres perpétuelles,
qui pouvait se croire assuré de garder intacts
sa personne et ses biens ? Grégoire de Tours(1)
s'est attaché, dans son histoire, à nous peindre
cet état précaire de la propriété et de la liberté sous les Mérovingiens ; n'en trouve-t-on
pas d'ailleurs un témoignage authentique dans
les nombreuses dispositions des lois des Visigoths et des Saxons, destinées à réprimer
l'usurpation des terres d'autrui ? La liberté
individuelle ne fleurit réellement que sous le
règne des lois ; dès que le crime puissant
triomphe impuni, elle succombe sous le poids
de continuels attentats. Il faut convenir, dit

(1) *V*. Grégoire de Tours, liv. 18, p. 227 et suivantes.

Mirabeau (1), que nos pères ont plutôt joui d'une tumultueuse indépendance que d'une vraie liberté.

Les hommes libres de la seconde classe voyaient le lien, qui les attachait à leur chef pendant la guerre, se briser en tems de paix; ils ne possédaient ni assez d'argent, ni assez de moyens de défense pour résister aux envahissemens des formidables leudes. Obligés d'implorer des secours étrangers, ils cherchèrent des protecteurs et rencontrèrent des maîtres. Peu à peu, on les accabla d'impôts et de services personnels, on les abreuva d'avanies de toute nature; enfin on en vint au point que toute contribution fut nommée *ahrimannia;* les rois prirent leur sort en pitié; ils tâchèrent de prévenir et d'empêcher les actes vexatoires auxquels leur faiblesse était sans cesse exposée. Ainsi le cinquième capitulaire de l'an 803, porte, dans son article 5, que les hommes libres ne doivent aucun service aux comtes, ni dans la fenaison, ni dans la moisson, ni dans la vendange, et défend d'exiger d'eux des impositions au nom des comtes. Un autre capitulaire de 793 décide qu'on ne pourra jamais

(1) *V.* l'ouvrage de Mirabeau sur les lettres de cachet, t. 2, p. 203. *Hambourg, 1782.*

contraindre les hommes libres à un travail que les serfs doivent seuls exécuter.

Ce fut notamment sous les successeurs de Charlemagne que les Français éprouvèrent combien le pouvoir royal était nécessaire à leur sureté; à mesure qu'il s'affaiblit, leur liberté personnelle diminua, et l'autorité des seigneurs s'accrut dans une égale proportion. Les grands imposèrent leurs lois aux pays qu'ils étaient chargés de gouverner au nom du roi, et bientôt marchèrent ses égaux. Insensiblement la classe des ahrimans, si considérable au commencement de la première race, disparut; à la fin de la seconde, chacun devint seigneur ou serf. Nonobstant les prohibitions expresses des capitulaires, on réduisit en servitude les rebelles, les débiteurs insolvables, tous ceux qui se vendaient ou fesaient un don volontaire de leurs personnes soit aux églises, soit aux seigneurs. La féodalité étendit son funeste empire sur la France, et l'indépendance individuelle demeura le privilège des grands vassaux.

Deuxième période.

Depuis l'établissement de la féodalité jusqu'à la formation complète du pouvoir absolu.

L'élévation de Hugues-Capet sur le trône vint fortifier encore leur pouvoir. Les barons lui dirent : « Nous te fesons notre roi; laisse-» nous nos droits et nos terres. » En acceptant la couronne des mains de ses rivaux, ce prince perdit le droit de s'opposer à leurs fréquentes usurpations.

Dès ce moment, on compta, pour ainsi dire, autant de souverains en France qu'il y avait de châteaux. Maîtres absolus dans leurs domaines, les seigneurs battirent monnaie, levèrent des impôts, firent la guerre et rendirent la justice. Cependant la nature des terres établit entre leurs propriétaires divers degrés d'infériorité. Le possesseur du grand fief s'appela suzerain, les possesseurs des fiefs dépendant du sien furent ses vassaux ; après ceux-ci, vinrent les arrière-vassaux.

Sous le régime féodal, chaque vassal devait remplir envers son suzerain trois obligations principales : service aux plaids dans ses lits de justice, soumission à sa juridiction, service militaire pendant un tems déterminé. Le roi lui-même devenait vassal ou arrière-vassal de son sujet, s'il achetait un fief situé dans sa mouvance ; ainsi, dans cette bizarre organisation, la dignité de l'homme s'élevait ou s'abaissait suivant la qualification de sa propriété.

Sans frein dans l'administration intérieure de leurs domaines respectifs, les seigneurs s'abandonnèrent à tous les excès d'une autorité qui ne reconnait d'autre loi que les passions ; le despotisme féodal s'attaqua surtout

14

au peuple; il fut en quelque sorte individuel, tracassier et sans interruption; il persécuta l'homme dans ses penchans, dans ses plaisirs, dans ses occupations, en un mot, dans toute son existence.

Rien n'échappait à la féodalité; les habitans des campagnes, les villages, les villes mêmes furent soumis à la juridiction illimitée de quelques seigneurs; car les seigneurs étaient tout; le roi, dont la puissance ne s'étendait guère au-delà de ses domaines personnels, était compté pour peu de chose, et la nation pour rien.

La population des villes se composait principalement des marchands et des artisans; d'une condition misérable et peu éloignée sur certains points de la servitude, ils allaient vendre leurs marchandises de foire en foire, et payaient, en passant sur certaines propriétés et sur certains ponts, les nombreuses taxes levées à cette époque. Les seigneurs pouvaient accorder une exemption générale de ces droits, dits de passage, de pontenage, d'étalage, etc.; mais ceux qui obtenaient cette faveur, nommés alors francs-marchands, soldaient en retour à leur protecteur une sorte de tribut ou de capitation annuelle (1).

(1) *V*. L'ouvrage d'Adam Smith sur la richesse des nations, t. 2, p. 239.

Les habitans des campagnes étaient tous plus ou moins serfs, c'est-à-dire, plus ou moins privés de l'exercice des droits naturels; ils ne pouvaient disposer des fruits de leur industrie par un acte entre vifs ou testamentaire, ni donner un tuteur à leurs enfans, ni même se marier sans la permission du seigneur. On les assujettissait à des services humilians, à des impôts onéreux, à des redevances ridicules; ainsi, dans quelques pays, on les forçait de venir baiser la serrure de la porte du fief dominant; dans d'autres, de battre les eaux pour faire taire les grenouilles pendant les couches de la châtelaine (1).

Il existait peu de serfs attachés à la personne du maître. Le plus petit seigneur se serait cru déconsidéré, si des varlets de bonne race n'eussent pas été chargés du service de sa personne, de sa table, ou de son cheval. Son échanson, son sénéchal possédaient des terres ou des fiefs (2).

De toutes les classes, la plus malheureuse

(1) *V.* les Antiquités de la ville de Paris par Sauval, t. 2, liv. 8, chap. des Redevances ridicules, p. 464. *Paris,* 1724.

(2) *V.* l'Histoire constitutionnelle de la France par M. Capefigue, t. 1, p. 161. *Paris,* 1831.

fut, sans contredit, celle des serfs attachés à la glèbe; d'hommes, ils étaient devenus des choses; véritables immeubles par destination, on les vendait avec les terres dont ils formaient une dépendance. Si leurs maîtres avaient à se plaindre de leur conduite, on les condamnait au fouet, à la torture ; quelquefois on les suspendait à la meule d'un moulin, ou bien aux branches élevées d'un vieux chêne. Les lois féodales les considéraient *comme bestes en park, poissons en viviers et oiseaux en cage* (1).

Dans chaque château, au-dessous de la région du jour et de l'air, on avait creusé une espèce de puits infect et humide; c'était là la prison seigneuriale. On y descendait, au moyen d'une forte poulie de cuivre, pour y rester renfermés autant de tems que le seigneur le jugerait à propos, les serfs indociles ou délinquans, les prisonniers de guerre, ainsi que tous ceux qui refusaient de payer les tailles.

La destinée des serfs, sans défenseurs et sans garantie aucune, était nécessairement subordonnée au caractère et à la conduite de

---

(1) *V.* le Cartulaire de l'abbaye de Saint-Victor, de Paris, f° 47.

leur seigneur ; sa puissance ne se révélait-elle
que par des bienfaits ? on les voyait mieux
nourris, mieux vêtus, employés à des travaux
moins longs et moins durs, bénir son administration paternelle. Telle fut généralement la
condition des serfs d'église. Mais la contagieuse
habitude d'un pouvoir sans bornes, et surtout
les excès journaliers des majordomes et autres
officiers qui remplaçaient le seigneur, ne fesaient que trop souvent sentir aux infortunés
serfs la pesanteur du joug qui les accablait (1).

Cependant quelques coutumes locales les
protégeaient dans certaines conjonctures. Si
le seigneur était convaincu d'adultère avec la

(1) M. de Sismondi, dans son Histoire des Français,
t. 4, p. 32, observe avec raison que le régime féodal,
durant la vigueur de l'institution, donna aux seigneurs
indépendans du souverain quelque dignité de caractère,
et créa dans l'ordre équestre (ou de la chevalerie) une
classe nombreuse d'hommes libres, ardens à défendre
leurs droits ; cet auteur ajoute que le régime féodal fut
alors moins onéreux aux roturiers en ce sens que les seigneurs ménageaient leurs vassaux qui leur étaient nécessaires pour se soutenir contre leurs ennemis, tandis
que l'oppression féodale devint plus pesante après le
rétablissement de l'autorité royale, lorsque les seigneurs n'eurent plus besoin de soldats, et se vengèrent
sur leurs inférieurs des offenses qu'ils recevaient du
souverain ou de ses agens.

femme du serf, s'il le frappait d'un instrument inusité dans la profession que celui-ci avait embrassée, le serf devenait libre sur-le-champ. Dans les cas même où son maître avait droit de le battre, il se réfugiait dans une église voisine, et y trouvait un asile inviolable.

Sous le régime féodal, on n'avait songé qu'à organiser l'oppression ; mais on s'était fort peu occupé d'assurer la tranquillité publique ; les barons la troublaient les premiers par leurs interminables querelles de voisinage ; dans les champs, les récoltes étaient sans cesse ravagées par les gens de guerre ; dans les villes, point de police ; sur les routes, point de sureté.

D'innombrables juridictions seigneuriales couvraient la France ; dans ces petits tribunaux, si bien surnommés par Loyseau (1) des *mangeries de village,* dont les magistrats étaient les valets du seigneur, la justice était lente, coûteuse, vénale et sans règles fixes. Quelquefois les juges, par économie ou par pauvreté, fouettaient et suppliciaient eux-mêmes les malfaiteurs qu'ils avaient condamnés (2).

(1) *V.* le Traité de l'abus des justices de villages par Loyseau.

(2) *V.* l'Histoire des Français des divers états par M. Monteil, t. 1, p. 397. *Paris,* 1828.

Un gouvernement, aussi profondément hostile à la liberté individuelle, devait, à la longue, exaspérer les Français; vainement l'aristocratie, pour perpétuer à son profit le monopole du pouvoir et de l'indépendance, avait soigneusement entretenu l'ignorance des serfs; déjà souvent les paysans, fatigués des pillages des gentilshommes (1), s'étaient révoltés; quelquefois même ils avaient quitté la charrue pour incendier les castels, lorsque les habitans des villes comprirent la nécessité de s'unir afin de résister à une aussi odieuse tyrannie. Des associations se formèrent sur plusieurs points; de là vinrent les communes dont les membres s'obligèrent par serment à se défendre mutuellement contre tout agresseur.

Diverses circonstances favorisèrent ce mouvement vers la liberté. D'une part, les seigneurs ruinés par les croisades, leurs guerres journalières, les dépenses fastueuses de la chevalerie, se montrèrent plus disposés à traiter avec les communes; de l'autre, les rois, avides

(1) Lorsque le gentilhomme, dit Mézeray, pillait et rançonnait le paysan, il l'appelait par dérision *Jacques le bon homme*. Ces insultes réitérées provoquèrent plusieurs mouvemens populaires, et notamment, en 1359, la révolte des paysans connue sous le nom de la *Jacquerie*.

d'accroître leur autorité aux dépens des barons, tolérèrent d'abord, puis encouragèrent cet affranchissement des communes et des serfs.

Louis le Gros donna le premier l'exemple; il concéda, comme des privilèges, à quelques villes composant ses domaines, des droits que la providence a également départis à tous les hommes. Ses successeurs l'imitèrent, et même le surpassèrent. Voici le texte de la mémorable ordonnance rendue, le 3 juillet 1315, par Louis X, dit le Hutin : « Comme selon le droit » de nature, chacun doit naître Franc; et par » anciens usages ou coutumes, qui de grande » ancienneté ont été introduites et gardées » jusqu'ici en notre royaume, et par aventure » pour le méfait de leurs prédécesseurs beau- » coup de personnes de notre commun peuple » soient déchues en lien de servitude de di- » verses conditions, ce qui moult nous déplaît; » nous, considérant que notre royaume est » dit et nommé le royaume des Franks, et » voulant que la chose en vérité soit accor- » dant au nom..... voulant aussi que les au- » tres seigneurs, qui ont hommes de corps, » prennent exemple à nous de les ramener à » franchise, nous voulons que franchise leur

» soit donnée à bonnes et convenables condi-
» tions (1). »

La religion vint en outre joindre aux pres-
criptions des rois son influence, si puissante
à cette époque. Un concile de 1167 et un édit
du pape Alexandre III, publié en 1179, déclarèrent que tous les chrétiens devaient être
exempts de la servitude. La cérémonie de
l'affranchissement se célébrait dans l'église,
comme un acte solennel de religion. Le serf
était conduit autour du grand autel, tenant à
la main une torche ardente; puis il s'arrêtait
devant l'un des coins de l'autel, et là un prêtre
prononçait les paroles sacramentelles qui con-
féraient la liberté.

Bientôt la plupart des communes obtinrent
des chartes; les unes les achetèrent au poids
de l'or; les autres les conquirent par l'insurrection. On a remarqué, dit M. Thierry (2),
qu'elles furent d'autant plus libres que leur
fondation avait coûté plus d'efforts et de sacrifices. Les chartes d'affranchissement ne renfermaient pas, toutes, les mêmes dispositions;
mais toutes s'accordaient à garantir la libre

(1) *V.* le Recueil des ordonnances des rois de
France, t. 1, p. 582.

(2) *V.* les Lettres sur l'Histoire de France, p. 266.

disposition des personnes et des biens, la stabilité des propriétés, et à prohiber les taxes
arbitraires que le caprice des seigneurs se
plaisait souvent à imposer; elles les autorisaient
de plus à élire leurs magistrats, à s'administrer elles-mêmes, à conserver leurs juges naturels. Toutes les fois que la sureté publique
l'exigeait, les magistrats des communes pouvaient armer les habitans pour défendre leurs
droits soit contre des voisins entreprenans,
soit contre le seigneur lui-même.

L'indépendance politique et individuelle,
dont jouirent les membres des communes affranchies, inspira aux serfs le plus vif desir
d'améliorer leur sort; jusqu'alors leur affranchissement avait éprouvé de graves difficultés;
mais, grâce au concours des circonstances qui
leur furent propices, ils purent aussi acquérir
leur liberté à prix d'argent (1); ils devinrent
fermiers, et prirent à cens les terres qu'ils la-
bouraient auparavant comme esclaves.

Le serf, affranchi suivant l'un des nombreux

(1) Dans les onzième et douzième siècles, les serfs
s'occupaient presque seuls des arts industriels; ils purent, en tissant le lin, en façonnant l'hermine, amasser
un petit pécule et se procurer ainsi les moyens d'acheter leur liberté. (V. l'Histoire constitutionnelle de la
France par M. Capefigue, t. 1, p. 138.)

modes en usage, passait successivement par ces trois degrés : le villenage, la bourgeoisie, et la qualité de citoyen des communes.

Le vilain était de condition libre; mais il restait soumis à toutes les charges qu'il convenait au seigneur d'établir. Le bourgeois, habitant d'ordinaire un bourg, n'était tenu de payer que la taille fixée par la charte de bourgeoisie. Toutefois il devait obéissance au seigneur et à ses officiers; sous ce rapport, sa position sociale demeurait inférieure à celle du citoyen des communes qui n'avait à répondre de ses actes qu'aux magistrats de son choix.

Après l'établissement des communes, le sort des Français éprouva un adoucissement réel; l'esclavage s'abolit insensiblement dans la plus grande partie du royaume; le simple vasselage remplaça la servitude; les serfs témoignèrent leur reconnaissance à la société, qui les avait admis au nombre de ses membres, en contribuant, par l'activité de leur travail, à augmenter ses richesses. Le commerce intérieur se développa; l'esprit d'association, pénétrant partout, donna naissance aux corporations de métiers, et assura l'avenir des artisans. Chaque industrie eut ses lois, ses privilèges, sa bannière et sa magistrature.

Cependant, au sortir du cahos où la France

venait d'être plongée, les institutions furent trop incertaines, l'affranchissement des serfs trop long et trop laborieux, les désastres du règne des Valois trop universels pour que le peuple pût jouir de la liberté individuelle. Une classe d'hommes en goûtait peut-être alors les bienfaits : c'était le clergé. Riches propriétaires, ne payant point d'impôts, exempts des corvées et du service militaire, les prêtres n'étaient justiciables que des tribunaux ecclésiastiques. Lorsque les sergens arrêtaient un clerc en flagrant délit, il ne pouvait être détenu dans la prison ordinaire; sur sa demande, ou sur la réclamation de sa famille, les officiers laïques le remettaient sur-le-champ et sans discussion à la cour d'église(1).

L'autorité royale fut long-tems si faible qu'elle ne pouvait prêter au malheur un appui tutélaire. Philippe Auguste conçut le premier le projet de l'élever sur les ruines de la féodalité; il profita des fautes des grands vassaux

(1) *V.* une ordonnance de Philippe Auguste, du 1er mai 1210. Le même roi rendit, en l'année 1200, une ordonnance très favorable aux écoliers de l'université de Paris; l'art. 7 est ainsi conçu : « Hors le cas de flagrant délit, la justice du roi ne pourra mettre la main sur aucun écolier, et, s'il est à propos d'en prendre quelqu'un, il sera arrêté, gardé et jugé par la cour ecclésiastique. »

pour l'étendre, et réunit à la couronne plusieurs provinces importantes. Saint-Louis la consolida par ses institutions judiciaires ; il créa les cas royaux, les appels au tribunal du roi ; et, en plaçant la justice royale au-dessus des justices seigneuriales, il prépara à l'innocence et à la pauvreté les moyens de faire valoir leurs titres. Philippe le Bel s'attribua le privilège de battre monnaie, convoqua les états-généraux, les composa de trois ordres, le clergé, la noblesse, le tiers-état, et rétablit le droit d'élection anéanti par le gouvernement féodal ; mais les services que ce prince a rendus, soit à la puissance royale, soit aux libertés nationales, ne pourront faire oublier ses attentats inouis contre la liberté individuelle ; en un seul jour, il fit arrêter en masse et sans distinction tous les Templiers qui demeuraient en France (1). Enfin l'astucieuse politique de Louis XI put s'emparer définitivement du pouvoir absolu.

Durant cette seconde période de l'histoire des Français, les intérêts des rois et du peuple

---

(1) *V.* à la fin du chap. 2 de cet ouvrage, la conduite de Philippe le Bel à l'égard des Juifs ; il les fit également tous arrêter en un seul jour et confisqua leurs biens

furent souvent les mêmes (1); les souverains se joignirent à lui pour renverser l'aristocratie ; on les vit aussi témoigner hautement, dans leurs ordonnances, et souvent dans leurs actes, l'intention de défendre les droits de leurs sujets.

En 1155, Louis VII proclama ce principe : « Que nul ne soit retenu captif s'il peut donner » caution de se représenter devant le juge. » En 1270, les établissemens de Saint-Louis le confirmèrent ; ils n'exceptèrent que les prévenus d'un crime entrainant la peine de sang ; dans ces tems où la belle institution du ministère public n'était pas encore en vigueur, ils imposèrent en outre au plaignant une condition qui devait fortement restreindre le nombre des plaintes. L'accusateur et l'accusé devaient être conduits en égale prison, *si que l'un ne soit pas plus mal à l'aise que l'autre* (2).

Sous le règne de Louis IX, la reine Blanche, gouvernant en son absence, apprit que les officiers du chapitre de Paris avaient fait emprisonner leurs serfs de Châtenay pour n'avoir point payé une taille, et qu'ils ne leur four-

(1) *V.* les observations sur l'Histoire de France par l'abbé de Mably, t. 4, p. 116.

(2) Liv. 1, chap. 104 des Etablissemens de Saint-Louis.

nissaient pas les alimens nécessaires. Elle pria
les officiers de les mettre en liberté ; mais ils
se refusèrent à ses instances ; ils eurent même
la cruauté de faire jeter dans le même cachot
les femmes et les enfans des serfs ; plusieurs de
ces malheureux détenus périrent étouffés par
la chaleur. A cette nouvelle, la reine se rendit
au chapitre avec des hommes armés, et fit
rompre les portes des prisons (1).

Philippe IV essaya de prévenir les funestes
conséquences d'une fausse dénonciation ; il décida, par une ordonnance datée de Béziers
en 1303, que celui, qui ferait injustement incarcérer un Français, serait condamné à des
dommages-intérêts.

Il est peu de dispositions plus favorables à la
liberté individuelle que l'ordonnance de 1327 ;
elle prescrivit aux prévôts *de faire visitation
des personnes qui auront été prises , du jour
au lendemain , car le plus souvent pauvres
gens sont pris et emprisonnés pour légères
causes ,* de les interroger sans délai , de les
élargir, ou de faire immédiatement statuer sur
leur sort.

Malgré ces actes de la prévoyance royale,

_____

(1) *V.* l'Histoire du Diocèse de Paris, par l'abbé
Lebœuf, t. 9, p. 367. *Paris,* 1757.

les arrestations provisoires se prolongeaient indéfiniment; car des lettres patentes de Charles V, du 6 février 1370, portent que les prévots et jurés de Tournay ne pourront garder les prévenus en prison plus de sept jours sans les faire paraitre devant leur tribunal et leur donner connaissance de l'accusation dirigée contre eux. Enfin deux ordonnances de Charles VII, des mois d'octobre 1444 et d'avril 1457, vinrent encore sanctionner le droit des prévenus d'obtenir leur liberté sous caution, et recommander de les interroger aussitôt après leur arrestation.

Jusqu'au règne de St.-Louis, la procédure criminelle, appliquée sous les deux premières races, éprouva peu de modifications. Sous ce roi législateur, on commença à recueillir les dépositions des témoins; l'instruction entière fut écrite, elle devait rester secrète; mais ce prince désira qu'elle fût communiquée aux parties. La conviction du magistrat put se fonder sur des élémens plus solides; toutefois les débats judiciaires ne s'agitèrent plus devant des juges du fait, les jugemens ne furent plus prononcés au milieu de l'appareil salutaire de la publicité; Louis IX et ses successeurs condamnèrent soit eux-mêmes, soit par des commissaires, des accusés à mort; qui pourrait se rappeler, sans frémir, combien Louis XI mésusa de ce droit formidable!

Sous le régime féodal, les compositions furent long-tems admises, attendu qu'elles tournaient au profit des seigneurs et de leurs officiers; mais après leur affranchissement, les communes reconnurent bientôt que ces peines pécuniaires étaient incapables de réprimer les crimes. La nécessité de maintenir l'ordre et la sureté publique les fit remplacer par d'autres plus efficaces. Le meurtre fut puni de mort; tout acte de violence reçut un châtiment proportionné à la gravité du délit (1). On s'expliquerait même difficilement la rigueur des lois pénales consignées dans les établissemens de Saint-Louis, si l'on ne se représentait les horribles désordres, les brigandages de toute nature qui affligeaient alors la société (2).

Les lumières de la civilisation, en dissipant les ténèbres du moyen âge, n'apportèrent dans nos lois criminelles que de funestes changemens. Sous François Ier, s'introduisit une

Troisième période.

Depuis l'établissement du pouvoir absolu jusqu'à la révolution de 1789.

(1) *V.* l'Introduction à l'histoire de Charles-Quint, par Robertson, traduite par Suard, t. 2, p. 113. *Amsterdam,* 1775.

(2) *V.* l'Histoire des Français, par M. de Sismondi, t. 8, p. 95. *Paris,* 1826.

procédure qui sembla tirée, dit Fleury (1),
du formulaire de l'inquisition. Dès qu'un prévenu était arrêté, on le mettait au secret (2)
dans une infecte caverne grillée qu'on décorait
du nom de prison (3); puis l'instruction de l'affaire se poursuivait dans le plus profond mystère; le droit sacré de la défense était inhumainement restreint et souvent méconnu. On
avait posé en principe qu'un accusé ne pouvait être condamné sans son aveu; de là il fut
permis de le lui arracher à force de tourmens;
la torture, déjà autorisée par l'article 22 de
l'ordonnance de 1254, fut fréquemment appliquée; cependant ce supplice provisoire ne
devait être infligé que sur des preuves suffisantes.

Telles furent les dispositions, sur cette ma-

(1) *V*. l'Instruction de l'abbé Fleury pour le duc
de Bourgogne.

(2) *V*. l'Ordonnance du mois d'octobre 1535 sur la
manière de procéder contre les criminels. Suivant les
articles 35, 36, 37, le mandement d'arrestation était
délivré par le juge, après les conclusions du procureur
du roi.

(3) Jusqu'à Charles IX, les prisons de France ne furent guère que des souterrains; ce prince défendit,
par l'article 55 de l'Ordonnance de 1560, de les con-
struire plus bas que le rez-de-chaussée.

tière, de l'ordonnance de 1539, rendue à Villers-Cotteret; le parlement de Paris ne voulut pas l'enregistrer sans un ordre exprès du roi. Vicissitude remarquable de la fortune ! le chancelier Poyet, qui l'avait rédigée, fut lui-même victime de son arbitraire. Arrêté en 1542 comme inculpé de concussions et d'abus de pouvoir, ce ministre resta détenu trois années sans jugement; il se plaignit au parlement des vices de la loi; les magistrats lui répondirent qu'elle était son ouvrage. « Ah ! quand » je la fis, répartit Poyet, je ne pensais pas » me trouver où je suis (1). »

Cependant cette ordonnance, que le jurisconsulte Dumoulin ne craignit pas, en 1544, d'appeler impie, ne fut modifiée ni par les ordonnances attribuées au vertueux Lhospital, ni par l'ordonnance de Blois que publia Henri III en 1579. L'ordonnance de 1670, demeurée en vigueur jusqu'en 1789, vint au contraire la confirmer. Elle maintint la procédure secrète, la défense aux prisonniers de communiquer avec leur famille sans la permission du juge, la question préparatoire; elle restreignit seulement celle-ci aux crimes capitaux.

(1) *V.* l'Histoire de France, par Garnier, au règne de François Ier.

L'ordonnance de 1670 renfermait du moins plusieurs dispositions empreintes d'une sollicitude éclairée pour les détenus; ainsi elle enjoignait aux procureurs du roi et aux procureurs des seigneurs de visiter les prisons une fois par semaine pour y recevoir les plaintes des prisonniers; elle voulait que les prisons fussent sures et disposées de manière que la santé des détenus n'en pût être incommodée; enfin elle facilitait les moyens de prouver les exactions et violences des geoliers et prononçait des peines graves contre ceux qui maltraitaient les prisonniers (1).

Avant cette ordonnance, le juge pouvait, à son gré, faire arrêter le prévenu, qu'on lui imputât un crime ou un délit; l'article 19 du titre 10 contint sur ce point une amélioration importante; il était ainsi conçu : « Ne sera » décernée prise de corps contre les domiciliés, » si ce n'est pour crime qui doive être puni de » peine afflictive ou infamante(2).» De plus, l'ordonnance recommandait au juge de commencer

(1) *V*. les art. 1, 35, 36, 37 du titre 13 de l'ordonnance de 1670, et les conférences de Bornier, t. 2, p. 146. *Paris,* 1744.

(2) Cet article a été confirmé par un édit du mois de janvier 1785, servant de règlement pour le Châtelet de Paris.

l'interrogatoire des accusés au plus tard dans les 24 heures après leur incarcération (1); si le magistrat ne s'y conformait pas, il se rendait passible de dommages-intérêts. « Cette disposition, dit Bornier (2), est très utile au public, mais elle est mal observée. »

Une autre disposition de cette ordonnance venait d'ailleurs détruire en partie les heureux effets de ses innovations, c'était l'art. 2 du titre 10, qui accordait aux juges instructeurs le droit de lancer diverses sortes de décrets selon la qualité des crimes, des preuves et *des personnes;* on comprend aisément combien, dans la pratique, il était facile d'abuser de cet immense pouvoir. Aussi, dit Bourguignon (3), « la liberté individuelle ne fut point assez respectée dans les procédures criminelles qui s'instruisaient sous l'ancien régime; il n'était pas rare de voir arrêter un

(1) *V.* l'art. 1er du titre 14 de l'ordonnance de 1670, et les conférences de Bornier, p. 188, t. 2. Suivant l'art. 12 du tit. 2 de la même ordonnance, le prévôt, qui n'interrogeait pas les personnes qu'il avait arrêtées, dans les vingt-quatre heures, était condamné à une amende de 200 livres.

(2) *V.* les conférences de Bornier, t. 2, p. 188.

(3) *V.* la jurisprudence des codes criminels, t. 1; p. 198. *Paris,* 1825.

» citoyen domicilié, tantôt sur de simples dé-
» nonciations, sur des plaintes isolées, avant
» toute information et sans commencement de
» preuves, tantôt sur des soupçons frivoles,
» ou des indices légers et trompeurs. »

Enfin, sous un autre rapport, l'ordonnance
de 1670 se montra moins favorable à la liberté
individuelle que la plupart de celles qui l'a-
vaient précédée. Elle ne soumit pas les demandes en liberté provisoire sous caution à
des règles fixes; elle les abandonna à l'arbitrage des tribunaux qui ne pouvaient se décider sans avoir vu les informations, l'interrogatoire, les conclusions du ministère public et
les observations de la partie civile (1).

Ce fut à Louis XVI, à ce prince philantrope
qui assainit les prisons et détruisit les corvées
dans ses domaines, que la France dut l'abolition de la question préparatoire (2). Le législa-
lateur de 1670 permettait de l'infliger à un
homme seulement *inculpé* d'un crime; et cependant il la signalait lui-même, dans l'art. 13
du titre 25, comme la peine la plus rigoureuse après la mort; quelle contradiction !

Jusqu'à l'année 1791, la France n'eut point de

(1) *V*. L'art. 22 du titre 10 de l'ordonnance de 1670.
(2) *V*. la déclaration du 24 août 1780.

code pénal ; quelques ordonnances royales prescrivaient des châtimens sans rapport avec les faits prévus ; mais généralement on jugeait plutôt en vertu de la tradition et de la jurisprudence que d'une connaissance bien certaine de la loi ; les peines, en un mot, étaient arbitraires (1). Dans le dix-huitième siècle, de toutes parts s'élevèrent d'énergiques protestations contre le danger de laisser ainsi à la disposition des magistrats l'honneur, la liberté, la vie même de leurs concitoyens. D'ailleurs les peines, sanctionnées par l'usage et les précédens, étaient fort sévères ; on étendait la peine capitale jusqu'au vol domestique. D'horribles supplices, comme la roue, la potence, le feu, prolongeaient, aux yeux avides du peuple, les souffrances des condamnés.

De semblables lois criminelles trahissent la nature du gouvernement qu'elles protégeaient.

Depuis Louis XI, le pouvoir absolu suivit une progression toujours ascendante ; il parvint, sous Louis XIV à son apogée, se soutint faiblement sous Louis XV, déclina sensiblement sous Louis XVI, et tomba tout entier

(1) *V*. les conférences de Bornier, t. 2, p. 342, le Dictionnaire de Droit, de Ferrière, au mot *Peines*, t. 2, p. 466, et le Traité des lois pénales de M. de Pastoret.

devant l'assemblée constituante. Les états-généraux, rarement convoqués depuis Philippe le Bel jusqu'en 1614, n'eurent à statuer que sur un petit nombre de questions graves. Après cette dernière époque, ils ne furent plus réunis. Les rois se saisirent de l'autorité législative; tout se décidait suivant leur bon plaisir; alors s'établit cette maxime : qui veut le roi, si veut la loi.

Restèrent cependant deux barrières qui limitèrent quelquefois l'exercice de la puissance royale : d'abord la noblesse ; affranchie des charges publiques, et fière de ses glorieux souvenirs, elle veilla long-tems, avec une jalouse opiniâtreté, au maintien de ses privilèges; mais Louis XIV l'éblouit de l'éclat de sa grandeur, et lui paya en faveurs et en plaisirs le prix de sa dépendance. Puis les parlemens; depuis l'ordonnance de Louis XI, du 21 octobre 1467, qui proclama l'inamovibilité des offices royaux, ils agrandirent peu à peu le cercle de leurs attributions; profitant habilement de l'usage d'enregistrer l'impôt, ils s'acquirent, suivant l'expression de Pasquier, le *droit de vérifier les volontés des rois,* et de leur adresser des remontrances; mais le monarque pouvait toujours, dans un lit de justice, les contraindre à l'enregistrement de ses ordonnances.

D'ailleurs le parlement de Paris, dont les autres suivaient l'impulsion, ne déploya d'énergie que contre les princes faibles. A dater du jour où Louis XIV, en bottes et un fouet à la main, lui dit : « L'Etat, c'est moi, » jusqu'à la mort de ce souverain, le parlement garda un lâche silence. Que de motifs pourtant devaient réveiller son zèle et ranimer son courage !

Les lettres de cachet se multiplièrent considérablement pendant ce règne de soixante-douze années. Ces lettres, ainsi nommées parce qu'elles étaient closes, avaient deux objets : tantôt on les adressait aux tribunaux pour leur ordonner de juger une cause dans un sens indiqué, leur défendre des informations exigées par les lois, leur interdire la connaissance d'un fait ou l'évoquer au conseil du roi ; tantôt elles portaient des ordres d'emprisonnement ou d'exil contre les personnes dont les noms étaient désignés sur la suscription.

Les lettres de cachet envoyées aux tribunaux n'étaient que d'imparfaites copies des rescrits des empereurs romains ; sous le spécieux prétexte de suppléer aux lois, elles les fesaient plier à l'intérêt des parties qu'elles favorisaient ; souvent elles suspendaient le cours de la justice. La plupart furent surprises à la bonté des princes ; du reste, toutes les ordonnances des rois de France (1) attestent qu'ils ne se sont pas contentés de blamer ces jussions arbitraires; qu'ils ont prescrit en outre aux juges de ne pas exécuter les ordres contraires aux lois qui seraient contenus dans les lettres patentes ou closes. Un courtisan suppliait un jour Louis XIII de s'intéresser à son procès et d'expédier une lettre de cachet au parlement de Paris; *cela ne servira de rien*, reprit ce prince, *car ils n'y déféreront point* (2).

Les autres lettres de cachet, presque toujours individuelles, arrachaient les personnes, qui les recevaient, à leurs affaires et à leur famille pour les plonger pendant un tems indéfini dans une prison d'état. Elles les frappaient subitement comme la foudre, et les dépouillaient de leur liberté sans même leur révéler le motif de leur arrestation.

On a déja remarqué que ces lettres de cachet s'introduisirent, pour ainsi dire, furtive-

***

(1) *V.* notamment les ordonnances rendues par Philippe le Bel en 1291, Philippe de Valois en 1316, Charles V en 1350, Charles VI en 1413, Charles VII en 1453, Louis XII en 1499, François Ier en 1535, François II en 1560, Charles IX en 1566, et les édits de Louis XIII en 1636, de Louis XIV en 1651.

(2) *V.* le Recueil des maximes véritables pour l'institution du roi, par Claude Jolly, p. 134.

ment en France; aucune loi ne les a instituées; ce mot se trouve pour la première fois employé dans l'article 5 de l'ordonnance de 1560, ainsi conçu : « Aucuns abusant de la faveur des » rois, par importunité ou plutôt subreptice- » ment, ont obtenu quelquefois des lettres » de cachet. » Ce furent les ordonnances de 1669, 1682 et 1705 qui précisèrent les formes de leur notification; mais déjà elles étaient mises à exécution depuis plusieurs siècles.

Le cardinal de Richelieu eut souvent re- cours à ces funestes lettres pour assouvir ses haines implacables « Je ne les établirais pas, » disait Louis XIV, mais on en a usé dans tous » les tems, et j'en userai (1). » Les querelles du jansénisme en firent décerner plusieurs mil- liers; sous Louis XV, on passa toutes les bornes; à cette époque de dépravation, tout homme un peu considérable crut au-dessous de lui de demander à la justice ordinaire la réparation d'une injure; on en vint au point de spéculer sur ces ordres illégaux; ils furent en quelque sorte mis en circulation comme des effets de commerce. On rapporte qu'une dame de la cour se fit délivrer en blanc deux lettres de cachet; elle en vendit une à un mari pour faire

(1) *V.* la lettre de Mme de Maintenon au cardinal de Noailles, dans le recueil de ses lettres.

arrêter sa femme, et l'autre à la femme pour
faire arrêter son mari (1).

Cette conduite révoltante des ministres (2)
et de leurs agens souleva l'indignation publique; le 14 août 1770, Malesherbes adressa
à Louis XV, au nom de la cour des aides, ces
nobles paroles : « Aucun citoyen dans votre
» royaume n'est assuré de ne pas voir sa li-
» berté sacrifiée à une vengeance, car per-
» sonne n'est assez grand pour être à l'abri de

(1) Un vieillard très respectable d'Auxerre nous a
certifié l'authenticité du fait suivant :

Une dame B*** d'Auxerre menait une conduite plus
que légère; son mari l'avait plusieurs fois menacée
de lui faire envoyer une lettre de cachet; il partit un
jour subitement pour la capitale, sans l'en prévenir;
la dame effrayée alla trouver le colonel du régiment
en garnison à Joigny, qui était son amant; l'officier se
rendit aussitôt à Paris; il obtint, à force de protections,
une lettre de cachet contre le pauvre mari qui fut arrêté
dans les bureaux du ministère de la maison du roi, au
moment même où il en sollicitait une contre sa femme.

(2) L'imagination s'effraie du nombre des lettres de
cachet que distribua le duc de la Vrillière, ministre de
la maison du roi pendant quarante-cinq ans; il perdit
à la chasse, par un accident, la main droite qui les
avait toutes signées; aussitôt le distique suivant circula
partout :

> Ci gît la main d'un grand ministre.
> La senestre? Non, la sinistre.

» la haine d'un ministre, ni assez petit pour
» n'être pas digne de celle d'un commis des
» fermes; un jour viendra, Sire, que la mul-
» tiplicité des abus déterminera votre majesté
» à proscrire un usage si contraire à la consti-
» tution de votre royaume, et à la liberté dont
» vos sujets ont droit de jouir. »

En 1784, le ministre de la maison du roi
transmit à ses préposés une instruction détail-
lée sur les lettres de cachet; on y remarque
ces deux principes : 1° Ces lettres ne pourront
être accordées que dans des cas bien déterminés et bien prouvés; 2° la détention, qui en
résultera, ne devra pas durer au-delà de trois
ans, si ce n'est pour les grands crimes.

Déjà la jurisprudence avait décidé que les
personnes, injustement arrêtées en vertu d'une
lettre de cachet, étaient en droit d'exiger des
dommages-intérêts de leur dénonciateur (1);
mais inutilement essaya-t-on de régulariser
l'arbitraire; ces lettres, demandées, obtenues
et exécutées clandestinement contre des hommes sans défense, n'en furent pas moins autant

(1) Quelquefois aussi les personnes, détenues en vertu
des lettres de cachet, devaient leur liberté aux réclamations des magistrats du parlement qui visitaient les
prisons tous les ans au mois de septembre. C'était une
députation composée d'un président et de plusieurs

d'attentats à la liberté individuelle. Rarement, il est vrai, on les vit désoler la chaumière du laboureur ou le réduit de l'artisan ; elles tombaient principalement sur les nobles, *et cela était presque juste*, disait Mirabeau, *puisque c'étaient eux qui les sollicitaient.*

Le nombre de ces lettres alla toujours en décroissant sous le règne de Louis XVI. A la fameuse journée du 14 juillet 1789, les Parisiens s'attendaient à trouver la Bastille remplie de détenus. Quel fut l'étonnement du peuple en apercevant seulement cinq prisonniers, dont trois avaient commis des crimes dignes de mort !

L'exil, considéré chez les anciens comme un grave châtiment, était aussi rangé dans l'ancienne jurisprudence parmi les peines ; cependant les lettres de cachet l'ordonnaient sans jugement. Du moins il n'entraînait pas, dans ce cas, la perte des droits civils comme l'exil qui était prononcé par arrêt sous le nom de bannissement ; loin de flétrir, il eut l'effet de l'ostra-

conseillers désignés par le parlement, qui ne pouvaient cependant parler aux détenus qu'au travers des guichets. Le comte de Sanois obtint ainsi sa liberté après neuf mois d'emprisonnement. (*V.* le Mémoire de M. Lacretelle aîné pour ce comte, tome 2 de ses ouvrages judiciaires.)

cisme, il honora souvent les hommes qui le supportaient avec dignité (1).

Ces lettres de cachet paraissent avoir été employées dès les premiers tems; au commencement du septième siècle, saint Colomban a la hardiesse de reprocher publiquement à Thierry, roi de Bourgogne, ses débauches; aussitôt ce prince, sur l'instigation de Brunehaut son aïeule, fait remettre au saint une lettre close et l'expulse de son monastère de Luxeuil (2).

Sous la troisième race, ces lettres d'exil furent plus souvent délivrées; Louis XIV, dans ses édits des mois d'août 1669, et juillet 1682, s'arrogea le droit d'exiler à sa volonté; il alla plus loin dans son édit du 24 juillet 1705 (3); il défendit à ceux, qu'il reléguerait en quel-

(1) Notre mémoire nous retrace le duc de Choiseul environné des hommages d'amis généreux, et l'exil nous semble une pompe triomphale. (Benjamin Constant, Cours de politique constitutionnelle, t. 1, p. 399. *Paris*, 1819.)

(2) Le saint fut exilé dans un autre lieu où il devait demeurer jusqu'à nouvel ordre, *quoadusque regalis sententia, quod voluisset, decerneret.* (*V.* l'Encyclopédie, au mot *Lettres de cachet.*)

(3) Cet édit a été enregistré au parlement de Paris le 20 janvier 1706. (*V.* le Recueil de Ponchartrain, p. 266.)

que lieu que ce fût, de sortir sans sa permission de l'endroit assigné pour résidence, sous peine de confiscation de corps et de biens.

Louis XV, ou plutôt ses ministres punirent d'une lettre d'exil les membres du parlement (1) et les hommes de lettres que leurs talens et leur fermeté recommandaient à l'estime publique. Qu'elle fut désastreuse cette politique insensée! D'un côté, ils déconsidérèrent, ils compromirent, aux yeux de la France, l'autorité royale; de l'autre, ils imprimèrent à leurs victimes tout l'intérêt du malheur, toute la puissance de la vertu persécutée.

Le 5 mai 1788, le parlement de Paris, réclama, dans une célèbre protestation, pour tous les citoyens arrêtés le droit d'être immédiatement traduits devant leurs juges compétens. Deux lettres de cachet contre les conseillers Goislart et Desprémesnil furent la réponse du ministère. Le scandale de leur exécution devait avoir un long retentissement. Un

(1) On vit sous Louis XV, et même sous Louis XVI, des parlemens exilés tout entiers; en 1788, le ministère frappa d'exil huit cours souveraines. (*V*. l'Histoire de la révolution par M. Thiers, 3e édition, t. 1, p. 25 et la page 349 de ce même tome où se trouve rapporté le discours de M. Lally-Tolendal, prononcé le 15 juin 1789 à l'assemblée constituante.)

officier, nommé Vincent d'Agout, eut l'audace d'entrer, à la tête de ses soldats, dans la
grand'chambre du parlement, et d'y arrêter
les deux magistrats.

Les cahiers des trois ordres, réunis en 1789
aux états-généraux, demandèrent la suppression des lettres de cachet; à la séance du 23
juin de cette même année, Louis XVI se rendit à ce vœu universel; il déclara « qu'il dési-
» rait assurer la liberté individuelle d'une ma-
» nière solide et durable, et invita les états-
» généraux à lui proposer les moyens les
» plus convenables de concilier l'abolition des
» ordres connus sous le nom de lettres de
» cachet avec le maintien de la sureté pu-
» blique. »

Mais qu'était-ce, à cette époque, qu'une
stérile déclaration pour calmer l'irritation des
esprits? Blessé dans sa personne ou dans ses
affections, chacun rappelait avec indignation
les actes de tyrannie dont les lettres de cachet
avaient été la cause; elles furent stigmatisées
comme l'une des plus pernicieuses inventions
du despotisme; quelques hommes s'en armè-
rent pour saper et renverser le gouvernement; enfin après avoir fait, pendant plusieurs siècles, le malheur des citoyens, elles
contribuèrent à la perte de la monarchie.

Ainsi gouvernement absolu, procédure criminelle défavorable aux accusés et viciée encore dans la pratique, peines arbitraires, lettres de cachet, tout sembla s'opposer, durant cette troisième période, à l'exercice de la liberté individuelle.

Cependant quel historien impartial (1) oserait soutenir que les Français gémirent alors dans l'esclavage? Grâce au progrès des esprits, à l'influence des lettres, une nouvelle puissance vint contrebalancer la puissance royale, ce fut l'opinion publique. Appuyée sur l'indépendance du caractère national, sur la douceur des mœurs, sur le sentiment de l'honneur (2), ce principe vital des Français, elle servit à la

---

(1) Les historiens étrangers, et surtout les Anglais, trompés par les apparences, ont porté des jugemens très sévères sur l'état de la France; Blackstone a dit, liv. 14, chap. 27 de son Commentaire sur les lois anglaises : « On pourrait alors emprisonner, faire périr » ou exiler tous ceux qui déplairaient au gouverne » ment, ainsi que cela se pratique en Turquie et en » France. » Quel rapprochement humiliant !....

(2) Les mœurs, auprès du trône, ont remplacé les lois;
Quand l'honneur a parlé, la force doit se taire;
C'est lui, qui du Français maintient le caractère.
A la voix de l'honneur, le Français ennobli,
Même en obéissant, ne s'est point avili.

(Vers de la Pétréide, de Thomas.)

couronne de frein salutaire, et souvent lui dicta ses lois (1).

La bonté des princes, notamment de Louis XII, de Henri IV, de Louis XVI, fut d'ailleurs la plus sure protection de leurs sujets ; lorsque les Français étaient opprimés par quelque fonctionnaire infidèle, c'était pour eux une consolation que de se dire : *Ah ! si le roi le savait !*

On ne vit pas les rois s'ingérer dans les habitudes du foyer domestique (2) ; ils respectèrent l'intérieur des familles, l'intimité des relations de société, le soin des intérêts privés. Les Français pouvaient, sans l'intervention de l'autorité, léguer leurs biens à leurs enfans, leur choisir un tuteur, diriger leur éducation, administrer leur fortune, disposer de leurs personnes et même de leurs propriétés, en tout ce qui ne blessait pas les privilèges de la noblesse (3) ou de l'industrie.

(1) « Dans tous les tems, les Français ont conservé » dans leur langage un ton d'indépendance et de légè- » reté, héritage dégénéré du caractère franc et témé- » raire de leurs ancêtres, » a dit M. de Barante dans son Tableau de la littérature au 18e siècle, p. 19.

(2) *V.* l'Esprit des institutions judiciaires de l'Europe par M. Meyer, t. 2, p. 586.

(3) Parmi ces privilèges, on comprend notamment

Sans doute la loi ne garantissait pas l'usage
de ces droits précieux; mais les Français en
jouissaient de fait, du moins dans les villes.
Quant aux habitans des campagnes, ils eurent
à subir, jusqu'au moment de la révolution, les
dîmes, les corvées et autres services personnels, tristes débris de la féodalité.

Comment les Français auraient-ils pu rester
esclaves sur une terre qu'aucun esclave étranger ne pouvait toucher sans voir tomber ses
chaines (1)!

Ils prouvèrent dans les guerres civiles que
leurs ames étaient devenues trop fières pour
s'abaisser à la servitude; un attentat à la liberté
individuelle donna le signal de la fronde : au
premier bruit de l'arrestation du président
Blancmesnil et du conseiller Broussel, tout
Paris s'ébranla, douze cents barricades furent
tendues, le peuple en fureur menaçait de

les droits seigneuriaux, les droits exclusifs de chasse,
de colombier, de garenne, etc., et parmi les privilèges
de l'industrie, les maîtrises, etc.

(1) Toutes personnes sont franches en ce royaume
de France; sitôt qu'un esclave a atteint les marches
d'icelui, en se fesant baptiser, il est affranchi. (Ins-
tituts de Loisel, liv. 1ᵉʳ, tit. 1ᵉʳ, § 6). *V.* aussi le
Traité des majorités coutumières, par un avocat, p. 422.
Paris, 1729.

mettre Mazarin en pièces ; il fallut lui rendre les deux magistrats (1).

A la fin du dix-huitième siècle, les idées de liberté et d'égalité se répandirent dans tous les esprits ; la débilité du pouvoir exploité par de viles courtisanes, la résistance opiniâtre du parlement, la violence des ministres, la guerre de l'Amérique hâtèrent leur triomphe ; chacun demeura sujet de droit, mais fut citoyen de fait ; si la liberté n'était pas encore consacrée par les lois, du moins elle existait déjà dans les mœurs.

La révolution de 89 renversa, avec l'impé-tuosité d'un torrent, la plus ancienne monarchie de l'Europe : parlemens, noblesse, royauté, rien ne put se soustraire à ses ravages. L'édifice social ainsi détruit, il fallut le reconstruire à neuf ; on essaya de l'improviser avec des milliers de décrets ; la France sembla saisie d'une sorte de fièvre législative, et bientôt on retomba dans les vices si justement reprochés à l'ancien régime ; au dédale des coutumes, des usages locaux et du droit romain on substitua l'inextricable incohérence de trente mille lois.

L'assemblée constituante se montra, dans

Quatrième période.

———

Depuis la révolution de 1789 jusqu'à nos jours.

(1) *V.* l'Histoire de France de l'abbé Millot, t. 3, au règne de Louis XIV.

le principe, animée de louables intentions ; elle proclama, au mois d'août 1789, dans la déclaration des droits de l'homme (1), l'égalité, l'inviolabilité des propriétés, la liberté individuelle ; elle fonda l'institution du jury, introduisit la publicité dans les débats judiciaires, même dans les instructions écrites (2), et voulut que l'accusé fût assisté d'un conseil dès l'instant de son arrestation (3) ; enfin la constitution de 1791, ajoutant encore à toutes les dispositions déjà prescrites dans l'intérêt de la liberté individuelle, ordonna de conduire sur-le-champ tout homme arrêté devant un officier de police, et de faire statuer sur son sort dans les vingt-quatre heures.

A cette époque, il arriva ce que Montesquieu avait prévu ; la constitution fut libre, et le citoyen ne le fut pas.

(1) *V.* les art. 1, 2, 7, 9, 10 et 15 de cette déclaration dans la Collection des constitutions de l'Europe, t. 1ᵉʳ, p. 97. *Paris,* 1823.

(2) *V.* l'art. 11 du décret des 8 et 9 octobre 1789.

(3) On doit aussi à l'assemblée constituante l'institution des juges de paix, et celle non moins utile de la cour de cassation dont la France se glorifie à juste titre. (*V.* l'Histoire de l'assemblée constituante, par M. Lacretelle jeune, t. 1, p. 346.)

Le peuple, violemment agité par les émotions de la tribune et de la place publique, dénaturant suivant ses passions les belles théories de l'assemblée constituante, s'abandonna aux plus coupables excès. Dans les campagnes, il brûla les châteaux, dans les villes, il pilla les boutiques, et massacra plusieurs hommes recommandables (1); les officiers municipaux se permirent partout d'odieuses vexations et d'illégales perquisitions à domicile (2). Le pouvoir royal, affaibli par la constitution, qui avait perdu d'ailleurs son prestige dans l'opinion publique, ne put maintenir la tranquillité intérieure (3).

L'assemblée constituante s'était attribué une immense puissance, mais elle n'en usa guère que pour l'augmenter encore; elle érigea dans son sein un comité de recherches, et le laissa

---

(1) Notamment MM. Foulon, Berthier et Flesselles.

(2) *V.* le décret de l'assemblée constituante du 20 avril 1790, sanctionné par le roi le 5 juin 1790, qui désapprouve hautement les persécutions exercées par la municipalité de Crécy, en Brie, contre M. de la Borde, juge de paix de cette commune.

(3) *V.* le touchant discours que prononça Louis XVI le 4 février 1790, dans lequel il peignit à l'assemblée constituante l'état des esprits et la situation de la France à cette époque.

usurper tous les pouvoirs des anciens lieutenans de police. « Comment souffrez-vous au
» milieu de vous, lui écrivait l'abbé Raynal,
» dans sa mémorable lettre de 1791, une com-
» mission qui sert de modèle et de prétexte à
» toutes les inquisitions subalternes qu'une in-
» quiétude factieuse a semées dans toutes les
» parties de l'empire ? — J'ai cherché sous
» quel abri repose la liberté individuelle, et j'ai
» frémi lorsqu'en observant dans sa nouvelle
» vie ce peuple qui veut être libre, je l'ai vu
» méconnaitre les vertus sociales, l'humanité,
» la justice, seules bases d'une liberté véri-
» table. »

L'assemblée législative continua les innovations de la Constituante et prépara le despotisme de la Convention ; elle déporta tous les
prêtres qui n'avaient pas prêté serment à la
constitution civile du clergé, déclara les émigrés traîtres à la patrie et confisqua leurs biens ;
Louis XVI refusa sa sanction à ces décrets ;
le 20 juin 1792, le peuple viola le domicile
royal, et voulut, à force de menaces et de
violences, lui extorquer sa signature ; mais le
roi, ferme dans cette journée parce qu'il était
seul attaqué, sut lui imposer par son calme
héroïque. Le 10 août suivant, les Tuileries furent prises d'assaut, Louis XVI suspendu de

ses fonctions, et renfermé avec sa famille à la tour du Temple.

La loi du 28 août 1792, contresignée Danton, investit les officiers municipaux du terrible droit de procéder à des visites domiciliaires dans toutes les communes de la France pour constater le nombre d'armes et de chevaux que possédait chaque particulier; ils devaient désarmer tous les suspects, et considérer comme suspects tous ceux qui auraient des armes non déclarées.

Dès que les jacobins dominèrent dans l'assemblée législative, les prisons se remplirent; l'activité des clubs étendit dans les départemens les plus éloignés leur désastreuse influence; mais bientôt la liberté des citoyens ne suffit plus, il fallut encore leur vie; le 2 septembre, on força les prisons; le sang coula à longs flots; pendant trois jours à Paris, à Lyon, à Reims, à Meaux, à Versailles, les malheureux prisonniers furent égorgés.

Sous l'empire de la constitution de 1791 qui accordait formellement à chacun, dans son article 3, titre 1er, le droit d'aller et de venir à sa volonté, l'assemblée législative créa les passe-ports (1). Autrefois les Français pouvaient,

(1) Les passe-ports ont été conservés depuis 1792

à leur gré, parcourir l'intérieur du royaume,
comme des fils de famille se promènent dans
les domaines paternels; désormais il ne leur
fut plus permis de quitter leurs pénates sans
confier à un commis leurs projets de voyage,
sans redouter à chaque pas la rencontre d'un
gendarme ou les investigations d'un agent de
police. D'après le décret du 28 mars 1792, le
voyageur, qu'on ne trouvait pas muni d'un
passe-port, était conduit devant les officiers
municipaux, interrogé et mis en état d'arrêt
pendant un mois au plus (1); la loi du 28 juillet suivant, déclara émigrés, et, par suite, légalement passibles de la peine de mort tous ceux
qui franchiraient sans passe-port les frontières
de France. Jamais omission d'un papier ne
fut plus funeste!....

La royauté abolie, la république élevée sur
ses ruines, Louis XVI juridiquement assassiné,
la terreur mise à l'ordre du jour, tels sont les
sinistres préludes du règne de la Convention.

jusqu'à nos jours, sous tous les régimes, bien qu'ils
aient été créés comme une mesure temporaire de sureté publique. *V.* l'art. 19 du décret du 1er février-28
mars 1792, la loi du 10 vendémiaire an IV, et le décret
du 18 septembre 1807.

(1) *V.* les art. 9, 10, 11, 12, 15 et 16 du décret
susénoncé.

Les cachots deviennent l'asile de toutes les vertus, Marat demande publiquement trois cent mille têtes, et les échafauds se dressent de toutes parts; cependant on veut à la fois revêtir les meurtres d'une forme légale et multiplier les victimes; le 17 septembre 1793, la loi des suspects est rendue (1). O vous, qui naguère encore vous glorifiiez de vos illustres aïeux, de vos talens, de vos richesses, et vous qui plus modestes pratiquiez en silence la religion de vos pères, cachez vos titres, vos ouvrages, vos trésors, enfouissez les objets révérés de votre culte; dès ce moment la naissance accuse, l'or trahit, et la vertu dénonce; tous les liens de la famille sont dissous, l'amitié a perdu ses épanchemens, la crainte glace tous les cœurs.... Liberté, liberté! qu'es-tu donc devenue? J'entends partout ton nom, et je ne te rencontre nulle part. Hélas! je ne vois que ta plus redoutable ennemie, la licence qui se pare de ton manteau (2).

(1) La loi des suspects fit périr plus de trois cent mille personnes; on arrêta des citoyens comme étant *suspects d'être suspects*. *V.* le 4ᵉ vol. de l'Histoire de France par l'abbé Montgaillard.

(2) Par un décret du 8 ventôse an 2, la Convention, sur le rapport de Saint-Just, donna au comité de sureté générale le pouvoir indéfini de faire des arrestations.

Au milieu de leurs sanglantes exécutions, le comité de salut public (1), les membres de la commune de Paris n'oublient pas que le mot *liberté* est un talisman qui trompe dans tous les tems la crédulité du peuple: il est affiché sur tous les murs, écrit dans toutes les lois, répété par toutes les bouches; sois libre, sois mon frère, ou je te tue, ainsi parlait alors un terroriste. On va jusqu'à planter un arbre de la liberté sur la place où le roi de France a été guillotiné; mais en vain la garde veille nuit et jour à sa défense; jamais la sève féconde ne put se répandre dans ses rameaux desséchés (2); faut-il s'en étonner? Teintes du sang de Louis XVI, ses racines avaient été frappées de stérilité.

(1) L'un des membres les plus influens de ce comité, Robespierre disait : *Otez-moi ma conscience, je suis le plus malheureux des hommes.* Ces mots remarquables, qui devraient être gravés dans toutes les écoles publiques pour inspirer à la jeunesse l'amour de la vertu, sont rapportés par M. Lerminier dans son ouvrage de l'Influence de la philosophie du dix-huitième siècle sur la législation et la sociabilité du dix-neuvième, p. 257. *Paris*, 1833.

(2) C'est un fait historique, attesté encore par les contemporains, que cet arbre de la liberté ne se couvrit jamais de feuilles. On lui fit, la nuit, tant d'entailles, qu'il ne put y résister et qu'il en mourut.

Le 22 prairial an II, la Convention décrète sur l'organisation du tribunal révolutionnaire une loi plus barbare encore que la loi des suspects. « Toute lenteur affectée, dit Couthon » en la lui présentant, est un crime, toute for- » malité indulgente est un danger public ; le » délai pour punir les ennemis de la patrie ne » doit être que le tems de les reconnaître. » A dater de ce jour, les formes hypocrites, qu'on avait observées jusqu'alors, sont abolies, les accusés n'ont plus de défenseurs (1) ; cha- que jour, à Paris, cinquante citoyens sont livrés au tribunal révolutionnaire, c'est-à-dire à la mort (2). Dans le même tems, d'atroces proconsuls parcourent les provinces, et por- tent partout devant eux l'épouvante et la guil- lotine. Les massacres de Marseille, d'Orange,

---

(1) L'art. 16 de la loi du 22 prairial porte : La loi donne pour défenseurs aux patriotes calomniés des jurés patriotes : elle n'en accorde point aux conspi- rateurs.

(2) Suivant l'art. 7 de la loi du 22 prairial : La peine portée contre tous les délits, dont la connaissance ap- partient au tribunal révolutionnaire, est la MORT. *V.* cette loi, N° 1, p. 1re, qui commence si mal le Bulletin des lois, et le rapport de Couthon, imprimé à la suite, p. 8.

d'Avignon, les mitraillades de Lyon et les noyades de Nantes égalent en atrocité les horribles boucheries de la Capitale (1).

Sous le gouvernement tour à tour arbitraire et pusillanime du directoire, les déportations remplacent les échafauds; on renferme les membres les plus distingués des deux conseils (des anciens et des cinq cents) (2) dans des espèces de cages entourées de barreaux de fer, puis on les transporte sous le climat pestilentiel de la Guyane, dans le fort de Sinamari; les 18 messidor an VI et 27 thermidor an VII (3), des visites générales sont ordonnées; sous le prétexte de rechercher les ennemis de la cons-

---

(1) La France, dit Byron, s'enivra de sang pour vomir le crime, et ses saturnales ont été et seront funestes à la cause de la liberté dans tous les âges et sous tous les climats. (Childe Harold, chant 18, verset 97.)

(2) On déporta cinquante-deux membres des deux conseils, un grand nombre d'hommes de lettres, les rédacteurs de trente-cinq journaux, et tous les prêtres réfractaires. *V.* l'Histoire de la révolution française par M. Mignet, t. 2, p. 230 et 231. *Paris*, 1828; 4ᵉ édition.

(3) L'arrêté du 27 thermidor an VII est ainsi conçu : le Directoire exécutif est autorisé à faire faire pendant un mois, des visites domiciliaires pour arrêter les embaucheurs, les émigrés rentrés, les égorgeurs et les brigands.

titution, on viole le domicile des citoyens et les secrets des familles; les temples restent fermés; nul ne peut professer publiquement son culte, si ce n'est peut-être le théophilantrope. Chaque citoyen à Paris, est obligé, après la nuit close, de porter soigneusement sa carte de sureté; il doit l'exhiber dans tous les corps-de-garde devant lesquels il passe, sous peine d'y être retenu toute la nuit (1). Les assignats, les emprunts, la banqueroute de l'Etat ébranlent toutes les fortunes; le sang ne coule plus, il est vrai, comme sous la Convention; mais les droits individuels ne sont pas plus respectés.

Jetons un voile de deuil sur ces dix années de la révolution : les Français dépouillés de leurs biens ou de leur liberté, persécutés à l'intérieur, contraints de s'ensevelir dans d'obscures retraites ou de fuir leur patrie, pleurant sans cesse la mort d'un parent ou d'un ami, tremblant eux-mêmes à chaque instant pour leur existence sous le joug de tyrans en guenilles, ne furent jamais peut-être plus malheureux qu'à cette époque.

(1) Un arrêté du 12 messidor an VIII attribua aux préfets de police la délivrance des cartes de sureté heureusement tombées en désuétude, bien que les autres dispositions de cet arrêté soient restées en vigueur.

Si nous devons maudire les crimes de la révolution, sachons aussi applaudir à ses bienfaits; elle a détruit d'intolérables abus, délivré les personnes des restes de la servitude féodale, les terres des droits seigneuriaux, amélioré le sort du peuple en divisant les propriétés, préparé l'établissement du gouvernement représentatif, et déterminé la consécration des libertés publiques.

Depuis 89, toutes les constitutions, celles de 1791, de 1793, de l'an III, de l'an VIII s'accordèrent en effet à proclamer les principes conservateurs de la liberté individuelle; le code du 3 brumaire an IV et la constitution du 22 frimaire an VIII prirent les plus vigilantes précautions pour protéger cette liberté que l'art. 634 du code de brumaire déclara *la base essentielle de la constitution française;* mais la constitution de l'an VIII se ressentit de l'opinion qui dominait alors dans tous les esprits; on était fatigué de révolutions, chacun voulait à tout prix en prévenir le retour; fortifier le pouvoir parut le plus sûr moyen.

L'article 75 exigea d'abord l'autorisation du conseil d'Etat pour poursuivre les fonctionnaires inculpés d'arrestations illégales; en soumettant ainsi leur responsabilité à la décision d'un tribunal amovible, fixé dans une seule

ville de France, loin de la plupart des plaignans, il rendit souvent illusoires les dispositions tutélaires de la liberté individuelle.

L'art. 46 concéda au gouvernement, en cas de
conspiration, le droit de décerner des mandats
d'amener ou d'arrêt contre les personnes pré-
sumées coupables. Si le ministre, signataire du
mandat, ne livrait pas les citoyens arrêtés à
la justice dans l'espace de dix jours, il commet-
tait le crime de détention arbitraire. Cependant ce délai, déjà si long, fut souvent étendu
dans la pratique, car le sénatus-consulte du
16 thermidor an x, prévoyant ce cas (1), chargea le sénat de déterminer le tems dans lequel
les personnes incarcérées devaient alors être
traduites devant les tribunaux. De plus, le sénatus-consulte du 28 floréal an XII confia à
une commission de sept membres le pouvoir
d'examiner les causes des détentions qui se
prolongeaient au-delà des dix jours. Choisie
dans le sein du sénat, elle fut pompeusement
appelée *Commission sénatoriale de la liberté
individuelle.* Mais que ses droits répondaient
peu à son titre! Si une arrestation ne lui semblait pas justifiée par l'intérêt de l'Etat, toute
sa puissance se bornait à inviter le ministre

(1) *V.* l'art. 55, n° 3 de ce sénatus-consulte.

à prononcer promptement sur le sort du détenu; ces invitations pouvaient être réitérées
jusqu'à trois fois durant un mois; lorsque après
la troisième, le ministre ne prenait point un
parti quelconque, la commission provoquait
une assemblée du sénat qui rendait, s'il y
avait lieu, la déclaration suivante : « Il y a
» de fortes présomptions que *N* est détenu ar-
» bitrairement. » Le corps législatif pouvait
ensuite poursuivre la mise en accusation du
ministre (1).

Une semblable commission fut à peu près
inutile; c'était un bouclier de parade, qui semblait destiné à protéger les citoyens, mais ne
devait servir en réalité qu'à défendre le gouvernement contre les exigences des amis de
la liberté.

En 1804, l'horizon de la France sembla
s'éclaircir; un soldat, favorisé de la fortune,
avait reçu des mains du souverain pontife le
diadême de Charlemagne. Voulant élever son
trône sur de solides fondemens, il rétablit la
tranquillité publique, rouvrit les églises, garantit les droits et les propriétés des citoyens;
un rayon d'espérance vint ranimer les cœurs

(1) *V.* les art. 60, 61, 62, 63 du sénatus-consulte
du 28 floréal an XII.

des Français; mais bientôt Napoléon, méconnaissant son origine, ne songeant qu'à lui-même, sacrifia le bien-être de vingt-cinq millions d'hommes à son ambition. Les Français, éblouis de l'éclat de ses conquêtes, ne s'aperçurent pas des progrès de son despotisme; la gloire leur fit presque oublier la liberté; le tribunat, son dernier refuge, fut supprimé en 1807; le sénat et le corps législatif courbèrent devant l'empereur leurs fronts avilis.

Dès ce moment, Napoléon ne garda plus aucune mesure; il décima les familles par la conscription, accabla les propriétaires de réquisitions et d'impôts, asservit les esprits par la crainte; la police devint le principal levier de son gouvernement, l'espionnage s'insinua dans les salons en habits dorés; l'inquisition fut poussée à ce point que le ministre Fouché put dire avec vérité : « Partout où se trouvent trois » personnes, j'en ai une à moi. » La presse, baillonnée comme une esclave, se vit réduite à publier les mensonges officiels du monarque; enfin les lois, rédigées sous l'Empire, furent presque toutes hostiles à la liberté individuelle.

Napoléon définissait cette liberté : « Une » espèce de forteresse civile uniquement pro- » pre à embarrasser le gouvernement. » Il l'a

violée souvent dans ses actes (1), mais surtout
dans son décret du 3 mars 1810. Précédé de
considérans qui sont à la fois une humiliation
pour la nation française et une insulte à la magistrature, ce décret autorisait le conseil privé
à détenir les citoyens sans aucun mandat préalable ; huit prisons d'Etat furent ouvertes, et le
sort des malheureux captifs resta à la merci
des ministres, ou plutôt du despote.

Comme si Napoléon avait pris à tâche de res-
susciter tous les abus des lettres de cachet, il
s'arrogea en outre le pouvoir d'exiler quiconque
lui déplaisait. La ville d'Auxerre se rappelle encore avec orgueil qu'elle a recueilli, pendant
son exil, le brillant génie de Mme de Staël (2).
Ce grand homme souleva ainsi contre lui les
haines de tous les partis, et bientôt, pour

(1) « J'ai lu dans les mémoires des amis de Napoléon
« qu'il s'excusait de la violation du dogme social de la
» liberté individuelle en assurant qu'il ne l'avait to-
» lérée qu'à l'égard de vingt-six personnes, et je suis
» convaincu qu'il croyait parler vrai. Malheureuse-
» ment j'en ai vu six cents exemples dans peu de pri-
» sons et dans peu de mois. » Ainsi s'exprime M. Charles
Nodier dans ses Souvenirs et Portraits, t. 2, p. 33.
Paris, 1831.

(2) Lorsque Mme de Staël fit imprimer son ouvrage
sur l'Allemagne, un commissaire de police, par ordre
du ministre duc de Rovigo, fit mettre en pièces les dix

expier son ingratitude envers la liberté (1),
il alla cacher aux pieds d'un rocher ses malheurs et sa chute.

Louis XVIII, roi philosophe, comprit les
besoins de son siècle; il voulut clore la révolution en consacrant ses heureux résultats
dans la charte de 1814; tous les principes,
conquis et proclamés depuis 89, y furent textuellement consignés : tels que l'égalité devant
la loi, l'admissibilité aux emplois civils et militaires, la liberté individuelle (2), l'inviolabilité des propriétés, la responsabilité ministérielle, la liberté de la presse, la liberté des
cultes. La France posséda enfin un gouvernement constitutionnel (3).

mille exemplaires de la première édition ; et cette fois
cette femme célèbre reçut l'ordre de quitter la France
dans les vingt-quatre heures. *V.* la Préface de son ouvrage sur l'Allemagne.

(1)   Fils de la Liberté, tu détrônas ta mère !
          (M. Casimir Delavigne, *Messénienne XI* adressée
             à Napoléon.)

(2) L'art. 4 de la Charte de 1814 est ainsi conçu :
« La liberté individuelle est également garantie, per-
» sonne ne pouvant être poursuivi ni arrêté que dans
» les cas prévus par la loi et dans la forme qu'elle
« prescrit.

(3) Ainsi, dit M. de Châteaubriand, se sont succédé
en France, dans un ordre régulier, l'aristocratie, la

Mais, à la fin de 1815, l'incendie rallumé
dans les cent jours par Napoléon n'était pas
encore éteint; les partis s'agitaient, en proie
à une dangereuse effervescence; la misère et
la vengeance armaient tour à tour les bras des
conspirateurs. On eut recours aux mesures les
plus énergiques pour rendre à la France épuisée le repos intérieur; la justice expéditive et
rigoureuse des cours prévôtales (1) remplaça,
pour certains crimes graves, celle des tribunaux ordinaires; les chambres adoptèrent successivement plusieurs lois d'exception, si justement appelées par un profond orateur(2) : *des
actes arbitraires déguisés sous une parure
légale.*

La première loi, du 29 octobre 1815, permit de détenir, jusqu'à la prochaine session, les
citoyens arrêtés sous la prévention de complots contre la sureté de l'Etat ou de délits
contre la famille royale, ou bien de les éloi-

---

monarchie et la république, le noble, le roi et le
peuple; tous les trois, ayant abusé de la puissance,
ont enfin consenti à vivre en paix dans un gouvernement composé de leurs trois élémens. (Etudes historiques, t. 4, p. 217.)

(1) *V.* la loi du 20 septembre 1815 qui organise les
cours prévôtales en France.

(2) M. Royer-Collard.

gner de leurs domiciles; si, d'après le rapport adressé aux ministres de la justice et de la police, soumis ensuite au conseil du roi, les soupçons n'étaient pas assez graves pour motiver l'arrestation, le prévenu pouvait être renvoyé sous la surveillance de la haute police. Depuis le 1er janvier 1816 jusqu'au 1er août suivant, le nombre des détenus, des exilés, des surveillés s'accrut de manière à exciter partout de vives inquiétudes; à cette dernière époque, le ministère, convaincu que le remède aggravait le mal, se crut obligé de faire surseoir l'exécution de cette loi (1).

Cependant, six mois après, le 12 février 1817, une nouvelle loi de même nature fut rendue. Elle attribua au président du conseil des ministres et au ministre de la police le droit, conservé jusqu'alors aux officiers de police judiciaire, d'ordonner les mêmes arrestations et détentions jusqu'au 1er janvier 1818. Cette loi, qui rétablissait les lettres de cachet en exigeant seulement les signatures de deux ministres au lieu d'une, ne fut pas fréquemment mise en pratique.

(1) Dix-sept cent soixante-huit personnes furent arrêtées en vertu de cette loi, *V.* le Moniteur du 28 décembre 1816.

Dans ces tems difficiles, des plaintes nombreuses dénoncèrent au ministre de la justice la facilité, la légèreté même avec laquelle s'opéraient les arrestations, et la lenteur des informations judiciaires. La belle circulaire de M. de Serre, du 10 février 1819, constate ces abus en prescrivant les moyens de les prévenir.

Enfin, suivant la loi du 26 mars 1820 publiée après l'assassinat du duc de Berry, une délibération du conseil des ministres, et la signature de trois ministres au moins furent indispensables pour provoquer un emprisonnement dans les cas prévus par les lois précédentes; trois mois ne pouvaient s'écouler sans que les détenus connussent leur sort.

Vers la fin de l'année 1821, toutes les mesures exceptionnelles cessèrent; elles n'avaient guère contribué qu'à faire desirer plus vivement encore la jouissance entière et complète de la liberté individuelle; les lois d'exception sont comme des glaives sans cesse suspendus sur la tête de chaque citoyen; même inexécutées, elles épouvantent, elles entretiennent au fond des cœurs l'anxiété et la défiance.

Depuis cette époque, cette liberté n'a plus été mise en question; elle est à jamais acquise aux Français; aucun d'eux désormais ne pourra plus en être privé que par un acte judiciaire.

Dès qu'elle eut secoué ses entraves, la sécurité se rétablit partout ; le régime représentatif se développa ; la presse veilla, comme
une sentinelle infatigable, à la défense des
droits privés ; grâce à son puissant appui, le
respect pour la liberté des personnes pénétra dans les mœurs, et les arrestations arbitraires devinrent très rares depuis 1826 jusqu'à la fin de 1829, ainsi que l'attestent les
comptes de l'administration de la justice criminelle (1).

En 1830, les aveugles partisans des coups
d'État, au plus fort de leur délire, ne songèrent même pas à restreindre l'exercice de la

(1) Suivant ces comptes, il n'y eut, pendant quatre
années, que onze arrestations arbitraires déférées à
l'examen des cours d'assises du royaume, savoir : cinq
en 1826, trois en 1827, deux en 1828, une en 1829 ;
sur ces onze procès, cinq ont pris naissance dans la
capitale, et sur quinze accusés, sept furent acquittés.
Pendant ces quatre années, les tribunaux correctionnels de la France ont jugé cinquante-sept abus d'autorité, arrestations illégales et violations de domicile,
savoir : quinze en 1826, vingt en 1827, onze en 1828,
onze en 1829. On peut, avec raison, objecter que la
nécessité d'obtenir l'autorisation du conseil d'État, ou
des administrations spéciales, pour poursuivre les
fonctionnaires de l'ordre administratif, rend moins
concluante la preuve tirée de ces chiffres officiels ; nous

liberté individuelle. Personne n'ignore que les ordonnances de Charles X ont été uniquement dirigées contre la presse et le système électoral.

Le 25 juillet 1830, le funeste exemple de la violation des lois (1) fut donné du haut du trône; mais trois jours après, ce trône était renversé.

Bientôt s'éleva un nouveau gouvernement, basé sur la légalité (2); le 9 août, Louis-

répondrons à cette observation en transcrivant ici le nombre des plaintes sur lesquelles l'autorisation de poursuivre a été refusée; ce calcul n'a été fait dans les comptes généraux qu'à dater de 1827. Ces plaintes furent au nombre de cinq en 1827, de neuf en 1822 et de cinq en 1829.

(1) Voici la liste des treize lois ou principaux articles de lois violés par les ordonnances du 25 juillet 1830 : les art. 8, 9, 15, 35, 66 de la Charte de 1814, les articles 2 et 545 du code civil, les lois des 9 juin 1819 et 18 juillet 1828 sur la presse, les lois des 5 février 1817, 29 juin 1820 (art. 4, 5, 6, 7), 2 juillet 1828 (art. 21, 22) sur les élections, enfin la loi du 9 juin 1824 sur la septennalité.

(2) « Nous avons remporté, dit M. de Salvandy, des » combats pacifiques de la restauration un bien plus » précieux que des provinces soumises par le glaive; » c'est le sentiment de la légalité; il est fils de la ci- » vilisation et père de la liberté. » (*V.* Seize mois, ou la Révolution de 1830, p. 120.)

Philippe Ier, élu Roi des Français, accepta solennellement la charte votée par les chambres; mais, pendant les deux premières années de son règne, la sureté publique fut gravement troublée sur plusieurs points de la France; d'horribles complots se tramèrent à Paris, les ennemis de la royauté levèrent une tête menaçante, la Vendée arbora l'étendard de la guerre civile. Cependant le gouvernement ne provoqua pas la suspension de la liberté individuelle; il se contenta de déployer une vigueur devenue nécessaire.

Quel ami de l'ordre n'a pas gémi sur les conséquences de l'émeute, si pernicieuse à cette liberté! dès qu'elle éclatait dans la capitale, elle alarmait les esprits, interrompait les affaires et la circulation publique, contraignait les marchands effrayés à fermer leurs maisons, et multipliait les arrestations; quelquefois même elle fit couler le sang et précipita le pouvoir dans ces positions critiques où le salut de tous devient la loi suprême (1).

(1) C'est encore à l'émeute qu'il faut imputer la mise en état de siège de Paris; lors des fatales journées des 5 et 6 juin 1832, le gouvernement fut placé dans la nécessité actuelle de la légitime défense et se crut obligé de recourir à cette mesure extrême. La cour de cassation a diminué les dangers de l'état de siège pour la

Enfin , le 6 juin 1832, l'émeute tomba
écrasée sous le poids des boulets et de l'a-
nimadversion publique ; depuis ce moment
jusqu'à la fin de 1833, la tranquillité intérieure n'a plus été sérieusement compromise ; tous les citoyens paisibles ont pu
jouir , sans crainte , de leurs droits et de
leur liberté personnelle (1). Le commerce

liberté individuelle en conservant aux citoyens la juridiction de leurs juges naturels. (*V.* l'arrêt du 29 juin
1832, au Bulletin des arrêts criminels de 1832, p. 338,
ainsi que les lois des 8-10 juillet 1791, 10 et 19 fructi-
dor an v, et le décret du 24 décembre 1811.)

(1) Depuis la révolution de juillet, les journaux de diverses couleurs ont dénoncé à l'opinion publique beaucoup d'actes arbitraires. Si ces dénonciations étaient fondées, les fonctionnaires inculpés seraient doublement
coupables, et pour avoir manqué à leurs premiers devoirs, et pour avoir causé, en violant la loi, le plus grave
des préjudices au gouvernement dont la légalité est la
vie ; mais ce n'est pas avec des articles de gazettes que
l'homme impartial doit écrire l'histoire ; il ne forme
ses jugemens que sur des documens authentiques ;
voici l'état statistique des plaintes en attentats à la
liberté individuelle, extrait du compte de la justice
criminelle en France pour l'année 1831 ; celui de 1832
n'a pas encore été publié (mois de décembre 1833).

Dans tout le royaume, les magistrats n'ont reçu que
93 plaintes, sur lesquelles une seule affaire d'arrestation
arbitraire a été portée à une cour d'assises (celle de la
Gironde) et suivie d'acquittement ; 29 affaires d'abus

florissant, l'absence des privilèges, la propagation de l'instruction primaire, tout doit concourir à augmenter le bien-être du peuple, s'il sait être libre !....

La Charte de 1830 a consacré de nouveau les grands principes qui servent de frontispice à la Charte de 1814; de plus, elle a délivré à jamais la presse des ciseaux de la censure, introduit partout le système électif, et confié la défense de leur constitution aux citoyens armés comme gardes nationaux; mais elle contient, ainsi que l'ancienne Charte, en faveur des pairs de France et des députés une dérogation au principe de l'égalité (1). Les pairs ne peuvent être arrêtés que sur l'autorisation de leur chambre, ni jugés que par elle, en matière criminelle. Aucun député ne peut, pendant la durée des sessions, être poursuivi

d'autorité, de violations de domicile, et d'arrestations illégales ont été soumises aux tribunaux correctionnels; 46 plaintes sont restées sans poursuite parce que les faits ne constituaient ni crime ni délit ; 14 affaires ont été terminées par des ordonnances de non-lieu ; enfin, il y a eu 3 plaintes sur lesquelles le conseil d'Etat n'a pas accordé l'autorisation de poursuivre. Ces 93 plaintes accusaient 140 prévenus; 23 seulement ont été condamnés !....

(1) *V*. les art. 29, 43 et 44 de la Charte de 1830, les art. 34, 51 et 52 de la Charte de 1814.

ni arrêté, sauf le flagrant délit, qu'après que la chambre a permis sa poursuite; il est également exempt de la contrainte par corps (1), même dans les six semaines qui précèdent ou suivent la session. Les députés restent, dans tous les cas, justiciables des tribunaux ordinaires.

En 1830, la législation criminelle était loin de se trouver en harmonie avec les articles de ces deux chartes qui garantissent la liberté individuelle; elle portait dans un grand nombre de dispositions l'empreinte du cachet impérial; lors même qu'on ne connaitrait pas la date de sa promulgation, on devinerait qu'elle a été donnée par un despote à un peuple jaloux de ses institutions. Le droit de la défense, la publicité des débats, l'indépendance et la hiérarchie des tribunaux, l'institution du jury furent soigneusement conservés; mais l'exces-

(1) Les Chartes de 1814 et de 1830 ne s'expliquant pas sur la contrainte par corps à l'égard des pairs de France, leur silence avait été diversement interprété; mais la chambre des pairs a décidé elle-même, au mois de décembre 1830, que la contrainte par corps pourrait être exercée contre les pairs après l'autorisation de la chambre, et déterminé, dans une résolution publique, les formalités à suivre pour obtenir cette autorisation.

sive sévérité du code pénal, le vague, l'arbitraire, les funestes imperfections du code d'instruction criminelle prouvèrent dans l'application qu'on avait plus pensé à fortifier l'autorité qu'à protéger les droits des citoyens.

Ce dernier code renferme même plusieurs dispositions inquiétantes pour la liberté individuelle; parmi celles qui subsistent encore, il suffira de signaler ici :

Le pouvoir trop étendu (1) laissé aux juges d'instruction, entièrement maîtres de décerner, suivant leur bon plaisir, des mandats d'amener et de dépôt, d'ordonner la mise au secret des détenus, de n'interroger que dans les 24 heures les citoyens arrêtés en vertu d'un mandat d'amener, tandis qu'ils sont obligés d'interroger de suite, en cas de mandat de comparution (2).

La forme perfide de ces mandats qui taisent le motif de l'arrestation; il ne doit être indiqué que dans les mandats d'arrêt, de tous les

---

(1) *V.* Les art. 91, 92, 618 du code d'instr. crimin. et l'art. 80 de la constitution du 22 frimaire an VIII.

(2) *V.* L'art. 93 du code d'instr. crimin. qui fait ressortir cette différence dans les délais de l'interrogatoire en rapprochant ces deux cas. Ainsi cette loi craint plus de faire attendre un homme resté libre qu'un homme en prison !

mandats les plus rarement délivrés dans la pratique (1).

La faculté réservée aux préfets de s'immiscer dans la police judiciaire (2), et si souvent redoutable en matière politique.

L'article 133 donnant à l'opinion d'un seul juge le droit de décider en secret, et sans responsabilité aucune, le renvoi d'un homme inculpé d'un crime devant la chambre d'accusation, de prolonger sa détention préalable, de prévaloir sur l'avis des autres membres de la chambre du conseil, et brisant ainsi la loi des majorités au préjudice du prévenu.

L'article 135 concédant à une partie civile, pour de simples dommages intérêts, l'étrange puissance de s'opposer à un élargissement prescrit par trois magistrats.

La défense absolue d'accorder la liberté provisoire sous caution aux accusés d'un crime quelconque, les innombrables formalités imposées aux prévenus d'un simple délit pour obtenir cette liberté que les tribunaux peuvent encore lui refuser, et surtout la condition exorbitante d'une caution de 500 francs, qui interdit, en fait, aux dix-neuf vingtièmes

(1) *V*. les art. 95, 96 du code d'instr. crimin.
(2) *V*. l'art. 10 du même code.

des détenus l'usage d'un droit dont presque tous les accusés jouissent en Angleterre et aux Etats-Unis (1).

L'incroyable oubli de la loi qui force les fonctionnaires informés d'une détention arbitraire dans une prison, à la constater, à la dénoncer à leurs supérieurs sans y ajouter le consolant pouvoir de la faire cesser immédiatement, et de rendre la liberté au citoyen qui en est injustement privé (2).

Enfin l'article 421 contraignant les condamnés, même à 24 heures d'emprisonnement, qui désirent se pourvoir en cassation, à se constituer prisonniers, et à subir ainsi leur

(1) *V.* les art. 113, 114 et suivans du Code d'instr. crimin. M. Roger, député du Loiret, a présenté à la chambre, le 29 décembre 1832, une proposition très favorable à la liberté individuelle ; il est à regretter qu'on n'ait pas converti en loi la disposition qui permettait aux tribunaux de réduire jusqu'à 50 fr. la somme du cautionnement provisoire, et celle qui exigeait la délibération de la chambre du conseil pour mettre les détenus au secret.

(2) *V.* les art. 119 du Code pénal, 615, 616 du Code d'instruction criminelle qui ne parlent que d'une détention arbitraire effectuée dans un lieu non destiné à servir de prison.

18

jugement avant l'arrêt qui l'annullera peut-
être (1).....

Les meilleures lois se dénaturent à la longue
dans la pratique ; appliquées par des hommes,
elles dépendent, comme de flexibles instrumens, de celui qui les exécute; la toge, que
revêt le magistrat, ne lui enlève pas toujours
ses passions; peut-il d'ailleurs, malgré sa vigilance, prévenir les abus que se permettent
quelques-uns des nombreux officiers de la
justice? Mais rien ne prête plus à l'arbitraire
qu'une loi défectueuse, sans méthode et sans
précision ; il faut combler les lacunes, raison-
ner par analogie, interpréter les articles obscurs. Telle est la position embarrassante des
magistrats chargés d'appliquer la partie du
code d'instruction criminelle qui intéresse la
liberté individuelle. Aussi que d'irrégularités,
que d'illégalités même se commettent tous les
jours, et que l'usage a presque sanctionnées!
l'exemple suivant va retracer les principales :

Gillard est inculpé de vol; le premier février, un mandat d'amener est décerné contre

---

(1) On peut ajouter ici que l'intervalle de trois mois,
qui sépare chaque session des assises dans les départemens, augmente souvent, sans nécessité pour la découverte de la vérité, la durée de la détention des accusés,
et devient ainsi funeste à la liberté individuelle.

lui ; le 3 février, la gendarmerie l'arrête dans son domicile situé à l'extrémité de l'arrondissement, et le dépose dans la prison du chef-lieu de son canton ; le lendemain on le conduit à la commune où réside la brigade voisine ; là, couché sur la plus mauvaise paille réservée aux prisonniers passagers, il attend le jour de la première correspondance de gendarmerie, c'est-à-dire, au moins quatre jours (1), au lieu d'être transféré immédiatement devant le juge instructeur ; première irrégularité. Le 8 février, il est enfin amené, et le concierge le reçoit dans la prison jusqu'à son interrogatoire (2) ; deuxième irrégularité. Le

(1) Les jours de correspondance d'une brigade à l'autre sont souvent beaucoup plus éloignés ; rien ne prolonge, d'une manière plus pénible, et surtout plus inutile, la détention préalable des prévenus que la rareté des correspondances de la gendarmerie. Parmi beaucoup d'exemples, nous citerons celui d'un homme inculpé de faux ; arrêté dans un département éloigné, il mit quarante-huit jours à parcourir un trajet de quarante lieues, et le quarante-huitième, il s'évada d'une de ces prisons de chef-lieu de canton aussi malsaines que mal gardées. On pourrait prévenir ces atteintes journalières portées à la liberté individuelle en ordonnant aux gendarmes, toutes les fois qu'un homme serait arrêté, de le conduire par correspondance extraordinaire au chef-lieu d'arrondissement.

(2) Il arrive souvent aussi que les procureurs du roi

jour de son arrivée étant malheureusement
un samedi, il n'est interrogé que quarante-
huit heures après, le lundi suivant; troisième
irrégularité. Le 10 février, Gillard est écroué
sous mandat de dépôt, et se trouve confondu
dans la prison avec les accusés, les condamnés,
les fous, les détenus pour dettes (1); quatrième
irrégularité. Ainsi huit jours sont déjà écoulés;
quatre fois déjà la loi a été méconnue, et le
pauvre cultivateur apprend, pour la première
fois, de la bouche du magistrat la cause de son
arrestation.

Il serait superflu de relever longuement ici
les dispositions draconniennes du code pénal; tous les jurisconsultes, tous les bons esprits ont déploré la rigueur de ces peines trop
fortes que la clémence royale se plaisait à mitiger. Cependant, chose incroyable! la juris-

donnent l'ordre de déposer dans la prison, jusqu'à
leur interrogatoire, les individus arrêtés en flagrant
délit et traduits devant eux. MM. Carnot et Bourguignon pensent que le concierge, qui dans ce cas et
dans celui du mandat d'amener, reçoit un inculpé
dans la prison contrairement à l'art. 609 du code
d'instr. crimin., se rend coupable de détention arbitraire. (*V.* les Commentaires de ces deux jurisconsultes sur l'art. 93 du même code.)

(1) *V.* l'art. 604 du code d'instr. crimin.

prudence avait, sur plusieurs points, aggravé encore la sévérité de ce code (1).

C'est surtout dans les châtimens prononcés contre les attentats à la liberté individuelle que se manifeste l'esprit qui a dicté le code de 1810. Si les coupables sont de simples particuliers, la loi prononce contr'eux des peines évidemment exagérées; elle va même jusqu'à leur infliger la peine capitale pour une arrestation exécutée sous un faux nom (2). Si les criminels sont fonctionnaires publics, elle se contente de les condamner à la dégradation civique (3), peine à peu près illusoire pour un garde champêtre ou pour un agent de police.

La révolution de juillet nécessita d'utiles réformes dans la législation criminelle; dès le mois d'octobre 1830, la connaissance des délits politiques et des délits de la presse fut rendue

---

(1) Ainsi elle avait déclaré passible de la peine capitale l'homicide résultant de coups et blessures que des circonstances fortuites rendent mortels. (*V.* les arrêts de la cour de cassation des 8 septembre 1826, 26 janvier 1827 et 13 mars 1828. Bulletins criminels de 1826, p. 484; de 1827, p. 48; de 1828, p. 175.)

(2) *V.* les art. 341, 342, 343, 344 du code pénal; la loi du 28 avril 1832 a substitué la peine des travaux forcés à perpétuité à la peine de mort.

(3) *V.* les art. 114 et 119 du code pénal.

au jury; il ne put, d'après la loi du 4 mars 1831, déclarer un accusé coupable qu'à la majorité de plus de sept voix.

Enfin, le 28 avril 1832, les vœux de l'humanité et de la saine philosophie furent en partie exaucés; on supprima la marque, le carcan, le poing coupé, toutes les peines corporelles; on abolit la peine de mort dans un grand nombre de cas; l'exécution des jugemens commença le jour même de leur prononciation, nonobstant l'appel du ministère public; on adoucit surtout les désastreux effets de la surveillance de la haute police (1).

Jusqu'à ce jour, un surveillé, sans cesse à la disposition du gouvernement, était, en fait, son esclave; on lui assignait une résidence fixe; chaque semaine il se présentait devant son maire ou son commissaire de police pour faire constater sa présence; il recevait de fréquentes visites de la gendarmerie; l'œil de l'autorité, continuellement dirigé sur lui, le signalait par là même à la réprobation de ses concitoyens, et

(1) *V*. la loi du 28 avril 1832, et notamment les art. 30 et 31 ; l'art. 58 a ajouté une disposition fort importante à l'ancien art. 184 du code pénal ; il prononce une peine d'emprisonnement contre tout individu qui s'introduit, à l'aide de violences ou de menaces, dans le domicile d'un citoyen.

lui enlevait souvent les moyens de pourvoir à
sa subsistance. S'il rompait son ban, il était
condamné sur des renseignemens de bureaux
par le ministre de l'intérieur, sans être ni vu ni
entendu. Dorénavant, il ne sera plus permis
au gouvernement que de déterminer les lieux
où le surveillé ne devra point paraitre. Lui-
même désignera l'endroit dans lequel il désire
fixer sa demeure, et, s'il veut plus tard la
changer, il devra déclarer au maire quelle
sera sa nouvelle résidence : en cas de déso-
béissance à ces formalités beaucoup moins
onéreuses, le surveillé s'expose à être puni ;
mais il ne sera plus condamné que par les tribunaux correctionnels.

Le Code d'instruction criminelle a éprouvé
aussi quelques améliorations : la plus importante est la faculté donnée au jury de résoudre
la question relative aux circonstances atténuantes qui peuvent militer en faveur de l'accusé ; cette innovation a déjà produit, surtout
dans les départemens, les plus utiles résultats ;
d'une part, la société a plus souvent été pré-
servée des dangers de l'impunité ; de l'autre,
les accusés, reconnus coupables, n'ont plus
eu à se plaindre de la trop grande sévérité des
châtimens.

Le législateur de 1832 n'a point oublié de

perfectionner également les lois sur la contrainte par corps. Adopté dès les premiers tems en France, confirmé par les ordonnances de 1303, de 1566, de 1673, restreint par l'ordonnance de 1667, ce mode rigoureux de forcer le débiteur au paiement avait été supprimé, le 9 mars 1793, pendant la terreur, par la Convention, comme contraire aux vrais principes de la liberté; mais rétabli vingt-et-un jours après contre les comptables des deniers publics, il fut appliqué par la loi du 24 ventôse an v à toutes les obligations. La loi du 15 germinal an VI, les codes civil et de procédure formaient, en 1832, le dernier état de la législation. Elle avait été l'objet de critiques nombreuses et fondées; on ne concevait pas notamment qu'une dette civile motivât, pendant toute sa vie, la captivité d'un malheureux père de famille qui ne pouvait payer son fermage (1), tandis que l'auteur d'un vol ne subissait qu'un emprisonnement de quelques années. La loi du 17 avril a fait disparaître cette affligeante anomalie; elle a voulu, qu'en matière civile, la durée de la contrainte par corps

(1) *V.* les art. 2059, 2061 et 2062 du code civil, dans le cas où la contrainte par corps avait été stipulée formellement dans le bail.

fut déterminée par le jugement de condamnation ; elle l'a graduée elle-même pour les dettes
commerciales suivant leur valeur. Enfin elle
s'est partout efforcée d'amortir les atteintes
que la cupidité d'un créancier pourrait porter
à la liberté de son débiteur.

Ainsi les principes d'une sage liberté pénè-
trent peu à peu dans la législation française ;
on est entré dans la voie féconde des améliorations ; mais il reste encore beaucoup à faire
pour dégager les codes criminels de l'esprit
de méfiance et de crainte que le despotisme
leur a imprimé sur plusieurs points. Il est
d'abord indispensable d'abroger expressément
toutes ces lois révolutionnaires où les tyrannies subalternes peuvent aller chaque jour puiser des armes ; le tems est venu de restaurer,
de rajeunir les monumens de notre législation,
et de les appuyer, comme le gouvernement, sur
ces deux colonnes impérissables : la liberté et
l'ordre public. Mais le besoin le plus impérieux
de notre époque, c'est la loi sur la responsabilité des agens du pouvoir, promise depuis trois
ans par la Charte de 1830. Tant que l'art. 75
de la constitution du 22 frimaire an VIII cou-
vrira les fonctionnaires de son égide surannée,
la liberté individuelle ne sera pas suffisamment
garantie. Vainement un chapitre tout entier

du code d'instruction criminelle a-t-il été consacré à la protéger contre les détentions illégales (1); le moyen le plus efficace serait une
répression prompte et facile des actes arbitraires, quel qu'en fût l'auteur. Dès les premiers jours de la révolution, Mirabeau avait
proclamé la nécessité-pratique de cette loi;
rappelons-nous souvent ses paroles d'une
éternelle vérité : « Le chef de la société seul
» excepté, disait-il le 22 août 1789, toute la
» hiérarchie sociale doit être responsable; il
» faut signer cette maxime, si l'on veut con-
» solider la liberté particulière et publique. »

(1) La loi du 28 germinal an VI et l'ordonnance du
29 octobre 1820 sur le service de la gendarmerie indiquent aussi les moyens d'assurer la liberté individuelle contre les détentions illégales; mais les dispositions de l'ordonnance de 1820, fort imparfaite sur
plusieurs points, notamment l'art. 179, auraient besoin d'être rédigées avec plus de précision. L'art. 301
prescrit même un acte illégal; il enjoint aux gendarmes
d'arrêter les individus qui les insultent dans l'exercice de leurs fonctions, et cependant l'article 224 du
code pénal ne punit que d'une simple amende les
outrages envers les agens de la force publique!

CHAPITRE IX.

DE LA LIBERTÉ INDIVIDUELLE

CHEZ LES ANGLAIS.

L'Angleterre est le pays des contrastes ; opulence de l'aristocratie, et misère des prolétaires, grossièreté du bas peuple et lumières des autres classes de la société, presse des matelots et indépendance de la plupart des citoyens, tous les élémens les plus hétérogènes s'y trouvent confondus. La liberté sur plusieurs points y est excessive, sur d'autres, elle est injustement restreinte ; ainsi elle est tumultueuse aux élections, et licencieuse dans les journaux (1). Jusqu'au jour de l'émancipa-

(1) *V.* l'ouvrage de M. Cottu sur l'administration de la justice criminelle en Angleterre, p. 201. *Paris,* 1822.

tion, les catholiques furent exclus des emplois et souvent persécutés; maintenant encore tous les cultes ne sont pas également protégés. Cependant la liberté de la personne, considérée sous le rapport de la sûreté individuelle, put, à presque toutes les époques de la monarchie britannique, invoquer des garanties légales, bien qu'elles aient été fréquemment méconnues; en vain voudrait-on désormais la détruire? elle est passée dans les mœurs de la nation, elle est devenue une habitude, une nécessité pour les Anglais, d'autant plus avides d'indépendance personnelle qu'ils sont, en général, pleins d'orgueil.

L'établissement de la monarchie Saxonne, la conquête des Normands, la révolution de 1688 modifièrent successivement la nature du gouvernement de la Grande-Bretagne. Ces événemens mémorables ouvrent trois périodes de tems qu'il est nécessaire de parcourir pour bien apprécier dans ce pays l'état de la liberté individuelle.

Première période.

Depuis l'établissement de la monarchie saxonne jusqu'à la conquête des Normands.

Envahie et vaincue tour à tour par les Romains, les Pictes, les Anglo-Saxons, les Danois et les Normands, l'Angleterre compta parmi ses habitans plusieurs peuples de l'Europe; ce mélange de races étrangères explique les incohérences de ses lois et la bizarrerie de ses coutumes. Incapables de résister seuls aux attaques réitérées des Calédoniens, les Bretons sollicitèrent les secours des Saxons; mais ils s'aperçurent trop tard qu'au lieu de fidèles alliés, ils avaient eux-mêmes appelé des maîtres perfides. Les Saxons, vainqueurs des Pictes, tournèrent leurs armes contre les malheureux Bretons, en exterminèrent une grande partie, et contraignirent, à force de persécutions, l'autre à se réfugier dans l'Armorique.

L'Angleterre fut alors divisée en sept royaumes qui formèrent l'Heptarchie ; Egbert le premier les réunit tous sous sa domination et mit en pratique les sages conseils qu'il avait reçus à la cour de Charlemagne. Alfred le Grand montra aux Saxons tout ce que peut un roi ami de la liberté, des lettres et de la justice. Malgré les guerres perpétuelles que lui suscita la cupide ambition des Danois, ce prince immortel octroya à ses sujets une loi municipale, des cours de justice, des shérifs, un système d'élection, le jugement par jury (1),

(1) M. Reeves, dans l'histoire de la Common-law, dit : « le jury, tel qu'il existait dans l'origine, diffère » essentiellement de ce qu'il est aujourd'hui. Les an- » ciens jurés n'étaient pas appelés à apprécier les faits » comme magistrats ; ils n'étaient que témoins, et le » verdict du juge n'offrait que le résultat de leur té-

enfin les premières bases de la constitution anglaise.

Sous ses faibles successeurs, les Danois triomphèrent; Canute le Grand s'empara de la couronne qui revint quelque tems après à un roi saxon Edouard le Confesseur; c'est à ce dernier prince qu'est dû le recueil des lois saxonnes et danoises généralement favorables aux droits des citoyens, et dont plusieurs même sont actuellement encore en vigueur (1).

Les Saxons apportèrent dans la Grande-Bretagne les institutions des Germains. Leur gouvernement, d'abord démocratique, tendit ensuite vers l'aristocratie après l'usurpation des Danois; la royauté, tantôt élective, tantôt héréditaire, demeura très limitée; au moment où l'orgueil de la victoire se joignait à l'amour inné des Saxons pour l'indépendance personnelle, ces hommes belliqueux auraient-ils pu soumettre leur destinée aux seuls caprices d'un chef dont ils avaient eux-mêmes créé l'autorité?

» moignage régulièrement, mais exclusivement in-
» voqué pour constater les faits litigieux. »

(1) La loi 5 d'Edouard le Confesseur confirme le droit d'asile accordé aux églises, et l'étend même aux maisons des prêtres.

La destruction presque totale des Bretons
permit d'ailleurs aux Saxons de transplanter
plus facilement en Angleterre les lois de la
Germanie. Le roi n'était dans son royaume
que le premier fonctionnaire de l'Etat, et à
l'armée, qu'un général. Aucune loi ne pouvait
être rendue sans le consentement du conseil national, nommé Wittenagemot (1), qui ratifiait
aussi les principaux actes de l'administration;
pendant les six siècles que dura la monarchie
saxonne, ces assemblées, premier type du
parlement anglais, paraissent avoir été régulièrement convoquées; elles étaient composées des prélats, des grands du royaume; mais,
au milieu des ténèbres qui couvrent cette partie de l'histoire, rien n'établit que les hommes
libres et les communes y fussent représentés.
L'élection des magistrats, si chère aux Anglais,
est encore une institution saxonne; jusqu'à la
conquête des Normands, ce fut le peuple qui

(1) Chaque état de l'heptarchie avait un wittenagemot particulier. On trouve dans une charte de Berthulphe, roi de Mercie, ces mots : « Du consentement
» unanime du présent conseil, assemblé à Kings-bury
» pour les affaires du royaume, moi Berthulphe, en
» présence de tous les prélats et de tous les grands de
» mon royaume, ai ordonné, etc. »

choisit les shérifs, les juges de paix, les baillis, les juges des cours foncières, etc.

Les Saxons, ainsi que les Franks, étaient répartis en trois classes, les nobles, les libres et les esclaves. Les nobles, nommés *thanes* (1), se subdivisaient en plusieurs ordres, parmi lesquels on distinguait les thanes du roi et les thanes inférieurs ou thanes des princes et des comtes. La propriété était à la fois la source de la noblesse et la cause de son indépendance. On appelait thanes inférieurs ceux qui avaient reçu des terres comme récompense de leurs services ; ils étaient obligés de payer des rentes à leurs seigneurs et de leur obéir à la guerre et durant la paix ; du reste, ils disposaient, à leur gré, de leurs personnes et de leurs actions.

La classe des hommes libres, nommés *céorles* ou *husbandmen,* comprenait les artisans et les agriculteurs ; semblables à nos fermiers, ceux-ci cultivaient la propriété des grands et leur rendaient une portion déterminée de grains, de bestiaux ou de vêtemens. Libres dans leur état, les céorles renonçaient, quand ils vou-

---

(1) Dans l'origine, les nobles étaient désignés sous le nom de *Eorls* ou *Eorlcundmen;* plus tard ils reçurent le nom de *thanes,* qui indiquait un droit de suzeraineté territoriale.

laient, à la culture des terres qui leur étaient confiées, trouvaient dans les lois un appui contre toute espèce d'oppressions, et pouvaient même acquérir des propriétés. Si un céorle venait à posséder cinq hydes (1) de terre, une église, une cuisine, un siège et un office à la cour du roi, il était revêtu de la dignité de thane. Ce fut surtout dans cette classe qu'on remarqua cette constante fierté qui caractérisait les Saxons.

La classe des esclaves, fort considérable, renfermait les prisonniers de guerre (entr'autres les Bretons restés en Angleterre), les hommes qui avaient trafiqué de leur liberté (2), les enfans vendus par leurs pères pour acquitter leurs dettes, les criminels condamnés par la loi à la servitude, et les fils de ces diverses espèces d'esclaves, dits *nativi*. Les uns étaient attachés au service de la personne du maître et se nommaient *household*, c'est-à-dire, domestiques; les autres, appelés *villani*, *prœdial*, ou *rustick*, étaient employés à la cul-

---

(1) Une hyde de terre équivaut à 120 acres. L'acre, mesure usitée maintenant en Angleterre, représente en France un arpent et demi de terre, ou environ.

(2) Ces hommes étaient appelés *Bondi*.

ture des terres. La liberté individuelle demeura inconnue à ces hommes dont le commerce se fesait publiquement.

Le pouvoir des maîtres n'était pas illimité chez les Anglo-Saxons comme chez les Romains; les lois punissaient leur trop grande sévérité; si un citoyen rendait borgne son esclave, ou lui cassait une dent, l'esclave devenait libre de droit. La présentation devant les autels, la remise d'une lance et d'une épée, un testament, un acte civil, telles furent les principales manières d'affranchir les esclaves; ils passaient immédiatement dans l'ordre des céorles. Les affranchis ne formaient point une classe à part; on ne leur donnait le nom de *free-oletan,* c'est-à-dire affranchis, que pour les distinguer des personnes ordinairement libres qui n'avaient pourtant aucun privilège particulier. Souvent encore l'avidité des maîtres les déterminait, pour augmenter leurs revenus, à abandonner des terres à leurs esclaves, et les élevait ainsi à la condition de laboureurs; seulement ceux-ci restaient grevés de rentes ou de services personnels. Lorsque des esclaves avaient résidé dans une ville privilégiée pendant un an et un jour, et mené une conduite irréprochable, la loi détachait elle-même leurs chaines; ainsi le chemin des honneurs et de la fortune ne leur était point fermé ; l'espérance, en adoucissant leur sort, ennoblis-sait aussi leurs sentimens.

Sous l'heptarchie, la procédure criminelle et civile des Germains, la prononciation des jugemens dans les assemblées publiques, le combat judiciaire, les épreuves du feu ou de l'eau qu'on appelait alors *ordéal,* les peines presque toutes pécuniaires subsistèrent parmi les Anglo-Saxons. Alfred le premier voulut améliorer cette législation bizarrement em-preinte de barbarie, de superstition et de li-berté.

D'abord il partagea son royaume en pro-vinces ou comtés, dits *county,* les comtés en centaines de familles ou *hundreds ,* lès hundreds en dixaines de familles ou *decen-nary,* ou encore *tythings.* Chaque chef de maison fut responsable de ses enfans, de ses esclaves, de ses hôtes mêmes ; le tything ré-pondit de la conduite de tous les membres qui composaient cette communauté et le hun-dred de celle de ses tythings. Un membre d'une communauté commettait-il un crime ? on sommait le chef de la dixaine de famille, dont le coupable fesait partie, d'être sa cau-tion ; si celui-ci refusait, l'accusé était mis en prison jusqu'au jour de son jugement. Lors-

qu'il prenait la fuite après ou avant l'offre de
la caution, la communauté se voyait obligée
de le représenter dans le délai de trente jours
et de payer, au bout de ce tems, une amende
proportionnée à la gravité du crime, à moins
qu'il ne fût prouvé que les autres membres de
la communauté n'étaient complices ni du crime,
ni de la fuite du coupable (1). Quiconque ne
se fesait point incorporer dans une de ces communautés était puni comme vagabond ; personne ne pouvait changer d'habitation sans un
certificat du chef du tything auquel il appartenait. Ces lois étaient assujettissantes et peut-
être même contraires à la liberté personnelle ;
mais aussi cette surveillance réciproque des
membres d'une même société contribua beaucoup à rétablir l'ordre public ; la caution du
chef épargnait en outre à l'accusé les rigueurs
de la détention préalable.

Dès qu'une contestation s'élevait entre quelques membres de ces petites tribus, elle était
soumise au jugement de toute la communauté
convoquée par le chef, dit *borsholder*. En
cas d'appel ou de causes importantes, les *hundreds* s'assemblaient ; douze *free-holders*, c'est-

(1) *V.* l'Esprit des institutions judiciaires de l'Europe par M. Meyer, t. 2, p. 63, 76.

à-dire, hommes libres et francs-tenanciers
étaient choisis pour examiner l'affaire avec le
chef du canton, nommé *hundreder,* et prêtaient avec lui un serment solennel. Telle fut
l'origine du jury. Enfin il existait une troisième
assemblée de la province, nommée *county-
court,* supérieure aux deux autres, composée
de tous les free-holders de la province, et jugeant, sous la présidence de l'évêque et de
l'alderman, les appels des hundreds et les différens élevés entre les membres des divers
cantons. Dans ces trois assemblées, le nombre
des juges et la publicité opposaient deux digues puissantes à l'arbitraire.

Alfred essaya de placer le meurtre volontaire au rang des crimes capitaux ; mais cette
tentative d'un beau génie, qui redoutait l'insuffisance des châtimens pécuniaires, demeura
sans exécution. Dans ces tems où la vie d'un
homme s'appréciait comme celle d'une brute
suivant sa valeur matérielle, la loi 41ᵉ d'Alfred
contenait un tarif qui fixait l'estimation de
chaque partie du corps blessée et de chaque
individu tué, depuis le roi jusqu'au simple esclave. Du moins si ses lois conservèrent l'excessive indulgence de la législation criminelle
des Germains, ce prince tâcha d'y suppléer

par l'exactitude de leur application (1). Son habileté sut découvrir le moyen le plus efficace
de maintenir la sureté publique, ce fut de sévir contre les magistrats négligens ou pervers;
bientôt le succès couronna ses efforts; les personnes et les propriétés furent inattaquables.
On dit qu'un jour Alfred suspendit, par manière de défi, des bracelets d'or à un arbre sur
un chemin public; son épreuve lui réussit; il les
retrouva intacts plusieurs jours après. La liberté de ses sujets ne lui fut pas moins précieuse
que l'ordre et la justice; on lit dans son testament ces belles paroles qui étaient la règle de
sa conduite : *Les Anglais doivent être aussi
libres que leurs pensées* (2).

Les institutions de ce grand roi n'ont pas
été long-tems mises en pratique; l'usurpation
des Danois leur fit subir de graves altérations;
les vainqueurs se saisirent des plus riches hé-
ritages, contraignirent les Anglais à changer
une partie de leurs lois et les traitèrent comme
des esclaves; lorsqu'un Anglais rencontrait
un Danois, il fallait qu'il s'arrêtât sur la route

---

(1) *V*. l'Histoire d'Angleterre par Rapin Thoyras,
t. 1, p. 316. *La Haye*, 1749.

(2) *V*. dans la Biographie universelle de Michaud,
l'article d'Alfred le Grand par M. de Lally-Tolendal.

jusqu'à ce que le Danois eût passé. Le pouvoir des grands, devenu tout-à-fait militaire, prit un notable accroissement et facilita plus tard l'établissement complet de la féodalité.

Quand on considère l'esprit d'indépendance des Anglo-Saxons, leur gouvernement, leurs lois pénales, on est porté à penser que les nobles et les céorles, avant l'invasion des Danois et des Normands, ont joui des bienfaits de la liberté individuelle; cependant que d'obstacles devaient en troubler l'usage! d'abord les mœurs des Anglo-Saxons, long-tems grossières, purent difficilement s'accoutumer au respect des lois et des magistrats; adonnés à tous les désordres de la débauche, ce peuple de guerriers ne connaissait d'autre frein que la force physique, tout pour eux devait se décider les armes à la main (1); puis, au milieu des guerres perpétuelles de l'heptarchie et des fréquentes irruptions des Danois, ils eurent à supporter l'anarchie et toutes ses calamités; les lois furent incessamment violées, les propriétés mises à feu et à sang; les crimes restèrent impunis; la misère des cultivateurs et des thanes du se-

(1) La force tenait lieu de droit et d'équité, comme a dit Boileau, Art poétique, chant IV.

cond ordre les obligea de mendier la protection des grands, et de leur abandonner en
échange leur propre indépendance : les thanes
du roi accaparèrent alors le monopole de la
liberté.

Deuxième période.

Depuis la conquête
des Normands jus-
qu'à la révolution de
1688.

Appelé par les vœux d'Edouard le Confesseur au trône d'Angleterre, Guillaume, duc
de Normandie, l'emporta de vive force à la
bataille de Hastings ; il régna non en roi, mais
en conquérant ; jamais nation ne fut plus complètement asservie que l'Angleterre à cette
époque ; Guillaume la partagea, comme son
domaine personnel, en soixante mille fiefs
environ qu'il distribua aux chefs normands.
Imitant la dureté despotique de ce monarque,
ceux-ci s'érigèrent en souverains absolus dans
leurs nouvelles propriétés et déployèrent une
magnificence royale entretenue avec l'argent
et les sueurs de leurs malheureux vassaux. Le
régime féodal fut partout établi ; à ses vexations
déjà si intolérables vinrent se joindre les mépris insultans des étrangers pour les vaincus ;
des villes entières, situées dans les domaines
du roi ou dans ceux des grands barons, gémirent assujetties aux caprices de leurs tyrans;
les cultivateurs se virent à chaque instant dépouillés de leurs récoltes et ne purent obtenir
justice contre les continuelles persécutions de

leurs seigneurs. Tous les autres membres de la société furent réduits au vil métier d'esclaves (1).

Guillaume bouleversa la législation des Saxons, y substitua les longueurs sans fin, les subtilités devenues proverbiales de la procédure normande, et ordonna que la langue française serait seule parlée dans les tribunaux. Bientôt cet illustre bâtard, qui mit en œuvre les moyens les plus violens pour consolider sa couronne, poursuivit ses sujets jusque dans leurs habitudes domestiques ; il les astreignit par un règlement, connu sous le nom de *couvre-feu*, à éteindre tous les soirs, à huit heures, leurs feux et leurs lumières ; aucun obstacle ne pouvait arrêter ce prince dès qu'il s'agissait de satisfaire sa passion pour la chasse ; d'abord il s'appropria toutes les forêts de la Grande-Bretagne, puis il résolut d'en planter une nouvelle près de Vinchester, lieu de sa résidence ; maisons, domaines, églises, mo-

_____

(1) *V.* au chap. précédent sur les Français, deuxième période, les détails sur le régime féodal. Il se conserva plus long-tems en Angleterre qu'en France ; il fut surtout plus tyrannique dans le premier pays, parce que le roi, toujours beaucoup plus puissant que les seigneurs, les força de se restreindre à leurs fiefs, et, loin de soutenir le peuple, se joignit souvent aux barons pour l'opprimer.

nastères, trente milles de terrain, tout fut sacrifié aux plaisirs d'un homme, sans que l'on
songeât même à indemniser les propriétaires
si inhumainement dépossédés; des lois odieuses
prescrivirent de crever les yeux à quiconque
tuerait un cerf, un sanglier, ou même un lièvre
dans les forêts royales; et cependant, suivant
la législation des Normands, l'homicide n'é-
tait alors puni que d'une simple amende proportionnée au rang de la victime!....

L'autorité royale ne fut pas faible et circonscrite en Angleterre comme dans les autres contrées de l'Europe presque toutes soumises, vers
le onzième siècle, au système féodal; Guillaume
était trop habile pour ne pas concentrer dans
ses mains les richesses et le pouvoir. Les cours
rendant partout la justice en son nom, les impôts, dont nul n'était exempt, étendaient sur
chaque partie du royaume son gouvernement
absolu; si plus tard les grands acquirent une
haute prépondérance, ce fut l'effet du tems,
de leurs efforts réunis à ceux du peuple, et
peut-être aussi des trop vastes domaines dont
le roi les avait gratifiés.

Toutefois deux principes restèrent gravés
dans l'esprit des Normands; le premier, qu'un
guerrier ne peut être gouverné sans son aveu
par la volonté unique d'un autre; le second,

que l'administration de la justice ne peut être abandonnée à la discrétion d'un magistrat, sans le concours des citoyens intéressés à contrôler ses décisions. Guillaume les respecta; toutes les fois qu'une affaire importante l'occupait, ou qu'un crime grave était commis, il convoquait le conseil national composé de tous les barons du royaume, et lui demandait son consentement ou son avis. Dans chaque baronie, le seigneur assemblait également ses vassaux; il était forcé d'obtenir leur assentiment; mais, dans toutes ces assemblées, les grands ou les principaux habitans furent seuls appelés; le peuple y demeurait étranger; sous la tyrannie féodale, l'opinion du roi ou du baron exerçait une influence décisive.

Les maux sont quelquefois la source des plus grands biens; l'Angleterre l'a éprouvé; elle dut successivement ses libertés tantôt aux concessions des usurpateurs de la couronne, tantôt aux révoltes que provoqua le despotisme de ses souverains légitimes. Henri Ier abolit le couvre-feu pour faire oublier l'origine de son pouvoir, et publia, en 1155, une charte, également confirmée par Etienne, dans laquelle ces deux princes accordèrent aux barons et surtout au clergé les droits les plus étendus; le peuple même, contre l'usage de ces tems d'ignorance, fut compris dans la distribution des faveurs du souverain ; en diminuant les sujétions féodales, Henri ajouta la condition que les seigneurs feraient pour leurs vassaux ce que le roi fesait pour eux.

Alors le joug des Normands devint moins pesant, la féodalité moins accablante ; mais les guerres intestines, que les usurpations entrainent si souvent à leur suite, ne laissèrent aux Anglais aucun repos ; bientôt les chartes demeurèrent sans exécution. Sous le règne de Henri Ier, le vol et la fausse monnaie commencèrent à être punis de mort. Ce prince se montra fort sévère pour tous les crimes, mais surtout pour les délits forestiers.

Après la dynastie normande, s'éleva la maison des Plantagenets. Henri II, monarque habile, mais absolu, augmenta beaucoup les prérogatives royales, et rendit des lois sans la participation du conseil national. Richard, Cœur-de-Lion, gouverna ses sujets avec toute la brutalité d'un soldat. Incapable, violent, débauché, Jean Sans-Terre s'attira la haine du clergé, des barons et du peuple ; à cette époque d'affligeante mémoire, l'Angleterre languit en proie à tous les désordres ; les routes furent infestées de voleurs et de meurtriers ; tous les crimes se commirent publiquement à Londres ;

jusque dans l'intérieur des domiciles, la sureté individuelle fut à chaque instant compromise; les Anglais vécurent agités au sein de la paix comme dans une guerre permanente. Les barons, révoltés de l'arbitraire de Jean, leurs vassaux, infidèles à ce prince qui ne savait pas leur assurer l'ordre public en compensation de la liberté, se réunirent tous contre lui; à leur tête marcha le cardinal Langton; ils entrèrent dans Londres le 19 juin 1215, et imposèrent à la faiblesse du roi la grande charte.

Cette constitution, considérée par les Anglais comme le fondement de leur liberté actuelle, décide qu'aucun subside ne peut être levé sans le consentement d'un conseil composé de prélats, comtes, grands, barons et autres, proclame la franchise des villes, la liberté du commerce, le droit de propriété, la faculté de sortir du royaume et d'y rentrer, prohibe les amendes dont le paiement intégral entrainerait la ruine du condamné, et ordonne que les tenanciers profiteront, comme leurs barons, des droits qu'elle consacre. Suivant cette charte, tout esclave qui touche ou même qui voit le sol de l'Angleterre, recouvre à l'instant même sa liberté; mais la disposition la plus remarquable est sans contredit l'article 48, chapitre 29, ainsi conçu : « Qu'aucun homme

» libre ne soit arrêté, emprisonné, ni dépouillé
» de ses propriétés, de ses libertés, de ses ha-
» bitudes domestiques, ne soit attaché, ni exilé,
» ni molesté d'une façon quelconque, autre-
» ment que par un jugement légal de ses pairs,
» ou par la loi du pays. Nous ne vendrons à
» personne, nous ne refuserons ni ne suspen-
» drons la justice et l'équité. » Liberté individuelle, régime légal, institution du jury, impartialité, en un mot tous les droits les plus
précieux à l'homme sont résumés dans cet
article; s'il eut été religieusement appliqué,
l'Angleterre n'aurait jamais cessé d'être la terre
classique de la liberté.

Ce n'était pas assez d'avoir arraché une constitution à Jean Sans-Terre, il fallait en garantir l'accomplissement; vainement les barons se
firent livrer la tour de Londres; vainement ils
confièrent la garde de leur charte à vingt-cinq
conservateurs des libertés publiques, revêtus
de pouvoirs sans bornes comme sans terme;
le fait l'emporta sur le droit; l'Angleterre apprit, aux dépens de sa tranquillité, que les
lois ne sont rien sans les mœurs; qu'un gouvernement constitutionnel ne peut prospérer
chez un peuple qui ne possède ni les vertus
ni les lumières suffisantes; la grande charte
subit en quelque sorte sous chaque règue de

nouvelles infractions; dix-huit ans après sa promulgation, en 1233, Henri III confisqua sans jugement les biens de plusieurs seigneurs qui ne s'étaient pas rendus au conseil national; des plaintes vives se firent entendre; « Pour- » quoi, dit le roi, observerais-je une charte » que la noblesse et les prélats n'observent » point ? » *C'est à vous*, répondit-on, *à nous donner l'exemple.* Les barons se dédommagèrent sur leurs vassaux des actes arbitraires dont ils étaient victimes. Edouard Ier fut obligé de confirmer onze fois la grande charte, et donna ainsi la preuve la plus authentique des nombreuses atteintes qui lui furent portées (1).

Cependant, sous le règne de ce prince, les lois semblèrent plus occupées de protéger la sureté et les propriétés du citoyen. Se fondant sur ce sage principe qu'il est juste que tous approuvent ce qui regarde l'intérêt de tous (2), Edouard Ier appela au conseil national les dé-

(1) *V.* l'ouvrage de Delolme sur la constitution d'Angleterre, p. 27. *Genève*, 1788.

(2) *Nullum tallagium, vel auxilium per nos, vel hæredes nostros in regno nostro ponatur, seu levetur sine voluntate et assensu archiepiscoporum, episcoporum, comitum, burgensium et aliorum liberorum hominum.* (Statut 24 d'Edouard Ier).

putés des villes et des bourgs dont il déclara le consentement nécessaire au vote des impôts. De là l'origine de la chambre des communes.

Les minorités orageuses de Richard II, de Henri VI, d'Edouard V, les longues guerres soutenues contre la France, et surtout l'acharnement réciproque des maisons d'Yorck et de Lancaster (1) à se disputer le trône d'Angleterre, déchirèrent ce beau pays depuis 1307 jusqu'en 1485. Durant près de deux siècles, un voile funèbre sembla couvrir le royaume; ses infortunés habitans eurent à supporter à la fois les horreurs de l'anarchie féodale et les excès de l'arbitraire du souverain ou des barons; partout des abus, des injustices, des brigandages; le sang coula à longs flots; l'esprit de parti leva sa tête hideuse; à son aspect, la liberté fuit épouvantée.

Dans les premiers momens, les Anglais s'estimèrent heureux de retrouver l'ordre sous le despotisme des Tudors; mais leur joie fut de

---

(1) Les guerres intestines entre les maisons d'York et de Lancastre donnèrent lieu aux scènes les plus sanglantes, « et aucune histoire, comme l'a dit Mme de » Staël, ne nous offre autant d'atteintes portées à la li- » berté individuelle, autant de supplices, autant de » conjurations de toute espèce. » (Considérations sur la Révolution française, t. 3 , p. 168).

courte durée; bientôt Henri VII s'attribua un empire inconnu à ses prédécesseurs. Henri VIII égala en cruauté les Caligula et les Néron; fondateur de la religion anglicane, il joignit à tous ses vices l'odieuse intolérance d'un chef de secte; la crainte et les supplices lui assurèrent des partisans; le bill des six articles, surnommé le statut de sang, prononça la condamnation au feu contre quiconque nierait la présence réelle de N. S. J. C. dans l'eucharistie, proclamée par le premier article du bill; la confiscation et l'emprisonnement, même après l'abjuration, contre ceux qui nieraient les cinq autres articles; la peine de mort contre les obstinés, les relaps, les prêtres qui se marieraient, enfin l'amende et la prison contre ceux qui ne se confesseraient pas et ne communieraient pas au tems prescrit. La liberté individuelle pouvait-elle exister à une époque où les lois violaient ainsi l'asile sacré de la conscience?

Rien ne contribua plus à multiplier les crimes de Henri VIII que la lâche complaisance du parlement; soumis aveuglément à ses moindres caprices, il alla jusqu'à décréter que la seule volonté de ce prince avait force de loi (1).

_____

(1) En 1523, la Chambre des Communes eut une

La corruption, si aisément contagieuse, pénétra toutes les classes de la société; les juges condamnèrent tous les accusés poursuivis au nom du roi; les cas de haute trahison s'étendirent successivement; malgré le statut d'Edouard III, la peine de mort fut infligée aux prévenus sans qu'ils eussent pu se justifier, souvent même sans qu'ils fussent informés du crime qui les conduisait à l'échafaud.

Comme si Henri VIII devait encore dans la tombe faire le malheur de ses sujets, il leur légua en mourant les dissentions religieuses qui motivèrent de si fréquens attentats à la liberté individuelle. La reine Marie appliqua aux anglicans les lois dirigées par son père contre les catholiques; dans l'espace de trois ans, deux cent soixante-dix-sept personnes furent brulées sous prétexte d'hérésie. Elisabeth, à son tour, persécuta les catholiques avec tout l'acharnement de l'esprit de parti. La chambre

velléité d'indépendance, elle refusa de voter les subsides demandés. Henri VIII fit appeler un des membres les plus influens de l'assemblée, sir Montagne, et lui dit : « O l'homme! ils ne veulent donc pas voter mon » bill?» Puis mettant la main sur la tête de Montagne qui était *à genoux* devant lui, il ajouta : « que mon » bill passe demain, ou je vous fais couper la tête ». Le bill passa.

des communes seconda ses vœux en adoptant
une loi d'une incroyable sévérité contre les
hommes qui manqueraient à leurs devoirs religieux (1).

Ce fut sous le règne de cette femme impé-
rieuse que le pouvoir absolu parvint à son
comble; on entendit alors, chose inouïe parmi
les autres nations! les représentans des mandataires du peuple, notamment l'illustre Bacon,
soutenir, au sein même du parlement, les principes les plus flétrissans du despotisme asiatique (2).

Le passage des Tudors sur le trône d'Angleterre signale l'époque où les Anglais furent
le moins libres; l'augmentation des pouvoirs de
la chambre étoilée, la loi martiale, la cour de

(1) Cette loi prononça la prison et l'amende contre
ceux qui passeraient un mois sans se présenter au
temple anglican ; le bannissement contre ceux que
l'attachement à la doctrine des puritains en éloigne-
rait ; la déportation à perpétuité, en cas de récidive ;
enfin la peine de mort contre le banni qui reparaitrait
dans le royaume.

(2) Les discours étaient, suivant l'expression de
Hume, plus dignes d'un divan de Turquie, que d'une
chambre des communes d'Angleterre. Le même auteur
dit que le gouvernement d'Angleterre, sous Elisabeth,
ressemblait en quelque manière au gouvernement actuel des Turcs.

haute commission resteront comme des monumens de leur asservissement ; Henri VII investit la chambre étoilée du droit exorbitant de
juger tous les délits non compris dans la loi
commune ; aucun texte ne guidait ni n'entravait ses décisions ; elle appliquait à son gré
toutes les peines ; composée de juges entièrement révocables, elle cessa d'être un tribunal
pour devenir l'instrument des volontés de la
cour ; quand le roi se trouvait présent, lui seul
était juge ; les autres ne pouvaient que proposer leur avis.

Durant la minorité d'Edouard VI, le duc
de Sommerset, régent, créa une commission
de loi martiale, et l'autorisa à sévir militaire-
ment contre tous les citoyens dans les cas où
la sécurité publique serait sérieusement troublée ; elle traita tous les pays qu'elle parcourut
comme des pays conquis. Son atroce despotisme provoqua des plaintes universelles ;
néanmoins Elisabeth déféra à son jugement les
hommes qui apportaient des bulles du pape,
ou introduisaient des libelles étrangers et des
livres défendus. Malgré la vigilante administration de cette reine, des troupes de voleurs,
des vagabonds dévastaient les provinces et les
rues de Londres ; voici le moyen que prit,
pour réprimer ces désordres, la digne fille de

Henri VIII ; elle donna au chevalier Wildford une commission de prévôt-maréchal « portant » pouvoir et lui ordonnant, à la première dé- » nonciation faite par les juges de paix de » Londres ou des provinces contre ces per- » turbateurs du repos public, de les attaquer » et de se saisir de leurs personnes, et, en » présence desdits juges, conformément à la » justice de la loi martiale, de les faire exé- » cuter promptement à des gibets. »

Ce fut encore Elisabeth qui forma la cour de haute commission, laquelle avait, pour les affaires ecclésiastiques et les crimes d'hérésie, la même autorité que la chambre étoilée pour les affaires ordinaires. Sans règles déterminées, les hauts commissaires n'observaient point les formes de la procédure légale; ils actionnaient les catholiques sur des propos, sur de simples présomptions, ou même suivant leur caprice; ils exigeaient des accusés le serment de ré- pondre à toutes les questions qui leur seraient adressées; s'ils ne voulaient pas le prêter, la prison punissait leur refus; après une enquête mystérieuse entièrement laissée à sa discré- tion, la cour de haute commission empri- sonnait les accusés ou leur infligeait le châti- ment qu'elle jugeait convenable; enfin, dit

Hume (1), *c'était un tribunal d'inquisition avec toutes ses horreurs.*

Dans les tribunaux ordinaires, les magistrats, abjurant en quelque sorte leur indépendance, se plièrent docilement aux volontés du monarque; les jurés eux-mêmes furent obligés de rendre des déclarations imposées. S'ils suivaient les inspirations de leur conscience, ils s'exposaient à se voir cités devant la chambre étoilée, contraints à une humble rétractation, ou condamnés à d'énormes amendes, quelquefois même à des emprisonnemens indéterminés. « Alors, dit Hallam (2), ces douze hommes » de bonne foi, organes purs du peuple qui » auraient dû se faire entendre dans le sanc- » tuaire de la justice comme le murmure d'une » source fraiche et jaillissante du sein de la » terre, ressemblaient à ces eaux arrêtées par » l'art dans leur course et rendues ainsi stag- » nantes et impures. »

Les principes conservateurs de la liberté individuelle, consignés dans la grande charte, avaient survécu aux désastres qui ensanglan-

(1) Tome 1er de l'Histoire des Stuarts, p. 157. *Londres,* 1760.

(2) Histoire constitutionnelle d'Angleterre, t. 1, p. 353.

tèrent les règnes des derniers Plantagenets.; à l'avénement des Tudors, nul homme ne pouvait être mis en prison que sur un mandat légal qui spécifiait son délit. La procédure était instruite avec une célérité remarquable aux sessions régulières de mise hors de prison, ou *gaol delivery*. Les fonctionnaires, qui se permettaient d'attenter à la liberté de leurs concitoyens, étaient passibles de dommages-intérêts et pouvaient même être poursuivis criminellement; ils auraient vainement invoqué, pour leur justification, l'injonction d'un ministre ou le commandement direct du roi.

Les Tudors foulèrent aux pieds ces sages maximes; des membres mêmes du parlement furent jetés et détenus arbitrairement dans les cachots; au mois de novembre 1575 (1), Pierre Wentworth réclama, dans un discours énergique, les priviléges de la chambre des communes, notamment la liberté de la parole; sur l'ordre d'Elisabeth, il alla dans une prison expier son audace. En 1592 ou 1595 (2), les juges adressèrent aux lords du conseil privé,

(1) L'abbé Millot prétend que Wentworth prononça son discours en 1586. (*V.* ses Elémens de l'Histoire d'Angleterre, t. 2, p. 355. *Paris*, 1776.)

(2) La date n'est pas bien certaine. Le manuscrit trouvé dans les papiers du juge Anderson ne porte

qui prescrivaient quelquefois individuellement
ces arrestations illégales, une plainte fortement motivée; ils tracèrent avec chaleur le
long et affligeant tableau des attentats à la liberté individuelle commis sous le règne d'Elisabeth. Il y est constaté que les uns sont détenus sur un writ (1) contraire à la loi, donné
au nom de la reine; que les autres, bien qu'é-
largis par des cours de justice, sont réempri-
sonnés dans des lieux secrets et non dans des
prisons publiques; que des officiers publics
sont incarcérés pour avoir régulièrement exécuté les writs délivrés par la cour du banc du
roi; enfin que les débiteurs sont encore privés
de leur liberté, après un jugement qui distri-
bue leurs biens à leurs créanciers.

A cette même époque, les formalités judiciaires étaient ouvertement méconnues devant les tribunaux. Quoique le statut d'E-
douard VI exigeât deux témoignages pour ba-
ser une condamnation, le comte d'Arundel fut
déclaré, sur une seule déposition, coupable
d'avoir conspiré la mort d'Elisabeth, et con-

pas une date précise; sur le dos seulement est inscrit
ce chiffre : 1595. (*V.* Hallam. t. 1, p. 354.)

(1) Un writ est un ordre par écrit du roi ou d'une cour
de justice. Ainsi un writ d'habeas corpus est un ordre
d'amener le prisonnier devant la cour qui l'a signé.

damné à mort. Aussi Hallam (1) va jusqu'à dire : « Que, dans les procès de haute trahi- » son, les frappantes violations de la loi natu- » relle et positive rendaient alors les cours de » justice peu différentes de vraies casernes » d'assassins. »

Les Stuarts montèrent sur le trône, imbus des opinions du treizième siècle au moment où la fatigue du joug des Tudors avait réveillé les Anglais de leur apathique servilité ; ils vou- lurent conserver les habitudes orientales de leurs prédécesseurs sans posséder ni la san- glante énergie d'Henri VIII, ni l'habile fer- meté d'Elisabeth ; tour à tour irrésolus et en- têtés, pusillanimes et contempteurs des lois, ils ne purent, malgré leurs qualités privées, se concilier l'affection des Anglais.

Les détentions arbitraires ne firent que se multiplier sous Jacques Ier (2) et surtout sous Charles Ier ; un emprunt illégal rencontra dans la nation de vives répugnances ; les prisons se

____

(1) Tome 1er, p. 348.

(2) Jacques Ier, très attaché à la royauté absolue, ci- tait, pour s'en prévaloir, l'exemple des rois de France et d'Espagne ; ses ministres disaient à la chambre des communes : « Le roi d'Angleterre ne peut pas être de » pire condition que ses égaux. » (*V*. l'Histoire de la révolution d'Angleterre par M. Guizot, t. 1, p. 6.)

remplirent; parmi les détenus, se trouvaient cinq chevaliers, Darnel, Corbet, Earl, Heveningham et Hampden qui demandèrent à la cour du banc du roi leur writ d'habeas corpus; le writ fut accordé; mais le geôlier de la prison de la flotte répondit qu'ils étaient emprisonnés par la volonté spéciale du roi, en vertu d'un ordre du conseil privé, sans que la cause en ait été indiquée. A cette occasion, fut plaidée avec une grande solennité la question de savoir si de semblables emprisonnemens étaient réguliers; la cour la décida en faveur du gouvernement; les cinq gentilshommes furent replacés sous les verroux, et désormais toutes les garanties de la liberté individuelle purent être renversées par ces quatre mots : *Per speciale mandatum regis.* En 1628, après la dissolution du second parlement, les prisons s'ouvrirent; sur soixante-dix-huit captifs rendus à leurs familles, vingt-sept furent élus députés; l'estime publique les dédommagea des persécutions royales.

Cependant, le 2 juin de la même année 1628, Charles Ier se détermina à signer la pétition des droits (1); par cet acte constitutionnel, les

_____

(1) La pétition des droits est précédée d'une peinture énergique des attentats à la liberté individuelle

emprisonnemens sans cause ou prescrits par le conseil privé sont expressément défendus ; tout citoyen doit connaitre le motif de son arrestation et jouir de la faculté de répondre aux accusations dirigées contre lui ; il est en outre interdit de former à l'avenir des commissions de la loi martiale.

La conduite des juges sous les Stuarts est une preuve historique des dangers de l'amovibilité judiciaire ; les magistrats, dont les charges dépendaient de la couronne, n'étaient plus que les humbles agens du pouvoir ; ils ne refusèrent pas de rendre la liberté à un Anglais détenu sans cause ; mais, avant de statuer sur les plaintes des citoyens, ils prétextèrent tant de délais que les détentions arbitraires produisirent en réalité tout l'effet que s'en promettaient leurs auteurs.

En 1641, après la mort de Strafford, la chambre des communes obtint enfin de Charles I⁰ʳ un acte qui supprimait la chambre étoilée et devait mettre un frein aux funestes lenteurs des juges ; il contenait cette disposition : « Dans le cas où quelqu'un sera envoyé » en prison par le roi lui-même en personne,

---

commis dans les deux premières années du règne de Charles Iᵉʳ.

» ou par son conseil privé, un writ d'habeas
» corpus devra lui être accordé sans retard ;
» le juge sera obligé d'examiner et de pronon-
» cer, dans les trois jours qui suivront le re-
» tour du writ, sur la légalité de l'emprison-
» nement. »

La nécessité de prendre une décision dans
un laps de tems aussi rapproché semblait un
obstacle insurmontable aux coupables condes-
cendances des juges pour les caprices de la
couronne ; il n'en fut point ainsi : celui qui retenait un prisonnier pouvait attendre sans péril
un second et un troisième writ d'habeas corpus, appelés *un aliàs et pluries.*

Sur les ruines du trône de l'infortuné Char-
les Ier s'éleva la république, qui ne fut que la
tyrannie de quelques chefs et la servitude de
tous les Anglais ; il y eut foule dans les prisons ; des comités, investis du droit de vie et de
mort, au lieu de rendre la justice, exercèrent des vengeances ; de simples discours furent punis comme des crimes de haute trahison ; le sang des meilleurs citoyens inonda les
échafauds. Incroyable mélange d'hypocrisie et
d'audace, de vices et de grandes qualités,
Cromwel rétablit l'ordre quelque tems ; son
pouvoir absolu se para de gloire et d'opu-

lence; mais sa base était un régicide (1); il
ne put devenir héréditaire. Les règnes de
Charles II et de Jacques II ont prouvé que la
leçon du malheur ne suffit pas pour limiter
l'autorité des rois.

Les arrestations illégales, si fréquentes sous
la république, ne cessèrent pas pendant la restauration. Lord Clarendon encouragea la race
odieuse des délateurs; plusieurs personnes furent incarcérées sur de légers soupçons, d'autres conduites et reléguées, contrairement à
la loi, dans des îles éloignées. Ces faits motivèrent le quatrième article de l'acte d'accusation (2) dressé contre ce ministre qui fut
lui-même banni de sa patrie. C'est à la détention arbitraire et aux vives réclamations de
Jenkes, habitant de Londres, arrêté en vertu
d'un ordre de Charles II, pour discours sédi-
tieux, que les Anglais durent, en 1679, le fa-

---

(1) M. de Châteaubriand a dit, avec son éloquence
accoutumée : « Cromwel ne fut pas heureux; toute sa
puissance ne put empêcher la vérité de faire entendre
sa voix. Quand il descendait en lui-même, il trouvait
toujours qu'il avait tué le roi ou la liberté; il lui fallait opter entre l'un ou l'autre remords. » (OEuvres
complètes, t. 22, p. 219, édit. de Ladvocat.)

(2) *V.* l'Histoire constitutionnelle d'Angleterre par
Hallam, t. 3, p. 326.

meux acte d'habeas corpus, considéré comme
leur seconde grande charte (1); voici ses principales dispositions :

Cet acte est d'abord intitulé : Acte pour
rendre plus entière la liberté des sujets, et
pour prévenir les emprisonnemens au-delà
des mers. 1° Il fixe les différens délais dans
lesquels devra être représenté tout prisonnier
qui aura obtenu un writ d'habeas corpus; ces
délais sont proportionnés à la distance des
lieux ; le plus long ne peut excéder vingt jours.
2° Tout officier, ou concierge de prison, qui
ne produira pas le prisonnier dans le tems fixé,
ou qui ne délivrera pas, soit à lui, soit à son
agent, six heures après la demande, une copie
du warrant (2) d'emprisonnement, ou qui trans-
portera le détenu d'une prison à l'autre sans
une des raisons exprimées dans l'acte, sera condamné, pour la première fois, à une amende
de cent livres sterling, et, pour la deuxième
fois, à une amende de deux cents livres ster-

(1) Hallam pense que l'acte d'habeas corpus fut motivé plutôt encore par les arrestations arbitraires de
lord Clarendon que par l'affaire de Jenkes. (*V.* l'Histoire constitutionnelle de l'Angleterre, t. 4, p. 124.)

(2) Un warrant est un ordre d'arrêter, de prendre
au corps, et répond à ce qu'on entend en France par
mandat d'amener, mandat d'arrêt, etc.

ling au profit de la personne lésée, et de plus
déclaré incapable d'exercer son office. 3° Aucune personne délivrée en vertu de l'acte d'habeas corpus ne pourra être emprisonnée de
nouveau pour la même offense, à peine de 500
livres sterling. 4° Si une personne, emprisonnée pour trahison ou félonie, requiert, dans la
première semaine d'un terme, ou dans le premier jour d'une session, d'être jugée dans ce
terme ou dans cette session, sa demande devra
lui être accordée, à moins que les témoins du
roi ne pussent être produits dans ce même tems.
Si cette personne n'est pas jugée au second
terme ou à la seconde session, elle sera mise
en liberté. 5° Celui des douze juges, ou le lord
chancelier, qui, sur la présentation du warrant
d'emprisonnement, ou sur serment que la copie en a été déniée au détenu, refuserait de
délivrer un writ, sera seul condamné à une
amende de 500 livres sterling au profit de la
partie lésée. 6° Aucun habitant d'Angleterre,
excepté ceux qui, convaincus et jugés, demandent à être transportés, ne pourra être envoyé
prisonnier en Ecosse, Irlande, Jersey, Guerne-
sey, ou à quelque place que ce soit, au-delà de
la mer, sous la domination ou hors la domination du roi. Ceux qui exécuteront un tel emprisonnement, et leurs assistans, seront condam-

nés à une amende qui ne pourra être moindre de 500 livres sterling au profit de la personne lésée avec paiement du dommage au triple, ils seront déclarés incapables d'aucun office, encourront toutes les peines d'un *prœmunire* (1), et ne pourront recevoir le pardon du roi (2).

Prompte décision sur les réclamations des détenus, sanction sévère d'une loi protectrice, indemnité au profit des victimes, responsabilité directe des fonctionnaires, tels furent les importans bienfaits de cet acte constitutionnel. Mais que sont les meilleures lois sous un gouvernement absolu! dès que leur exécution dépend d'un pouvoir sans limites, elles ne servent plus qu'à couvrir ses excès des formes décevantes de la liberté.

Le roi, et même la chambre des communes, ne tardèrent pas à violer l'acte d'habeas corpus. La courageuse résistance de Stowel à

(1) Les différens statuts de *prœmunire* avaient pour objet de s'opposer aux usurpations des papes; des peines très graves étaient prononcées contre ceux qui osaient les enfreindre, notamment la confiscation et l'emprisonnement à vie.

(2) *V.* le texte entier de l'acte d'habeas corpus dans la Collection des constitutions de l'Europe, t. 1, p. 380.)

l'officier de justice, chargé de l'arrêter, inspira une crainte salutaire à la chambre des
communes qui avait délivré l'ordre d'emprisonnement; elle le supposa malade et lui accorda un mois pour se rétablir. En 1686, six
évêques refusèrent d'obéir à une déclaration
de tolérance publiée par Jacques II; ce prince
aussitôt donna l'ordre de les enfermer dans la
tour de Londres; mais les évêques s'y rendirent comme des triomphateurs; le peuple
les accompagna de ses bruyantes acclamations; les soldats eux-mêmes, qui les condui-
saient, leur prodiguèrent des hommages de
respect, et leur acquittement excita une joie
universelle.

Non seulement Jacques II méconnut les
lois établies pour protéger la liberté personnelle, mais encore il souffrit qu'on exigeât
des accusés des cautions excessives, et qu'on
leur infligeât des peines cruelles et souvent
illégales; la révolte de Monmouth devint le
signal de longues persécutions dans les comtés
d'Angleterre; le colonel Kirke assouvit la férocité de son caractère sur ses compatriotes;
son successeur fut l'implacable Jefferies; il
prouva que les iniquités d'un magistrat dépravé peuvent quelquefois surpasser les plus
criminels excès d'un soldat. Au retour de

21

Jefferies à Londres, les Anglais s'attendaient à voir le roi lui exprimer toute son indignation; Jacques le créa pair et l'éleva ensuite à la dignité de chancelier; mais aussi, deux ans après, ce prince avait perdu sa couronne (1).

Troisième période.

Depuis la révolution de 1688 jusqu'à nos jours.

La révolution de 1688 est sans contredit l'époque la plus remarquable de l'histoire d'Angleterre; elle ouvre une ère nouvelle pour les Anglais qui semblent alors de sujets devenir citoyens, et se pénétrer tous à l'envi de cet esprit national, principale cause de leur puissance. Cependant, en fait, jamais révolution n'entraina moins de bouleversemens. Marie et Anne, filles de Jacques II, succèdent à leur père, sans que l'ordre public soit troublé; les anciennes lois saxonnes, les vieux usages, la grande charte, tous les actes constitutionnels subsistent; seulement on y ajoute le *bill des droits* (2) qui garantit la liberté des élections,

---

(1) Comme les lois civiles et criminelles de l'Angleterre ont éprouvé peu de changemens pendant les deuxième et troisième périodes, nous avons placé sous la troisième période nos réflexions sur ce point, afin d'éviter de fatigantes répétitions.

(2) Le bill des droits, du 13 février 1688, est terminé par ces mots : « Les Anglais demandent que les » droits, et surtout ceux qui sont antérieurs audit bill, » leur soient conservés comme droits et libertés à eux

du jury, des débats du parlement, déclare illégal tout emprisonnement ordonné contre une personne qui aurait usé du droit de pétition, et défend de demander des cautionnemens ou des amendes trop considérables. Ce bill n'est au reste que la répétition des précédens statuts ; mais si la révolution de 1688 opéra peu de changemens dans les lois, elle en apporta d'ineffaçables dans leur exécution, parce qu'elle fut toute morale et que sa commotion se fit ressentir tout entière dans les esprits.

Dès ce moment, malgré le caractère naturellement despotique de Guillaume III, le gouvernement représentatif se développe et se consolide de plus en plus dans la Grande-Bretagne ; la prérogative royale se restreint dans le cercle de ses limites constitutionnelles ; les droits individuels sont généralement respectés.

Comme si la législation antérieure n'avait pas suffisamment assuré les libertés anglaises, un acte de *Setlemen* destiné à rendre la couronne héréditaire dans la maison de Brunswich vient encore les confirmer. Depuis 1688 jus-

» appartenant indubitablement et reconnus par le par-
» lement, déclarant que tous ces droits et libertés ré-
» clamés par ledit bill sont vrais, de toute ancien-
» neté, et sont bien véritablement les droits du peuple
» de ce royaume. »

qu'à nos jours, point de session du parlement qui n'introduise quelque nouveau perfectionnement. Ainsi, par deux statuts rendus sous Georges III (en la quarante-troisième et la cinquante-sixième années de son règne), le bienfait de l'habeas corpus, qui n'était primitivement applicable qu'aux emprisonnemens pour affaires criminelles, est étendu à toutes les diverses causes d'emprisonnement, et le pouvoir de rendre le writ a été accordé à tous les juges d'Angleterre et d'Irlande, même en tems de vacations.

Au milieu de ces heureuses améliorations dans leur état politique, les Anglais conservent néanmoins un respect religieux (1) pour toutes les institutions que leur ont transmises leurs ancêtres. L'acte d'habeas corpus surtout ne peut être impunément violé, à moins que

(1) Les Anglais poussent ce respect jusqu'à l'excès. Ainsi le 17 novembre 1817, au dix-neuvième siècle, on a vu le nommé Thornton, accusé de meurtre, proposer un combat judiciaire à son accusateur, et lui jeter le gant. Le combat eut lieu, attendu que ce genre de preuve n'avait pas été abrogé; le 20 avril 1818, le procureur général a annoncé à la chambre des communes l'intention de proposer un bill sur l'abolition du combat judiciaire dans presque tous les cas. (*V.* l'Esprit des institutions judiciaires de l'Europe, par M. Meyer, t. 1, p. 237.)

des évènemens graves n'en aient motivé la
suspension ; la loi, qui la prononce, est précédée d'une enquête qui doit en constater la nécessité. Dès que la mesure exceptionnelle est
décrétée, un ministre et plusieurs membres
du conseil privé sont ordinairement chargés
de son application. Dans ces tems difficiles où
l'habeas corpus tombe dans une sorte de léthargie légale (1), la presse, si puissante en
Angleterre, redouble d'activité, et appelle sur
les actes illicites l'animadversion générale. Les
séances du parlement, celles de toutes les
administrations, les comptes de gestion des
administrateurs, les audiences des tribunaux,
tout est public dans ce pays ; la presse peut
ainsi porter partout son œil formidable, et
veiller, comme un gardien incorruptible, à la
conservation de tous les droits.

Cependant un pouvoir arbitraire n'est jamais confié sans danger à des hommes. Souvent d'affligeans abus se commirent sous l'empire des lois d'exception. L'ambition exploita

(1) « En Angleterre, dit M. de Châteaubriand,
lorsque l'habeas corpus dort, la liberté de la presse
veille ; sœur de la liberté individuelle, elle défend
celle-ci tandis que ses forces sont enchaînées, et l'em-
pêche de passer du sommeil à la mort. » (Monarchie
selon la Charte, p. 19. *Paris, 1816.*)

plus d'une fois à son profit les désordres publics dont elle exagéra l'intensité. Ainsi, en
1715(1), la descente en Ecosse du chevalier
de St.-Georges, dit le Prétendant, fils de Jacques II, vient répandre l'effroi dans la cour de
Georges Ier; l'habeas corpus est immédiatement
suspendu, des arrestations sont faites sur tous
les points des trois royaumes; les détenus, pris
dans toutes les classes de la société, au sein
même du parlement, subissent les rigueurs du
secret; bientôt les prisons sont tellement remplies qu'on songeait déjà à renfermer les captifs
dans les maisons royales, lorsque les inquiétudes
publiques se dissipèrent. En 1723, nouvelle suspension de l'habeas corpus fondée sur une prétendue conspiration (2); les emprisonnemens
recommencent, et la nation, dit l'historien
Millot (3), est mise en quelque sorte à la dis-

(1) *V.* l'Histoire d'Angleterre par Smolett, au règne
de Georges Ier.

(2) Le bruit vrai ou faux d'une conspiration découverte coûta la liberté à un grand nombre de personnes
et la vie à Edouard Harvey; il avait été arrêté avec
quelques autres membres du parlement, entr'autres,
le chevalier Guillaume Windham. (*V.* l'Histoire d'Angleterre par Rapin Thoyras, t. 13, p. 66.)

(3) Elémens de l'Histoire d'Angleterre, t. 3, p. 351.
Paris, 1794.

crétion du ministère. L'usage si passionné d'un pouvoir éphémère (1) ne put que rendre plus précieux encore aux Anglais l'acte constitutionnel qui consacre leur liberté individuelle; la procédure criminelle leur offre d'ailleurs son efficace et constante protection.

D'abord tout Anglais, emprisonné sur une dénonciation mensongère ou sur une accusation trop légèrement dirigée, peut intenter contre sa partie adverse l'action de délit *vi et armis*, appelée ordinairement l'action de faux emprisonnement, et la faire condamner à une amende envers le roi pour avoir troublé la paix publique.

Lorsqu'un crime a réellement été commis, l'arrestation du coupable peut être effectuée : 1° en vertu d'un warrant spécial (ou décret de prise de corps) précisant le délit, délivré ordinairement par un juge de paix (2); 2° sans warrant, par un officier public, tel que le juge

(1) L'habeas corpus a été souvent suspendu sous les règnes de Georges II et de Georges III, particulièrement en 1745, de 1794 à 1801, et en 1817. (*V.* l'Histoire de la réforme protestante par William Cobbett, t. 2, p. 127, troisième édition. *Paris*, 1827.)

(2) Les juges de paix, élus d'abord par le peuple, sont maintenant nommés par le souverain.

de paix, le shérif (1), le coroner (2), les
constables, les gardes de nuit lorsqu'ils voient
commettre en leur présence une félonie (ou
infraction à la paix publique). Les constables, chargés particulièrement de la police,
doivent conduire immédiatement devant le
juge de paix les personnes arrêtées; ils sont
même autorisés par la loi, et sans avoir besoin de l'ordre du magistrat, à enfoncer,
en cas de meurtre ou d'une blessure dangereuse, les portes d'une maison pour arrêter le
prévenu, et même à le tuer si, par l'effet de sa
vigoureuse défense, ils ne peuvent s'en emparer
autrement (3); 3° par les simples particuliers
auxquels la loi ordonne, quand ils se trouvent spectateurs d'un délit flagrant, d'arrêter
le coupable, sous peine d'amende et d'empri-

(1) Les fonctions du shérif ont quelques rapports
avec celles des préfets français.

(2) Il existe dans tous les comtés d'Angleterre un
certain nombre d'officiers, appelés *coroners*, dont les
fonctions consistent à constater l'état du cadavre des
personnes mortes de mort violente, et à recueillir
tous les renseignemens utiles sur leur assassinat. A défaut de partie plaignante, ils sont encore chargés de
poursuivre le prévenu du crime, et remplissent ainsi,
dans ce cas , l'office du ministère public.

(3) *V.* l'ouvrage de M. Rey sur les institutions judiciaires de l'Angleterre. t. 2, p. 326.

sonnement; ils peuvent même l'arrêter plus tard, après la perpétration du crime, sur un soupçon probable. 4° Dès qu'une clameur publique s'élève après la découverte d'un crime, ou qu'elle est ordonnée par un officier public, toute personne a le droit d'arrêter celui qui en est signalé l'auteur.

On blâme avec raison, dans cette première partie de l'instruction criminelle, la faculté laissée aux ministres de décerner, dans certains cas, des warrans qui ressemblent à de véritables lettres de cachet, et le droit barbare, mais heureusement peu mis en pratique, de faire périr un citoyen sans jugement afin de se saisir plus aisément de sa personne. Quant au droit d'arrestation, quoique imprudemment accordé à un grand nombre de fonctionnaires de tous les rangs, il est beaucoup moins dangereux dans un pays où la responsabilité des agens du gouvernement est appliquée jusque dans ses dernières conséquences. Le fonctionnaire, qui se permet une arrestation arbitraire, est immédiatement traduit, sans aucune autorisation préalable, devant les tribunaux compétens et condamné à l'une des peines prescrites par l'acte d'habeas corpus.

La jurisprudence a en outre établi ce principe, que tout citoyen peut défendre sa sureté individuelle et même celle de ses concitoyens contre un officier public qui transgresse la loi (1). *Quand la liberté du sujet est attaquée*, disait le juge Holt sous la reine Anne, *c'est une provocation à tous les sujets d'Angleterre* (2). Ainsi à Londres, en décembre 1823, la cour d'assises a décidé qu'il n'y avait pas de délit à prendre la défense d'un Anglais contre un constable qui était entré par la fenêtre dans son habitation pour l'arrêter. On sait d'ailleurs qu'en Angleterre le domicile d'un citoyen est pour lui comme une forteresse; personne ne peut s'y introduire sans sa volonté, sauf certains cas déterminés par les lois (3).

Dès qu'un Anglais est arrêté, il est conduit devant le juge de paix; ce magistrat l'interroge, reçoit par écrit ses réponses, ainsi que les déclarations des plaignans et des témoins, lui rend la liberté si les soupçons ne sont pas

---

(1) *V.* Blakstone, liv. 4, chap. 33, n° 6, et la constitution d'Angleterre par Delolme, liv. 2, chap. 14.

(2) *V.* le Tableau de la constitution de la Grande-Bretagne par le docteur Wanostrocht, p. 295. *Paris, 1824.*

(3) Cependant un bill, rendu en 1819, a décidé que tout juge de paix, ou ses agens, peuvent s'introduire de jour ou de nuit dans le domicile des citoyens, et qu'en cas de refus, les constables ont le droit de faire ouvrir de force l'entrée des maisons.

fondés, ou l'invite à présenter une caution provisoire, à moins qu'il ne soit inculpé d'un crime grave, tel que le meurtre, la trahison, pour lesquels la loi ne l'admet pas ; les exceptions sont en petit nombre ; la règle générale est la faculté de donner un cautionnement qui doit être modéré et proportionné à la nature du délit.

Dans les cas où le juge de paix se croit consciencieusement obligé de faire déposer l'inculpé dans une prison, celui-ci y est traité avec tous les égards dus à son innocence toujours présumée tant qu'il n'a pas été jugé (1) ; le geôlier ne peut l'y recevoir sans un ordre signé du juge de paix spécifiant les motifs de la détention. L'inculpé trouve-t-il son emprisonnement illégal ? il peut en déférer aussitôt l'examen à la cour du banc du roi, et invoquer avec force et succès les garanties de l'habeas corpus.

(1) Même après le jugement, la plus grande humanité est recommandée aux geôliers ; ils ne doivent ni charger de fers le condamné, ni le soumettre à d'autre -gêne que celle que comporte le seul emprisonnement. *Custodes pœnam sibi commissorum non augeant, nec eos torqueant, sed omni sævitiá remotá, pietateque adhibitá, judicia debita exequantur.* (Blackstone, t. 6, chap. 22.)

Après le premier interrogatoire, le magistrat remet, s'il est nécessaire, la continuation de l'instruction au jour le plus prochain ; à l'époque fixée, le plaignant et l'inculpé, accompagnés chacun d'un attorney (1), et les témoins se rendent chez le juge de paix qui les entend dans une salle ouverte au public en présence des défenseurs. L'information terminée, le juge de paix peut encore rendre la liberté à l'inculpé, s'il est détenu, le relâcher sous caution, ou lancer contre lui un nouveau warrant; ensuite il renvoie l'affaire, soit devant les *général quarter-sessions* (ou cours de record composées des juges de paix du comté qui se rassemblent à peu près tous les quinze jours, et jugent, avec l'assistance du jury, toutes les affaires correctionnelles du comté et les causes criminelles de peu de gravité), soit devant les cours d'assises. Comme les cours d'assises ne se réunissent que deux fois par an (2), les juges de paix, par une fiction passée

(1) L'attorney est un officier dont les fonctions ressemblent à celles des avoués en France, et qui reçoit aussi des actes comme nos notaires.

(2) Excepté à Londres et à Middlessex, où elles se rassemblent huit fois par an. (*V.* l'ouvrage de M. Cottu sur l'administration de la justice criminelle en Angleterre, p. 26 et 40.)

en usage, soumettent un grand nombre de
procès criminels à l'examen des quarter-sessions ; tantôt ils diminuent, de concert avec
le plaignant, la valeur de l'objet volé, tantôt
ils omettent des circonstances aggravantes,
telles que la nuit, l'effraction, etc. Quel que
soit le motif de cette fiction, elle a toujours
l'heureux résultat d'abréger considérablement
la détention préalable des accusés.

Dans la seconde partie de la procédure, la
loi assure à la liberté individuelle toutes les
garanties de justice et d'impartialité qu'elle
peut desirer : on remarque notamment le droit
de faire dans le grand et le petit jury de nombreuses récusations, la mise en accusation prononcée par au moins douze grands jurés (1),
tous d'accord sur l'affirmative, la publicité
de l'instruction écrite et des débats depuis
le moment de l'arrestation jusqu'au jugement,

(1) Les grands jurés remplissent en Angleterre les
fonctions de la chambre d'accusation dans les cours
royales de France ; les petits jurés, ou les jurés ordinaires, jugent en fait tous les individus mis en accusation et renvoyés devant eux par les grands jurés. On
donne à ces derniers le nom de grands parce qu'ils ont
le droit d'adresser au gouvernement des observations
sur tous les objets d'administration publique ou privée, sur les impôts, sur la conduite des fonctionnaires;
ils jouissent ordinairement de la plus haute considéra-

l'intérêt que le juge présidant la cour d'assises témoigne constamment à l'accusé, l'unanimité des douze jurés indispensable pour condamner, la liste des prisonniers, précisant les causes de leur détention, imprimée et publiée dans le comté à chaque session des assises, la facilité de comparer cette liste avec le tableau des arrêts de la cour également imprimé, et de connaître ainsi le nombre des détenus non jugés, enfin la visite des prisons faite deux fois l'année avec un religieux scrupule par les grands jurés, et tous les quinze jours par les juges de paix.

Après tant de dispositions favorables aux accusés, on est étonné du silence de la loi qui n'ordonne pas de leur nommer des avocats d'office, et surtout de l'habitude de prononcer seulement, à la fin de la session, les peines que chaque condamné doit subir; on prolonge ainsi sans utilité les angoisses et la détention des hommes déclarés coupables par le jury.

tion. « Si l'Angleterre est encore un pays libre, a dit
» un écrivain anglais, elle le doit à cette véritable ci-
» tadelle du peuple, à cet imprenable Gibraltar de
» la constitution anglaise : le jugement par jurés que
» chaque Anglais doit défendre jusqu'à son dernier
» soupir. »

La conviction ne suffit point pour condamner; il faut encore qu'il y ait preuve légale, c'est-à-dire, que le fait incriminé soit attesté par deux témoins; dans le cas où, faute de cette preuve, la condamnation par les voies ordinaires d'un homme présumé coupable d'un crime grave est impossible, il est permis de faire rendre contre lui une loi particulière, nommée *bill d'attainder*. Du moins les avocats de l'accusé ont le droit de plaider sa cause devant les chambres; les membres du parlement peuvent attaquer cette loi; elle n'est ainsi rendue qu'après une discussion solennelle. Ce bill est en réalité une peine d'emprisonnement infligée à un citoyen qui n'a pu être judiciairement convaincu d'un crime; il contient à la fois une violation de la liberté individuelle et une marque éclatante de respect pour elle, car le concours de tous les représentans de la nation a paru indispensable pour attenter à la liberté d'un seul, même dans l'intérêt de tous (1). Toutefois ces me-

---

(1) On n'a généralement recours aux bills d'attainder que pour des cas d'une importance majeure. « Il faut, » dit lord Russel, que le mal que produirait l'impunité d'un criminel, paraisse bien grand en effet » pour l'emporter dans la balance sur le mal qu'il

sures, motivées sur les dangers de l'impunité,
sont souvent injustes précisément parce qu'elles
sont arbitraires. Le recueil des statuts renferme un très grand nombre de ces bills (1);
mais la postérité a spécialement flétri celui
qui fut décerné contre Catherine Howard,
dont le seul crime était de ne plus plaire à
Henri VIII.

Blakstone (2) atteste que la torture, si cruellement employée chez les autres nations de
l'Europe pour extorquer l'aveu des criminels, a toujours été inconnue dans la procédure anglaise. Lors de l'assassinat du duc de
Buckingham, favori de Charles Ier, le conseil
privé proposa de donner la question à l'accusé

» y a à porter atteinte à la sureté commune des su-
» jets, à troubler le cours régulier de la justice, et
» à donner l'exemple d'une peine infligée à qui ne
» peut être convaincu d'un crime. » (Essai historique sur la constitution et le gouvernement anglais,
p. 169.)

(1) Des bills d'attainder ont été décrétés contre les
lords Empson et Dudley, pour exactions commises sous
le règne de Henri VII, contre la marquise d'Exeter et
la comtesse de Salisbury, pour refus de répondre à
l'accusation dont elles étaient l'objet, contre John Fa-
wich, accusé de haute trahison, etc. etc.

(2) V. Blakstone, t. 6, p. 309.

Felton; on espérait, à force de tourmens, le contraindre de révéler les noms de ses complices; mais les juges repoussèrent à l'unanimité cette proposition comme contraire à leur honneur et à celui des lois anglaises (1).

Il existe, depuis le règne d'Edouard Iᵉʳ, un autre châtiment non moins odieux connu sous le nom de *pénance ;* les magistrats l'infligent comme la question, avant même le jugement, aux accusés qui gardent un silence opiniâtre lors de leur interrogatoire et à ceux qui, en matière de haute et de petite trahison, récusant un plus grand nombre de jurés que la loi ne le permet, prouvent ainsi qu'ils ne veulent pas se soumettre aux débats judiciaires. Dans une chambre obscure de sa prison, l'accusé est étendu nu par terre, sur le dos, la tête couverte d'un voile; ses membres sont attachés par une corde à chacun des coins du cachot; on place sur sa poitrine un poids soit de fer, soit de pierre, un peu plus pesant, dit la loi, qu'il ne pourra le supporter; du pain d'orge et de l'eau croupie, voilà ses seuls alimens; il languit dans cette position déchirante

---

(1) *V.* l'Histoire d'Angleterre par Hume, au règne de Charles Iᵉʳ, chap. 52.

jusqu'à ce qu'il expire (quoique anciennement ce fut jusqu'à ce qu'il répondît) (1).

La pénance fut rarement mise en pratique; maintenant elle est presque tombée en désuétude; mais elle souille toujours la législation anglaise. Dans ce pays, l'opinion publique se montre plus puissante que la loi; il faut, au reste, toute l'influence d'une civilisation perfectionnée, toute la douceur des mœurs britanniques pour corriger l'incroyable rigueur des lois pénales; comment concevoir que ces lois régissent encore le peuple le plus avide de son indépendance personnelle, le plus orgueilleux de ses lumières, si l'on ne connaissait l'espèce d'idolâtrie des Anglais pour tout ce qui compte un siècle de durée! Plus de cent soixante actions, que d'autres nations regardent comme de simples délits, ont été déclarées félonies par divers actes du parlement et passibles de la peine de mort. Sous l'empire d'un tel code

---

(1) *V.* Blakstone, t. 6, p. 311; l'ouvrage de M. Cottu sur l'administration de la justice criminelle en Angleterre, page 81; l'Esprit des institutions judiciaires de l'Europe par M. Meyer, t. 2, p. 261. Cette peine, connue d'abord sous le nom de prison forte et dure, s'appela sous Edouard III pénance, et depuis Henri IV elle est généralement désignée sous le nom de peine forte et dure.

criminel, si les magistrats n'usaient pas avec humanité de l'immense pouvoir qui leur est confié de commuer les peines, le glaive de la justice, plus redoutable que le poignard des assassins qu'elle est chargée de punir, ferait couler des torrens de sang anglais (1).

Les calculs suivans suffiront pour constater la barbarie de cette législation et les progrès sensibles de l'opinion : suivant sir Samuel Romilly, pendant le règne de Henri VIII, soixante-dix-huit mille personnes subirent la mort sur les places publiques; sous Elisabeth, quatre cents citoyens furent annuellement livrés au bourreau; tandis qu'en 1824, mille soixante-six condamnations capitales sont prononcées et quarante-neuf seulement sont exécutées (2);

(1) Les punitions infligées aux militaires anglais sont aussi humiliantes que douloureuses ; on leur applique sur le corps de violens coups d'un instrument taillé en forme de martinet ou de fouet à plusieurs bouts. On le nomme *cat-o-nine-tails.* C'est un véritable knout britannique.

(2) *V.* la Revue britannique, t. 19, n° 38, p. 321, ainsi que le discours prononcé par M. Lennard, au mois d'avril 1833, en présentant à la Chambre des Communes, dont il est membre, un bill pour la circonscription des crimes qui doivent être punis de mort. On a appliqué à plusieurs félonies (ou crimes), le bénéfice du clergé, qui est une exemption absolue de la peine de

en 1825, après mille trente-six condamnations à mort, on ne compte que cinquante
exécutions (1).

Sur un autre point également important,
cette législation porte une atteinte profonde
et plus directe à la liberté individuelle; les
amendes sont une des peines le plus fréquemment appliquées; leur quotité est laissée entièrement à l'arbitrage des magistrats; souvent
elles sont énormes et supérieures à la fortune
du prévenu; cependant les condamnés restent
en prison jusqu'à ce qu'ils les aient acquittées;
les auteurs d'un léger délit expient ainsi leur
pauvreté durant des années entières, quelquefois même toute leur vie, à moins qu'il ne
plaise aux ministres de leur faire grâce. Par
cette loi injustement rigoureuse, l'indigence
est plus sévèrement punie que le crime opu-
lent. Ainsi la législation anglaise a le tort
grave, en matière pénale, d'accorder une trop
grande latitude aux juges et d'abandonner à

mort, que le clergé s'était attribuée dans le tems de
sa puissance.

(1) Depuis 1816 jusqu'en 1822, 1228 accusés de vols
de cinq schellings dans une boutique ont été traduits
aux assises; sur 342 déclarés coupables par le jury de
ces crimes capitaux, un seul a été exécuté!...

leur discrétion la fortune, la liberté et la vie de leurs concitoyens (1).

Les lois civiles de l'Angleterre ne sont point écrites ; elles se composent de coutumes, de précédens et de quelques statuts particuliers. La procédure civile est aussi lente que dispendieuse et compliquée; les principales cours fixées à Londres introduisent dans l'ordre judiciaire une centralisation toujours funeste aux intérêts privés. Les Anglais ont repoussé avec une sorte de mépris la sagesse du droit romain, et cependant ils ont emprunté à la loi des douze Tables son excessive dureté envers le défendeur défaillant.

(1) Il convient de remarquer ici que les lois anglaises protègent spécialement la faiblesse des femmes si souvent oubliées dans les autres législations ; elles punissent l'homme qui contraint par force ou surprise une femme à l'épouser, celui même qui épouse une héritière après l'avoir enlevée. Une femme est-elle maltraitée par son mari? elle le prouve et s'éloigne ; il est chargé de pourvoir à son entretien. Si l'époux veut dérober à tous les regards la victime de ses violences, la famille de la femme soumet une requête à la cour du banc du roi qui le force de la représenter. Si la femme demande la séparation, il ne peut la refuser. Lorsque deux époux ont commis de concert une félonie, le mari en reste seul responsable; la loi suppose qu'il a abusé de son ascendant présumé.

On désigne d'abord la cour de justice qui
doit connaitre de l'affaire; le défendeur reçoit
ensuite l'ordre de comparaitre devant elle; en
cas de refus, la cour décerne un writ dit d'*attachement ou de saisie*, contenant injonction
de saisir pour gage une partie de ses biens; si
le défendeur persiste dans son silence, un second writ, de *distringas*, ordonne au shérif
de saisir et confisquer tous ses biens qui appartiennent au roi lorsqu'il ne se présente
point devant les magistrats. Dans les premiers
tems, le writ de *capias ad respondendum*,
c'est-à-dire, l'ordre de saisir la personne même
du défendeur n'était lancé qu'en un seul cas,
celui d'injures accompagnées de violences;
mais divers statuts de Henri III, d'Edouard 1er,
d'Edouard III, de Henri VII, d'Elisabeth, en
permirent la délivrance dans un grand nombre
d'autres. Aujourd'hui on peut obtenir ce writ
sur presque toutes les plaintes; on se contente d'un simple *affidavit*, c'est-à-dire, d'une
déclaration du créancier affirmée par serment.
La prise de corps est exécutée par les baillis,
officiers du shérif, en touchant le corps de la
personne qu'ils veulent arrêter; si elle leur
échappe, ils peuvent la poursuivre, et, même
après d'inutiles efforts pour l'atteindre hors
de son domicile, enfoncer ses portes afin de

s'en emparer (1). Le défendeur, légalement arrêté, est obligé de donner caution au shérif de se représenter le jour qu'il désignera ; dès ce moment, ce fonctionnaire en devient responsable.

Sous le règne de Georges Ier, cette législation, vraiment hostile à la liberté individuelle, a subi du moins une heureuse modification ; il a été décidé par un édit de ce prince, qu'aucune prise de corps ne pourrait être opérée pour une dette au-dessous de deux livres sterling, ou 5o francs, et que le débiteur serait assigné par une simple citation. Un bill postérieur a étendu la même faveur à toutes les créances inférieures à 10 livres sterling, ou 25o francs.

La procédure suivie devant la cour de chancellerie (cour destinée à statuer d'après les règles de l'équité sur les cas non prévus par la loi), ne débute point, comme les autres, par l'emprisonnement du défendeur ; mais s'il fait défaut, il est privé de sa liberté et ses biens sont mis sous le séquestre. Le refus d'éxécuter une décision de cette cour entraîne en outre l'emprisonnement. On cite plusieurs exemples de personnes mortes dans les pri-

(1) *V.* l'ouvrage de **M.** Rey sur les institutions judiciaires de l'Angleterre, t. 2, p. 313 et 326.

sons, faute de vouloir ou de pouvoir obéir aux ordres de la cour de chancellerie. Dans d'autres royaumes, la justice des tribunaux d'exception est moins effrayante que celle de la *cour d'équité* d'Angleterre.

L'exercice de la contrainte par corps parait remonter à une époque très reculée; elle est considérée comme une punition dans ce pays où le débiteur est, avant le jugement, plus rigidement traité que le criminel. Aussi est-il renfermé dans une étroite prison, sous la responsabilité du shérif, jusqu'au jour où il remplit ses engagemens. Lorsqu'un arrêt définitif a été rendu dans une affaire, un writ de *capias ad satisfaciendum* est décerné contre l'Anglais qui a perdu sa cause, à moins qu'il n'appartienne à la classe des privilégiés comme les membres des deux chambres. Un pair de la Grande-Bretagne ne peut jamais être emprisonné pour condamnations civiles; quant aux membres de la chambre des communes, ils ne peuvent l'être dans les quarante jours qui précèdent l'ouverture du parlement, ou qui suivent sa clôture (1).

(1) En matière criminelle, un pair peut être poursuivi de la même manière que les autres citoyens, sans en excepter les membres de la chambre des communes. Il est arrêté en vertu d'un warrant délivré par un juge

L'exécution du writ de *capias ad satisfaciendum*, quelque pénible qu'elle soit, n'est pas sans compensation; en perdant sa liberté, le débiteur conserve ses biens qui demeurent à l'abri de toutes poursuites; hors les matières de commerce ou fiscales, il est de principe qu'on ne peut saisir à la fois la personne et les biens d'un citoyen. De plus, en vertu du statut 32 de Georges II, chap. 28, un défendeur, condamné au paiement d'une dette au-dessous de cent livres sterling, recouvre sa liberté en abandonnant ses biens à son créancier pourvu que celui-ci n'insiste pas sur sa détention; au cas contraire, ce dernier est tenu de solder au débiteur deux schellings (1) par semaine; à défaut de consignation, le prisonnier obtient son élargissement.

Après ce rapide examen de la législation civile, on est plus affligé que surpris de compter, au commencement de l'année 1826, sept mille cent sept débiteurs renfermés dans les prisons d'Angleterre.

---

de paix, et déposé dans la prison des assises. Lorsqu'il est mis en accusation par le grand jury, il a le droit de demander à être jugé soit par la chambre des pairs constituée en cour de justice criminelle, soit par le jury ordinaire. (*V.* l'ouvrage susénoncé de M. Cottu, p. 187.)

(1) Deux schellings équivalent à 48 sous français.

Nul ne peut contester aux Anglais l'amour de leur pays; l'exil serait pour eux le plus grand des malheurs. Aussi la grande charte dispose qu'aucun homme libre ne peut être banni que par une condamnation légale; tout emprisonnement prescrit dans des lieux situés hors de la Grande - Bretagne motiverait, suivant l'acte d'habeas corpus, les châtimens les plus graves contre le fonctionnaire qui l'ordonnerait. Les rois n'ont jamais eu le droit d'interdire le sol de la patrie à un de leurs sujets; seulement ils peuvent défendre d'en sortir, sans leur permission, lorsque des motifs d'utilité publique les ont portés à donner un rescrit de *ne exeat regnum*.

Vainement un débiteur, dont les biens ne présentent aucune garantie, voudrait chercher sur le continent un refuge contre les poursuites de ses créanciers; un ancien statut les autorise à solliciter contre lui de la cour de chancellerie un ordre *ne exeat regno*, qui n'est cependant délivré que sur de fortes présomptions (1).

De brillantes fonctions en pays étranger voilent quelquefois la sévérité d'un exil; la loi

(1) Le statut *ne exeat regno* n'avait dans l'origine qu'un but politique; c'était le gouvernement seul qui en demandait l'exécution contre les comptables de deniers publics, et contre les fonctionnaires soumis à

anglaise a étendu jusqu'à ce cas sa prévoyance; le roi, dit Blakstone, ne pourrait obliger un citoyen, contre sa volonté, à le représenter même comme lieutenant en Irlande.

Rien n'entrave la passion des Anglais pour les voyages; ils peuvent, à leur gré, parcourir les trois royaumes-unis de la Grande-Bretagne, y résider, ou s'en éloigner sans avoir à subir les formalités ni les frais d'un passeport. Quant aux étrangers, ils sont seulement tenus, en partant pour l'Angleterre, de se munir de lettres de recommandation adressées à un négociant ou à un personnage connu.

En 1792, on vit affluer de toutes parts sur cette terre hospitalière les hommes qui fuyaient les désordres révolutionnaires de France. Le célèbre Pitt, alors ministre, craignit que cette multitude d'émigrés ne troublât la tranquillité publique; il proposa au parlement des mesures extraordinaires; le 4 janvier 1793, l'alien-bill fut rendu; il donna à la police une fort grande autorité pour surveiller les étrangers; il prescrivit à chacun d'eux de déposer ses armes, de révéler le motif qui l'attirait en An-

___

une responsabilité quelconque. Depuis, la jurisprudence l'a appliqué à tous les individus dont les démarches au moins suspectes semblaient trahir le dessein de frauder leurs légitimes créanciers.

gleterre, de se pourvoir d'un permis de séjour, et d'un passeport s'il desirait changer sa demeure. En cas d'inconduite, le gouvernement put, sans avertissement préalable, saisir la personne de l'étranger, emporter ses papiers, le garder à vue, ou le transférer sur une plage lointaine.

Ce bill est resté en vigueur jusqu'en 1814; on lui substitua alors un bill moins arbitraire qui enjoignit à chaque capitaine de déclarer, à son arrivée, le nombre, le nom et la profession des passagers à bord de son navire; l'étranger devait seulement produire une copie de cette déclaration aux autorités du lieu qu'il voulait habiter; mais le gouvernement conservait encore le droit d'ordonner son expulsion du royaume. Ce second bill fut renouvelé de deux ans en deux ans jusqu'en 1826. Depuis cette dernière époque, les étrangers n'ont plus d'autre devoir à remplir que celui de se présenter tous les six mois devant le magistrat du lieu de leur résidence.

Les mesures rigoureuses, prises en 1793 contre les étrangers, trouvaient du moins leur excuse dans la gravité des circonstances; mais qui peut justifier la presse des matelots contre des indigènes! Lorsque les vaisseaux du roi manquent de matelots, les agens de la couronne s'attribuent le pouvoir, qui ne parait qu'implicitement accordé par plusieurs statuts (1), de *presser,* c'est-à-dire, de prendre de force les hommes destinés à compléter les équipages. Cette contrainte exercée sur des hommes, dont on bouleverse subitement l'existence pour leur imposer une profession périlleuse, blesse grièvement leur liberté individuelle. En devenant matelot, l'Anglais, soumis aux caprices de ses chefs, tombe dans une espèce de servitude. On reconnait ici tout l'empire de la loi, si respectée dans un gouvernement représentatif. Dès qu'elle commande, le citoyen se résigne et obéit.

A partir de l'année 1689 où ce gouvernement fut sincèrement mis en action, la Grande-Bretagne est parvenue successivement au faîte de la prospérité; elle s'est placée, malgré la faible étendue de son territoire, au premier rang des nations de l'Europe dont souvent elle fixa la destinée. Sa puissance colossale est le plus bel éloge de la constitution anglaise.

(1) Entr'autres, le statut de Richard II, chap. 3. Ces matelots se prennent principalement parmi les habitans des bords de la mer; l'agent de la couronne est entièrement maître de les choisir ; il désigne ordinairement ceux qui se sont fait remarquer par leur mauvaise conduite.

Des trois pouvoirs qu'elle a fondés, le principal, le plus utile à la gloire du pays, c'est l'aristocratie. Etablie plutôt encore dans l'intérêt de la liberté que dans le but de rehausser l'éclat de la couronne, elle doit son immense influence à ses vastes propriétés, à son patriotisme, et peut-être aussi aux grands services qu'elle a rendus. Tantôt elle a prêté à la royauté son puissant secours contre les fureurs populaires; tantôt elle a défendu énergiquement le peuple contre les entreprises des rois. Toutefois elle ne s'est pas oubliée elle-même. Au milieu des ravages du tems et des révolutions, elle a su conserver à son profit les honneurs, les richesses, et même plusieurs privilèges de la féodalité. Aussi dans les élections (1), dans les lois, dans le gouvernement, partout sa haute prépondérance s'est fait sentir; sous plusieurs rapports, on peut dire que la liberté elle-même est devenue aristocratique.

Elle restreint, en effet, ses précieux avantages à la noblesse, aux propriétaires, aux

---

(1) Avant la réforme électorale de 1832 qui a un peu amélioré le système des élections politiques, les pairs d'Angleterre, d'Ecosse et d'Irlande avaient le droit d'élire les premiers 218 membres des communes, les seconds 31, les troisièmes 51, en tout 300 sur 658 dont la chambre est composée.

commerçans. Quant à la plus grande partie de la population rurale, elle végète depuis long-tems dans la misère et l'abjection (1).

Remarquons d'abord qu'il est peu de pays où l'affranchissement des serfs se soit opéré plus lentement qu'en Angleterre. En 1514, Henri VIII rendit, par une charte particulière, la liberté à deux serfs dépendant de ses domaines; en 1574, Elisabeth déclara également libres deux serfs qui lui appartenaient (2). Jusqu'au milieu du dix-septième siècle, après ces guerres que les Anglais soutinrent sous le drapeau de l'indépendance contre Charles Iᵉʳ, ils vendirent, comme esclaves, les royalistes faits prisonniers sur le champ de bataille. C'est seulement par le statut de Charles II (chap. 24), que les vassaux (3) ont été

(1) Les Anglais, si philantropes dans leurs paroles et dans leurs écrits, traitent aussi leurs domestiques avec un dédain et une dureté généralement inconnus en France. (*V*. Blackstone, t. 2, p. 129.)

(2) Ces faits, quoique isolés, prouvent néanmoins qu'il existait encore des serfs dans les manoirs du roi, et que leur affranchissement a été fort long. Aucune loi n'a ordonné l'affranchissement général.

(3) *V*. Blakstone, t. 2, p. 334, sur l'oppression du système féodal jusqu'à Charles II. Les droits féodaux,

déchargés des droits oppressifs qui pesaient sur eux (1).

A cette époque, les habitans des campagnes ne furent plus assujettis à des services personnels, mais aussi leur subsistance ne fut plus assurée. Sous Henri VII, des changemens considérables s'étaient introduits dans la culture des terres; on les avait converties en pâturages et couvertes de moutons pour alimenter avec leurs laines les manufactures; les paysans pouvaient alors faire paître leurs bestiaux dans les communaux (2); mais plus tard le parlement autorisa la vente, le partage et la clôture de ces communaux. Privés de cette dernière ressource, les paysans se virent obligés de renoncer au commerce des bestiaux, et par suite à l'espoir de subvenir aux dépenses de leur famille : de là l'origine de leur affligeante condition. Du reste, on l'attribue à plusieurs causes, telles que l'agglomération des propriétés en un petit nombre de mains, l'énormité des impôts,

qui subsistent actuellement encore, ne s'appliquent plus aux personnes; ils ne sont qu'inhérens à la terre.

(1) Tels que les droits de saisine, de scutage, de confiscation, etc.

(2) Les communaux sont des champs appartenant aux communes, et non fermés, où tous leurs habitans peuvent gratuitement conduire leurs bestiaux.

la multiplicité des machines. Rarement les paysans anglais possèdent quelques arpens de terre ; ils sont forcés de travailler, comme des manœuvres, pour le compte des fermiers ; leur nourriture est généralement grossière et chétive ; souvent ils sont dépourvus de vêtemens d'hiver et des objets les plus essentiels aux besoins de la vie.

Cependant ce dénûment du paysan anglais semble un état de luxe lorsqu'on le compare à celui du malheureux Irlandais. Ce paria britannique n'a pour se sustenter qu'un pain noir mêlé de paille, ou quelques pommes de terre sans assaisonnement.

Quoi de plus funeste à l'ordre public, et par suite, à la liberté individuelle, que cette extrême indigence des classes inférieures de la société ! Le peuple, qui manque du nécessaire, n'est jamais paisible ; sa haine aveugle contre le gouvernement, qui ne sait pas ou ne peut pas lui procurer des moyens d'existence, le met à la disposition de toutes les factions ; il n'attend qu'un signal pour se ruer sur les riches, piller les propriétés, incendier les machines et détruire tout ce qui peut diminuer ses ressources. En 1830 et en 1831, les révoltes des populations rurales ont permis de sonder sur ce point la profondeur de la plaie qui dévore l'Angleterre.

Dès le règne d'Elisabeth, on essaya d'en arrêter les progrès. Chaque commune fut obligée de prélever sur les propriétaires, qui l'habitaient, la somme indispensable à l'entretien des mendians; la taxe des pauvres fut établie (1); dans le principe, elle déshonorait ceux qui la recevaient; mais bientôt cet heureux préjugé s'effaça; le remède devint pire que le mal. Cette taxe servit d'encouragement à l'oisiveté et de prime à la débauche; elle augmenta le nombre des nécessiteux en facilitant l'accroissement de la population; les parens, qui se font inscrire sur le livre des pauvres, assurent par cet enregistrement l'avenir de leurs enfans.

Rien ne démoralise plus une nation que la misère qui se fait gloire de ses haillons, qui devient en quelque sorte un métier (2).

---

(1) Cette taxe n'existe pas en Irlande; les infortunés habitans de cette contrée refluent alors en Angleterre, et viennent ainsi, en enlevant par le fait aux Anglais une partie de leur travail, aggraver encore la position de ces derniers.

(2) Dans le plus grand nombre des paroisses du sud et de l'ouest de l'Angleterre, presque tous les cultivateurs sont inscrits sur le livre des pauvres.

Depuis le commencement du dix-neuvième siècle, l'Angleterre en est une preuve frappante; le nombre des crimes et des détenus s'est accru dans une effrayante proportion; il s'est presque quadruplé en vingt-cinq ans (1).

Durant cette troisième période de leur histoire, les Anglais, si fiers de leurs institutions, peuvent avec raison exalter l'acte d'habeas corpus, une partie de leur procédure criminelle, la responsabilité effective de leurs fonctionnaires publics; mais tant que le code pénal semblera la copie des lois de Dracon, tant que leur législation civile disposera si légèrement de la propriété et de la personne des débiteurs, tant que l'ami de l'humanité aura à déplorer la presse des matelots et la détresse des pro-

(1) Dans les prisons de l'Angleterre et du pays de Galles, on comptait en 1805, quatre mille six cent cinq détenus; en 1815, sept mille huit cent quatre-vingt-dix-huit; en 1825, quatorze mille quatre cent trente-sept; en 1830, dix-huit mille cent sept. Le nombre des condamnés, qui n'était que de deux mille sept cent quatre-vingt-trois en 1805, fut de quatre mille huit cent quatre-vingt-trois en 1815, et s'éleva en 1825 à neuf mille six cent soixante-quatre. (V. dans la Revue britannique, n° 38, t. 19, le Tableau de la progression des crimes en Angleterre depuis 1805 jusqu'en 1825.)

létaires, l'Angleterre n'offrira à ses habitans
ni la jouissance complète de la liberté individuelle, ni surtout cette juste répartition de
bien-être qui met pour toujours un terme aux
révolutions.

CHAPITRE X.

DE LA LIBERTÉ INDIVIDUELLE

CHEZ LES SUÉDOIS, LES NORVÉGIENS ET LES DANOIS.

Les peuples du nord ont été la source de la liberté de l'Europe, ainsi que l'a dit Montesquieu (1). Une partie de ces hommes belliqueux s'est répandue, les armes à la main, dans les contrées méridionales; ils indemnisèrent les nations vaincues des excès de la victoire en leur portant des institutions libres. Les autres, restés fidèles aux foyers de leurs ancêtres, habitèrent les pays maintenant connus sous les noms de Suède, de Norvège et de Danemark. La rigueur du climat, la stérilité du sol, le défaut d'industrie, l'agitation d'une vie passée dans les forêts ou dans les camps,

(1) *V.* l'Esprit des lois, liv. 17, fin du chap. 5, et liv. 24, chap. 5.

tout contribua à entretenir, à développer
même en ceux-ci leurs sentimens d'indépendance.

Une épaisse obscurité couvre les premiers
siècles de leur histoire ; du fond de ces ténèbres une seule figure se détache, c'est celle du
célèbre Odin, admiré comme monarque,
poète, magicien, législateur, puis adoré comme
dieu. La superstition s'en est emparée pour
dénaturer ses actions ; on lui attribue le système électif appliqué jusqu'à la fin du quatorzième siècle dans la nomination des rois,
et que les peuples du nord, si jaloux de leurs
droits individuels, considéraient comme la
plus forte des garanties contre les envahissemens de la couronne.

La population indigène de ces trois royaumes explique pourquoi le régime féodal y pénétra si tard et n'y fut jamais aussi oppressif
que dans les autres régions de l'Europe. La
Suède et le Danemark n'ont pas été conquis
comme la France et l'Angleterre ; dès lors
leurs habitans ne se divisèrent pas en vainqueurs et en vaincus ; les terres restèrent en
la possession des naturels du pays. Ce ne fut
qu'à la faveur des guerres civiles, des usurpations du clergé, des abus de la force, que les

fiefs se formèrent et devinrent le patrimoine d'un petit nombre de familles.

Une royauté élective est rarement puissante. En Suède, jusqu'à Gustave Vasa, l'autorité souveraine résidait dans l'assemblée nationale, ou la diète chargée d'élire les rois, de rédiger les lois, de fixer la quotité des impôts. Lorsqu'elle n'était pas convoquée, le sénat (1) servait de conseil au prince; il fut d'abord le protecteur de la liberté publique; mais il finit par usurper d'immenses attributions, et se rendre le principal dépositaire du pouvoir; souvent même il étendit sa surveillance jusque sur la conduite des rois.

La diète renfermait les députés des quatre ordres dont la nation était composée : les nobles, le clergé, les bourgeois et les paysans (2).

Dès que les nobles et le clergé se furent

(1) Dans le sénat, composé de vingt-cinq membres, il y avait toujours au moins douze nobles.

(2) Ces quatre ordres se subdivisaient en deux classes bien distinctes, nommées *proceres* et *plebs,* ou *nobiles et populus;* la première comprenait les nobles et les évêques, la seconde les bourgeois et les paysans. (*V.* l'Introduction de l'ouvrage de M. Henrion de Pansey sur les assemblées nationales, p. 59.)

rendus propriétaires héréditaires de leurs fiefs, ils comprirent leur force, refusèrent de payer les impôts (1) et s'établirent dans leurs châteaux comme de petits souverains. Quelquefois ils unirent leurs armes contre le roi; mais plus fréquemment encore ils les tournèrent les uns contre les autres. Le glaive décida leurs querelles, arbitre terrible plus propre à les fomenter qu'à les éteindre.

Parmi les Suédois, une seule classe ne troubla jamais la tranquillité publique, ce fut celle des bourgeois, la plupart négocians ou exerçant des professions industrielles; ils habitaient les villes; aucune entrave ne gênait leur commerce, mais il fut long-tems presque nul ; aussi leurs représentans, fort peu nombreux, n'obtinrent d'abord aucun crédit.

On est étonné de voir, dans ces tems barbares, l'ordre des paysans envoyer ses députés à la diète ou aux états ; cependant ce fait est incontestable (2). Jamais d'ailleurs les paysans suédois ne furent réduits à une vile servi-

(1) *V*. l'Histoire des révolutions de Suède par Vertot, t. 1, p. 9. *Paris,* 1830, édition des classiques français.
(2) Voltaire, dans son histoire de Charles XII, p. 25, *Paris,* 1831, édition des classiques français, dit que les paysans ne furent admis à la diète qu'avec le tems ;

tude. Selon l'édit du roi Magnus Ladulas, nul feudataire ne pouvait leur imposer aucun tribut ni aucune charge sans leur consentement, sous peine de confiscation du fief. Dès lors il est permis de penser qu'ils ne se laissèrent point accabler de tailles; ils pouvaient aller et venir à leur volonté, conduire leurs bestiaux aux marchés les plus éloignés, transporter leur industrie soit dans le royaume, soit en pays étranger. Les profits de leur travail leur firent toujours ignorer l'abrutissement et la dépendance de la misère. Aussi Puffendorf (1) a-t-il dit avec raison : « Les paysans sont, en Suède, » d'une condition beaucoup meilleure et bien » plus libre que dans les autres royaumes. »

Les paysans étaient-ils propriétaires des terres dont ils avaient racheté les obligations féodales, ou simplement métayers à très long terme? cette dernière opinion semble la plus

c'est une erreur démentie par tous les historiens ; ils y furent admis dès le principe.

Il paraît certain que les paysans des domaines du roi avaient seuls d'abord le droit de nommer des députés.

(1) Histoire de Suède, t. 3, p. 414. *Amsterdam,* 1743. Le même auteur fait remarquer que c'était parmi les paysans qu'on levait toute la milice de terre et de mer.

probable; mais les monumens historiques laissent encore quelques doutes sur ce point (1).

Dans le principe, les Suédois vivaient en grande partie dans les champs; de là les représentans des paysans se trouvaient en majorité à la diète; mais, vers l'année 1448, les cités s'étant augmentées et enrichies au détriment des campagnes, les députés des paysans perdirent de leur nombre, et par suite de leur influence. Les paysans eux-mêmes s'adonnèrent tout entiers aux soins de l'agriculture; rien ne fut négligé par la noblesse pour amortir leur vif amour de l'indépendance (2); les Dalécarliens seuls gardèrent l'ardeur de leurs premiers sentimens.

Dans les commencemens, on compta en Suède quelques esclaves; c'étaient les prisonniers de guerre, les indigènes qui avaient com-

----

(1) *V.* le Résumé de l'Histoire de Suède par M. Coquerel, p. 24. *Paris,* 1825.

(2) Les paysans, jusqu'au dix-septième siècle, étaient si peu éclairés sur la vérité d'un avenir qu'on était obligé, lorsqu'ils prêtaient serment en justice, de les y intéresser par la conservation de leurs biens temporels. On rapporte qu'une femme de Livonie mit dans la bière de son mari du fil et une aiguille pour qu'il pût raccommoder ses habits dans l'autre monde. (*V.* la Description générale de l'Europe, par M. Derocoles, t. 4, p. 734. *Paris,* 1661.)

mis certains crimes, ou ceux qui s'étaient vendus eux-mêmes, coutume assez commune parmi
les Barbares du nord. Ce qui prouve, malgré
l'assertion d'un historien (1), qu'il y eut des
esclaves, c'est l'ordonnance de Magnus Ladulas qui abolit toute espèce d'esclavage.

Quand on compare les institutions de la
Suède au despotisme féodal qui pesait alors
sur l'Europe, on n'hésite pas à leur donner la
préférence. Toutefois la liberté n'est pas une
plante qui s'acclimate, sans préparation et sans
culture, sur tous les terroirs; il faut l'abriter
contre le vent impétueux des passions populaires. En Suède, on ne lui avait assuré aucun
appui. D'une part, les atteintes perpétuelles
portées aux lois par des princes avides d'étendre un pouvoir viager, de l'autre les entreprises des nobles, l'opulence du clergé tour à
tour, suivant son intérêt, le suppôt de la tyrannie ou le provocateur des révoltes, la gros-

(1) On veut parler ici de Jean Magnus, archevêque
d'Upsal, qui, dans un mouvement d'enthousiasme pa-
triotique, prétend que dans aucun tems, les Goths et
les Suéons n'ont été ravalés à la condition d'esclaves,
et qu'il est faux que le roi Birger ait abrogé une ancienne loi relative à la vente des esclaves. (*V.* l'Histoire des Goths et des Suéons, liv. 20, fin du ch. 23.)

sière turbulence des paysans (1), telles étaient
les causes incessantes des guerres qui désolèrent si souvent la Suède. Qui aurait pu rétablir l'ordre et la paix ? Chaque branche du
pouvoir possédait bien individuellement les
moyens d'attaquer l'autre; mais aucune n'était
assez puissante pour maintenir la sureté publique et privée.

Rien ne peint plus énergiquement l'état de
ce royaume jusqu'au seizième siècle, que cet
ancien usage des Suédois (2) : chaque fois qu'un
roi devait traverser une province, on exigeait
de lui, avant de l'y laisser entrer, des otages
pour caution du respect qu'il porterait aux
privilèges du pays; le prince en recevait lui-
même pour garantir l'inviolabilité de sa personne. Kagwald ne voulut pas se conformer à
cette coutume aussi injurieuse pour le monarque que pour les sujets; il perdit la couronne et la vie.

Les institutions suédoises portaient, à cette

---

(1) « Les Paysans, dit Vertot, vivaient sans presque
aucune dépendance de la cour, et même sans aucune
union entr'eux, également incapables de société et de
soumission, et plutôt farouches et indociles que libres. »
(Histoire des révolutions de Suède, t. 1, p. 16.)

(2) V. l'Histoire de la dernière révolution de Suède,
par Le Scène Desmaisons, p. 14. *Amsterdam*, 1781.

époque, l'empreinte de cet esprit de défiance envers la royauté. Après l'élection de chaque roi, un contrat semblait intervenir entre lui et ses sujets; un double serment en sanctionnait les engagemens réciproques; le peuple lui promettait fidélité, et obéissance à ses ordres dans tout ce qui serait licite devant Dieu et les hommes. De son côté, le prince jurait d'observer scrupuleusement la constitution; « de rendre à tous bonne justice, de ne pas » souffrir qu'un citoyen quel qu'il fût, pauvre » ou riche, fût puni de mort ou de toute autre » peine à moins d'avoir été légitimement con- » vaincu et condamné selon les lois écrites de » Suède, ni dépouillé de son bien autrement » que par un jugement régulier (1). »

La nomination des juges était aussi environnée de toutes les formalités les plus capables de rassurer leurs justiciables; dès que la place d'un juge provincial et territorial devenait vacante, le peuple de la province s'assemblait sous la présidence de son évêque, assisté de deux prêtres, et choisissait six nobles et six

----

(1) *V.* le Recueil des lois suédoises réunies et publiées en 1442 par le roi Kristophore; il fut écrit dans la langue nationale, mais il a été traduit en latin par Loccenius. On trouve à la Bibliothèque royale ce dernier recueil intitulé : *Sueciæ regni leges Loccenii.*

paysans; ces douze élus, réunis aux trois ecclésiastiques, désignaient trois candidats parmi
lesquels le roi nommait juge celui qu'il croyait
le plus digne.

La plupart des crimes étaient réprimés par
des amendes (1); cependant il existait une ancienne loi suédoise qui ordonnait de brûler et
de détruire la maison, ou partie de la maison
de celui qui avait maltraité son concitoyen,
proportionnellement à la gravité de l'offense.
On attribue cette loi cruelle, et souvent injuste, à la difficulté de saisir la personne du
coupable chez un peuple si peu habitué à la
subordination. Dans l'impossibilité de sévir
contre le criminel, on le frappait dans sa propriété (2).

Les Suédois, si avides de liberté, toujours
prêts à se révolter, se résignèrent cependant
à la domination d'une femme étrangère. Cette
reine, il est vrai, était Marguerite de Valdemar, l'une de ces femmes dont l'habileté donna

---

(1) Il est dit au titre 1er du chap. 2 de Rege, du recueil de Loccenius susénoncé, que le roi jouissait de
tous les droits et revenus royaux, des amendes prononcées pour meurtres ou autres crimes.

(2) *V.* l'Histoire de la dernière révolution de Suède
par Le Scène Desmaisons, p. 11.

un éclatant démenti à la loi qui les excluait du trône (1). Jusqu'à sa mort, elle joignit à la couronne du Danemark celles de la Suède et de la Norvège ; elle voulut même, dans le fameux traité de Calmar, jeter les fondemens d'une union impossible entre des peuples voisins et rivaux. Ainsi elle laissa à chacun des trois royaumes ses lois, ses privilèges, son sénat, et de plus, le droit de participer à l'élection d'un seul et même roi.

Une période d'effroyables malheurs s'ouvrit alors pour la Suède ; ruiné par les guerres extérieures et intérieures, en proie à l'anarchie, sans chef de son choix, le peuple tomba dans la plus profonde détresse. Christiern II, roi de Danemark, surnommé le Néron du nord, y mit le comble en fesant massacrer dans le même jour quatre-vingt-quatorze nobles ou anciens sénateurs.

Ce forfait inouï devait avoir d'immenses conséquences ; partout il souleva l'indignation publique ; Gustave Vasa sortit de sa retraite,

(1) Cette loi existait en Suède ; on y dérogea en faveur de Christine, fille de Gustave-Adolphe. En 1682, Charles XI décida que les femmes succèderaient, à défaut de la ligne masculine, et la sœur de Charles XII, Ulrique Eléonore, le remplaça sur le trône. (*V.* l'Histoire moderne de Condillac, t. 6, p. 83. *Paris*, 1798.)

à la tête des paysans de la Dalécarlie, et bientôt ce héros, évadé des prisons de Copenhague, devint roi de Suède. La disparition presque totale de la noblesse lui permit d'accroître l'autorité royale (1); il profita de l'éclat de sa gloire pour constituer une monarchie héréditaire. Les Etats, assemblés en 1544 à Westeras, déclarèrent au libérateur de la Suède qu'ils ne fesaient qu'en sa faveur le sacrifice de leurs prérogatives, et qu'ils reprendraient le droit d'élire les rois, si sa postérité venait à s'éteindre.

Toutefois les Etats prouvèrent qu'ils n'avaient point abdiqué leur ancienne souveraineté; en 1604, ils déposèrent Sigismond (2) et inscrivirent le nom du petit-fils de Gustave Vasa sur la liste des rois de Suède détrônés, à la suite de Magnus Smeck (3), d'Eric XII, de Canutson (et avant Gustave IV); liste trop

---

(1) Gustave Vasa s'efforça de rendre aux ordres des bourgeois et des paysans leur primitive influence, afin de diminuer celle de la noblesse et du clergé, a dit M. Kock, dans son Tableau des révolutions de l'Europe, t. 1, p. 386. *Paris,* 1823.

(2) *V.* l'Histoire de Suède par Puffendorf, t. 2, p. 143.

(3) L'assemblée générale du royaume, en déposant Magnus Smeck, le déclara coupable de plusieurs faits graves, notamment d'avoir accablé les citoyens de

considérable qui atteste à la fois et l'ambition des princes et l'indépendance des Suédois!

Les exploits de Gustave-Adolphe répandirent, pendant le dix-septième siècle, une vive splendeur sur sa patrie. Cette époque de victoires et d'illustration devait se clore par l'absolutisme. En 1680, Charles XI, fatigué de l'autorité que s'était arrogée le sénat, résolut de le réduire à un conseil privé; dans ce but, il exploita habilement la haine que le clergé, les bourgeois et les paysans portaient à la noblesse. Ces trois ordres acceptèrent aveuglément toutes les propositions du roi, et préparèrent ainsi eux-mêmes le joug qu'il appesantit sur eux. La diète proclama que le roi, tenant de Dieu son diadème, n'était responsable qu'à lui seul de ses actions; en 1683, elle ajouta que le prince n'était point enchainé par les lois, qu'il pouvait les modifier ou en faire de nouvelles. Cette déclaration, dont la bassesse rappelle celle du parlement d'Angleterre sous Henri VIII, constate que Charles XI était déjà en possession du pouvoir absolu.

vexations, de leur avoir imposé des charges et des tributs illégitimes, de n'avoir laissé aucun vestige de la justice ni des lois. (*V.* l'Histoire des Goths et des Suéons par Jean Magnus, liv. 21, chap. 9.)

24

Charles XII, aventurier couronné, dissipa
dans de folles expéditions les trésors amassés
par l'avarice de son père ; comme le sénat voulut opposer quelque résistance à ses impé-
rieuses volontés, ce prince lui écrivit de Ben-
der qu'il lui enverrait une de ses bottes pour
commander (1). Son despotisme militaire exaspéra les Suédois.

La nation avait tant souffert sous les deux
derniers règnes, qu'après la mort de Charles
XII, on ne pensa qu'à restreindre l'autorité
royale ; en 1719, on offrit à sa sœur Ulrique-
Eléonore un sceptre mutilé ; on alla jusqu'à
faire fabriquer une griffe représentant la signature de la reine pour en revêtir les actes
sans son adhésion ; le sénat avait accaparé toute
la puissance.

La révolution de 1719, entreprise dans le
but de reconquérir la liberté politique, ne
procura point au peuple la liberté individuelle ; son sort ne fut point allégé ; il eut
de plus à supporter les guerres et les calamités qui amenèrent la révolution de 1772.
Dans un acte, appelé procédure de la diète (2),
cette assemblée a, en quelque sorte, déroulé

(1) *V*. l'Esprit des lois, liv. 5, chap. 14.
(2) *V*. cet acte dans l'Histoire de la dernière révolution de Suède par Le Scène Desmaisons, p. 281, 282

l'affligeant tableau de la Suède durant 53 ans.
« Depuis 1719, y est-il dit, la corruption des
» mœurs est devenue générale, les lois n'ont
» pas été respectées; les juges n'ont point eu
» pour elles l'obéissance qu'ils leurs devaient;
» la haine et la vengeance se sont manifestées
» dans les procès publics. L'ambition et l'en-
» vie ont causé des mécontentemens, des
» troubles et même l'effusion du sang. »

A cette époque, la Suède était en outre
divisée en deux partis : le parti des *cha-
peaux*, défenseur de la royauté, et le parti des
bonnets, soutien de la démocratie, ou plutôt
des adversaires du roi; leur exaltation réciproque ne fit qu'envenimer les maux de la
patrie. Au milieu de ces fatales conjonctures,
Gustave III monta sur le trône. Son premier
soin fut de s'assurer de l'armée et de disposer
ses mesures. Puis, le 20 août 1772, il fit courir
le bruit qu'il avait été arrêté; soudain les soldats et le peuple furieux volèrent à sa défense;
il rangea ses troupes autour du lieu où se réunissaient les Etats, fit braquer ses canons et
renfermer les sénateurs dans leur palais; en-

et suivantes, et le Discours de l'orateur des paysans
prononcé à la clôture de la diète de 1772, p. 337 de
ce même ouvrage.

suite, escorté de ses gardes d'élite, il entra dans l'assemblée, et lui octroya une constitution que les députés s'empressèrent d'accepter.

Cette constitution de 1772, ainsi imposée sous la terreur des baïonnettes, introduisit cependant dans ce royaume le gouvernement constitutionnel ; elle restitua au roi une autorité nécessaire dans l'intérêt de tous, confirma les droits des quatre ordres, et abolit les tribunaux extraordinaires. On remarque dans le préambule de cette constitution ces mots qui émanent des membres de la diète : « Nous, etc., » avons reconnu qu'un grand nombre de Suédois, sous le nom de liberté, se sont approprié une autorité et une domination d'autant » plus insupportables, qu'ils se sont livrés à » toutes les violences de l'intérêt particulier, » et qu'enfin ils ont été appuyés par des forces » étrangères. — Nous déclarons, ajoutent les » Etats, que la souveraineté absolue nous inspire la plus grande horreur ; mais nous » croyons que c'est un bonheur, et en même » tems un sujet de gloire pour nous, en qualité d'Etats libres et indépendans, fesant des » lois et assujettis aux lois, de vivre sous le » gouvernement d'un roi revêtu d'une auto-

» rité bornée par les lois (1). » L'acte du 21 février 1789, dit acte d'union et de sûreté, servit en quelque sorte de supplément et de confirmation à la constitution de 1772; les Etats y renouvelèrent leur profession de foi; ils se dirent sujets libres, jouissant, sous la protection des lois, de droits égaux sur tous les points.

Un des plus grands services, que cette charte ait rendus à la Suède, fut sans contredit la suppression des tribunaux extraordinaires, appelés aussi commissions secrètes. Tout s'y jugeait à huis clos, aucune forme n'était exigée; l'unique loi, c'était la volonté des magistrats, c'est-à-dire, des commissaires; ils statuaient ainsi arbitrairement sur la liberté et la vie des accusés; eux seuls avaient le droit d'appliquer la torture, qui n'était jamais infligée dans les cours de justice ordinaire. Gustave III se hâta de l'abroger entièrement.

Après l'assassinat de ce prince, Gustave IV, son fils, hérita de sa couronne, mais non de sa prudence et de sa fermeté. Le 21 mars 1809, arrêté dans son propre palais, ce prince renonça à sa royauté pour recouvrer sa liberté. Le duc de Sudermanie, son oncle, lui succéda

(1) *V.* la Collection des constitutions de l'Europe, p. 280 et 295.

sous le nom de Charles XIII, et bientôt après,
le 21 août 1810, les Etats décernèrent le titre de prince royal à un maréchal de France
illustre par ses talens militaires, à Bernadotte,
prince de Ponte-Corvo. Depuis 1818, ce grand
capitaine, élevé lui-même sur le trône de Suède,
s'applique à faire le bonheur de ses nouveaux
sujets. Le règne de Charles XIV est un argu-
ment de fait en faveur de l'élection des rois.

Le 7 juin 1809, fut publiée la constitution
qui régit actuellement la Suède. Monarchie
héréditaire, pouvoir royal fort étendu, responsabilité des ministres, participation indispensable des Etats au vote des impôts et des
lois, liberté individuelle, inviolabilité des députés, telles sont ses principales dispositions;
mais, à moins de convocation extraordinaire,
les Etats ne doivent se rassembler que tous les
cinq ans. Cet intervalle, beaucoup trop long
entre les sessions, laisse au pouvoir exécutif
une trop grande prépondérance; les Etats dé-
lèguent, à la vérité, pour les remplacer pendant leur absence, des comités dont les membres par eux choisis surveillent la conduite
du gouvernement, notamment un comité de la
presse chargé d'examiner tous les manuscrits
qu'on lui présente; dès qu'ils sont revêtus de
son approbation, aucune poursuite ne peut

plus être dirigée contre l'auteur ni contre l'éditeur (1). De la composition de cette commission dépend réellement en Suède la liberté de la presse; toutefois il est facile de concevoir que ces comités, élus par une majorité nécessairement ministérielle, ne sont que d'impuissantes barrières contre les empiètemens des ministres.

La noblesse a su se conserver en Suède une immense influence; elle nomme un plus grand nombre de députés à la diète que les trois autres ordres, occupe les principales charges de l'Etat et, malgré ses richesses, elle est affranchie, ainsi que le clergé, des impôts qui pèsent exclusivement sur les bourgeois et les paysans.

La constitution de 1809 proclame la liberté des cultes; cependant cette liberté n'est en fait qu'une tolérance; les Suédois sont à chaque instant placés entre leur religion et leur intérêt. Veulent-ils remplir quelques fonctions publiques, aspirer à la députation ou à la di-

(1) La liberté de la presse, illimitée en Suède, a subi quelques restrictions en 1810; pour complaire à Napoléon, on a soumis les feuilles périodiques à la censure, mais elle s'est toujours exercée avec beaucoup de douceur. (*V.* Bénjamin Constant, Cours de politique constitutionnelle, t. 1, p. 461. *Paris,* 1818.)

gnité de juge? il leur faut d'abord justifier qu'ils professent la religion évangélique luthérienne. Suivant l'arrêté de la diète de 1788 (1), l'exercice des autres religions est admis, mais à la condition qu'elles n'auront ni écoles, ni couvens, ni missionnaires, ni aucun établissement d'éducation.

Ainsi la trop rare convocation des Etats, les privilèges exorbitans de la noblesse et du clergé, le défaut de liberté des cultes ne permettent pas aux Suédois de jouir de la plénitude de leur liberté individuelle.

Du reste, cette liberté trouve une protection efficace dans le respect général pour tous les droits reconnus, dans l'inamovibilité des juges, dans la surveillance rigoureuse qui s'étend sur tous les magistrats. La conduite même des ministres est soumise à un contrôle scrupuleux; le tribunal d'Etat a reçu la mission de vérifier si les membres du conseil d'Etat ont toujours donné au roi des avis conformes à la constitution; il peut les juger et les punir. Grâce à la juridiction permanente de ce

---

(1) *V.* le texte de cet arrêté, ainsi que celui des constitutions de 1772 et de 1809 dans la collection des constitutions de l'Europe, t. 3, p. 280, 297, 299 et 306.

tribunal, la responsabilité ministérielle est, dans ce pays, une vérité.

Après de telles garanties assurées aux citoyens, les imperfections de la legislation suédoise, en matière criminelle, ne sont plus autant à redouter (1). Le roi d'ailleurs possède le droit de faire grâce, de mitiger les peines, et même de réhabiliter l'honneur d'un condamné.

Peut-être la constitution de 1809 est-elle encore trop récente pour qu'on puisse décider si elle atteindra son double but : la liberté des citoyens et la prospérité du pays? Cependant une expérience de vingt-quatre années a déjà attesté ses bienfaits. Ainsi la patrie des Gustave Vasa, des Gustave-Adolphe, des Charles XII n'est pas seulement célèbre par la

(1) Dans ces derniers tems, on a senti la nécessité de réunir en un seul corps les lois criminelles de la Suède restées éparses jusqu'alors, et de les améliorer. En 1832, on a présenté un projet de code d'instruction criminelle et de code pénal, qui n'a pas encore reçu la sanction législative. Il est remarquable que les auteurs du projet se sont attachés à suivre plutôt les nouveaux codes publiés en pays étranger, et notamment le code d'instruction criminelle français dans la partie relative à la liberté individuelle, que les anciennes lois et les vieux usages de la Suède.

brillante valeur de ses guerriers, elle l'est encore par la sagesse de ses institutions. Dans
tous les tems, même les plus reculés, elle a
montré pour la liberté un attachement qui
semble avoir puisé une nouvelle force dans
l'anarchie des guerres civiles et dans le despotisme de plusieurs de ses rois.

9° Chez les Nor-
végiens,
Depuis 1814, l'événement le plus remarquable de l'histoire de la Suède est la réunion
de la Norvège à son territoire. Cette dernière
contrée avait formé jusqu'au quatorzième siècle un royaume indépendant (1). Après la
mort d'Olaüs, roi de Norvège, Marguerite de
Valdemar, sa mère, lui succéda. Depuis cette
reine, la Norvège a partagé la fortune du Danemark, et s'est soumise, comme lui, au despotisme. En 1814, la Suède demanda au congrès
de Vienne une indemnité pour compenser la
perte de la Finlande que la Russie lui avait enlevée; la diplomatie brisa d'un trait de plume
une union de plus de trois siècles, et la Norvège fut adjugée à la Suède. C'est alors que les
Norvégiens déployèrent un noble patriotisme;

(1) La Norvège avait aussi une monarchie élective
et des lois dont le recueil est intitulé : *Jus aulicum
Norwagicum*. Il a été imprimé, pour la première fois,
en 1594, et traduit en latin par Dolmérus, édition in-4°
publiée en 1673.

il fallut toute la persévérance de Bernadotte pour vaincre leur courageuse résistance ; en politique habile qui voulait rendre durable une alliance si brutalement imposée, Charles XIV a maintenu la nationalité des Norvégiens ; de plus, il a juré d'observer la constitution qu'ils ont eux-mêmes rédigée dans la diète d'Eidsvold, le 4 novembre 1814 (1).

L'article 1er de cette constitution déclare le royaume de Norvège un état libre, indépendant, indivisible et inaliénable, uni à la Suède sous un même roi. Le pouvoir législatif reste entre les mains du peuple ; il l'exerce par ses députés à la diète dont les attributions fort étendues suffisent à la conservation de tous les intérêts. Cette constitution consacre en outre tous les droits précieux à l'homme civilisé, tels que le respect des propriétés, la non-rétroactivité des lois, l'abolition de la torture, la liberté de la presse et de l'industrie. Voici les dispositions qui protègent la sureté individuelle : la prise de corps n'a lieu que dans les cas et de la manière fixés par la loi. Une arrestation illégale expose celui qui s'en est rendu coupable aux justes réclamations de sa vic-

(1) *V.* le texte de cette constitution dans la collection des constitutions de l'Europe, t. 3, p. 322.

time; il est même responsable des retards apportés dans l'accomplissement des formalités légales. Un attroupement tumultueux ne peut être dissipé par la force armée qu'après une triple lecture des articles de la loi qui punit la sédition. Les visites domiciliaires sont interdites, excepté contre les hommes accusés de crimes. Aucun lieu d'asile ne doit être accordé aux négocians en faillite. Enfin, il n'est point permis d'arrêter les députés pendant la durée des sessions de la diète, à moins qu'ils ne soient surpris en flagrant délit.

Qui pourrait, en lisant cette constitution, refuser un tribut d'admiration aux Norvégiens! A peine dégagés des liens de l'absolutisme danois, ils s'élancent avec franchise et fermeté dans la voie de la liberté, et s'assurent, quoique vaincus, des garanties que beaucoup de peuples indépendans ne possèdent pas encore. C'est en vain que la Suède a voulu les contraindre à modifier leurs institutions; la diète norvégienne s'y est opposée avec une constante énergie.

8° Chez les Danois.   Les Danois se montrèrent, dans le principe, amis de la liberté politique et privée. Ils eurent aussi une monarchie élective (1) et une

(1) En 1375, Valdemar III fit au nonce du pape

assemblée nationale composée, comme en
Suède, de quatre ordres; mais la position
géographique du Danemark influa puissamment sur sa destinée. Voisin de l'Allemagne
et des Pays-Bas, il subit plus tôt et plus long-
tems les injustes privilèges du régime féodal.
Les citoyens se divisèrent en quatre classes,
mais plus tranchées qu'en Suède : la noblesse,
plus riche et plus orgueilleuse, mit tout en œuvre pour augmenter son empire; cependant,
dans les onzième, douzième, treizième et quatorzième siècles, les habitans des campagnes
n'étaient point véritablement serfs; ils ne le
devinrent que plus tard, lorsque la faiblesse
de l'autorité royale eut laissé la féodalité se
consolider.

Dans ces premiers tems, les paysans étaient
répartis en deux classes, savoir : les paysans
libres, propriétaires de la terre qu'ils cultivaient, et soumis seulement à un impôt annuel; ils avaient le droit de faire le commerce
de mer et de se livrer à la pêche. Jamais on
ne pouvait les forcer de travailler à la corvée;
enfin ils ne payaient aucune taxe que du con-

cette célèbre réponse : *Naturam habemus à Deo*, regnum à subditis, *divitias à parentibus, religionem à Ro-
mania ecclesiá, quam, si nobis invides, renunciamus
per præsentes.*

sentement de la diète. Puis les paysans-fer-
miers, qui ne possédaient point de domaines
héréditaires; on les appelait ainsi parce qu'ils
exploitaient les fermes du roi, de la noblesse
et du clergé; ceux-ci étaient astreints à tous
les services personnels convenus entr'eux
et leurs propriétaires (1). Tant que les paysans danois purent se faire représenter à la
diète par leurs députés, ils ne furent point malheureux comme l'étaient alors ceux des autres
contrées de l'Europe. Comment aurait-il été
possible de maltraiter des hommes qui comptaient un si grand nombre de défenseurs toujours prêts à faire entendre leurs plaintes et à
soutenir leur cause!

Marguerite de Valdemar étendit au loin la
gloire du Danemark; mais elle la fit acheter à
ses sujets, aux dépens de leur liberté individuelle; ce fut cette femme altière qui posa la
première les fondemens de la royauté absolue.
Justement effrayés de ses progrès, les magistrats du royaume rappelèrent à la reine les
sermens qu'elle avait prêtés lors de son avè-
nement. Elle leur demanda s'ils en avaient les
chartes. « Oui, répondirent-ils, et nous les

(1) *V.* la préface de l'Histoire du Danemark par M. des
Roches, t. 1, p. 96. *Paris*, 1732.

» conservons précieusement. — Je vous con-
» seille en effet de les bien garder, reprit
» Marguerite, pendant que je garderai, moi,
» les châteaux et les villes de mon royaume et
» les prérogatives de ma dignité (1). »

Depuis 1412 jusqu'en 1660, le Danemark
tomba dans un état complet de désordre et
de misère : anarchie féodale, guerres civiles,
despotisme toujours croissant de la noblesse,
violation des droits individuels, pillage des
propriétés, invasion des armées ennemies, ce
royaume épuisa tous les fléaux qui peuvent
accabler un peuple. Le caractère national s'al-
téra; les Danois, jadis si attachés à leur indépendance, se laissèrent opprimer par leurs
divers tyrans. Cependant les attentats de
Christiern II ranimèrent quelques instans leur
énergie; les Etats le déposèrent d'un trône
qu'il avait souillé; ce roi barbare fut ignomi-
nieusement chassé de sa patrie (2).

Après cette éclatante punition d'une vie

(1) *V.* le Voyageur français, par l'abbé Delaporte,
t. 21, p. 287. *Paris,* 1776.

(2) Magnus Munce, chef de la justice du Jutland,
osa porter lui-même à ce prince l'acte de sa déposition.
« Mon nom, disait ce magistrat, devrait être écrit sur
» la porte de tous les méchans princes. (*V.* l'Histoire
moderne de Condillac, t. 4, p. 51. *Paris,* 1798.)

de crimes, le sénat, formé uniquement de
nobles, envahit toute l'autorité; les privilèges
de la noblesse s'accrurent successivement,
tandis que le pouvoir royal diminua de jour
en jour. On ne convoqua plus les Etats depuis 1536. L'aristocratie ne songea qu'à se
fortifier au détriment des libertés publiques,
sans s'occuper d'adoucir le sort du peuple,
ni de mettre un terme aux divisions intestines
qui déchiraient sans cesse ce pays (1).

Au mois de septembre 1660, la situation
déplorable du royaume détermina Frédéric III
à réunir les états généraux; ils ne renfermaient
guère plus alors que la noblesse, le clergé et
les députés des communes; car les paysans,
presque partout asservis, n'avaient qu'un fort
petit nombre de représentans. On proposa à
l'assemblée d'abord une plus égale répartition
des impôts qui devaient se prélever indistinctement sur chaque citoyen en proportion de
sa fortune, ensuite de notables améliorations
à la condition des paysans. La noblesse refusa
ouvertement de prendre part aux charges de
l'Etat; elle ne rougit pas de se déclarer exempte

(1) *V.* le Tableau des révolutions de l'Europe, par
M. Kock, t. 1, p. 383.

de toutes tailles dans un moment où les plaies
de la patrie saignaient encore ; l'un des sénateurs (1) eut même l'imprudence d'appeler les
bourgeois de vils esclaves. A ces mots, répétés
à l'envi par le peuple, l'irritation des députés
du clergé et des villes fut à son comble ; ils vou--
lurent à tout prix se venger de l'aristocratie ;
dans l'aveuglement de leur fureur, ils allèrent
offrir à Frédéric une puissance héréditaire, absolue et sans bornes. Bientôt les nobles, les uns
effrayés, les autres gagnés et séduits, vinrent
eux-mêmes se placer sous le joug ; en quatre
jours, le Danemark passa de l'oligarchie à un
absolutisme qui s'est depuis si fortement enraciné qu'il subsiste encore de nos jours.

Jamais révolution ne rencontra moins de
résistance que celle de 1660 ; elle ne fit pas
verser une goutte de sang et n'occasionna pas
même un emprisonnement.

Le peuple, dont la passion dominante est
partout l'égalité, applaudit avec enthousiasme
à l'anéantissement des privilèges de la noblesse ; il ne pensait pas alors que ses chants
de joie devaient être ses derniers adieux à
la liberté. Dès ce moment, plus d'élections,

---

(1) Ce sénateur, nommé Otto Crage, se servit du
mot danois *unfree* pour désigner les bourgeois.

plus d'états généraux, plus de coopération des ordres du royaume au vote des impôts (1); tout fut abandonné au bon plaisir du monarque. Un fait matériel attesta les sinistres effets du nouveau gouvernement; en quelques années, les propriétés perdirent les trois quarts de leur valeur, tant elles furent surchargées d'impositions !

Le 14 novembre 1665, Frédéric III promulgua la loi royale qui sert encore de constitution au Danemark. Suivant l'article 2, « Les » rois doivent être regardés par leurs sujets » comme les seuls chefs suprêmes qu'ils aient » sur la terre. Les rois sont au-dessus de » toutes les lois humaines, et ne reconnais- » sent dans les affaires ecclésiastiques et ci- » viles d'autre juge supérieur que Dieu seul. » Selon l'article 3, « Il n'y a que le roi qui » jouisse du droit suprême de faire et d'inter-

---

(1) M. Ancillon, au t. 4 des Révolutions du système politique de l'Europe, remarque qu'au moment de la révolution de 1660, les Etats du royaume du Danemark consistaient dans les trois ordres du clergé, de la noblesse et des villes. Car les paysans des domaines royaux, qui avaient autrefois formé le quatrième ordre, étaient tombés dans la servitude et la pauvreté, à l'exception de ceux de quelques districts du Jutland.

» prêter les lois, de les abroger, d'y ajouter
» ou d'y déroger. »

On ne voit que trop souvent les princes se
mettre au-dessus des lois; mais leur en faire
une règle de conduite, légaliser d'avance leur
arbitraire, c'était tout à la fois rendre la constitution inutile et insultante aux Danois. Du
reste, cette loi royale s'occupe exclusivement
du souverain et de sa famille; la nation n'y est
comptée pour rien; aucun droit des citoyens
n'y est reconnu, aucune des garanties individuelles n'y est proclamée; on déclare même
que les rois ne doivent être astreints à aucun
serment.

Toutefois il faut rendre ici hommage à la
sage modération de Frédéric et de ses successeurs; armés du pouvoir illimité de faire le
mal, ils l'ont le plus souvent employé à faire le
bien; ainsi ils sont maîtres de bannir, d'emprisonner, de confisquer les biens selon leur volonté; cependant ces princes n'ont eu recours
à ces mesures rigoureuses qu'avec une extrême
réserve; ils se sont attachés à raffermir la tranquillité intérieure, à favoriser le commerce et
à rouvrir toutes les sources de la prospérité
publique. C'est aussi à cette administration
paternelle qu'on doit attribuer la longue durée de l'absolutisme en Danemark.

Parmi les heureuses innovations opérées dans ces derniers tems, figure en première ligne l'affranchissement des paysans (1); Frédéric VI, prince royal sous Christian VII, décida en 1788 que la servitude de la glèbe cesserait entièrement à l'ouverture du dix-neuvième siècle; il en affranchit sur-le-champ les paysans qui n'avaient pas atteint leur quatorzième année ainsi que les hommes âgés de plus de trente-six ans (2). Cette ordonnance philantropique blessait les intérêts de l'aristocratie; aussi s'efforça-t-elle d'en paralyser l'exécution; mais le prince royal sut la maintenir avec une généreuse persévérance.

A la fin du dix-huitième siècle, après la mort du comte Bernstorf, la crainte des doctrines et des excès de la révolution française fit changer la direction, si favorable aux droits du peuple, que cet habile ministre avait

---

(1) En 1730, Christian VI avait aggravé le sort des paysans en rétablissant la corvée. (*V.* le Résumé de l'Histoire du Danemark par M. Lami, p. 283. *Paris,* 1825.)

(2) L'abolition du servage, prononcée seulement d'abord en faveur de tous les paysans danois, de Norvège et du Jutland, fut étendue, par un acte du 19 décembre 1804, aux deux duchés de Schleswig et de Holstein.

imprimée au gouvernement; des lois iniques rappelèrent aux Danois qu'ils vivaient sous une royauté absolue. On n'osa pas toutefois rétablir la censure; la liberté de la presse, qui semble si incompatible avec un tel gouvernement, fut conservée; seulement une ordonnance, du 27 septembre 1799 (1), prononça des peines d'une excessive sévérité contre les écrivains qui en mésuseraient.

La justice, en Danemark, est exactement et promptement rendue; les lois civiles, peu nombreuses, sont rédigées avec netteté et précision; en jugeant les affaires, les magistrats sont tenus de régler les dépens du procès et les honoraires des avocats; ils prescrivent l'exécution de leurs sentences sur les biens et même sur la personne de la partie condamnée.

Chaque Danois, qui a des sujets de plainte soit contre un fonctionnaire, soit contre un juge, peut s'adresser directement aux tribu-

(1) *V.* le texte de cette ordonnance dans la collection des constitutions de l'Europe, t. 3, p. 239. Sous le ministère du comte Bernstorff, la liberté de la presse était si grande que les libraires de plusieurs pays avaient des établissemens à Copenhague, pour y faire imprimer tout ce qu'ils ne pouvaient publier eux-mêmes. (*V.* Benjamin Constant, Cours de politique constitutionnelle, t. 1, p. 462.)

naux ou implorer immédiatement l'équité du roi ; si son accusation est fondée, une condamnation à des dommages-intérêts frappe le magistrat qui a méconnu ses devoirs ; mais, ce qui est fort dangereux sous un gouvernement arbitraire, les juges ne sont point inamovibles.

En matière criminelle, nul ne peut être distrait des tribunaux ordinaires ; on ne connait point de commissions secrètes ; l'accusé peut invoquer tout ce qui lui parait utile à sa défense. Mais un roi absolu ne croit pas pouvoir se dessaisir de ces moyens coërcitifs qui épouvantent ses sujets ; ainsi Christian V, en publiant son code de lois vers la fin du dix-septième siècle, a maintenu la *question* ; elle peut être appliquée, sur l'ordre du souverain, à l'accusé d'un crime de lèse-majesté, et au criminel déjà condamné à perdre la vie.

Aucun citoyen d'ailleurs ne peut être mis en prison, à moins qu'il n'ait été surpris commettant un délit passible d'une peine capitale ou corporelle, ou qu'il n'ait avoué son crime devant un magistrat ; même après son arrestation, tout accusé obtient sa liberté en donnant caution. Ainsi deux puissans motifs sont indispensables pour enlever à un citoyen l'usage de sa liberté ; d'une part, la gravité du fait, puisqu'il doit entrainer au moins un châtiment corporel; de l'autre, la certitude de la culpabilité résultant de l'aveu ou du flagrant délit. Les lois pénales ne sont pas généralement sévères (1); et tous les jugemens, qui intéressent l'honneur, la liberté et la vie des citoyens, ne deviennent définitifs qu'après avoir été successivement déférés à l'examen de plusieurs tribunaux.

Assurément il est peu de législations plus franchement protectrices de la liberté individuelle ; mais que sont les plus fortes garanties sous l'empire d'une constitution qui autorise le souverain à violer toutes les lois ?

(1) Dans les premiers siècles, on avait admis en Danemark, ainsi que dans les autres pays, les compensations pécuniaires comme les seules peines des plus grands crimes. On pouvait tuer un noble pour soixante-douze francs, un roturier libre pour trois francs, et un esclave pour deux francs. Les prisonniers de guerre étaient alors esclaves.

CHAPITRE XI.

DE LA LIBERTÉ INDIVIDUELLE

CHEZ LES HOLLANDAIS ET LES BELGES.

Les deux royaumes renfermés dans les Pays-Bas, et maintenant appelés la Hollande (1) et la Belgique, partagèrent long-tems la même destinée. Malgré la bravoure et l'esprit d'indépendance de leurs habitans, ils subirent également la domination des Romains, de Charlemagne et de ses successeurs, des ducs de Bourgogne, de la Maison d'Autriche et des

(1) La Hollande fut d'abord nommée Batavie, du nom de Baton, fils du roi des Cattes, peuples venus de Germanie. (*V.* le Dictionnaire de Moréri , au mot *Hollande.*)

Les Romains fesaient un grand cas de la valeur des Bataves; ils les dispensèrent des tributs et les gratifièrent de cette inscription : *Gens Batavorum amici et fratres imperii romani.* César a loué également le

rois d'Espagne ; mais, au seizième siècle, leur sort fut très différent.

La Hollande, qu'un sol stérile et marécageux semblait condamner à la pauvreté, s'éleva, par son industrie, au plus haut degré de prospérité, reconquit sa liberté (1) et se rendit indépendante.

La Belgique, naturellement riche et féconde, courba ses armes humiliées devant ses divers maîtres, et resta soumise à leur despotisme.

Charlemagne d'abord divisa les Pays-Bas en un certain nombre de cantons à chacun desquels il préposa un comte, et subordonna ces comtes à un duc amovible comme eux. Plus tard, ces gouverneurs s'emparèrent, en qualité de souverains, des pays confiés à leur surveillance. Sous leur funeste patronage, la féodalité s'organisa. Oppression des personnes, impôts excessifs sur les biens, corvées, services militaires, vexations de toute espèce, telles furent les conséquences, en quelque sorte indispensables, de ce régime. Cependant les sei-

---

courage des Belges en ces mots : *Horum omnium sunt fortissimi Belgæ.*

(1) On voit sur une médaille frappée, en 1248, dans la Frise cette inscription : « *Libertas prævalet auro.* » (La liberté vaut mieux que l'or.)

gneurs se montrèrent moins tyranniques dans les Pays-Bas que dans les autres royaumes (1).

La position géographique de cette contrée contribua beaucoup à rendre plus douce la condition des serfs. D'un côté, les seigneurs, placés entre la France et l'Allemagne, eurent besoin de leur assistance pour soutenir les guerres dont leur patrie fut le perpétuel théâtre; l'intérêt personnel les détermina à ménager leurs vassaux. De l'autre, le voisinage de la mer, de nombreux ports, des fleuves navigables invitèrent les Belges et surtout les Hollandais à faire du commerce leur principale occupation. Bientôt l'industrie augmenta la population et les ressources des villes; devenues plus riches (2), elles profitèrent de la faiblesse toujours croissante des seigneurs ruinés pour acheter leur affranchissement; dans le cours des onzième et douzième siècles, des chartes (3) leur furent octroyées; elles s'érigèrent en communes.

(1) *V*. Plus haut, page 209 de cet ouvrage, de plus longs détails sur le régime féodal.

(2) *V*. les premières pages de l'Histoire des révolutions des Pays-Bas, par Schiller, publiée à Paris en 1833.

(3) M. Raepsaet, dans son Histoire de l'origine des états-généraux des Gaules, fait connaître l'objet de

Dès ce moment, exemptes de toute servitude, de toute imposition forcée, elles eurent leurs maires, prévôts ou bourgmestres, leurs échevins, leur collége de jurés, leur conseil de prud'hommes; elles veillèrent à leur sureté et s'administrèrent elles-mêmes; les bourgeois, les artisans, les riches et les pauvres se confédérèrent ensemble pour défendre les droits, les biens de la communauté et ceux de chacun de ses membres. Cependant les communes ne se dégagèrent pas de tous les liens qui les unissaient aux comtes; elles continuèrent à reconnaitre leur autorité, et n'acquirent qu'une existence municipale.

Quant aux villages, qui restèrent la propriété des seigneurs, leur sort s'améliora; les habitans cessèrent de vivre dans la servitude; quelques-uns même eurent leurs échevins qui jugeaient au nom du seigneur (1).

Le régime féodal avait dénaturé et à peu près interrompu les assemblées générales, ou Etats, qui se réunissaient dans les premiers tems chez les Bataves et les Flamands, comme chez tous

ces chartes dont les dates commencent à l'année 1160 et vont jusqu'à l'an 1290.

(1) Henri II, duc de Brabant, légua, par son testament en 1218, la liberté à tous les cultivateurs; il les affranchit du droit de main-morte, et ordonna,

les peuples sortis du berceau germanique. Elles ne se composaient guère plus que du prince, quelque fût son titre, comte, duc ou évêque, et de ses vassaux immédiats. Dès que les villes eurent pris par leur commerce une plus grande importance, on accorda d'abord aux cités les plus populeuses le privilège d'envoyer leurs députés aux Etats; Baudoin VII, comte de Flandre, dès le douzième siècle, délivra les serfs de la puissance arbitraire des propriétaires de fiefs; puis il ouvrit l'entrée des Etats aux représentans de toutes les villes indistinctement (1); mais, dans la province de Hollande, ils n'y furent admis qu'au treizième siècle; c'est aussi dans cette province et dans l'évêché d'Utrecht que la féodalité se maintint le plus long-tems.

En 1488, Maximilien Ier, souverain des Pays-Bas (2), osa violer les privilèges de plusieurs cités; les bourgeois et les artisans de

qu'à l'exemple des habitans des villes, ils ne pourraient être jugés que par leurs propres magistrats. (*V.* l'Histoire de Belgique par Des Roches, liv. 5, chap. 6, p. 131.)

(1) *V.* l'ouvrage de M. Henrion de Pansey sur les assemblées nationales, t. 1, p. 46.

(2) Maximilien était roi des Romains, et souverain des Pays-Bas en qualité de tuteur de son fils Philippe.

Bruges ne purent souffrir un semblable outrage ; ils saisirent leurs armes et le firent prisonnier au moment où il essayait de se rendre
maître de cette ville (1) ; les députés de Flandre portèrent contre lui, aux états-généraux,
quarante-sept chefs d'accusation ; grâce à leur
courageuse insistance, ce prince n'obtint sa
liberté qu'en donnant, dans un traité solennel,
pleine satisfaction à ses sujets.

Les communes ne tardèrent pas à démentir
le but de leur création ; établies pour défendre
les individus contre l'oppression des seigneurs,
elles devinrent elles-mêmes oppressives. Les
prérogatives, les honneurs, les emplois, tout
fut exclusivement réservé à la classe des bourgeois ; eux seuls ne purent être distraits de
leurs juges naturels, ni être soumis aux services personnels, aux corvées, aux confiscations, aux saisies ; eux seuls enfin purent
jouir des droits consacrés par les chartes.
Glorieux de ces avantages, ils firent sentir

(1) « Les bourgeois de Bruges arrêtèrent Maximilien au nom des députés de Flandre aux états-généraux, et pour leur propre assurance, puis le renfer-
mèrent dans une maison de Craumbourg ; ce qu'ils
firent avec toute civilité et révérence, ayant tous la
tête nue et lui fesant tout bon traitement, » dit Mete-
ren, dans son Histoire des Pays-Bas. La Haye, 1618.

tout le poids de leur orgueil et de leur tyrannie aux habitans qui n'appartenaient pas à
leur corps.

Combien le sort de ces derniers était misérable! exclus de toutes les places, privés du
droit de porter des armes pour leur défense
personnelle, on leur interdisait même l'exercice de tout métier (1), et cependant ils étaient
accablés de contributions et de charges de
toute nature. Ainsi, pour ces hommes, aux
persécutions de la féodalité succéda le despotisme non moins insupportable de l'oligarchie
communale. Plus tard il leur fut permis d'acheter, à prix d'argent, des droits intermédiaires
sans pouvoir aspirer à la grande bourgeoisie(2).

Les Pays-Bas conservèrent, sous l'empire

(1) Dans le principe, les hommes, exerçant une
même profession industrielle, s'associèrent pour défendre leurs droits contre les seigneurs, qui leur vendirent des chartes à cet effet; plus tard, leur but
principal fut d'empêcher la concurrence des artisans
étrangers à leur communauté. Ces corps de métiers
devinrent aussi égoïstes que les bourgeois des communes; ils entravèrent la liberté de l'industrie, qui
se rattache si intimement à la liberté individuelle.

(2) V. une ordonnance du 31 janvier 1652, et l'Esprit des institutions judiciaires des principaux pays de
l'Europe par M. Meyer, t. 3, p. 52 et 54. *Paris,* 1829.

des ducs de Bourgogne, leurs institutions; aucun impôt n'était perçu, ni aucune affaire importante décidée sans l'assentiment des Etats; chacune des dix-sept provinces, chaque ville même garda ses lois et ses immunités; ces princes eurent la sagesse de les respecter : il n'en fut pas de même des empereurs d'Allemagne et des rois d'Espagne.

Maximilien et Charles-Quint tentèrent d'imposer aux Bataves et aux Belges un gouvernement absolu; Charles-Quint voulut porter atteinte aux libertés de la Frise et de l'Over-Yssel; la vive résistance des habitans l'arrêta; il était trop politique et trop prudent pour pousser plus loin l'exécution de ce projet (1). Philippe II, son fils, osa l'achever. Ce prince foula aux pieds les lois, établit des taxes arbitraires, et persécuta avec fureur les protestans. Ses lieutenans enchérirent encore sur sa cruauté; le duc d'Albe surtout se livra à tous les excès du fanatisme.

Son premier acte fut de former un *conseil des troubles*, appelé depuis tribunal de sang, qui disposa, sans contrôle, de la fortune, de la liberté et de la vie de tous les citoyens;

(1) *V.* le Tableau de l'Histoire générale des Provinces-Unies par Cerisier, t. 2, p. 603. *Utrecht*, 1777.

pendant trois ans, ce terrible tribunal répandit le deuil et la consternation; des milliers d'hommes périrent sur les échafauds (1). Tant de massacres et d'attentats aux droits individuels épuisèrent la patience des Hollandais; l'indignation doubla leurs forces; ils levèrent partout l'étendard de l'insurrection; et, sous la conduite de Guillaume d'Orange, en 1572, ils secouèrent enfin le joug odieux de Philippe II. La république des sept provinces-unies fut proclamée et confirmée en 1579 par le traité d'Utrecht (2).

C'est à cette époque que s'opéra la scission entre ces provinces et les dix autres que l'habileté du duc de Parme sut maintenir sous la domination espagnole. L'histoire de ces dernières se confond avec celles de l'Espagne et de l'Autriche. Bien qu'on eût laissé à cette

---

(1) On prétend qu'en trois ans, ce tribunal fit exécuter plus de dix-huit mille personnes. (*V.* le Résumé de l'Histoire de Hollande par M. Arnold Scheffer, p. 75. *Paris,* 1825.)

(2) Le traité d'Utrecht fut encore corroboré par l'acte du 26 juillet 1581 que les Bataves regardaient comme le titre de leur liberté civile, politique et religieuse. (*V.* le discours adressé par Mirabeau aux Bataves sur le sthathoudérat, OEuvres complètes, t. 5, p. 156.)

partie des Pays-Bas ses Etats, ses lois et ses magistrats municipaux, elle languit inquiète et agitée, redoutant également l'ambition de Louis XIV et les innovations philantropiques de Joseph II.

Les Hollandais ont-ils du moins, sous la république, possédé la liberté individuelle?

La république de Hollande ne fut qu'une agrégation de provinces et de villes indépendantes; chacune des sept provinces avait son stathouder, ses Etats, ses lois et nommait ses députés aux Etats généraux; chaque ville, en droit d'envoyer son représentant aux Etats provinciaux, se gouvernait elle-même, de sorte que la Hollande renfermait, pour ainsi dire, autant de républiques souveraines que de cités un peu importantes.

Première période.

Des Hollandais sous la république.

Les députés aux Etats généraux étaient obligés d'exécuter littéralement les instructions qu'ils avaient reçues. Si on les consultait sur des points non prévus dans leurs mandats, ils ne pouvaient voter sans avoir pris l'avis de leurs commettans. Le consentement unanime des sept provinces était nécessaire pour la confection des lois et l'établissement des impôts.

L'esprit de ces institutions démontre combien les Hollandais furent alors jaloux de leur

26

liberté. Leurs députés eux-mêmes n'étaient que les ministres de leurs volontés; mais le défaut de liaison et d'unité entre les communes des Provinces-Unies aurait infailliblement compromis la sureté générale sans le pouvoir très étendu conféré au stathouder de la province de Hollande, chef de la république; il commandait les armées; la justice se rendait en son nom; le droit de grâce lui avait été même accordé.

Cette autorité déférée à un seul citoyen, et dont plusieurs abusèrent, irrita la susceptibilité ombrageuse des Hollandais; le stathoudérat fut supprimé deux fois, notamment en 1702; mais son absence apprit qu'il était nécessaire pour imprimer au gouvernement plus de vigueur et d'activité; les Hollandais le rétablirent définitivement en 1747 et le rendirent héréditaire. Alors le stathouder réunit toute la puissance d'un roi; il ne lui manquait que le titre (1).

Ainsi la république de Hollande était, en fait, une monarchie parée des formes républicaines; le pouvoir réellement monarchique

(1) *V*. l'ouvrage de M. Creuzé de Lesser intitulé : De la liberté, ou Résumé de l'histoire des républiques, p. 133. *Paris*, 1833.

des Guillaume et des Maurice de Nassau ba-
lança le pouvoir oligarchique des communes,
et cet équilibre seul assura la liberté politique
des Provinces-Unies (1).

Dès que l'ordre et la sécurité se furent affer-
mis en Hollande, la république entra dans une
carrière de gloire et d'opulence. Ce peuple
de pêcheurs et de pâtres devint le banquier
de l'Europe, fonda des colonies dans les deux
mondes, et tint quelque tems le sceptre des
mers (2). Le commerce, qui fit sa gloire et sa
force, contribua à combler en partie cette
distance immense qui, dans les autres pays,
sépare le peuple des grands; la société cependant était divisée en cinq classes; mais, même
dans les plus inférieures, on reconnaissait la
fierté républicaine.

Les paysans formaient la dernière classe :
ils joignaient une grande simplicité à un rare
désintéressement; on les traitait avec douceur,
car ils n'auraient pas souffert, dit le chevalier Temple (3), *d'être rudoyés ni rabroués;*

(1) *V.* l'Histoire moderne de Condillac, t. 1, p. 115.
(2) *V.* l'Histoire générale de la Belgique par
M. Dewez, t. 5, p. 273. *Bruxelles,* 1806, et le Tableau
des révolutions de l'Europe, par M. Kock, t. 2, p. 49.
(3) Remarques sur l'état des Provinces-Unies faites
en 1672, p. 240. *La Haye,* 1680.

rencontraient-ils sur un chemin la voiture d'un membre des États généraux ? le député était obligé de laisser à leur modeste chariot la moitié de la route. Chez ces hommes grossiers, la fierté dégénérait souvent en insolence.

Après eux venaient les matelots; puis les marchands et les artisans généralement plus occupés de leurs intérêts personnels que des affaires publiques (1); ensuite les rentiers; c'est dans cette classe que se recrutaient la magistrature et les fonctionnaires; enfin les gentilshommes ou les nobles : peu nombreux surtout dans la province de Hollande, ils jouissaient de quelques privilèges, prenaient une part active au gouvernement, mais sans usurper une domination funeste aux droits des autres classes.

La république, en s'établissant dans la Hollande, n'y détruisit pas l'oligarchie communale; l'autorité s'était successivement concentrée dans un petit nombre de familles; comme

(1) Le chevalier Temple prétend, p. 260 du même ouvrage, qu'il a vu très peu de Hollandais subir les lois de l'amour, soit, dit-il, qu'ils aiment si fort la liberté qu'ils ne peuvent se résoudre au joug d'une maîtresse, soit qu'ils se laissent tout entiers absorber par le soin de leurs affaires commerciales.

les diverses magistratures locales ne se donnaient point par la voie de l'élection (1), ces
familles se perpétuèrent dans leurs charges et
cumulèrent tous les pouvoirs; ainsi elles exercèrent le pouvoir législatif par les députés
qu'elles déléguaient aux Etats provinciaux ou
généraux, le pouvoir administratif par les
bourgmestres, et le pouvoir judiciaire par les
échevins (2).

L'aristocratie se fortifia ainsi de plus en plus
dans les communes; pendant les trois derniers
siècles, les magistrats ne gardèrent aucune
mesure; ils s'arrogèrent le droit de chasser,
d'exiler et de faire emprisonner par voie de
police les habitans ou les étrangers qui leur
déplaisaient; les ordonnances de ces magistrats
étaient secrètes, et le mystère, qui les environ-
nait, facilitait encore leur arbitraire (3). En 1793,

(1) Le peuple des Provinces-Unies, dit Mirabeau,
était alors, comme de nos jours, privé du plus beau
droit des nations libres, celui d'élire ses magistrats.
(*V.* ses œuvres complètes, t. 5, p. 84.)

(2) *V.* l'ouvrage susénoncé de M. Meyer, qui nous
a servi de guide dans la première partie de ce chapitre, t. 3, p. 217.

(3) Ce droit, si contraire à la liberté individuelle,
de bannir les individus signalés comme suspects, fut
approuvé en 1585 par le prince d'Orange et par les
Etats, confirmé en 1598 et en 1613, et s'est maintenu

à la nouvelle de l'entrée en Hollande du général Dumouriez, un simple décret du magistrat
d'Amsterdam suffit pour expulser les artistes
du théâtre français et deux cents autres personnes de cette nation. La vie privée, les intérêts les plus chers des familles, les actes les
plus indifférens, rien ne fut respecté. Les magistrats des communes, institués pour protéger leurs concitoyens, ne semblèrent s'appliquer qu'à les persécuter. Ainsi les habitans
d'une grande partie des Provinces-Unies ne
purent disposer de la tutelle de leurs enfans,
ni faire la moindre démarche sans l'intervention de l'autorité; il ne fut plus permis au
citoyen offensé de livrer son ennemi à la justice des tribunaux; on alla jusqu'à supprimer
l'accusation privée.

La poursuite et l'instruction des crimes restèrent exclusivement confiées aux baillis (1);

jusqu'à la fin du dix-huitième siècle. (*V.* l'ouvrage
susénoncé de Cerisier, t. 4, p. 148.)

(1) Les baillis étaient, dans le principe, des officiers
du souverain; ils furent ensuite nommés sur la présentation des états provinciaux; après la première
abolition du stathoudérat, la nomination des baillis
fut abandonnée aux villes qui conservèrent encore la
présentation des candidats lorsqu'on eut rétabli cette
haute dignité.

placés sous la dépendance absolue des magistrats municipaux, ces officiers purent, suivant
leur caprice, donner suite à une plainte ou la
négliger, poursuivre même d'office les délits
privés comme l'adultère, faire arrêter, sans
aucun décret du juge, l'inculpé contre lequel
ils voulaient informer, déterminer le lieu et
la durée de sa détention, lui accorder ou lui
refuser les objets les plus essentiels aux besoins de la vie, entendre les témoins et interroger l'inculpé aux époques qu'il leur convenait d'indiquer, prolonger indéfiniment la
procédure, enfin la diriger de manière que
les juges étaient obligés de condamner ou d'absoudre suivant l'opinion du bailli. Le sort du
prévenu était, par le fait, remis à sa discrétion, et cependant aucune responsabilité ne
pesait sur lui (1). Qu'y a-t-il de plus pernicieux
à la liberté individuelle, qu'une semblable législation qui réunissait dans les mains d'un

____

(1) *V.* les Mémoires de Jean de Witt, p. 75. *La
Haye,* 1719, et l'ouvrage de M. Meyer, t. 3, p. 272
et 308. Ce dernier auteur remarque que le droit exclusif d'accusation, comme celui d'arrêter sans mandat
du juge, n'étaient consacrés par aucune loi. La ville
d'Amsterdam avait seule obtenu, dès l'an 1387, un
privilège exprès, en vertu duquel le bailli était autorisé à faire saisir les prévenus sans décret du juge.

seul homme les attributions du ministère public et les pouvoirs du juge d'instruction?

La détention préalable était pour le Hollandais un cruel châtiment; renfermé quelquefois
des années entières dans un cachot (1), traité
avec dureté, il pouvait difficilement présenter
sa défense; le secret de la procédure (2), la
question préparatoire, la torture, l'omnipotence du bailli, les jugemens non motivés, le
défaut de surveillance sur les tribunaux qui
statuaient tous, même dans les villages, sur
les accusations de crimes, l'extrême sévérité
des lois pénales, tout enfin était contraire aux
intérêts de l'accusé. En vain aurait-il prouvé
l'illégalité de sa longue détention; les juges et
le bailli, à l'abri de toutes poursuites, ne pouvaient même pas être pris à partie.

Si de pareilles institutions judiciaires avaient

(1) Sur la fin du dix-huitième siècle, les prisons de
la Hollande furent tenues avec un soin particulier ;
elles étaient si propres et si paisibles, que celui qui
les visitait avait peine à croire que ce fussent des prisons. (*V.* l'Etat des prisons de l'Europe par John
Howard, traduit et publié en 1788.)

(2) La procédure secrète s'introduisit lentement dans
les Pays-Bas ; elle fut sanctionnée par l'ordonnance
de Philippe II du 9 juillet 1570.

été mises en pratique par des hommes iniques ou pervers, les prisons auraient regorgé de citoyens hollandais; heureusement il n'en fut pas ainsi; l'humanité des magistrats répara, autant que possible, les vices de cette législation inquisitoriale (1).

Dans un pays où les affaires de la république, des provinces et des communes se traitaient à huis-clos, la presse ne pouvait élever une voix libre; aussi fut-elle restreinte et entravée par de nombreuses ordonnances.

L'une des principales causes de l'insurrection de la Hollande contre Philippe II avait été l'intolérance religieuse de ce despote; on devait dès lors s'attendre à voir la république proclamer la liberté des cultes; mais les catholiques furent rigoureusement persécutés. L'intérêt du commerce, si décisif en Hollande, fit adopter des idées plus conformes à l'égalité; on toléra toutes les sectes, la sureté des ci-

(1) Louis Bonaparte, ex-roi, dans ses Documens historiques sur la Hollande, t. 1er, p. 185, s'exprime ainsi : « Les juges hollandais sont aussi justes qu'éclairés, ils sont incorruptibles. On ne sait ce que c'est que de solliciter un juge. Mais les lois et les coutumes admettaient des différences injustes dans les punitions qu'ils modifiaient selon le rang, la fortune et l'état du coupable. »

toyens; quelle que fût leur croyance, ne put
jamais être troublée pour cause de religion;
mais le protestantisme seul était professé publiquement, seul il avait ses temples et ses
pasteurs entretenus aux frais de l'Etat; tous
les dissidens, les catholiques principalement,
étaient exclus des emplois, et ne pouvaient
adorer, qu'au fond des maisons particulières,
le Dieu de leurs ancêtres.

La législation civile ne se montrait guère
plus favorable à la liberté individuelle que la
législation criminelle. Sous le régime féodal,
un créancier trouvait-il la personne ou les
biens de son débiteur dans un lieu soumis à la
juridiction de son suzerain? il avait le droit
de les faire saisir, et le débiteur ne pouvait
réclamer ni ses biens ni sa liberté qu'après
avoir exécuté la décision du seigneur. De là
provint et se continua l'habitude de pratiquer
des saisies sur les débiteurs forains; elle se
conserva, même après la destruction de la
féodalité, dans plusieurs Etats de l'Europe.
Richard Cœur-de-Lion en est un des plus
anciens exemples; sous le vain prétexte d'une
dette que le roi d'Angleterre n'avait point ac-
quittée, le duc d'Autriche le fit arrêter au

retour de la croisade dont il avait été le héros (1).

'On permit ensuite de s'emparer non-seulement de la personne du débiteur domicilié
en pays étranger, mais encore de celui qui
demeurait hors de la commune. Aussi les
Pays-Bas, et plus particulièrement la province
de Hollande, furent surnommés la patrie des
saisies, *patria arrestorum*. Quant aux débiteurs habitant la même commune que leurs
créanciers, la contrainte par corps pouvait
être exécutée contr'eux pour cause de dettes
civiles; elle ne l'était jamais dans leur domicile avant le lever ou le coucher du soleil ni
les jours de fêtes et dimanches, à moins d'ordre
exprès du juge supérieur.

Ainsi, pendant la république, point de liberté des cultes en Hollande, point de liberté
de la presse; nulle garantie contre les abus quo-
tidiens de l'oligarchie communale, ni contre
l'arbitraire de la procédure criminelle et civile;
la liberté individuelle n'existait donc pas (2).

(1) *V.* l'ouvrage susénoncé de M. Meyer, t. 3,
p. 372 et 377.

(2) Quoique la servitude personnelle fût inconnue
sous la république, elle avait laissé néanmoins des
traces très visibles dans les provinces de Gueldre et
d'Over-Yssel. On y connaissait une espèce de serfs

Deuxième période.

Des Hollandais
et des Belges de-
puis 1815 jusqu'à
nos jours.

Déjà, en 1787, la Hollande avait été fortement ébranlée par l'invasion des Prussiens;
brusquement jetée sous leur dépendance, elle
voulut s'en délivrer; les patriotes hollandais,
ennemis du stathouder qui s'appuyait sur les
baïonnettes étrangères, accueillirent avec joie
les Français en 1795; cette seconde invasion
porta le dernier coup à ce gouvernement affaibli; le stathoudérat fut aboli, et la république batave instituée.

Fille de la révolution française, elle en suivit
les phases (1); elle eut sa convention, son
directoire, ses constitutions de 1798, de 1801
et de 1805 (2). A l'instar des constitutions de
la France, celles de la Hollande abondèrent
de sentimens philantropiques, de principes de
liberté personnelle; elles consacrèrent l'inviolabilité du domicile, le droit de la défense, la
prompte expédition des affaires criminelles;
la stricte observation des formes légales dans
les arrestations; mais aussi, sous l'empire de

de glèbe qui ne pouvaient quitter le fief du seigneur
sans se faire remplacer ou sans encourir la peine de la
félonie. (*V.* l'ouvrage de M. Meyer, t. 3, p. 404.)

(1) La république batave fut momentanément réunie
à la France par un décret du 9 vendémiaire an IV.

(2) *V.* le texte de la constitution de 1801 dans la
Collection des constitutions de l'Europe, t. 3, p. 121.

ces constitutions mensongères, les Hollandais furent opprimés dans leurs personnes, dans leurs biens, et dans leurs enfans.

Durant l'année 1806, il plut à Napoléon de faire de la Hollande une monarchie. L'empereur imposa son frère Louis Bonaparte aux fiers républicains de La Haye. Toutefois le nouveau roi, honnête homme couronné, sut les reconcilier avec la royauté; persuadé que son premier devoir était d'assurer le bonheur de ses sujets, il l'accomplit avec ardeur. Dans sa proclamation du 9 juin 1806 (1), il s'empressa de confirmer les lois qui garantissaient à chaque citoyen ses créances sur l'Etat, sa liberté individuelle et sa liberté de conscience. Malheureusement le règne de ce prince ne fut pas de longue durée; son noble cœur ne put se résoudre à obéir aux ordres despotiques de Napoléon qu'il croyait funestes aux intérêts de ses peuples; il abdiqua le 3 juillet 1810, en faveur de son fils; mais un sénatus-consulte du 9 juillet suivant réunit la Hollande à l'empire français.

Soudain une multitude de fonctionnaires de toute espèce, de gendarmes, de douaniers fon-

___

(1) *V.* le texte de cette proclamation dans la Collection des Constitutions de l'Europe, t. 3, p. 148.

dirent sur ce pays; ils y transportèrent avec
eux la conscription, les droits réunis, la police, en un mot, tout l'arbitraire du système
impérial ; les Hollandais en furent bientôt
fatigués; trois années seulement après, ils
profitèrent des événemens de 1813 pour s'en
affranchir.

En 1814, la chute de Napoléon bouleversa
la face de l'Europe; parmi les changemens
qu'elle entraina, le plus extraordinaire fut la
création du royaume des Pays-Bas. Quelques
diplomates, du fond de leurs cabinets, con-
çurent la bizarre idée d'accoupler la Belgique
et la Hollande, d'allier les Belges catholiques
aux Hollandais protestans, de confondre ainsi
les antipathies de religion, de langue, de
mœurs avec les rivalités de voisinage et d'intérêt. Peut-être cette union, conclue sans le
consentement des parties intéressées, aurait-
elle cessé d'être incompatible, si les Hollandais
et leur roi, dépouillant leurs préjugés, eussent considéré les Belges comme les membres
d'une même nation ! Telle ne fut pas leur politique. Ils traitèrent la Belgique comme une
colonie, et ses habitans comme des vaincus.

Cependant, en 1815, une seule constitution fut donnée à ces deux peuples; elle établit
dans les Pays-Bas un gouvernement analogue

à celui qui existait en France sous la charte de 1814, et composé d'un roi hollandais, et de deux chambres législatives. Seulement le sénat, au lieu d'être héréditaire, n'était que inamovible. Puis on conserva l'ancienne organisation des provinces, l'administration indépendante des communes, les lois municipales, et les états provinciaux formés de membres pris dans les trois ordres suivans : les nobles ou corps équestre, les villes et les campagnes (1).

Le projet de cette constitution de 1815 fut proposé à une assemblée de notables belges. Quelques-uns acceptèrent, d'autres refusèrent; mais la plus grande partie s'abstint de se prononcer; néanmoins la majorité des votans avait opiné pour le rejet; que fit-on alors? dès le premier moment, les intentions de la Hollande se trahirent; on joignit le nombre des adhérens à celui des non votans, et, à

(1) *V.* l'art. 129 de la constitution de 1815, dont le texte entier se trouve dans la Collection des constitutions de l'Europe, t. 3, p. 166. La noblesse, pour résister aux empiètemens des communes dont le pouvoir allait toujours croissant, s'était vue obligée de se former en communauté. De là l'origine du corps équestre dont le vote était compté comme celui des villes.

l'aide de cette prétendue majorité, on déclara que la Belgique avait adopté la loi fondamentale des Pays-Bas.

Une constitution, imposée par un tel subterfuge, ne pouvait être loyalement appliquée; la tache de son origine devait laisser partout des traces. Elle admettait indistinctement tous les citoyens aux emplois publics, et cependant la carrière des honneurs fut fermée aux deux tiers des Belges; elle proclamait la liberté des cultes, et le ministère commit l'irréparable faute de froisser, de persécuter ces braves Flamands qui naguère encore ont prouvé qu'ils aiment également la religion et la liberté. Elle prescrivait la juste répartition des impôts et la plus grande partie frappa sur la Belgique (1); enfin la langue hollandaise fut exclusivement employée devant les tribunaux et dans les actes publics.

Cette constitution de 1815 contenait des dispositions protectrices de la liberté individuelle. Voici les plus spéciales : le domicile du citoyen fut déclaré inviolable, et la confiscation des biens abrogée. Hors le cas de flagrant délit, nul ne pouvait être arrêté qu'en vertu

(1) *V.* les art. 9, 11, 190, 191 et 198 de la constitution de 1815.

de l'ordonnance du juge notifiée et indiquant les causes de l'arrestation. L'autorité publique avait, dans les circonstances d'une gravité extraordinaire, le dangereux pouvoir de faire arrêter un habitant du royaume ; mais le haut fonctionnaire, qui en usait, était tenu d'en informer dans les vingt-quatre heures le juge du lieu, et de lui livrer au plus tard dans les trois jours la personne arrêtée. Le législateur, craignant avec raison qu'on abusât de ce droit exceptionnel, avait recommandé aux tribunaux criminels de veiller, chacun dans son ressort, à la manière dont il serait exercé (1). Après cette louable sollicitude, on se demande avec étonnement pourquoi le détenu n'était pas aussi conduit dans les vingt-quatre heures devant le magistrat instructeur ; il aurait évité deux jours de détention préalable qui, plus d'une fois dans la pratique, durent se prolonger davantage.

Toutefois quelques articles d'une constitution ne suffisent pas pour assurer à chaque citoyen l'usage de sa liberté individuelle ; il faut encore que l'ensemble des institutions, la législation criminelle et particulièrement la

(1) *V*. les art. 168, 169, 170, 171 et 174 de la constitution de 1815.

27

jurisprudence lui prêtent leur commun appui. Pendant quinze années depuis 1815 jusqu'à 1830, les Pays-Bas attendirent inutilement la loi promise par la Charte sur l'organisation judiciaire (1). Les magistrats, toujours amovibles, ne furent pas entourés de la considération si nécessaire à la bonne administration de la justice. Dans les délits de la presse surtout, les décisions des tribunaux semblèrent dictées par le ministère.

En matière criminelle, les deux plus importantes garanties manquaient aux accusés, c'est-à-dire, la publicité des débats et l'institution du

_____

(1) L'art. 163 de la constitution de 1815 porte : «Il y aura pour tout le royaume un même code civil, pénal, de commerce, d'organisation du pouvoir judiciaire, et de procédure civile et criminelle. » En 1830, cet article était loin d'être exécuté. Le projet de code pénal présenté en 1827 fut mal accueilli et, bientôt après, retiré. Le projet de code d'instruction criminelle, après avoir été revu et corrigé plusieurs fois, a été sanctionné par le roi en juin 1830; suivant une ordonnance du 5 de ce même mois, il devait être exécutoire à dater du 1er février 1831; mais cette ordonnance a été rapportée le 5 janvier 1831. Depuis lors, on est resté dans l'ancien état provisoire. (V. l'article de M. Den-Tex, professeur à Amsterdam, inséré dans la Revue étrangère dirigée par M. Fœlix, avocat, p. 102 et 108.)

jury (1). Les ministres et les agens du pouvoir pouvaient impunément oublier leurs devoirs et transgresser les lois. Du reste, sur la plupart des autres points, les codes criminels français, promulgués pendant la conquête, demeurèrent en vigueur.

Suivant l'article 227 de la constitution, chacun était libre de publier ses pensées; seulement une juste responsabilité pesait sur l'auteur, l'imprimeur, ou le distributeur d'écrits qui blesseraient les droits, soit de la société, soit d'un citoyen. Mais la franchise de la presse périodique déplut au trop fameux ministre Van Maanen. Il eut recours à deux moyens extrêmes pour l'asservir : les poursuites judiciaires, et la contre-opposition dans des journaux achetés au poids de l'or. C'est lorsqu'il fallut punir les crimes de la presse, qu'on déplora les lacunes de la législation pénale; à défaut de loi, on leur appliqua un arrêté rendu par le roi seul, le 20 avril 1815, pour réprimer les troubles et les conspirations. Rien dans cet arrêté n'avait rapport à la presse, sinon le mot *écrits* mêlé confusément avec ces

_____

(1) Au mois d'avril 1829, le jury fut rejeté par une délibération spéciale de la seconde chambre, à la majorité de 60 voix contre 31.

expressions : faux bruits, cris publics, etc.; c'est
en vertu de ce seul mot qu'on se crut autorisé à
prononcer les châtimens les plus graves, l'emprisonnement, la marque, les travaux forcés,
sans préjudice de la peine capitale, le cas
échéant. L'opinion publique s'indigna de l'ex-
tension arbitraire de ce décret royal; elle prit
le plus vif intérêt aux procès dirigés contre
les écrivains; et la condamnation de M. de
Potter, au mois de décembre 1828, devint
pour lui le signal d'une ovation populaire.

Cette conduite inique et violente du ministère, la haine universelle, qu'il inspira,
expliquent le malaise des esprits à cette époque. Au milieu d'une étonnante prospérité et
du bien-être matériel du peuple, les hommes
éclairés étaient en proie à ces sinistres inquiétudes qui précèdent toujours un grand orage
politique.

Ainsi les institutions judiciaires des Pays-
Bas ne se trouvaient pas en harmonie avec la
constitution de 1815; elle ne pouvait donc à
elle seule protéger sur tous les points la liberté
individuelle, même des Hollandais; quant aux
Belges, il leur fut impossible d'en recueillir
les bienfaits, tant elle était, à leur égard, faus-
sée et dénaturée dans son exécution! Plusieurs
fois ils portèrent leurs plaintes aux états gé-

néraux; mais le droit de pétition avait été à
peu près annihilé, et la majorité hollandaise
imprimait à tous les actes du gouvernement
l'apparence de la légalité.

Les journées de juillet causèrent en Belgique une commotion vraiment électrique.
La nation entière tressaillit d'enthousiasme;
elle sentit plus vivement alors le poids des
injustices dont le roi de Hollande l'accablait;
elle frémit surtout pour sa liberté religieuse
indignement violée; le souvenir de ces persécutions, la crainte de nouvelles rigueurs enflammèrent le patriotisme des Belges, et la
plupart brulèrent de rompre une union dont ils
avaient été, quinze ans, les victimes.

La révolution commença dans la nuit du 25
au 26 août 1830 (1); au sortir du théâtre, le
premier acte d'une jeunesse tumultueuse fut
d'attaquer la maison de Libri, rédacteur d'un
journal ministériel, et de la dévaster; l'insurrection de Bruxelles se propagea dans les
provinces aussi rapidement que la flamme
d'un incendie; après six semaines de combats

(1) Le 24 août, des fêtes devaient être célébrées à
Bruxelles à l'occasion de l'anniversaire de la naissance
du roi; on trouva affichés au coin des rues des pla-
cards en lettres rouges qui portaient : Lundi, feu
d'artifice; mardi, illumination; mercredi, révolution.

et d'héroïques efforts, un gouvernement provisoire s'organisa; il convoqua les deux chambres. Les représentans du peuple, produit libre d'une élection générale, posèrent, avec les sages lenteurs de la réflexion, les bases du nouvel édifice politique. La séparation de la Belgique et de la Hollande fut consommée, et la couronne offerte à Léopold, duc de Saxe-Cobourg.

Les Hollandais, refoulés dans leurs marais, ont gardé soigneusement la constitution de 1815. Rendons ici hommage à leur admirable dévouement depuis 1830! Dans le noble but de faire respecter leur dignité, ils ont supporté avec énergie d'énormes impôts et un état de guerre préjudiciable à leur commerce.

Trop peu de tems s'est écoulé depuis que la Belgique a reconquis sa nationalité; trop d'évènemens se sont pressés dans ce pays pour qu'on puisse sainement juger les effets de ses récentes institutions. Attendons la sanction du tems.

Le gouvernement provisoire s'était hâté de satisfaire aux plus pressans besoins; l'impôt odieux de l'abattage supprimé, la publicité rendue aux procédures criminelles (1), la

_____

(1) *V.* l'arrêté du 7 octobre 1830.

dégradante punition de la bastonnade (1), qu'on infligeait aux militaires, entièrement abolie, l'élection directe des députés au congrès national, la liberté complète de la presse, de l'enseignement, des cultes, et des associations de toute espèce (2), voilà les principales innovations de ce gouvernement que la constitution de 1830 a confirmées.

Elle a, de plus, consacré des principes, désormais de l'essence de tout gouvernement représentatif, savoir : l'inamovibilité des juges, le jury, la responsabilité des ministres (3) et la liberté individuelle. Suivant son article 7, nul ne peut être poursuivi que dans les cas prévus par la loi et dans la forme qu'elle prescrit, ni arrêté, hors le flagrant délit, qu'en vertu de l'ordonnance d'un juge. L'article 10 exige dans les visites domiciliaires le

(1) *V.* l'arrêté du 9 octobre 1830 rapporté dans le Moniteur universel du 13 octobre 1830.

(2) *V.* le discours prononcé le 10 novembre 1830, à l'ouverture du congrès national, par le même M. de Potter devenu, par un singulier jeu de la fortune, doyen d'âge des membres du gouvernement provisoire.

(3) L'art. 90 de la constitution dispose : La chambre des représentans a le droit d'accuser les ministres et de les traduire devant la cour de cassation qui seule a le droit de les juger.

scrupuleux accomplissement des formalités légales. En outre, il est interdit de poursuivre
un membre des deux chambres à l'occasion de
ses votes, de l'arrêter pendant la durée de la
session, sauf le flagrant délit, et d'exercer
contre lui la contrainte par corps sans l'autorisation de la chambre dont il fait partie; si
même l'une ou l'autre chambre le requiert, la
détention ou la poursuite d'un de ses membres
est suspendue pendant la session et pour toute
sa durée.

Les autres dispositions de la constitution
belge tendent également à défendre la liberté
individuelle (1); les agens du pouvoir ne peuvent échapper à la responsabilité de leurs
actes; aucune autorisation préalable n'est exigée pour intenter une action criminelle contre
les fonctionnaires pour faits de leur administration (2).

Mais est-il un défenseur des droits personnels plus zélé, plus constant, plus redoutable
que la presse qui, depuis la révolution, est
entièrement libre! Point de cautionnemens

(1) *V*. les art. 44, 45, 47, 5o, 89, 96, 97, 98, 99,
100, 107, 108, 110, 112, 128, 139 de cette constitution.

(2) *V*. l'art. 24 de la constitution qui ajoute : *Sauf
ce qui sera statué à l'égard des ministres.*

pour les journaux, point de mesures préven-
tives, point même ou très peu de poursuites
judiciaires.

Honneur à la Belgique! elle a brisé seule
les liens qui enchainèrent si long-tems son
essor, et franchement adopté les conséquences
de la liberté. Puissent l'esprit national, la sagesse de ses citoyens consolider ses institutions, et dissiper à jamais les nuages qui
couvrent encore son avenir!

CHAPITRE XII.

DE LA LIBERTÉ INDIVIDUELLE

CHEZ LES SUISSES.

Iᴌ est au centre de l'Europe un pays peu
fertile, rempli, dans sa faible étendue, de lacs
et de montagnes, privé d'un idiôme national
et d'une législation uniforme, environné de
monarchies absolues ou tempérées, et présentant, depuis cinq siècles, l'étonnant spectacle d'une république dont les formes varient
dans chaque canton. Comment concevoir que
cet Etat, qui ne compta jamais plus de deux
millions d'hommes, ait pu résister aux usurpations de ses puissans voisins, et conserver,
malgré ses derniers revers, une grande partie
de ses institutions? Il a été donné à la Suisse
de montrer à l'univers ce phénomène historique. Cette existence unique dans les annales
du monde, elle la doit à la simplicité de ses

mœurs, à la bravoure de ses habitans, et peut-
être aussi à l'air de liberté qu'on respire sur
ses rochers.

L'Helvétie (1) reçut des Romains, qui la
subjuguèrent, les bienfaits de la civilisation;
on y remarquait déjà, à cette époque, suivant
César, les germes du gouvernement fédératif;
le pays était divisé en quatre grandes sections,
nommées *pagi,* qui, indépendantes les unes
des autres, se réunissaient pour la défense
commune. Les esclaves ne vivaient pas dans
la famille de leur maître; ils étaient seulement
tenus de lui fournir du grain, des vêtemens,
des bestiaux, etc.; rarement on les maltrai-
tait; toutefois leur maître, dans l'emportement
de la colère, pouvait les tuer impunément, et
leur existence dépendait ainsi du plus ou moins
de violence de son naturel.

Après les conquêtes successives des Ger-
-mains, des Bourguignons, de Charlemagne,
l'Helvétie fut livrée à toutes les horreurs de
l'anarchie, et tomba au pouvoir des Autrichiens. Le clergé, les barons s'emparèrent

(1) La Suisse s'appela d'abord Helvétie; son nom
actuel vient du canton de Schwitz, le plus considérable des trois premiers cantons qui s'insurgèrent
contre l'Autriche.

peu à peu des principales propriétés; le régime féodal s'établit; les gouverneurs, délégués par la Maison d'Autriche, devenue souveraine, ajoutèrent aux tyrannies locales des
seigneurs le lourd fardeau d'une domination
étrangère; la masse du peuple gémit opprimée
et malheureuse. Cependant les habitans de
l'Helvétie n'avaient pas tous également renoncé à leur liberté individuelle.

Au pied des hautes Alpes, sur les bords
d'un beau lac, dans une vallée long-tems inconnue s'était retirée une peuplade venue du
septentrion; les pasteurs, dont elle se composait, avaient conservé leurs mœurs agrestes
et pures, mais surtout leur passion pour l'indépendance. Une contestation, élevée entr'eux
et des moines, à l'occasion de pâturages, les
révéla tout entiers; vainement l'empereur
d'Allemagne se décida en faveur des moines,
vainement l'évêque de Constance les excom-
munia; ils les bravèrent tous deux du fond de
leurs cabanes, et continuèrent à faire paître
leurs troupeaux dans les lieux accoutumés;
cette résistance étonna d'abord; plus tard on
la redouta.

En 1240, Frédéric II déclara hommes libres ces vaillans bergers qui formaient déjà
les trois cantons des Waldstœtten, Uri, Un-

derwald et Schwitz; quoique restés sous la
protection de l'empire, ils gardèrent leurs
lois et leurs magistrats; néanmoins ils ne purent se soustraire au système féodal qui régnait alors en Europe. On voyait parmi eux
un grand nombre de serfs attachés à la glèbe,
dont la personne et les biens appartenaient à
des seigneurs (1); quelques-uns étaient simplement leurs censitaires; rien d'important ne
se délibérait sans l'intervention de la commune, c'est-à-dire, des hommes libres et des
censitaires; les serfs mêmes étaient convoqués
aux assemblées générales; la commune choisissait pour magistrat suprême un *landamman*, c'est-à-dire, un homme libre. Les gouverneurs autrichiens, que les empereurs leur
envoyèrent, comme par le passé, connaissaient de toutes les affaires criminelles, et
prononçaient, au nom de leur souverain,
toutes les condamnations capitales; mais les
jugemens devaient être rendus dans le pays et
entourés des formes salutaires de la publicité.

Dans l'Helvétie, et même dans les trois
cantons libres, les lois pénales se montraient
fort sévères; à Fribourg, le vol de cinq sous
emportait la peine de mort; si un étranger

(1) *V*. l'Histoire des Suisses par Muller, t. 1, ch. 15.

frappait un indigène, on l'attachait à un po-
teau, et on lui arrachait la peau de la tête;
l'indigène, qui frappait un étranger, ne payait
que trois sous d'amende. Dans ces tems encore barbares, le duel judiciaire était en usage.
L'assassinat d'un citoyen paraissait aux Hel-
vétiens une si profonde atteinte à la sureté
publique et individuelle, qu'ils avaient accordé à chaque particulier le droit d'en poursuivre la répression et de contraindre l'inculpé au duel judiciaire, ce qui s'appelait
assumere duellum. Selon la chronique de
Berne de 1288, une femme porta une accusation contre un meurtrier, se battit avec lui et
remporta la victoire (1).

Dans le courant du treizième siècle, le sort
des habitans de toutes les parties de l'Helvétie
s'améliora un peu; Rodolphe de Hapsbourg,
Suisse parvenu à l'empire, donna à ses anciens
compatriotes des preuves de sa bienveillance;
le droit de bourgeoisie fut introduit; chacun
s'empressa de mettre dans les cités sa personne et ses biens à l'abri des exactions et des
privilèges féodaux. Les seigneurs, ruinés par
les croisades, se prêtèrent à tout ce qui pouvait

(1) *Duellum fuit in Berne inter virum et mulierem,
sed mulier prævaluit.*

réparer les débris de leur fortune, les routes devinrent plus sures ; le commerce prit de l'activité ; l'amour de la liberté se développa, surtout dans les trois cantons des Waldstætten.

Les intrépides habitans de ces contrées avaient bien voulu consentir à la protection de l'empire ; mais ils n'étaient pas hommes à supporter un tyran ; le gouverneur Gessler dépouilla les riches de leurs biens, fit emprisonner les paysans, et laissa ses officiers assouvir sans pudeur leurs passions (1). En 1307, la flèche de Guillaume Tell lui apprit qu'on n'outrage jamais impunément un peuple libre.

Quelques jours avant la mort de Gessler, le complot avait été formé de délivrer les trois cantons du joug autrichien ; au jour fixé, le 1er janvier 1308, les bergers accoururent de toutes parts ; sans secours étrangers, sans autre appui que leur courage, ils chassèrent les Autrichiens et fondèrent à jamais leur indépendance. Qu'il est beau de voir, au quatorzième siècle, les pauvres paysans des cantons forestiers reprendre ainsi leur liberté, et en main-

(1) *V.* la République des Suisses par Josias Simler, traduction française de M. Cartier, 4e édition, 1598, p. 16, 17, 18, 20 et 23.

tenir les conséquences, tandis que presque tous les autres peuples, contens d'avoir obtenu quelques franchises municipales, se soumettent successivement au pouvoir absolu!

Après la bataille de Morgarten, les Waldstœtten rédigèrent en 1315, à Brunnen, un pacte d'association (1); ils se promirent, en cas d'attaque, un mutuel secours, déclarant que les juges et les arbitres des différens particuliers ou publics ne pouvaient être choisis que dans le sein des cantons; que les individus, condamnés dans un canton seraient censés l'être dans les deux autres, et que le citoyen, qui leur donnerait asile, en serait banni à perpétuité ; enfin ils assurèrent, par d'autres clauses, la stabilité des tribunaux, la sécurité des personnes et l'inviolabilité des propriétés. La peine de mort et la confiscation des biens furent prononcées contre ceux qui enfreindraient les lois de l'Union.

Dès ce moment, le gouvernement de chacun des trois cantons, d'ailleurs à peu près uniforme, devint tout à fait démocratique; le

(1) Déjà, en 1291, les cantons d'Uri, de Schwitz et d'Underwald avaient fait un acte de confédération par lequel ils avaient juré de se secourir mutuellement contre toutes violences. (*V*. l'Histoire des Suisses par Muller, à l'année 1291.)

pouvoir suprême résida dans le peuple; divisé en communautés, il se réunit une fois par année, au mois de mai, dans une assemblée générale ou diète qui se tint en pleine campagne; tous les citoyens eurent droit d'y assister et de donner leurs suffrages à un âge où l'on est bien loin encore de la majorité dans les autres pays, c'est-à-dire, à quatorze ans dans le canton d'Uri, à quinze ans accomplis dans ceux de Schwitz et d'Underwald. Ces assemblées annuelles furent investies de l'autorité législative; elles nommèrent en outre le landamman et les principaux magistrats. Le pouvoir exécutif appartint à un sénat ou conseil de régence institué dans chaque canton et présidé par le landamman.

Ce peuple-berger comprit l'influence des lois sur les mœurs; on s'occupa de régler les actes les moins importans de la vie privée; on s'attacha surtout à réprimer les excès du luxe. Outre les coutumes du canton, chaque village eut ses privilèges, ses statuts et ses usages particuliers qui déterminèrent les droits civils et politiques de ses habitans. Une querelle venait-elle à s'engager? tout citoyen était magistrat; son ordre devait être respecté comme celui du landamman lui-même; l'Helvétien, qui n'y obtempérait pas, était con-

damné à deux fortes amendes, l'une pour dé-
sobéissance à la loi, l'autre pour injure envers
le citoyen remplissant les fonctions de magistrat. Telle fut jusqu'à la fin du dix-huitième
siècle la constitution des trois premiers cantons de l'association helvétique.

Quant aux autres, ils ne suivirent pas immédiatement le noble exemple des Waldstœtten; ce ne fut que dans la suite, à de longs
intervalles, qu'on vit se réunir successivement
à eux Lucerne en 1322, Zurich en 1351 (1),
Glaris en 1352, Zug le 22 juin 1352, Berne
en 1353; Fribourg et Soleure en 1481, Bâle
et Schaffouse en 1501, et Appenzel, à la fin
de l'année 1513. Ces divers cantons conquirent leur indépendance sur le champ de bataille. De là de continuels combats qui dévastèrent le sol de l'Helvétie. La réforme protestante, prêchée par Calvin, et Zuingle, curé de
Glaris, vint jeter encore dans cette contrée de
nouveaux brandons de discorde; durant près
de quatre cents ans, l'histoire de la Suisse ne
présente qu'un drame sanglant dont les divers

(1) En 1351, les cinq cantons de Zurich, Lucerne,
Uri, Schwitz et Underwald firent un traité d'alliance
par lequel ils s'engagèrent à s'aider de leurs personnes
et de leurs biens contre tous ceux qui attenteraient,
par violence, à leurs biens ou à leur liberté.

actes sont remplis de guerres extérieures et
de divisions intestines.

Le principal but des treize cantons, en se
confédérant ainsi, fut de puiser dans l'union
cette force qu'elle seule peut assurer à des
Etats individuellement faibles. Une diète générale, composée des députés de chaque canton, statuait sur les intérêts généraux ; mais
presque tous les cantons, en fesant partie
d'une république, n'en retinrent pas moins les
formes primitives de leur gouvernement ; les
uns étaient purement démocratiques, tels que
Schwitz, Uri, Underwald, Glaris, Appenzel,
et même Zug ; d'autres purement aristocratiques, comme Zurich, Bâle et Schaffouse,
enfin il en était quelques-uns que l'on pouvait
considérer comme oligarchiques ; ainsi Berne,
Lucerne, Fribourg et Soleure (1).

(1) L'aristocratie des bourgeois dominait également
dans ces sept derniers cantons ; mais dans les quatre
cantons oligarchiques, elle se concentrait dans un
plus petit nombre de familles ; les élections étaient
moins populaires et les nobles moins mélangés avec
les industriels. A Berne, les membres du grand conseil
gardaient leurs places pendant toute leur vie. En cas de
décès ou de déposition, leurs successeurs étaient élus
par seize électeurs notables que les bannerets avaient
choisis et par ces quatre officiers chargés de l'inspection et du commandement militaire de la ville.

Lorsque la confédération se fut laborieusement formée, lors surtout que l'empereur d'Allemagne, par le traité de Westphalie signé à Munster le 24 octobre 1648 (1), eut abdiqué ses droits de suprématie sur la Suisse, la république parut indépendante au dehors; mais dans l'intérieur, la liberté resta le privilège des bourgeois domiciliés dans la capitale de chaque canton; quant aux habitans des autres villes, des villages et des campagnes, ils étaient serfs ou sujets; ils ne prenaient aucune part au pouvoir, et vivaient sous l'empire absolu de la cité souveraine; on leur laissait à peine la jouissance de quelques droits jadis octroyés par les barons et les seigneurs. Du reste, les villes souveraines admettaient facilement aux droits de bourgeoisie, moyennant une rétribution pécuniaire, ceux qui voulaient se fixer dans leurs murs.

Outre les treize cantons, la Suisse renfermait encore les pays vassaux, soumis comme sujets, soit à chaque canton séparément, soit à plusieurs en commun, de plus, les alliés des

(1) Le traité s'exprime ainsi : « La ville de Bâle et les autres cantons unis de Suisse sont déclarés en possession d'une quasi pleine liberté et exemption de l'empire. »

treize cantons qui s'étaient placés immédiatement sous leur tutelle. Si l'on ne connaissait
l'égoïsme du cœur humain, pourrait-on même
supposer que les Suisses, si avides pour eux
d'indépendance personnelle, que les cantons
démocratiques, que les Waldstœtten eussent
exercé sur leurs sujets le plus odieux despotisme? Ces hommes, dont le seul crime était
de s'être laissé vaincre, végétaient assujettis
aux droits seigneuriaux appartenant aux cantons; ils n'avaient pas même la faculté d'acheter leur affranchissement; il existait néanmoins
quelques degrés de servitude parmi les sujets;
les moins opprimés étaient les bailliages allemands et les villes stipendiaires. Ils jouissaient
de certaines franchises locales, de certaines
magistratures municipales; et les baillis, nommés par les cantons propriétaires, ne possédaient point une autorité sans bornes; ainsi ils
ne pouvaient rendre la justice, en matière
criminelle, qu'en se fesant assister des juges
du pays. Mais dans les bailliages italiens, ces
espèces de prévôts avaient même le droit de
condamner à mort; revêtus d'un pouvoir illimité, ils en firent, à leur profit, un révoltant
abus, et écrasèrent leurs administrés sous le
poids de leurs dilapidations.

Du moins, les pays sujets pouvaient attri-

buer aux malheurs de la guerre leur triste
destinée ; mais il n'en était pas de même des
indigènes établis dans les campagnes ; en passant de la domination des seigneurs sous celle
des villes républicaines, ils espéraient des
jours plus heureux ; ils n'avaient fait que multiplier le nombre de leurs tyrans. Vexés par
les bourgeois, traités avec mépris par les nobles retirés dans les cités, accablés de contributions et d'amendes, emprisonnés illégalement, punis pour le moindre délit de la
bastonnade par les baillis et sous-baillis, les
paysans, vers le milieu du dix-septième siècle,
ne supportèrent plus qu'avec une vive impa-
tience leur misérable condition.

Au mois d'août 1652, on diminua de moitié,
dans les cantons de Lucerne et de Berne, la
valeur de la monnaie de billon ; cette mesure,
qui appauvrissait encore des hommes déjà si
pauvres, les exaspéra. Soudain éclate à Lucerne une conspiration ; elle est comprimée
d'abord ; mais elle renait plus générale, plus
menaçante dans le canton de Berne ; toutes les
cités républicaines frémissent d'effroi ; elles
s'engagent en apparence dans la voie des né-
gociations, mais ordonnent partout de secrets
préparatifs. En 1654, les paysans, divisés entr'eux, sont enfin vaincus et replacés sous le

joug. On est étonné d'apercevoir, parmi leurs vainqueurs, les Waldstœtten qui sont venus châtier ces infortunés paysans d'avoir imité leur antique valeur, et tenté de se délivrer d'une injuste tyrannie.

Au dix-huitième siècle, le bruit du canon cesse de troubler les riantes vallées de la Suisse; elle demeure neutre dans les sanglans débats des nations voisines, et, à l'exception de quelques désordres partiels, elle goûte enfin les douceurs de la paix. Mais le sort du peuple, dans l'intérieur, ne s'adoucit point; toutes les classes se dépravent; rien n'est plus funeste à la morale que le trafic du sang helvétique vendu à des princes étrangers. Les jeunes Suisses vont dans les camps contracter toutes les habitudes d'une vie licencieuse, et, au lieu de leurs vertus, ne rapportent dans leur patrie que des vices. Les magistrats eux-mêmes sacrifient les intérêts du pays à l'or des puissances européennes; les bourgeois se montrent de plus en plus attachés à leurs prérogatives; les nobles veulent ressaisir leurs anciens droits, tandis que les paysans, perpétuelles victimes de leur commune ambition, croupissent dans l'ignorance et la servitude.

Ce n'est pas la législation criminelle qui aurait pu protéger la liberté individuelle des

villageois ; incertaine, sans règles déterminées, elle autorisait la torture (1) et long-tems
même elle toléra le duel judiciaire. La corruption, importée en Suisse avec les richesses
des étrangers, vint aussi souiller l'administration de la justice. En matière civile, la partie
la plus libérale gagnait toujours son procès;
en matière criminelle, le montant des amendes
se percevait au profit des baillis; était-il un
plus sûr moyen de doubler les condamnations!
On a remarqué que la justice devint plus vénale encore dans les districts dépendant des
cantons démocratiques que dans les autres
parties de la Suisse.

Le code pénal ne semblait pas digne d'un

(1) En 1502, il y avait dans les prisons de Genève
un nommé Cotton, accusé d'un crime capital; l'information judiciaire établissait sa culpabilité; mais comme
aucune sentence de mort n'était prononcée si l'accusé
ne confessait son crime, Cotton fut mis à la question;
il ne voulut rien avouer. Alors un Piémontais per-
suada aux syndics de Genève qu'on donnait dans son
pays une question, appelée *la serviette*, qui consistait
à enfoncer une serviette avec de l'eau dans le gosier
du malfaiteur jusqu'à l'estomac, puis à la retirer tout
d'un coup. Les syndics eurent la coupable imprudence de suivre ce conseil; Cotton mourut subitement.
(*V.* l'Histoire de Genève par Jacob Spon, p. 94.
Utrecht, 1685.)

peuple qui se proclamait libre ; les mutilations corporelles, la peine de mort y étaient prodiguées ; durant l'année 1480, on compta quinze cents exécutions capitales dans le seul pays des Waldstœtten (1).

A Genève, république alliée du canton de Berne, le réformateur Calvin ne prescrivit de peines que contre le suicide et l'adultère (2); il décida que les autres crimes seraient punis des châtimens les plus graves sans les désigner, et ouvrit ainsi une large porte à l'arbitraire.

Dans la jurisprudence de la Suisse et des pays qui en dépendaient, le bannissement était souvent ordonné selon les caprices des conseils; on ne se rappelle qu'avec indignation l'acharnement du conseil de Genève à persécuter de retraite en retraite le malheureux J.-J. Rousseau ; ce peuple, partisan si prononcé de la liberté, ne rougit pas de la violer à l'égard du plus illustre de ses citoyens.

Il était réservé aux Français de conquérir, en 1798, la Suisse jusqu'alors invincible et de lui imposer des lois; à cette époque, la

(1) *V.* le Résumé de l'Histoire de Suisse par M. Philarète Chasles, p. 159. *Paris,* 1825, 2ᵉ édition.

(2) En 1560, deux citoyens de Genève furent condamnés à mort pour adultère. (*V.* le même ouvrage de Jacob Spon, p. 261.)

confédération, qui subsistait depuis 1315, fut
dissoute. Aux anciennes constitutions succédèrent des constitutions éphémères qui servirent de transition à celle qui fut rédigée,
le 19 février 1803, en présence même de
Napoléon. Le premier Consul déploya dans
cette circonstance la vaste profondeur de sa
politique; il flatta toutes les vanités et parvint
à vaincre toutes les résistances locales. « Je sais
» bien, disait-il aux députés suisses (1), que
» le régime des cantons démocratiques est ac-
» compagné de nombre d'inconvéniens, et
» qu'il ne soutient pas l'examen aux yeux de
» la raison; mais enfin il est établi depuis des
» siècles; il a son origine dans le climat, la
» nature, les besoins et les habitudes primi-
» tives des habitans; il est conforme au génie
» des lieux, et il ne faut pas avoir raison en
» dépit de la nécessité. Vous avez l'ostracisme
» dans vos petits cantons, et même plus. Vous
» prenez quelquefois les biens d'un citoyen
» qui vous parait trop riche; c'est bien étrange
» tout cela sans doute; mais cela tient à la dé-

(1) Ce passage est extrait d'un discours adressé
par le premier Consul aux députés suisses le 29 janvier 1803.

» mocratie pure; vous voyez dans l'histoire
» le peuple athénien en masse rendre des
» jugemens. » Ces paroles remarquables de
Napoléon dévoilent parfaitement l'état intérieur des cantons démocratiques qui cependant avaient été jusqu'alors les plus libres de
tous.

La constitution de 1803 apporta peu de
modifications dans le gouvernement de chaque
canton ; seulement elle diminua l'influence de
l'aristocratie, fortifia le pouvoir exécutif, et
hâta la destruction du régime féodal. La Suisse
fut divisée en dix-neuf cantons. Les habitans
des pays sujets, désormais incorporés dans les
nouveaux cantons, s'affranchirent des servitudes auxquelles ils étaient soumis et prirent
le rang de citoyens. Chaque constitution accorda la faculté de racheter les dîmes et les
cens à leur juste valeur. Cette disposition,
qu'on aime à lire à la fin de chaque texte,
constate en même tems que dans la Suisse, au
commencement du dix-neuvième siècle, les
droits féodaux subsistaient partout. L'émancipation des paysans ne commença qu'en 1798.
Placée sous la médiation de Napoléon, la république helvétique obtint le rare avantage
de voir le despote respecter toujours en fait
son indépendance. En 1814, le congrès de

Vienne reconstruisit la confédération, et la Suisse, partagée depuis ce moment en vingt-deux cantons, reçut une seconde fois sa constitution de la main des étrangers.

Le 7 août 1815, fut signée la confédération des vingt-deux cantons suisses qui se garantirent réciproquement leurs constitutions. D'après cet acte organique, une diète générale composée des députés des vingt-deux cantons, présidée par un landamman, se rassemble tous les ans au mois de juillet; elle est chargée de diriger les affaires de la république, et de maintenir la sureté extérieure et intérieure. Lorsque la diète n'est pas réunie, la direction des affaires est confiée alternativement, pendant deux ans, à l'un des trois cantons-directeurs, Zurich, Berne ou Lucerne. Ainsi le gouvernement de la Suisse est unique dans sa forme; il est représentatif, et cependant elle ne possède point de chambres; les attributions de la diète sont à la fois celles d'un sénat, d'une chambre des députés, d'un pouvoir exécutif; de là sa puissance dictatoriale devant laquelle tout est obligé de fléchir.

Le pacte fédéral de 1815 a introduit de notables améliorations; il a décidé, dans son article 7, qu'il n'existe plus de pays sujets, que la jouissance des droits politiques ne peut jamais être, dans un canton, l'apanage exclusif d'une classe de citoyens. Les constitutions (1), rédigées depuis 1814 dans chaque canton, se sont conformées à ces sages principes; elles proclament l'égalité devant la loi (2), et con-cèdent à tous indistinctement la faculté d'acquérir le droit de bourgeoisie et de racheter les dîmes qui pèsent encore sur les habitans des campagnes. Du reste, les cantons ont à peu près conservé leur ancien gouvernement, c'est-à-dire, presque partout les abus de l'oligarchie communale.

Depuis 1815 jusqu'en 1830, l'aristocratie s'efforça d'augmenter encore sa puissance; mais le progrès des lumières, si répandues en Suisse, l'exemple des pays voisins appelèrent l'attention publique sur les institutions de plusieurs cantons les plus défavorables aux droits individuels; une fermentation extraordinaire se manifesta dans les esprits; la révolution française de 1830 leur imprima une nouvelle et plus persévérante activité. Dans quelques

(1) *V.* ces vingt-deux constitutions dans la Collection des constitutions de l'Europe, t. 2, depuis la page 459 jusqu'à la page 607.

(2) L'art. 32 de la constitution du canton de Vaud a supprimé tous les privilèges de lieux de naissance, de personnes ou de familles.

parties de l'Helvétie, le feu, qui couvait dans l'ombre, éclata.

Déjà, au mois de juin 1830, le canton du Tessin avait pris l'initiative ; il substitua à l'oligarchie, qui le tyrannisait, un gouvernement populaire. La nouvelle constitution a consacré la liberté individuelle en termes dignes d'être rapportés : « nul ne peut être arrêté ni mis en » cause qu'en vertu d'une loi ; nul ne peut être » ni soustrait à son juge naturel, ni détenu au- » delà de 24 heures sans être présenté au juge » compétent. »

Depuis la fin de l'année 1830, les nobles ou patriciens, dans plusieurs cités, ont été successivement dépossédés des privilèges qu'ils avaient usurpés en 1814 ; quelques-uns d'entr'eux les disputèrent vivement ; c'est à Berne, foyer de l'aristocratie, que la noblesse se défendit avec le plus d'opiniâtreté. Cependant, dans cet important canton, la sagesse et la bonté des magistrats avaient souvent corrigé les défauts des institutions; on avait négligé de se prémunir contre les empiètemens du despotisme parce que le besoin ne s'en était pas fait sentir. La justice s'y distribuait avec humanité. Malgré la sévérité du code pénal, vingt-huit condamnations capitales seulement ont été prononcées dans les

dix-sept premières années du dix-neuvième
siècle. Le gouvernement de Berne reposait
sur le caractère de ses chefs, base essentiellement fragile et variable. Aussi a-t-il été renversé en 1831, et remplacé par un autre fondé
sur des principes de liberté et d'égalité (1).

Plusieurs fois le canton de Neuchâtel a essayé de se soustraire à la domination du roi de
Prusse; mais entravé par les patriciens, très
humbles courtisans de ce monarque, il est
resté courbé sous le despotisme.

Dans le canton de Bâle, les bourgeois de
cette ville ne voulurent pas renoncer aux
droits exorbitans qu'ils exerçaient sur les habitans des campagnes; ceux-ci se soulevèrent
en 1831; les paysans du canton de Schwitz
prirent aussi les armes; des troubles graves
se continuèrent en 1832 et 1833; cinq cantons se séparèrent ouvertement de la confédération; déjà la guerre civile se rallumait, lorsque la diète déploya une énergique vigueur;
les dissidens rentrèrent dans le giron fédéral,
et les deux cantons de Bâle-campagne et de

(1) Au mois d'août 1832, on a découvert et étouffé
une conspiration ourdie par de jeunes patriciens pour
rétablir l'ancien ordre de choses.

Schwitz-extérieur furent solennellement reconnus (1).

Quelle preuve plus authentique du malaise
qui règne encore dans les champs de l'Helvétie que ces désordres sans cesse renouvelés,
que cette lutte perpétuelle entre les paysans
et les bourgeois!

La législation pénale est demeurée stationnaire. Les peines sont d'une extrême rigueur,
quelquefois même atroces. Qui pourra croire
que, le 5 décembre 1830, le tribunal de Ni-
dau, canton de Fribourg, a condamné une
jeune fille, accusée d'incendie, nommée Suzanne Veyeneth, à être attachée à un pilier
sur un bûcher, puis à être étranglée et brûlée?

Dans plusieurs cantons, la procédure criminelle est aussi arbitraire que mystérieuse.
Dans le canton de Zurich particulièrement, la
liberté individuelle, sans garantie aucune, est
abandonnée à la discrétion des magistrats. Le
juge peut, quand il lui plait, interroger les
détenus et même leur faire appliquer par le
bourreau des coups de nerfs de bœuf. Il est
aussi d'usage d'enfermer les prévenus, durant

_____

(1) *V.* le rapport officiel du gouvernement suisse
sur les événemens de 1832 et de 1833, inséré dans le
Moniteur du 2 octobre 1833.

plusieurs jours, dans un cachot obscur, où ils
ne peuvent se tenir debout, afin de leur arracher, à force de souffrances, leur aveu nécessaire pour les condamner. Ainsi la torture est
encore infligée à Zurich. Un accusé n'a d'autre
défenseur que la conscience de ses juges. La
durée de sa détention préalable dépend exclusivement de leur volonté. Heureusement ils
abusent peu, dans la pratique, de leur immense
pouvoir; tant est grande dans cette ville, surnommée l'Athènes de la Suisse, l'influence de
l'opinion publique (1)!

Dans d'autres cantons au contraire, la liberté individuelle a été l'objet d'une protection spéciale; ainsi, dans celui des Grisons,
dès qu'une plainte est adressée au président
du tribunal, chargé de la direction des poursuites et des fonctions de juge instructeur, il
rassemble à la hâte tous ses collègues; un
mandat d'amener ne peut être décerné que
par le tribunal entier ou par une partie de ses
membres; l'inculpé arrêté est conduit devant
les magistrats; il est défendu de le déposer
dans une maison de détention, avant que le
président l'ait interrogé en présence d'une

---

(1) *V.* le Voyage en Suisse par M. Simond, t. 1,
p. 426. *Paris,* 1824.

fraction notable du tribunal, très nombreux dans ce pays (1).

A Neuchâtel, aucun habitant ou sujet de la principauté ne peut être incarcéré sans une sentence de cinq ou de quatre juges; si le prévenu est saisi en flagrant délit ou en cas de présomption très forte, son arrestation ne doit pas s'étendre au-delà de trois fois vingt-quatre heures; à l'expiration de ce terme, le prévenu reste en prison si la cour de justice décerne contre lui un décret de prise de corps (2); autrement, il est rendu à lui-même.

C'est surtout dans le code publié à Genève en 1791 (3) que la liberté personnelle est respectée. Les plus minutieuses précautions ont été prescrites pour la mettre à l'abri de toute atteinte. Un Genévois ne peut être arrêté que dans deux cas : 1° s'il est inculpé d'un délit entraînant une peine de plus de trois mois de prison; 2° si des charges s'élèvent contre lui. Les

(1) *V.* les institutions judiciaires de l'Angleterre par M. Rey, t. 2, p. 324.

(2) *V.* l'art. 9 de la constitution du 18 juin 1814 donnée par le roi de Prusse au canton de Neuchâtel, dans la Collection des constitutions, t. 2, p. 605.

(3) *V.* les art. 1, 2, 5, 6, 8, 9, 10 et 11 du titre III, livre v du code genévois.

agens de la force publique sont tenus, en l'arrê-
tant, de se faire assister d'un magistrat. Si sa
détention provisoire excède huit jours, le juge
doit lui offrir de faire statuer sur la validité et la
continuation de l'emprisonnement, et lui donner lecture des dispositions si prévoyantes de la
loi sur ce point. L'examen des questions rela-
tives à son emprisonnement est déféré à treize
notables que le détenu choisit lui-même sur
un tableau dressé à cet effet. Dans le plus bref
délai, ces arbitres-jurés prennent connaissance des pièces de l'instruction; les magistrats exposent les motifs de la détention; le
prévenu fait valoir ses moyens de défense
tant de vive voix que par écrit; après quoi,
les notables ordonnent ou son élargissement
complet, ou sa mise en liberté sous caution,
ou la prolongation de la détention. Le conseil
d'Etat a aussi le droit de faire arrêter et emprisonner les personnes prévenues d'un délit;
mais il est forcé de les livrer aux tribunaux
dans les vingt-quatre heures (1).

Le gouvernement de Genève n'a point oublié, dans sa bienveillante sollicitude, les

(1) *V.* l'art. 7, titre 3, de la constitution de Genève, dans la Collection des constitutions de l'Europe, t. 2, p. 618.

détenus après leur jugement; le 10 octobre
1825, il leur a ouvert une maison pénitentiaire; constater les résultats du régime adopté
dans cette prison, c'est en faire l'éloge; il conserve la santé, épure l'ame, et rend à la société l'homme meilleur qu'avant sa condamnation. Les amis de l'humanité vont admirer
à Lausanne, dans le canton de Vaud, un
établissement du même genre; il a plutôt,
dit un magistrat qui l'a visité (1), l'aspect
d'un hospice que d'une prison. La contrainte
par corps (2) est admise à Genève pour dettes;
mais on a eu soin de ménager une place
distincte aux débiteurs qui étaient naguère

(1) *V.* la Notice de M. Taillandier sur les maisons
pénitentiaires de Lausanne et de Genève, insérée dans
la Revue étrangère, p. 129.

(2) Suivant une convention arrêtée au mois d'octobre 1370 entre les cantons de Zurich, Lucerne, Uri,
Schwitz, Underwald et Zug, quiconque avait fait
tort à son prochain, en prenant gages contre le droit,
ou par quelque autre moyen, était châtiable en corps
et en biens, jusques à tant qu'il ait satisfait à partie.
A Fribourg, on installait chez les débiteurs plusieurs
serviteurs à cheval qu'ils étaient obligés de nourrir
jusqu'au moment de leur libération intégrale, sous
peine de la prison ou du bannissement. (*V.* la République des Suisses, par Simler, p. 191 et 226.)

injustement confondus dans les prisons avec les condamnés.

A quelque époque qu'on étudie l'histoire des Suisses depuis 1308, on les voit, abhorrant la domination étrangère, observer une stricte neutralité et réunir leurs efforts pour garder intacte leur liberté politique; mais tous les habitans de l'Helvétie ont-ils également joui de leur liberté individuelle ?

D'abord, jusqu'en 1798, la solution de cette question n'est pas douteuse; tant qu'il exista des bourgeois aristocrates et des paysans serfs, des états souverains et des états sujets, des communes vassales d'autres communes, les quatre cinquièmes de la population ne pouvaient librement disposer de leurs personnes ni de leurs actions (1).

Depuis les constitutions de 1803 et de 1815, et surtout depuis 1830, la condition des villageois a éprouvé un réel adoucissement; les droits individuels sont mieux reconnus; l'égalité, qui devrait niveler tous les rangs dans une république, commence à pénétrer dans quelques cantons. Cependant, dans la plus grande partie, les institutions et la législation sont

(1) *V.* l'Histoire de la Révolution helvétique de 1797 à 1805, par M. Raoul-Rochette. *Paris,* 1823.

encore très défectueuses ; l'aristocratie est loin
d'avoir perdu son empire et ses privilèges.
L'oligarchie communale a survécu aux débris
de la féodalité ; et, dans plusieurs cantons, les
habitans ne peuvent même invoquer l'appui,
qui leur serait si nécessaire, de la presse périodique (1).

En Suisse, les mœurs ont toujours fixé l'attention particulière de l'autorité (2); mais,
pour entretenir leur pureté primitive, les magistrats se sont ingérés dans les détails les plus
intimes de la vie domestique; des lois somptuaires ont réglé les dépenses de chaque état,
et déterminé la valeur des vêtemens; l'éducation de la jeunesse, ses exercices, ses diver-
tissemens, tout est l'objet d'une exacte surveillance dans certaines localités ; quelquefois
même la danse lui a été interdite. Ces gênes
individuelles ont sans doute un but utile; mais

(1) Cependant la liberté de la presse a été accordée
par plusieurs constitutions, notamment par celle de
Genève, art. 4, et par la nouvelle constitution du
Tessin.

(2) Autrefois les étrangers n'étaient pas toujours
bien accueillis dans divers cantons. Maintenant ils
sont obligés de laisser leurs passeports à l'entrée de
chaque ville, au bureau d'octroi; le bourgmestre les
leur rend quand ils veulent partir.

elles n'en enlèvent pas moins à chaque citoyen ce qu'il a de plus cher, la faculté de faire ses volontés à tous les instans du jour.

Ainsi il ne faut pas se laisser éblouir par le titre de république. Lorsque ces républiques, comme la plupart de celles de la Suisse, recèlent des aristocraties absolues ; lorsque même, dans les cantons démocratiques, les magistratures sont tombées dans le domaine de deux ou trois familles, et que leurs concitoyens de nom sont leurs sujets de fait, la liberté est plutôt politique que individuelle.

CHAPITRE XIII.

DE LA LIBERTÉ INDIVIDUELLE

CHEZ LES ALLEMANDS.

L'ALLEMAGNE a été, jusqu'au dix-neuvième siècle, un pays de servitude réelle et d'indépendance en théorie (1); tandis que le baron dans son castel, que le philosophe dans son cabinet tournaient leurs imaginations rêveuses et leurs savantes méditations vers la liberté, le peuple des campagnes en était plus ou moins privé.

(1) L'Allemagne, appelée d'abord Germanie, fut réunie à la France sous la domination de Charlemagne. Les destinées de ces deux pays se confondirent ensemble jusqu'au jour où Conrad, comte de Franconie, fut élu empereur, en 912; il sera dès lors inutile de retracer ici les lois des Germains et le système féodal déjà décrits au chapitre des Français, p. 191 et 209 de cet ouvrage.

L'arbre féodal (1) a toujours semblé se plaire sur le sol germanique comme sur sa terre de prédilection ; planté sous les successeurs de Charlemagne, il prit une rapide croissance, étendit partout ses branches, résista aux orages civils et aux coups des partis ; ses racines ne commencent à se dessécher dans plusieurs régions de cet empire que depuis peu d'années (2). En France, la réunion du roi et du peuple contre l'aristocratie entrava les progrès de la féodalité ; la royauté finit d'ailleurs par triompher ; mais, en Allemagne, rien ne put les suspendre. Par un fatal rapprochement, au moment où la couronne devint définitivement élective, les fiefs devenaient héréditaires ; cette puissance territoriale haussa encore l'orgueil de leurs possesseurs, des barons déjà moins disposés à respecter un empereur qui leur devait son diadême ; ils ne mirent plus de bornes à leur audace, et sou-

(1) On se rappelle que Montesquieu a comparé le régime féodal à un chêne antique. (*V.* l'Esprit des lois, liv. 30, ch. 1 er.)

(2) La féodalité n'a été détruite en Prusse, que durant les années 1807 et 1808 ; dans le Wurtemberg qu'en 1817, dans le Hanovre que depuis 1830. La servitude réelle subsiste encore dans la Hongrie, royaume dépendant de l'Autriche.

tinrent contre son autorité chancelante des guerres interminables.

Absorbés par leurs querelles perpétuelles avec les papes, les souverains ne furent pas en état de combattre seuls tant d'ambitions coalisées contr'eux ; ils se virent forcés de reconnaitre d'abord en fait, et plus tard en droit, dans une constitution de 1232, l'indépendance des hauts barons. Dès ce moment, le pouvoir impérial alla toujours en décroissant. Les vastes domaines des seigneurs se morcelèrent aussi par l'effet du tems et des guerres, et se subdivisèrent à l'infini ; de là cette multitude de princes, de comtes, d'évêques, d'abbés, de margraves qui s'érigèrent en suzerains dans leurs manoirs respectifs.

Cet affaiblissement successif des fiefs rendit la condition des paysans allemands très pesante et très dure. Le nombre et les exigences tracassières de leurs tyrans augmentèrent ; car il est dans la nature du despotisme de se dédommager du peu d'étendue de sa domination par son intensité.

Dans le douzième siècle, l'absence complète de sureté personnelle dans les campagnes et sur les routes détermina l'association des faibles contre les puissans, c'est-à-dire, l'établissement des communes.

Les habitans des villes ne se trouvaient pas dans une position plus heureuse que les villageois. Ils gémissaient en proie à l'arbitraire des ducs et des comtes, aux exactions de leurs baillis, aux violences des officiers des évêques. En 1073, ils furent obligés d'implorer la protection de l'empereur Henri IV. Son fils, Henri V, affranchit les villes du droit de mainmorte; il déclara libres les habitans de plusieurs cités, les artisans et gens de métier dont la profession avait été avilie et rabaissée jusqu'à celle des serfs, et, en honorant le commerce, il fit couler dans les villes la source la plus féconde des richesses.

Les cités et les communes affranchies se gouvernèrent elles-mêmes; mais incapables de lutter contre les attaques des seigneurs voisins, tantôt elles se placèrent sous la sauve-garde de l'empereur, tantôt elles se liguèrent ensemble (1), et formèrent ce qu'on

(1) En 1254, soixante cités des bords du Rhin s'associèrent entr'elles comme des républiques indépendantes. Dans le nord de l'Allemagne, Lubeck et Hambourg, pour protéger leur navigation, commencèrent cette union depuis si célèbre sous le nom de ligue Anséatique. Du reste, ces villes restèrent isolées au mi-

appela depuis les villes libres. Toutefois ce titre ne constatait que leur indépendance politique, car l'oligarchie s'y introduisit peu à peu comme dans les communes des Pays-Bas, usurpa tous les privilèges, et opprima la plus grande partie des habitans.

A cette époque, les Allemands se partageaient en plusieurs classes : 1° celle de la grande noblesse composée d'abord sous les Carolingiens des seigneurs libres ou des hauts barons, et plus tard des princes et des grands propriétaires, vassaux immédiats de l'empire, qui conservèrent dans tous les tems leur liberté individuelle.

2° Celle de la noblesse inférieure ou classe moyenne des hommes libres, nommés nobles médiats, qu'on désignait dans le principe sous le nom d'arimans. Cette noblesse, d'abord personnelle, fut ensuite héréditaire.

3° Celle des hommes libres et non nobles, dits vulgairement bourgeois. Ceux qui s'étaient réfugiés dans les villes y possédaient réellement l'usage de leurs droits individuels; ré-

---

lieu de la féodalité ; elles ne formèrent pas comme en Suède, en Danemark, en France, un troisième ordre qui a été appelé tiers-état. (*V*. l'Histoire de l'Empire par Heiss, t. 2, p. 391 et suiv. *Paris,* 1684.)

partis en corporations, ils choisissaient leurs magistrats, et veillaient armés à la défense de leurs murs. Quant aux cultivateurs libres restés dans les campagnes, leur position, quoique supérieure à celle des serfs, demeura toujours incertaine et précaire ; souvent ils se retiraient sous l'égide de quelques seigneurs. Si, pour mieux assurer leur repos, ils achetaient d'une commune les droits de bourgeoisie, on les nommait alors bourgeois extra-muros.

4° Celle des serfs. Ils reçurent d'abord la dénomination d'esclaves parce que cette classe renfermait dans l'origine les prisonniers faits sur les Esclavons; le nom de ce peuple, qui, d'après son étymologie, signifie gloire, a servi depuis, par un bizarre destin, à désigner la partie la plus abjecte de la société. Les serfs travaillaient dans certaines parties de l'Allemagne pour le compte du propriétaire; dans d'autres, ils lui payaient une redevance annuelle. La servitude était réelle, et non personnelle. Les hommes non libres n'étaient point attachés à la personne du seigneur, mais à la terre dans laquelle ils vivaient; ils ne pouvaient la quitter sans la permission du seigneur. On les obligeait, il est vrai, à quelques services personnels, comme aux corvées: ils devaient fournir leurs enfans pour domestiques

au seigneur ; mais ces pénibles obligations
paraissaient plutôt la conséquence de la servitude réelle que la preuve d'une servitude
personnelle. Du reste, les serfs ne pouvaient
trouver justice devant les tribunaux, ni y être
jugés conformément à la législation en vigueur ; leur témoignage n'y était point admis ;
on leur avait interdit le droit de s'associer pour
la défense de leurs intérêts, ainsi que la faculté de porter les armes, comme des prérogatives réservées aux hommes libres.

Ce ne fut qu'à la fin du douzième siècle que
le nombre des serfs diminua ; l'usage des
affranchissemens se répandit de la Basse-Alle-
magne dans la Haute et sur les rives du Rhin.
Les villes libres l'encouragèrent ; elles accordèrent les droits de cité aux serfs qui s'établis-
saient dans leur banlieue ; puis les nobles
cédèrent à l'entrainement de l'exemple ; on les
vit adoucir, quelquefois même supprimer la
servitude de leurs paysans sans pourtant abaisser le chiffre des impôts.

Jamais peut-être l'Allemagne ne fut plus
malheureuse que durant l'interrègne qui suivit
la mort de Guillaume de Hollande ; depuis 1250
jusqu'en 1273, on offrit la couronne à plusieurs princes qui ne purent la fixer sur leurs
têtes ; d'épouvantables désordres désolèrent

cette contrée ; partout des brigandages et des
assassinats ; les nobles volaient impunément
sur les grands chemins et massacraient les
voyageurs. Les seigneurs, méprisant l'autorité
des tribunaux, se rendirent eux-mêmes justice ;
ainsi le duc de Brunswick fit pendre le comte
d'Eberstein et jeter dans un cachot l'archevêque de Mayence pour avoir dévasté ses
terres ; un petit vassal de l'empire, pour le
même délit, fit suspendre aux créneaux de son
château l'archevêque de Cologne enfermé dans
une cage comme un oiseau de proie (1).

En 1273, Rodolphe de Hapsbourg fut enfin
élu empereur. Bientôt après, se forma la confédération germanique dont les bases furent
posées, en 1356, dans la Bulle d'or.

Suivant cet acte, la confédération était composée d'un chef électif, des princes électeurs
au nombre de sept, c'est-à-dire, de ceux qui
avaient seuls le droit de participer à l'élection
de l'empereur, des princes ecclésiastiques ou
laïques qui formaient le second ordre, et des
villes libres. Ces trois ordres se réunissaient,
sous la présidence de l'empereur, dans des
assemblées générales nommées diètes pour

(1) *V.* le Résumé de l'Histoire de l'empire germanique, par M. Arnold Scheffer, p. 105. *Paris*, 1827.

discuter les intérêts communs, puis délibé-
raient séparément. L'empereur promulguait
ensuite l'opinion de la majorité ; il n'était d'ailleurs que le chef ostensible de la confédération ; on l'avait comblé d'honneurs pour relever
l'éclat de son trône ; mais, en réalité, son
pouvoir n'était guère plus grand que celui des
sujets immédiats de l'empire. Ce qui ne contribua pas peu à l'amoindrir encore, ce fut le
droit que s'arrogèrent les princes électeurs de
déposer les souverains qui ne gouvernaient
pas à leur gré. Ainsi ils dépouillèrent de la
pourpre impériale Henri IV, Adolphe de
Nassau et Wenceslas.

La confédération n'a été qu'une grande association de peuples différens entr'eux par leurs
climats, leurs mœurs, leurs lois ; s'ils avaient
pu se fondre en une seule nation homogène,
compacte, constamment dirigée par le même
intérêt, l'unité de l'Allemagne lui aurait préparé des institutions libres ; mais il n'en fut
point ainsi ; le tems ne fit que accroitre les rivalités déjà existantes entre les états allemands,
et Luther, en prêchant la Réforme, vint encore
souffler parmi eux le feu des guerres civiles.

Cependant, le 25 septembre 1555, Ferdinand, frère de Charles-Quint, signa un acte
important nommé *la paix de religion*. Il

proclama le respect de tous les cultes et garantit la sureté individuelle des catholiques et des
protestans. Le traité de Westphalie du 24 octobre 1648 étendit la même protection aux
calvinistes, et consacra les droits des villes
libres. Durant quelque tems, la fureur des
discordes religieuses sembla se calmer; mais
le sort du peuple ne devint pas meilleur; dans
les provinces soumises à l'Autriche, en Prusse,
en Bavière, en Saxe et dans la Hesse, le souverain se montra de plus en plus absolu; dans
les petits Etats, quelques princes se distin-
guèrent par la sagesse de leur administration,
mais ils n'étaient pas assez puissans pour défendre la sécurité de leurs sujets au milieu
des perpétuels combats qui fesaient de l'Allemagne le champ de bataille de l'Europe. Le
peuple allemand, proprement dit, n'avait pas
un seul représentant dans les diètes; il ne
participait ni directement ni par ses mandataires à l'exercice du pouvoir; aussi il n'était
compté pour rien dans les délibérations générales; on ne s'occupa jamais d'adoucir sa
position ni d'assurer ses droits. Dans aucun
pays, dit M. Meyer (1), le peuple n'était plus
loin de jouir de la liberté individuelle.

(1) *V.* l'Esprit des Institutions judiciaires de l'Europe, t. 4, p. 178.

La législation criminelle de l'Allemagne a présenté, comme celle de la plupart des nations sorties de son sein, deux phases différentes. Dans les tems barbares, elle peut se résumer en deux mots : indulgence et publicité. On regrette de les voir remplacés dans les douzième et treizième siècles par ces deux-ci : rigueur et secret. Les témoins compurgateurs, le duel et les épreuves judiciaires, les jugemens rendus en présence du peuple par les pairs de l'accusé ou par des juges en assez grand nombre, voilà quels étaient les élémens du premier code criminel des Allemands. L'insuffisance des peines ne put réprimer les attentats qui alarmaient sans cesse la société; on s'efforça d'y remédier et on tomba dans un autre excès; on substitua aux amendes la roue, le gibet et un autre supplice qui consistait à enlever au condamné les cheveux et la peau de la tête.

Dans les premiers siècles même, une dérogation au principe de la publicité des débats judiciaires avait été introduite dans les tribunaux secrets ou *vehmiques*. Les juges de ces tribunaux, institués par Charlemagne pour sévir contre les crimes des Saxons, siégeaient dans le mystère; ils n'observaient dans leurs décisions d'autre loi que leur volonté et se

chargeaient eux-mêmes de les faire exécuter ;
cependant la procédure instruite devant ces
magistrats n'était point enveloppée dans toutes
ses parties de ce secret si funeste à la liberté
individuelle ; l'accusateur et l'accusé exposaient contradictoirement leurs preuves. Tous
les hommes, qu'on laissait assister à l'instruction d'une affaire, avaient le droit de concourir
à son jugement. Enfin ces tribunaux frappaient
indistinctement le riche et le pauvre, le noble
et le roturier ; cette égalité dans la distribution
de la justice les fit détester de l'aristocratie,
mais chérir du peuple ; tant il avait alors besoin de trouver un protecteur, quel qu'il fût,
contre le despotisme qui l'accablait !

Les seigneurs ne voulurent reconnaitre
pendant long-tems que la juridiction du glaive ;
ils la revendiquaient comme une prérogative.
Lorsqu'ils avaient à se plaindre de quelqu'ennemi, ils lui proposaient en personne, ou lui
envoyaient des défis par tiers ou par lettres ;
celles-ci étaient ainsi conçues : « Nous nobles...
» faisons savoir à vous.... que n'ayant pu par-
» venir à nos droits, nous vous annonçons
» que nous vous poursuivrons par le pillage,
» l'incendie et l'assassinat, le tout contre vous
» et les alliés de vos alliés. Nous vous atten-
» drons trois jours et trois nuits. » Des suze-

rains cet usage passa aux vassaux, et fut appelé le droit *Mannuaire*.

Maximilien Ier parvint à rétablir la tranquillité publique en Allemagne; la diète de Worms, en 1495, abolit les défis et porta la peine du ban contre les infracteurs; cette peine s'appliquait alors très fréquemment; celui qui était condamné au grand ban pouvait être impunément tué. Le citoyen, qui n'était mis qu'au petit ban, pouvait être saisi, déposé dans une prison et traduit devant le juge pour y subir le châtiment qu'il avait mérité. Voici une formule de la condamnation au ban, telle que la prononçait le tribunal du pays de Wurzbourg : « N, comme N t'a demandé et provo» qué selon le droit des armes et celui de » Franconie, et que nous t'avons écrit à ce » sujet et fixé des termes pour paraitre en » justice; or ayant été jugé que tu n'as fait » aucune attention à tout cela et que n'as pas » comparu, que tu as refusé d'obéir comme » tu le refuses encore; nous te jugeons et te » condamnons au ban, et nous te retirons » tous les droits, et te mettons tous les torts. » Nous déclarons ta femme veuve, et tes en» fans vraiment orphelins. Nous donnons tes » fiefs au seigneur dont ils viennent, tes pro» priétés à tes enfans, ton corps et ta chair

» aux animaux des forêts, aux oiseaux de l'air,
» et aux poissons des eaux. Nous te dévouons
» aussi à tous ceux qui te rencontreront sur
» les chemins, nous te refusons paix et sauf-
» conduit partout où les autres en jouissent, et
» nous t'assignons pour retraite les quatre coins
» du monde au nom du Diable, et avec les
» imprécations accoutumées en pareil cas (1). »

Les tribunaux vehmiques avaient été considérés comme des tribunaux exceptionnels; et
cependant le voile, qui les couvrait, n'était
point impénétrable; Charles-Quint les supprima; alors ils furent effectivement inutiles,
car l'exception était devenue la règle générale. Dans les siècles qui succédèrent au moyen
âge, une révolution pernicieuse à la liberté
individuelle s'opéra; pour éviter l'anarchie, on
se précipita dans les bras du despotisme; il
s'empressa de dénaturer, suivant ses vues, les
institutions judiciaires; la question et la procédure secrète furent les premières innovations dues à son influence; elles s'établirent
en Allemagne dans le courant du quinzième
siècle. Dès ce moment, toutes les preuves des
crimes reposèrent sur les interrogatoires de

---

(1) *V.* l'Histoire des Allemands par Schmidt, traduit par Delaveaux en 1786, t. 4, p. 127.

l'accusé ; aussitôt après son arrestation , on l'isola de tout conseil, on lui enleva tous moyens de défense ; on lui cacha les noms et les dépositions des témoins, enfin on l'abandonna à lui-même. L'ordonnance criminelle de Bamberg, en 1507, exigea l'aveu du prévenu comme indispensable pour le condamner ; elle fut exécutée à l'aide de la torture.

Dans les premiers tems, chaque citoyen pouvait déférer les criminels à la justice et se déclarer leur accusateur ; ce droit, exercé avec zèle, contribuait à la conservation de l'ordre et de la sureté individuelle ; mais la corruption répandit l'indifférence de l'égoïsme ; on fut d'abord contraint d'interdire les transactions sur les crimes publics, et plus tard, de confier à des magistrats le soin de poursuivre tous les délits ; néanmoins le ministère public n'existait point en Allemagne ; les mêmes juges, qui devaient prononcer sur l'accusation, en remplissaient les fonctions ; ils recevaient les plaintes, recueillaient les renseignemens et procédaient même d'office à des informations sur les crimes parvenus à leur connaissance ; ils étaient en outre maîtres de suivre sur les dénonciations ou de n'en tenir aucun compte. Sans la surveillance des tribunaux supérieurs, cette concentration de pou-

voirs entre les mains de ces magistrats aurait
été aussi inquiétante pour la liberté individuelle que l'omnipotence des baillis hollandais.

Les juges, qui avaient instruit une affaire,
ne statuaient pas définitivement sur le sort d'un
inculpé; ils transmettaient toutes les pièces
de la procédure soit à un conseil supérieur,
soit à une faculté de droit composée de savans
criminalistes. Sur le seul examen de l'information écrite, l'inculpé était jugé en dernier ressort sans avoir été ni vu ni entendu. Peut-être
cette manière de décider les causes criminelles avait-elle quelque chose de conforme
au caractère sérieux et spéculatif des Allemands; mais assurément elle était peu favorable aux intérêts du prévenu; sa destinée
dépendait, en réalité, du juge d'instruction;
avait-il scrupuleusement constaté la franchise
de ses aveux, la sincérité de son repentir, la
décence de son maintien, enfin tout ce qui
pouvait militer en sa faveur? le conseil supérieur devait être porté à l'indulgence. Si, au contraire, ces circonstances atténuantes avaient
été ensevelies dans un perfide silence, si
l'exposé des faits avait été chargé de sombres
couleurs, le conseil, obligé de s'en rapporter
à un froid papier, pouvait-il, du fond de son
cabinet, hésiter à condamner?

L'ordonnance de Charles-Quint, dite la Caroline, n'améliora pas, sur les points importans pour la liberté, cette législation criminelle; elle confirma l'instruction secrète, la question préparatoire et le renvoi des pièces à un conseil supérieur; elle fut regardée, jusqu'à la fin du dix-huitième siècle, comme la base du droit criminel allemand. Par respect pour d'anciennes coutumes, cet illustre empereur avait ordonné que le juge se ferait assister dans les informations de deux citoyens pris indistinctement dans le peuple; mais la présence de ces deux surveillans choqua les magistrats infatués de leur dignité; cette unique garantie accordée à la défense s'évanouit dans la pratique.

Il est difficile de s'arrêter sur la route de l'arbitraire! Après avoir infligé la torture à un simple inculpé, on considéra tout refus de répondre, toute explication évasive ou contradictoire comme un manque de respect au juge instructeur et, par suite, comme un délit dont la peine était fixée par le magistrat offensé; elle consistait ordinairement en coups de fouet ou de bâton, et dans un emprisonnement plus long ou plus rigoureux. Quelquefois encore, pour déterminer le prévenu récalcitrant à révéler lui-même sa culpabilité, des souffrances morales presque aussi cruelles que les souffrances physiques lui étaient imposées; ainsi on le privait de toute communication avec sa famille, on prolongeait indéfiniment sa détention préalable et sa mise au secret.

Malgré cette surabondance de châtimens préliminaires, quelques accusés s'opiniâtraient encore à nier le crime qu'on leur imputait. Lorsque des présomptions graves planaient sur eux, ils pouvaient être condamnés, suivant l'usage admis depuis la Caroline, à une peine extraordinaire proportionnée tant à la gravité du crime qu'au degré de preuves à sa charge. Ainsi on les punissait parce qu'ils ne pouvaient être légalement déclarés coupables !

Suivant l'article 6 de la Caroline, il était permis d'arrêter un citoyen dans deux cas : d'abord, lorsque la notoriété publique le signalait comme auteur d'un délit, puis quand des *indices croyables ou des soupçons* se portaient sur lui. Avant de l'appliquer à la question, on vérifiait si les soupçons étaient fondés. La jurisprudence vint tempérer un peu la sévérité de cette loi; ainsi une dénonciation vague, de simples conjectures ne suffisaient point pour motiver une arrestation; on parut comprendre tout le préjudice qu'elle cause à la réputation du citoyen qui en est victime; il fallait être accusé d'un crime entraînant une peine corporelle pour être privé de sa liberté ; ce n'était qu'à l'égard des vagabonds que la jurisprudence n'avait point introduit ces restrictions inspirées par l'humanité.

Ainsi que l'a remarqué John Howard, les détenus, dans les prisons d'Allemagne, se voyaient assez doucement traiter ; rarement on leur mettait des fers ; du pain et de l'eau, tels étaient les alimens des condamnés à des peines minimes ; mais on donnait aux condamnés à mort une nourriture abondante ; on les laissait goûter toutes les consolations de la religion et de l'amitié.

A la fin du dix-huitième siècle, le principe fondamental des divers gouvernemens de l'Allemagne était l'absolutisme ; la confédération germanique se réduisait à une réunion diplomatique. Cependant la Réforme avait mis en faveur parmi les Allemands l'esprit de discussion et propagé les lumières ; vingt universités, successivement créées, les avaient généralisées ; de la liberté de religion à la liberté de la personne la transition était naturelle et facile ; aussi les idées d'indépendance et d'égalité exaltaient depuis long-tems toutes les têtes, lorsque la révolution de 1789 éclata en France. Elle fut saluée sur la terre des Germains par de vives acclamations; mais bientôt on apprit les exécrables forfaits des anarchistes; à ce premier enthousiasme succéda une indignation généreuse.

Quelques années après, le despotisme de Napoléon s'appesantit sur l'Allemagne; semblable à Charlemagne dont le nom se trouve mêlé à tous les événemens de son siècle, Bonaparte, pendant son règne, remplit de sa gloire l'histoire de tous les peuples de l'Europe.

La confédération des Etats du Rhin s'établit au mois de juillet 1806. Le monarque victorieux s'en déclara le protecteur; mais les habitans de ces contrées ne surent que par une trop dure expérience combien trompeur était ce titre. Il leur fallut subir la conscription, les impôts de toute nature, les intolérables vexations d'un régime militaire et le machiavélisme de la police. Qui pourrait dire tous les maux dont l'Allemagne fut alors affligée! Dévastée par la guerre, avilie par la bassesse de ses rois, esclave d'un conquérant, sa triste destinée réveilla l'apathique engourdissement de ses citoyens et raviva leur patriotisme. Les ames s'enflammèrent d'une noble ardeur; de toutes parts s'organisèrent des associations secrètes; dans les tavernes, la jeunesse répétait en chœur la chanson d'Arndt qui se termine

par ces beaux vers : « L'Allemagne ! l'Alle-
» magne ! dites-moi où elle est ? — Elle est
» partout où retentissent les sons de la langue
» allemande, partout où des hymnes de piété
» s'élèvent vers Dieu, partout où, en se ser-
» rant la main, on jure de mourir ensemble
» pour la liberté, partout où l'honnêteté est
» dans les yeux et l'amour dans les cœurs :
» c'est là, mes amis, c'est là qu'est l'Alle-
» magne (1). »

L'empressement des Allemands à déserter,
en 1813, les drapeaux de Napoléon prouva
combien le despotisme est fatal aux intérêts
du despote lui-même.

Le 8 juin 1815, fut constituée à Vienne une
nouvelle confédération composée de trente-
huit membres ; son but est le maintien de la
sureté extérieure et intérieure de l'Allemagne;
de l'indépendance et de l'inviolabilité des Etats
confédérés ; mais elle n'a eu d'autre résultat
que d'augmenter quelques principautés, d'en
morceler d'autres et de les attacher ensemble

---

(1) Cette chanson, qui exprime vivement les sentimens de l'Allemagne en 1813, se trouve tout entière
rapportée et traduite dans la première leçon du Cours
de M. St.-Marc Girardin sur l'Histoire d'Allemagne,
p. 24. *Paris*, 1831.

par un trop faible lien qui n'a satisfait ni les partisans de l'unité de l'Allemagne, ni les amis de la liberté. La diète de Francfort reste aussi étrangère que celle de Ratisbonne à tout ce qui intéresse les droits et le bien-être des individus ; les princes y sont seuls représentés par leurs plénipotentiaires.

Ainsi d'un côté, défaut d'harmonie et de fusion entre les divers peuples de la Germanie, impuissance de la couronne tant qu'elle fut élective, absolutisme des souverains héréditaires ; de l'autre, régime féodal, supplice de la torture (1), procédure criminelle profondément hostile à la liberté individuelle, peines excessives, voilà le tableau raccourci de l'Allemagne jusqu'au dix-neuvième siècle.

Analysons maintenant l'histoire des principales nations de cet empire depuis 1815 :

L'Autriche a conservé son gouvernement absolu tempéré par la bonté de l'empereur ; quoique investi d'une autorité illimitée, *De la liberté individuelle chez les Autrichiens.*

_____

(1) La torture a été abolie dans la Prusse en 1740, dans la Saxe en 1770, dans l'Autriche en 1776, dans la Bavière et le Wurtemberg en 1806, dans le Hanovre en 1822. L'ancienne loi (la Caroline) est encore en vigueur dans quelques petits pays de l'Allemagne ; mais les dispositions, qui permettent l'usage de la torture, ne sont plus appliquées.

François II se complaît à faire le bonheur de
ses sujets ; il vit du seul revenu de ses domaines
privés, sans faste, sans éclat ; et, pour ainsi
dire, en famille avec son peuple ; il écoute
toutes les plaintes et rend à tous indistincte-
tement une impartiale justice. Les criminels
n'implorent jamais en vain son inépuisable clémence ; la plupart des condamnations à mort
ne sont point exécutées (1). Ce prince ne se
contente point d'assurer l'aisance matérielle
des Autrichiens, il encourage et favorise l'enseignement primaire ; *quand le peuple saura
lire*, dit-il souvent, *il ne tuera pas.* Tranquille
sous une administration aussi bienveillante, la
nation chérit son souverain, sans songer à la
nature arbitraire de son gouvernement.

La liberté civile existe donc de fait en Autriche ; mais elle ne trouve aucun appui dans
les institutions, ni même dans une partie des
lois criminelles. Ainsi l'accusé ne peut réclamer le ministère d'un avocat ; il ne prend pas
communication de la procédure dirigée contre

(1) Depuis 1824 jusqu'à la fin de 1828, on n'a
compté que 14 exécutions capitales en Bohême, et 5 en
Moravie et en Silésie. (*V.* le Compte de l'administration de la justice criminelle en Autriche pendant cette
période quinquennale, inséré dans le Journal de jurisprudence de M. Wagener, vol. 2, p. 305 et suiv.)

lui; l'instruction demeure secrète depuis le premier acte jusqu'au jugement rendu en son absence; le juge criminel joint à ses fonctions celles du ministère public inconnu en Autriche; il poursuit d'office et instruit ensuite les affaires; suivant un décret aulique du 28 juillet 1808, l'information peut être reprise contre l'inculpé, même qui a été déclaré innocent, lorsqu'on découvre de nouvelles preuves de nature à entrainer sa condamnation.

Bien que la législation pénale soit, en général, assez douce, on déplore la rigueur des châtimens prononcés contre les délits politiques, ainsi que les peines corporelles. La loi autorise l'application, dans certains cas, de coups de bâton aux hommes, et de coups de verges aux femmes et aux jeunes garçons âgés de moins de 18 ans. Le prisonnier qui se conduit mal dans la maison d'arrêt, l'inculpé qui refuse de répondre lors de son interrogatoire, les artisans, les gens du peuple, les domestiques qui commettent une grave infraction de police, peuvent être punis de coups de bâton; mais les personnes nobles ou riches paraissent exemptes de ce châtiment, si contraire à la dignité de l'homme (1).

(1) *V.* l'art. 15 du code pénal d'Autriche, 2ᵉ partie.

Cependant le code pénal de l'Autriche, donné à Vienne le 3 septembre 1803 par François II (1), contient un bon nombre de dispositions pleines de sollicitude pour la liberté individuelle. Il se divise en deux parties : la première règle ce qui concerne les délits, la seconde, tout ce qui est rangé parmi les graves infractions de police.

L'Autrichien surpris en flagrant délit doit être arrêté ; il en est de même de celui contre lequel s'élèvent des indices légaux de délit. Ces indices sont les élémens nécessaires de la conviction des magistrats ; l'art. 412 avait pris soin de les désigner, de poser en quelque sorte à l'avance les bases essentielles de tout jugement ; mais l'expérience a démontré l'imperfection de cet article, il a été remplacé et complété par la loi du 6 juillet 1833. Immédiatement après l'arrestation, on dresse des procès-verbaux qui en indiquent les causes et précisent toutes les circonstances du crime. L'inculpé est interrogé sans délai ; la loi recommande qu'il soit traité avec les plus grands égards, qu'il

(1) Ce code, mis en vigueur dans les Etats héréditaires allemands à partir du 1er janvier 1804, est devenu exécutoire depuis 1815 dans toutes les parties de l'empire d'Autriche. (V. ce code traduit par M. Victor Foucher, avocat-général. Paris, 1833.)

dicte lui-même ses réponses au greffier, et qu'on lui fasse sentir les conséquences de ses déclarations. Elle lui donne des garanties d'impartialité bien précieuses dans une procédure secrète; à son interrogatoire doivent être présens deux hommes dignes de foi, assesseurs du juge d'instruction et chargés de veiller à la scrupuleuse constatation des demandes du magistrat et des réponses de l'accusé.

L'arrestation n'est pas nécessairement suivie de la détention préalable; si l'inculpé jouit d'une bonne réputation, si l'on ne craint pas sa fuite, et que la peine du délit, qui lui est imputé, n'excède pas une année de prison, il peut être laissé en liberté provisoire; il devra néanmoins promettre au tribunal de ne pas s'éloigner de son domicile, et de ne pas se tenir caché jusqu'à l'issue de l'affaire. Même après sa condamnation, il n'est pas arrêté s'il se pourvoit devant le tribunal supérieur. Un décret du 5 mai 1813 a déclaré que son recours suspendait l'exécution de la première sentence.

« Le prisonnier, dit l'art. 328, doit être » traité avec toute la modération, toute la » douceur et toute la décence possibles. » Cependant le législateur, dans les cas où la détention préalable a lieu, ne s'est peut-être pas

assez rappelé qu'un inculpé n'est pas un condamné ; il faut en effet que le tribunal criminel
décide si le détenu doit être laissé jour et nuit
sans fers, ou si ses chaines doivent être plus
ou moins resserrées. D'ailleurs il est enjoint
aux geôliers, même en mettant les fers aux
prisonniers, d'apporter tous les ménagemens
compatibles avec le besoin de s'assurer de leurs
personnes. Le juge d'instruction, accompagné
d'un assesseur, est tenu de visiter à l'impro-
viste les prisons de tems en tems, et au moins
une fois par mois (1).

Les graves infractions de police, que la seconde partie du code pénal de l'Autriche a
pour objet de réprimer, ne peuvent être
comparées aux contraventions prévues par les
codes français ; elles sont punies de différentes
peines, notamment de l'arrestation, ou de
l'arrêt depuis un jour jusqu'à six mois, d'un
châtiment corporel, de l'expulsion, soit d'une
localité, soit d'une province, soit même de
tous les Etats autrichiens. Ordinairement on
se contente de citer devant le magistrat de
police le citoyen inculpé d'une de ces in-

(1) *V.* les art. 14, 20, 21, 281, 282, 283, 284, 300,
306, 310, 323, 333, 364, 368, 556 du code pénal de
l'Autriche, 1re partie.

fractions; mais s'il y a lieu de penser qu'il veuille se dérober aux recherches de l'autorité, ou s'il n'obéit pas à la citation qu'il a reçue, il est amené par la garde devant le tribunal.

L'arrestation effective peut être opérée seulement : 1° quand la loi l'ordonne dans le moment même où l'infracteur est saisi sur le fait; 2° quand on craint qu'il n'abuse de sa liberté pour rendre l'instruction illusoire; 3° quand il est pris après avoir fui, soit avant, soit depuis que l'instruction est commencée; 4° quand les infractions ont été cause d'un scandale public; 5° dans les rixes qui ont occasionné des blessures; 6° dans le cas de résistance contre un fonctionnaire, un agent subalterne, ou un garde dans l'exercice de leurs fonctions. L'arrestation doit néanmoins toujours être exécutée sans bruit et avec les plus grands égards pour la réputation du citoyen inculpé (1).

Lorsque la tranquillité publique est sérieusement troublée, lorsque les crimes de *rapine*, d'incendie ou d'assassinat se renouvellent fréquemment dans un pays, le gouvernement

(1) *V.* les art. 8, 11, 12, 13, 14, 15, 16, 17, 321, 322, 323 du code pénal de l'Autriche, 2ᵉ partie.

de la province, de concert avec le tribunal
supérieur, peut décider qu'il y a urgence et
nécessité d'un tribunal prévôtal ; aussitôt ce
dernier tribunal se transporte sur les lieux ;
sa convocation est annoncée au son du tam-
bour ; dès ce moment, tous les individus arrêtés sont traduits devant lui ; après une instruction orale, ils sont jugés dans les vingt-quatre
heures et immédiatement exécutés ; le droit
de former une demande en grâce leur a été
même refusé. Si les preuves, produites dans
ce court délai, ne sont pas trouvées suffisantes,
on les renvoie devant les tribunaux ordinaires (1). Ainsi le gouvernement d'une simple
province a sans cesse à sa disposition ces commissions prévôtales dont on a tant abusé !

Les passeports sont fort en usage dans l'empire d'Autriche ; l'homme du peuple, qui ne
peut exhiber le sien hors du lieu de sa résidence, est arrêté comme vagabond. On n'en
délivre qu'après de grandes difficultés aux
indigènes qui veulent voyager sur la terre
étrangère.

La police est le principal instrument du
gouvernement ; elle pénètre partout avec ses

(1) *V*. les art. 500, 501, 504, 505, 506, 507, 508,
509 du code pénal de l'Autriche, 1re partie, ch. 16.

espions et son or corrupteur; la presse, sur-
veillée par une censure ombrageuse, ne peut
dénoncer les actes illégaux à l'animadversion
publique. Au reste, le peuple, naturellement
indolent, semble avoir contracté l'habitude
de l'obéissance passive; il a l'air d'aimer si peu
la liberté que le gouvernement peut, sans
crainte, l'en laisser jouir en fait.

Le gouvernement de la Prusse est aussi
absolu; ses institutions offrent le bizarre as-
semblage d'un despotisme militaire appuyé
sur une nombreuse armée, et d'un système
municipal fondé sur l'élection.

En 1813, au moment où les souverains de
l'Europe se réunirent tous contre Napoléon,
le roi de Prusse, pour exciter l'ardeur de
ses sujets, leur promit une constitution plus
favorable à la liberté; un décret du 20 mai
1815 consacra même cette parole solennelle.
Cependant, après la victoire, ce prince parut
long-tems oublier ses engagemens; le premier
juillet 1823, il se décida enfin à céder en
partie au vœu de l'opinion publique, et réor-
ganisa seulement les Etats provinciaux. Les
députés de ces Etats furent appelés à déli-
bérer sur les affaires qui pouvaient toucher
les droits personnels des citoyens et leurs propriétés, tant qu'il n'existerait pas d'assemblée

générale; mais cette assemblée n'a pas encore été convoquée.

La Prusse est une création moderne de deux illustres princes. Le grand-électeur Frédéric-Guillaume, et Frédéric II tirèrent leur patrie de l'obscurité, et, à force de persévérance et de génie, l'élevèrent au premier rang des nations européennes; mais ils s'appliquèrent plus à augmenter la puissance de leur royaume que les libertés de leurs sujets (1).

Ainsi, jusqu'au dix-neuvième siècle, la nomination des magistrats, dans les villes et villages, appartenait exclusivement au suzérain féodal. Le ministre Stein fit entrer pour la première fois le droit d'élection dans les habitudes des Prussiens. Suivant la constitution municipale de 1808, développée et perfectionnée en 1831, les habitans des petites villes et des villages élisent eux-mêmes pour trois ans les bourgmestres et les conseils municipaux; les grandes villes nomment trois candidats à la place de bourgmestre, et le gouvernement choisit l'un d'entr'eux. Le conseil

(1) Dans ses lettres adressées aux philosophes français, le grand Frédéric a la barbarie de plaisanter sur la destinée des malheureux paysans de Prusse qu'il ne songea jamais à rendre meilleure.

municipal gouverne la commune, statue sans appel sur la plupart des questions, et fait exécuter ses arrêts par un corps collectif tiré de son sein et appelé le *magistrat*.

Le législateur de 1808 avait voulu intéresser les Prussiens au bien-être de la commune en leur en laissant l'administration; son œuvre prévoyante a porté ses fruits; elle est devenue l'une des causes les plus actives de la prospérité matérielle dont jouissent les classes moyennes.

Ainsi encore le régime féodal subsista en Prusse jusqu'aux premières années du dix-neuvième siècle. Le code prussien, publié en 1794, avait soigneusement détaillé les devoirs réciproques des serfs et des seigneurs. Attaché à la terre dont il était une dépendance, le serf ne pouvait aliéner ses biens, ni s'obliger par conventions, ni même se marier sans le consentement du seigneur. Il lui était permis de demander son affranchissement; mais les articles 227 et 232 de ce code avaient concédé aux maîtres le dangereux pouvoir de forcer les serfs, par des corrections modérées, et par la prison, à s'acquitter de leur tâche. Quoi de plus attentatoire à la liberté individuelle que cette faculté illimitée d'emprisonner les serfs!

Ce fut encore le ministre Stein qui délivra sa patrie du régime féodal. Deux lois des 9 octobre 1807 et 27 juillet 1808 abolirent le vasselage. Depuis cette époque, les paysans peuvent acheter les domaines des nobles, et vendre les leurs à tous indistinctement. Le commerce n'entraine plus la déchéance de la noblesse; il n'existe plus d'hommes incorporés à la glèbe; tous les citoyens se livrent à l'agriculture, et la plupart des privilèges, dont jouissaient certaines classes, ont été abrogés.

Le code prussien a remplacé en matière criminelle le code Frédéric, ouvrage défectueux d'un grand roi. Suivant le nouveau code, les lois ne peuvent borner les droits naturels et la liberté des citoyens qu'autant que l'intérêt de la société l'exige; il proportionne généralement les châtimens aux délits, et donne en outre aux magistrats la faculté de les modifier selon la nature des faits; mais, en voulant tout prévoir, ses dispositions n'ont point la précision qui convient à des lois.

Dans l'étendue des attributions départies à la police se trahissent l'esprit et la tendance habituelle de l'absolutisme; elle a le droit d'arrestation provisoire et d'information préalable toutes les fois que la tranquillité publique est compromise; c'est elle-même qui punit toutes les contraventions aux mesures qu'elle a prescrites. S'il résulte de l'instruction commencée par ses soins que le détenu se soit rendu coupable d'un délit ou d'un crime, alors seulement elle abandonne les poursuites à la juridiction ordinaire (1); ainsi, jusqu'à ce dernier moment, les citoyens arrêtés restent à la discrétion de la police, et ne sont pas immédiatement conduits, comme en France, devant un magistrat.

Du moins le législateur a semblé lui-même redouter dans l'application les dangers de ces arrestations provisoires; il prononce des peines sévères contre celui qui les prolongerait par d'inutiles délais.

Le code prussien accorde aux magistrats beaucoup trop de latitude dans l'exercice du droit de décerner une prise de corps contre les prévenus; du moins il s'efforce de prémunir les citoyens contre les négligences et les prévarications des magistrats; le juge, qui retient un individu en prison plus de 48 heures, à dater du moment où il a appris son arrestation, sans commencer l'instruction et

---

(1) *V.* les art. 10, 11, 12, 13 du titre 17, section 1re du code prussien traduit en l'an x et publié en France par ordre du ministre de la justice.

sans l'entendre, lui ou les témoins, est passible d'une amende de cinq écus par chaque
jour de retard; s'il laisse un mois s'écouler
sans informer, il encourt la destitution.

En général, dit l'art. 1073 du titre 20, nul
ne doit, s'il n'y est autorisé, porter atteinte à
la liberté individuelle d'un autre. Ce sage
principe reçoit des exceptions beaucoup trop
considérables : « ainsi les vagabonds, les men-
» dians, les débiteurs cachés, les coupables
» en fuite, les personnes qui machinent des
» projets dangereux *peuvent être arrêtés et
» tenus en chartre privée par des particu-
» liers*, jusqu'à ce que l'autorité ait le tems
» d'intervenir. Seulement l'arrestation doit
» être notifiée aux magistrats et le prévenu
» leur être livré au plus tard dans les vingt-
» quatre heures. » Hors les cas susénoncés,
les particuliers, qui oseraient détenir un citoyen par violence, ou établir des prisons à
l'insu du gouvernement, s'exposeraient à de
graves châtimens. (1)

Ces restrictions, ces menaces légales annoncent sans doute les bonnes intentions du
législateur; mais elles sont insuffisantes pour

_____

(1) *V*. les art. 1075, 1076, 1077, 1078, 1079, 1081,
1082 du titre 20, section 13 du code prussien.

prévenir les abus du droit exorbitant confié à
de simples particuliers. Les autoriser à tenir
leurs concitoyens en chartre privée, c'est en-
courager, c'est légaliser les vengeances personnelles que la passion sait si bien colorer
d'un zèle apparent pour la sureté publique.
Aussi l'article 341 du code pénal Français
punit-il des travaux forcés cette séquestra-
tion momentanée permise par le code Prussien ! Comment encore a-t-on pu confondre
un débiteur caché avec un conspirateur, avec
un criminel évadé ? Une dette est-elle donc
un si grand forfait qu'il faille, pour incarcérer
un négociant malheureux, déroger à toutes
les règles ?

Ainsi les attributions trop peu circonscrites
de la police, le vague et l'arbitraire de plusieurs parties de la législation criminelle, le
secret de la procédure jusqu'au jugement, ne
garantissent pas, en Prusse, le paisible usage
de la liberté individuelle. Cependant, et malgré la censure, elle n'est pas sans protection.
Le roi d'ailleurs s'occupe avec zèle d'affer-
mir le bonheur matériel de ses sujets et de
préparer, par un excellent système d'éducation, le développement de leurs facultés intel-
lectuelles. Le plus bel éloge du gouvernement

prussien, c'est l'attachement qu'il a su inspirer
au peuple.

Chez les Bavarois.   La Bavière a été plus heureuse que l'Autriche et la Prusse sous le rapport de son
organisation politique ; depuis 1818, elle
jouit d'un gouvernement constitutionnel.
Inamovibilité des magistrats, responsabilité
des ministres et des fonctionnaires publics,
liberté de la personne, des cultes et de la
presse, tels sont les fondemens de la constitution donnée par le roi Maximilien Joseph.
Elle garantit à chaque citoyen sa sureté individuelle et l'exercice de ses droits. Nul ne
peut être soustrait à son juge naturel ; personne ne peut être arrêté ni poursuivi que
d'après les formes prescrites par la loi. Ainsi
que l'avait déjà ordonné un édit du 3 août
1808, toute servitude personnelle est anéantie
dans le royaume; l'impartialité et la prompti-
tude sont recommandées dans l'administration
de la justice. On a aboli la confiscation. Le
droit de grâce, cette douce consolation des
soucis de la royauté, appartient au souverain;
mais il ne lui est point permis d'étouffer un
procès ni de suspendre une instruction commencée.

Toutefois cette constitution blesse le principe de l'égalité, notamment sur deux points :

d'abord, les membres des états-généraux ont
obtenu le privilège d'inviolabilité, consacré par
tous les gouvernemens représentatifs; pendant
la durée des sessions ouvertes seulement tous
les trois ans, aucun d'eux ne peut être arrêté,
hors le cas du flagrant délit, sans le consentement de la chambre dont il fait partie;
puis on a réservé à la noblesse d'importantes
prérogatives; elle s'en est servi pour résister
à l'établissement du régime constitutionnel,
mais le roi Louis, conviant lui-même la nation à venir à son aide contre l'aristocratie
bavaroise, est parvenu à surmonter tous les
obstacles. Les évènemens n'ont point secondé
jusqu'à ce jour les vœux et les efforts de ce
prince éclairé; de fréquens désordres agitent
la Bavière; le peuple souffre au milieu des
empiètemens de la noblesse et des émeutes
de Munich. Peut-être n'a-t-il pas encore atteint le degré de maturité nécessaire pour
pouvoir recueillir tous les avantages du gouvernement constitutionnel?

Le Wurtemberg fut, vers la fin du moyen
âge, le principal théâtre de l'émancipation
des communes; il défendit avec succès ses
vieilles franchises contre l'envahissement des
maximes du despotisme qui prédominèrent
en Allemagne durant les derniers siècles;

Chez les Wurtem-
bergeois.

néanmoins la servitude féodale y subsista jusqu'en 1817; à cette époque, le roi l'abolit.
Cette mesure philantropique irrita la noblesse
dont elle froissait les intérêts. Après deux
essais infructueux, le 25 septembre 1819,
fut promulguée par les soins de Guillaume
une troisième constitution qui régit actuellement le royaume. Elle s'appuie sur des bases
à peu près semblables à celles de la constitution de Bavière; mais elle est mieux appropriée aux besoins du pays.

Bien que la noblesse compte de nombreux
représentans dans les deux chambres, elle ne
possède pas de privilèges excessifs. Tous les
Wurtembergeois ont les mêmes droits civi-
ques, et supportent également les charges de
l'Etat. La naissance n'est pour personne un
motif d'exclusion des fonctions publiques. Nul
ne peut être arrêté ni jugé que dans les cas
et dans les formes prévus par la loi, ni rester
détenu plus de vingt-quatre heures sans qu'on
lui révèle la cause de son arrestation. La constitution promet à chaque citoyen liberté de
personne, de conscience et de pensée.

La justice se rend publiquement; mais on a
réservé au roi un pouvoir fort arbitraire; c'est
le droit d'*abolition* qui autorise ce prince, ou
plutôt le ministre de la justice, à suspendre

ou même à mettre au néant toute procédure
criminelle tant que le jugement n'a pas été prononcé. A la faveur d'un tel droit, les courtisans
en crédit sont certains de l'impunité (1).

Le grand-duc de Bade est le troisième prince Chez les Badois.
d'Allemagne qui n'ait point attendu l'époque
plus que jamais incertaine où la confédération
germanique déterminera la composition des
Etats promis à chaque pays par l'article 13
du pacte de 1815. Dès le 22 août 1818, il a
octroyé une constitution à ses sujets. Le système électif est beaucoup plus démocratique
que celui des deux précédens royaumes. Tous
les citoyens sont représentés ; la seconde
chambre se compose de soixante-trois députés
des villes et bailliages nommés par des électeurs élus eux-mêmes ; la noblesse demeure
étrangère à cette double élection.

Les propriétés et la liberté des Badois sont
également sous la protection de la constitution ; aucun citoyen ne peut être arrêté que
conformément aux lois, ni détenu plus de
quarante-huit heures sans être interrogé sur
les motifs de son arrestation.

(1) Le roi de Wurtemberg a présenté, en 1833, un
projet de code criminel qui n'a pas encore reçu la
sanction législative.

Malheureusement le peu d'étendue des Etats du grand-duc de Bade, comparativement à quelques autres royaumes de l'Allemagne, le tient sous la dépendance de la Confédération, c'est-à-dire, de l'Autriche et de la Prusse. Ce prince a donné, en 1819, la mesure de l'influence qu'il subit. Après avoir reconnu que les souverains ses prédécesseurs avaient fait de la liberté de penser, d'écrire et d'agir, un des premiers principes de leur gouvernement, il publie une ordonnance sur la censure qu'il déclare lui-même avoir copiée presque textuellement sur l'édit de censure prussien.

Enfin dans le grand duché de Hesse-Darmstadt, le régime constitutionnel a été aussi introduit le 17 décembre 1820; la constitution de ce pays (1) se rapproche sur un grand nombre de points de celle de la Bavière. La liberté individuelle ne peut y recevoir d'autres restrictions que celles fixées par la loi; mais l'aristocratie trop puissante ne permet pas aux autres pouvoirs de se mouvoir dans ce juste équilibre qui est la perfection du gouvernement constitutionnel.

(1) *V*. Cette constitution, ainsi que celles de Bavière, de Wurtemberg et de Bade, dans la collection des Constitutions de l'Europe, t. 2, p. 331, 233, 275 et 311.

Quant à la Saxe, à la Hesse-électorale, et à ces autres petites principautés qui fourmillent en Allemagne, elles ont gardé leurs institutions du dix-huitième siècle, sauf quelques légers changemens. Dans la plupart, on a réorganisé les anciens Etats chargés de voter les impôts; mais les habitans n'en sont pas moins accablés de contributions.

Il existe encore quatre villes, qui s'intitulent libres, parce qu'elles se gouvernent elles-mêmes et ne sont pas soumises à un roi, savoir: Lubeck, Francfort, Brême, Hambourg; elles sont pourtant dominées par une aristocratie bourgeoise et oppressive, constamment opposée à toute innovation. Hambourg seul possède quelques libertés; les autres cités supportent patiemment tous les abus de l'oligarchie communale; nulle part la presse n'est plus asservie.

Dans tous les pays qui composent l'Allemagne, la procédure est secrète, et les débats judiciaires ne sont pas éclairés de l'utile lumière de la publicité. Il faut cependant en excepter les Etats de la Bavière Rhénane où la législation française est encore mise en pratique (1). En

(1) Le roi de Prusse vient même, par une ordonnance du 31 décembre 1833, d'y introduire quelques

général, les lois allemandes ne donnent point aux juges le pouvoir discrétionnaire d'arrêter les prévenus ; dans chaque royaume, elles y posent des bornes qui sont rarement franchies en matière ordinaire. Mais s'agit-il de délits politiques ? la conduite des magistrats est toute différente. La souveraineté est censée résider exclusivement dans la personne du prince. D'après ce principe, toute infraction ou tentative d'infraction aux lois politiques est qualifiée du crime de lèse-majesté dans le sens du droit romain sous les empereurs ; la moindre prévention acquiert dès lors un haut degré de gravité, et les magistrats se croient consciencieusement obligés d'user du droit d'arrestation avec une extrême rigueur.

Depuis 1815, la confédération germanique présente l'image d'un corps débile dont presque tous les membres sont en souffrance. Elle n'a ni rempli les promesses du pacte de 1815, ni atteint son but ; car elle n'a pas su maintenir la sûreté publique dans toutes les parties de l'Allemagne. Des troubles populaires ont éclaté, surtout depuis 1830, à Munich, à Ham-

modifications au code d'instruction criminelle, empruntées en grande partie aux lois françaises des 24 mai 1821, 4 mars 1831 et 28 avril 1832 ; mais elles sont moins favorables à l'accusé que ces deux dernières lois.

bourg, à Leipsick, à Dresde, à Cassel, dans
le Holstein et dans les bourgs de la Bavière
rhénane; le duc de Brunswick a été chassé
de ses Etats; de là généralement un malaise
intérieur et une vive fermentation.

Sur les ordres des potentats de l'Autriche
et de la Prusse, la Diète de Francfort a pris,
en 1832, les mesures les plus despotiques; la
presse a été plus étroitement enchainée, quelques journaux ont été supprimés (notamment
la *Gazette universelle*, l'*Ami du peuple* et le
Libéral), les prisons se sont remplies; ces
moyens irritans pourront-ils amortir l'exaltation de la jeunesse allemande, entretenue au
foyer toujours embrasé des sociétés secrètes?
pourront-ils l'empêcher de faire passer dans la
pratique, de transformer un jour en actions
ces idées de liberté, objets de ses sympathies
et de ses rêves brûlans, partout encouragées,
préconisées par une philosophie toute-puissante
et appuyées de l'autorité des Kant, des Fichte
et des Herder? l'avenir l'apprendra. Mais à
présent, la liberté individuelle ne règne entièrement ni dans les Etats constitutionnels mal
pondérés où l'émeute la met sans cesse en péril,
ni dans les Etats absolus où la nature du gouvernement lui enlève ses garanties.

CHAPITRE XIV.

DE LA LIBERTÉ INDIVIDUELLE

CHEZ LES ITALIENS,

PRINCIPALEMENT AU MOYEN AGE.

L'Italie partagea les triomphes et les malheurs de Rome; ainsi que la Reine du monde, elle perdit, sous le joug des empereurs, sa prospérité, sa liberté, sa gloire; après s'être élevée à un haut degré de civilisation, elle retomba, en passant par la corruption et la servitude, dans la barbarie, triste et inévitable effet d'un long despotisme. Les Goths, les Lombards, les Franks sous la conduite de Charlemagne, et les Allemands conquirent successivement cette belle contrée. Les vainqueurs communiquèrent aux Italiens les sentimens d'indépendance dont ils étaient animés ; ils rallumèrent dans leurs cœurs, sensibles encore aux souvenirs de leurs ancêtres, l'amour de la liberté ; mais aussi ils leur apportèrent, par compensation, le régime féodal.

La société italienne se divisa, après l'invasion des peuples du nord, en plusieurs classes, savoir : les comtes, ou gouverneurs des provinces ; les seigneurs châtelains ; les *arimans* (1), ou cultivateurs de condition libre ; les hommes de *masnada*, ou compagnons du seigneur, qui recevaient de sa libéralité des portions de terrain et les exploitaient moyennant une redevance en argent et en denrées et l'obligation du service militaire; les *aldiens*, espèce d'affranchis qui étaient nés esclaves, et tenaient en villenage les terres de leurs seigneurs, mais dont les personnes restaient libres ; enfin les serfs ; misère et oppression, tel était le lot de ces derniers en Italie, comme partout. Dans plusieurs parties de ce pays, ils étaient attachés tout à la fois à la glèbe et à la personne de leurs maîtres ; dans d'autres, seulement à la terre qu'ils cultivaient. L'absence

---

(1) *V.* au chapitre des Français, p. 201 , des détails sur la position sociale de ces diverses classes, à peu près semblable dans tous les pays où le régime féodal s'est introduit.

d'un gouvernement national exerça une fâcheuse influence sur leur destinée. Cependant quelques lois des Lombards les protégeaient contre les injustices de leurs maîtres; partout ils trouvaient un asile dans les églises où ils se réfugiaient.

Les villes, fondées par les Romains, plus considérables en Italie que dans les autres régions de l'Europe, se fortifièrent encore au milieu des irruptions des Barbares; la crainte détermina une grande partie de la population à s'y renfermer; elles purent ainsi défendre leur territoire contre l'ambition des seigneurs voisins; bientôt, enhardies par la faiblesse et l'éloignement des empereurs d'Allemagne, elles résolurent de se soustraire à leur domination; entre la fin du onzième siècle et le commencement du douzième, on les vit successivement se constituer en républiques; les unes s'arrogèrent d'importans privilèges, les autres achetèrent leurs immunités. Les villes de la Lombardie, placées sous le gouvernement temporel de leurs évêques, profitèrent du caractère ordinairement pacifique des hommes d'église pour le renverser (1).

(1) *V.* l'Europe au moyen âge, par M. Hallam, t. 3, p. 18.

Un traité de paix, conclu en 1183 à Constance entre Frédéric Barberousse et les cités libres d'Italie, ratifia tous les droits qu'elles s'étaient acquis. Quoiqu'il assurât en même tems à l'Empire une haute juridiction, elles parvinrent, après d'énergiques efforts, à se délivrer, avant la fin du treizième siècle, de toute espèce de sujétion. Chose remarquable! l'Italie, qui avait, sous les Romains, dompté l'univers, qui dans la suite, sous Léon X, saisit le sceptre des arts et des lettres, reçut encore de la Providence la noble mission d'imprimer à l'Europe le premier mouvement vers la liberté.

L'établissement des républiques italiennes porta un coup mortel à la puissance des seigneurs; elles affranchirent leurs serfs pour augmenter le nombre des citoyens propres à supporter les charges publiques; les seigneurs se trouvèrent obligés de les imiter et d'accorder à leurs serfs la liberté (1). Dès lors la servitude disparut presque totalement des campagnes; les paysans puisèrent dans l'agriculture les moyens de pourvoir abondamment à la subsistance de leur famille; ils

(1) *V.* Muratori, *Antiquitates Italiæ medii ævi*, t. 1er, *Dissertatio XIV de servis*, p. 796.

affermèrent les terres en qualité de métayers, et obtinrent, pour salaire de leurs travaux, une partie des récoltes. Au quinzième siècle, dans les autres contrées de l'Europe, les paysans demeuraient encore incorporés à la glèbe, ou vassaux de leurs seigneurs, tandis qu'en Italie ils furent libres ; ils ne dépendirent pas des caprices d'un maître, et vécurent réunis dans des bourgades où la sureté de leurs personnes et de leurs troupeaux était protégée. Dans les siècles civilisés, dit M. de Sismondi (1), et jusqu'à la fin du seizième, on vit encore des esclaves dans les maisons des riches ; on n'en vit plus dans les champs.

Durant près de quatre cents ans, l'étendard de l'indépendance flotta sur les principales villes de l'Italie ; l'amour des lettres, qui avait fui à l'aspect du despotisme, revint avec la liberté ; de grands poètes apprirent au monde que la patrie des Horace et des Virgile n'était pas épuisée. Dante, Pétrarque, Boccace créèrent la langue italienne dans leurs chefs-d'œuvre.

Cependant les institutions, que s'était données chaque république, n'étaient pas d'une

(1) Histoire des Républiques italiennes du moyen âge, t. 16, p. 366. *Paris*, 1826.

nature assez stable, ni surtout assez fortement
enracinées dans les esprits pour résister aux
attaques des ennemis, aux intrigues criminelles des ambitieux, et aux ravages des
guerres civiles qui dévastèrent l'Italie. Partout
on se divisa en deux camps, les Guelfes et les
Gibelins; les premiers, démocrates du tems,
soutenaient les prétentions du pape; les seconds, aristocrates du moyen âge, défendaient
l'autorité de l'empereur d'Allemagne. On sait
que la querelle de Henri IV et de Grégoire VII,
devant lequel ce prince abaissa son front hu-
milié, donna naissance à ces deux trop célèbres factions; pendant plus de trois siècles,
elles désignèrent tour à tour au poignard, aux
persécutions, à l'exil leurs partisans respectifs,
et firent répandre en Italie des torrens de sang;
enfin c'est le triomphe des Gibelins qui prépara la chute des républiques italiennes.

La nécessité de combattre l'anarchie con-
traignit de centraliser le pouvoir; les hommes,
qui en furent investis, en abusèrent. Les Médicis à Florence, les Visconti à Milan, les
Sforza à Gênes, les Bentivoglio à Bologne,
usurpèrent une autorité plus étendue que celle
de beaucoup de rois. D'ailleurs, les Italiens,
fatigués des convulsions intérieures qui avaient

sans cesse bouleversé leurs républiques (1),
parurent moins attachés à la liberté. Le besoin du repos les façonna au despotisme.

Toutefois l'Italie ne goûta point encore les
douceurs de la paix ; elle devint le théâtre des
combats de la France et de l'Espagne qui se
disputèrent successivement le royaume de
Naples et le duché de Milan. Son histoire
n'offre plus dès lors à l'œil affligé qu'une
longue série de calamités. Aux maux incalculables de la guerre la peste vint joindre ses
affreux désastres, et enlever le huitième de
la population.

Pendant le seizième siècle, les républiques
italiennes cessèrent peu à peu d'exister ; les
dernières étincelles de liberté, qui brillèrent
dispersées dans quelques villes, s'éteignirent
successivement. En 1530, Charles-Quint fut
couronné empereur à Bologne. L'Italie resta
depuis ce moment une dépendance de l'empire
d'Allemagne ; l'absolutisme pénétra dans son
gouvernement, ses institutions et sa législation

(1) Moréri, dans son Dictionnaire, au mot *Milan*,
remarque que cette ville a été assiégée quarante fois
et prise vingt-deux fois ; on peut juger par cette seule
observation combien l'existence de ses habitans fut
orageuse.

criminelle; les droits les plus sacrés furent subordonnés à la volonté du souverain ou de ses représentans.

L'énergie, que les guerres civiles et l'expérience du malheur avaient communiquée aux esprits, contribua, dans ce même siècle, à inspirer les chefs-d'œuvre du règne de Léon X; mais, après tant de commotions et d'éclat, l'Italie tomba dans une sorte de léthargie; elle sembla, durant plus de cent cinquante ans, ensevelie dans la mollesse et l'indifférence; les âmes se laissèrent alors efféminer par la chaleur du climat. La corruption des mœurs vint les énerver encore; l'Italien subit le pire des esclavages, celui de ses sens; c'est à cette époque qu'on vit s'introduire dans l'intérieur des ménages les sigisbés, ou *cavalieri serventi;* coutume immorale qui bannit la paix des familles, mit en question toutes les paternités et empoisonna les plus douces jouissances de l'homme, celles de fils, d'époux et de père!

Un peuple ainsi dépravé n'était plus fait pour l'indépendance; en vain les principales puissances de l'Europe essayèrent, dans divers traités, de rendre à l'Italie sa nationalité; en vain deux princes de cette maison d'Autriche, qui n'a jamais su que lui forger des fers, Joseph II et Léopold, professèrent et mirent même en pratique des principes de liberté, rien ne put relever l'affaissement moral de cette nation abâtardie.

Napoléon parut, et la terre des Césars s'étonna des victoires qui marquaient chaque pas de ce grand capitaine. Il voulut d'abord restituer à l'Italie ses institutions primitives; les républiques Cisalpine, Ligurienne et Parthénopéenne se formèrent promptement; mais leur existence ne fut qu'éphémère. Une partie de l'Italie, divisée en départemens, se confondit avec l'empire français; un enfant reçut le titre de roi de Rome qui n'avait point été porté depuis le dernier Tarquin.

En 1814, l'Italie septentrionale passa du despotisme de Napoléon sous celui de l'Autriche; elle est devenue une province de cet empire; depuis 20 années, elle dévore tous les affronts d'une domination étrangère, toutes les vexations d'une police inquisitoriale. 120,000 soldats, constamment sur le qui vive, couvrent le pays, prêts à étouffer le moindre mouvement de mécontentement ou de résistance.

Le code pénal de l'Autriche a été promulgué en 1815 dans le royaume lombardo-vénitien; ses dispositions, dont quelques-unes sont contraires à la liberté individuelle, s'exécutent rigoureusement (1). Un Italien ne peut faire le moindre voyage dans une principauté voisine du pays qu'il habite, il ne peut aller, par exemple, de Parme à Milan sans demander un passe-port à Vienne. Avant de le délivrer, les fonctionnaires de cette capitale s'adressent aux autorités locales pour obtenir des renseignemens sur les projets et la moralité du pétitionnaire; de là des recherches minutieuses, des enquêtes tracassières, des retards indéfinis, comme si c'était une grande faveur que d'accorder à un homme l'usage de la faculté locomotrice!

En 1831, une jeunesse ardente a tenté de briser les chaines qui pèsent sur sa patrie; elle a agité pendant quelques jours le drapeau de la république; mais ce soulèvement trop précipité, faiblement soutenu, n'a servi qu'à motiver la proscription des hommes les plus dévoués à la liberté.

Un exposé des formes du gouvernement de chaque république italienne serait aussi long que difficile. Il importe seulement ici d'indi-

---

(1) *V.* au chapitre précédent, l'analyse du code pénal de l'Autriche en ce qui concerne la liberté individuelle, p. 478.

quer tout ce qui a pu modifier l'exercice de la
liberté individuelle.

Au milieu des ténèbres de la barbarie,
les villes d'Italie n'avaient point oublié l'administration municipale établie par les Romains, et dont les élémens étaient une assemblée du peuple, un sénat particulier sous
le nom de Curie, et deux consuls appelés
duumvirs; dès qu'elles eurent recouvré leur
indépendance, elles voulurent se replacer
sous l'empire d'une constitution qui les avait
rendues si prospères; aussi presque toutes
s'empressèrent-elles de proclamer la souveraineté du peuple; dès lors lui seul eut le droit
de déléguer le pouvoir, dont il était la source,
à des mandataires responsables choisis dans
l'universalité des citoyens comme à Florence,
ou dans l'aristocratie comme à Venise. Deux
ou plusieurs consuls annuels chargés de commander les armées, et de statuer sur les
affaires litigieuses; deux conseils (1), dont
l'un peu nombreux, ordinairement nommé
conseil de confiance (*consiglio di credenza*)
surveillait les consuls, administrait les finances

(1) Les consuls et les membres de ces conseils étaient
élus par le peuple pour un, deux ou trois ans, suivant les républiques.

et les relations extérieures; et dont l'autre, grand conseil, ou sénat, composé soit de cent membres, soit d'un plus grand nombre, préparait les arrêtés à soumettre au peuple; au-dessus de tous ces pouvoirs, l'assemblée générale des citoyens, seule investie de la souveraineté; telles étaient, dans les premiers tems, les institutions politiques des républiques italiennes (1).

A la tête des villes qui les rétablirent, il faut signaler Rome. La capitale de la chrétienté reprit, en 726, ce titre de république si glorieux pour elle; mais les papes, qui l'avaient excitée à reconquérir son indépendance, devaient plus tard la lui ravir. Leur autorité, d'abord toute spirituelle, s'appuyant habilement sur le respect dû à leur haute dignité, s'accrut insensiblement par la double influence de la religion et de leurs propriétés féodales. Toutefois ce ne fut pas sans troubles que se développa leur puissance temporelle; les Romains eurent à traverser des intermittences de liberté et d'oppression.

En 1192, Rome adopta l'institution du podestat, à l'imitation des autres villes de l'Italie;

République de Rome.

(1) *V.* le Cours d'Histoire du droit politique et constitutionnel par M. Ortolan, p. 232. *Paris*, 1831.

C'était un magistrat étranger, d'une extraction noble, élu pour un an, revêtu seulement d'abord de fonctions judiciaires. L'empereur d'Allemagne l'avait introduit dans les cités lombardes. Quoique l'origine de cette magistrature remontât à une époque d'asservissement, elle fut généralement admise et remplaça les consuls dans plusieurs républiques. Les podestats (1) accaparèrent bientôt tous les pouvoirs. Souvent choisis parmi les seigneurs des pays voisins, ils disposèrent, par leurs habitudes despotiques, ces fiers républicains à reconnaître un maître. A Rome, le podestat prit le nom de *il senatore*, et tint lieu à lui seul du sénat qui fut aboli; il devint chef de la justice, de la police et de l'armée; les

(1) « Les seigneurs et les nobles, dit M. Kock, avaient été forcés par leur faiblesse individuelle et la puissance des républiques de fixer leur domicile dans l'enceinte des villes; s'y trouvant réunis et en force, ils essayèrent de s'emparer du gouvernement. De là une source intarissable de discordes civiles qui entraînèrent la perte de la liberté dans la plupart de ces villes. On crut arrêter le mal et mettre un frein à l'ambition des citoyens puissans en confiant le gouvernement à un magistrat qu'on choisissait dans les cités voisines, et qu'on appelait podestat. » (*V.* le Tableau des Révolutions de l'Europe, t. 1, p. 166.)

papes réussirent plus tard à s'attribuer sa nomination.

En 1447, s'éleva définitivement sur les
ruines de la république l'autorité temporelle
des papes, illimitée et absolue en droit, mais
généralement douce et modérée, quelquefois
même faible en fait. Le pontife, tenté d'opprimer ses sujets, se rappelle, dit Dupaty (1),
que, pour se faire respecter comme pape, il
faut d'abord qu'il se fasse aimer comme roi.

Si les Romains n'ont pas eu souvent lieu de
se plaindre de leur souverain depuis 1814,
que de fois ils déplorent la corruption des
tribunaux, l'inhabileté de la police, l'impunité
des crimes, le peu de sureté des routes infestées de voleurs, les lenteurs interminables des
procédures criminelles qui laissent si long-tems
en suspens le sort des détenus! Un accusé
peut être mis deux fois en jugement. Lorsque
les charges de la procédure ne semblent pas
suffisantes pour le condamner, il n'est élargi
que provisoirement sous la condition de se
représenter en cas de nouveaux indices; ainsi
il peut rester toute sa vie sous le poids de
la même accusation. C'est dans le plus grand

(1) *V.* la 78ᵐᵉ des Lettres sur l'Italie, t. 2, p. 240.
Paris, 1822. In-18.

33

secret que se poursuit l'instruction des délits ;
les témoins ne sont pas confrontés avec l'inculpé ; il est jugé, sur un simple rapport, sans
même paraitre devant ses juges. Toutefois il
peut demander un défenseur et la communication de la procédure ; mais la cour criminelle
a le droit de s'y refuser ; en ce cas seulement,
elle juge ce qui s'appelle *économiquement*,
c'est-à-dire, elle ne peut condamner le prévenu qu'au minimum de la peine (1) qu'il
aurait encourue si on lui avait accordé un
avocat. Les décisions des tribunaux, inviolables dans tous les pays policés, peuvent être
cassées par des commissions spéciales instituées par un légat ; ces commissions annullent
même les arrêts de la cour criminelle. Dans
l'administration, tout est variable non-seulement au gré du chef suprême, mais encore
au caprice de tous ceux qui exercent une portion de son autorité. Il n'est point de lois qui

(1) On compte annuellement à Rome environ 545
arrestations pour crime sur une population de 130,000
ames. Les Etats romains renferment 2,421,222 habitans ; dès lors il y aurait, en suivant cette proportion
pour tous les Etats du pape, 10,167 arrestations par
an dont la moitié se termine par une condamnation.
(*V*. le Voyage en Italie par M. Simond, t. 1, p. 294,
2ᵉ édition. *Paris, 1828.*)

les rendent responsables de leurs actes; ainsi nulle garantie pour les citoyens; la sagesse des papes, ordinairement d'un âge avancé, est leur seule espérance de sécurité.

Les débiteurs, si maltraités dans l'ancienne Rome, ne peuvent maintenant être emprisonnés plus d'une année pour dettes. Il existe même un singulier moyen de se mettre à l'abri de la contrainte par corps, c'est de faire une retraite religieuse; on ne peut être appréhendé pendant le tems de cette retraite qui doit être fixé par le cardinal légat du département, ou par son secrétaire.

Une origine aussi ancienne que celle de la monarchie française, une industrie sans égale au moyen âge, quatorze siècles d'indépendance et de prospérité, tels sont les titres qui immortaliseront Venise. Depuis l'époque de sa fondation jusqu'à l'année 697, elle forme une véritable république. Ses magistrats sont des tribuns électifs, annuels, qui gouvernent avec l'assistance des principaux notables. En 697, elle devient en quelque sorte une monarchie élective; on confie à un chef unique, appelé Doge, une très grande puissance, dont les limites ne sont pas bien déterminées. Sur les cinqnante premiers doges, vingt environ sont expulsés de Venise ou massacrés; ces règnes

République de Venise.

orageux, qui durent près de trois cents ans; permettent à l'aristocratie de s'organiser à son aise, et de jeter les fondemens de l'empire tyrannique dont elle s'empara dans les treizième et quatorzième siècles. Ce qui contribue le plus à le concentrer dans ses mains, c'est le décret rendu en 1319 par le grand conseil. Il se déclare lui-même héréditaire, et décide que ses membres ne pourront plus, comme par le passé, être renouvelés par l'élection. Dès ce moment, la souveraineté réside tout entière dans le grand conseil. Il imprime au gouvernement une direction vigoureuse, uniforme, que l'esprit de corps et de caste peut seul perpétuer; puis il restreint de jour en jour l'autorité du doge, chargé du pouvoir exécutif (1). Venise conserva sa république aristocratique jusqu'au jour où

(1) Le doge, assisté de ses conseillers, représentait à Venise le pouvoir exécutif qu'on nommait la *seigneurie*. En quittant le palais de Saint-Marc, il n'avait plus droit aux honneurs de sa charge; il ne jouissait même plus de la protection due aux simples citoyens, car on pouvait l'insulter, lui jeter des pierres et de la boue sans qu'il pût en demander justice. Aussi disait-on que le doge était roi sous la pourpre, sénateur dans le conseil, captif dans la cité, et un très-petit particulier à la campagne. (*V.* le Voyageur français par l'abbé Delaporte, t. 25, p. 386.)

cette orgueilleuse cité tomba, sans coup férir, devant le nom magique de Napoléon.

A la fin du treizième siècle, quelques familles nobles, qui n'avaient point été admises dans le grand conseil, résolurent de s'en venger et de lutter contre les envahissemens de cette assemblée. Une conspiration éclate en 1310; elle est comprimée; mais, par l'effet d'une réaction qui se fait sentir chez tous les peuples, la crainte de l'anarchie enfante le despotisme. C'est alors qu'est institué le conseil des Dix, devenu si célèbre dans les annales de l'arbitraire; le grand conseil lui délègue une partie de sa souveraineté, et le triple pouvoir de poursuivre les crimes, de les juger, et de faire exécuter ses jugemens.

Un effroyable mystère couvre la procédure suivie devant le conseil des Dix. Dès qu'il reçoit une dénonciation, un de ses trois présidens recueille les charges, entend les témoins, ordonne l'arrestation du prévenu, l'interroge et fait consigner ses réponses par écrit. Il rend compte de son information aux deux autres présidens, et tous trois délibèrent sur la question de savoir si l'affaire sera portée au conseil des Dix. En cas d'affirmative, les trois présidens deviennent ses accusateurs, ils sont en même tems ses juges; l'accusé n'a point de défenseurs; les témoins, entendus contre lui, ne lui sont pas nommés, et l'on retranche de leur déposition assermentée tout ce qui le mettrait à même de les reconnaitre; s'il est condamné, le conseil peut le faire pendre secrètement avec un voile sur la tête, ou le faire étrangler dans la prison.

Comme si ce tribunal jugeant sans appel n'était point assez puissant, vers le milieu du quinzième siècle on tire de son sein une commission de trois membres, appelés *inquisiteurs d'état*, sous le prétexte de donner à l'action de la justice plus de célérité et de secret. Choisis par le conseil des Dix, ces trois juges restent invisibles; le lieu de leurs séances est ignoré comme leurs noms. Un secrétaire écrit leurs notes et lit leurs jugemens aux accusés. Ce tribunal formidable comprend dans sa juridiction tous les délits politiques. Il peut punir ou seulement réprimander tous les Vénitiens, depuis le doge jusqu'au dernier artisan. Sa volonté forme son unique loi. La seule obligation, qui lui soit imposée, c'est de prendre ses décisions à l'unanimité. L'espionnage, la délation, les plaintes dictées par la vengeance, la provocation salariée, la torture, tous les moyens sont par lui mis en œuvre pour atteindre les personnes suspectes.

Dans la procédure clandestine instruite selon le bon plaisir de ce tribunal, la dénonciation est anonyme (1), l'arrestation arbitraire, la détention illimitée. Le citoyen, ou l'étranger, qui fait ombrage, est arraché de son domicile, jugé, condamné sans savoir d'où part le coup qui le frappe. D'affreux cachots, fameux sous le nom de *prisons des plombs*, renferment dans un profond oubli les malheureux incarcérés par ordre des inquisiteurs d'état, j'allais dire, les victimes de ces bourreaux-magistrats. *Que fais-tu là? Va-t-en;* tels sont les mots qui annoncent à un accusé son élargissement; à la voix brusque du geôlier, on croirait qu'il est furieux de laisser échapper sa proie. Il faut parcourir les statuts de l'inquisition d'état pour s'en former une juste idée, pour concevoir que des hommes aient osé formuler la cruauté en textes de loi et autoriser les inquisiteurs à dire à leurs ignobles agens : dans tel cas tu poignarderas, dans tel autre tu empoisonneras,

(1) Il y avait, auprès du tribunal de l'inquisition d'Etat, un tronc où tout délateur pouvait à tout moment jeter avec un billet son accusation, et dans chaque rue de Venise, une ouverture ou bouche par laquelle on pouvait entendre les conversations. (*V.* l'Esprit des lois, liv. 11, ch. 6, et le Voyage en Italie par M. Simond, t. 1er, p. 47.)

dans un troisième tu assassineras, ou, si tu le préfères, tu noieras dans le canal (1).

Ainsi à Venise dominait un despotisme oligarchique; la police tenait la place de la justice; la terreur y fut souvent même exploitée comme un moyen de gouvernement; la liberté individuelle dès lors était dénuée de toute garantie légale. Cependant le peuple de Venise et des anciennes possessions de la république ne se trouvait pas aussi à plaindre que la nature de ces institutions le donnerait à penser; on s'efforça de lui assurer en tout tems *pane in piazza, giustizia in palazzo* (du pain au marché et de la justice au palais). Les affaires criminelles, que les inquisiteurs d'état n'évoquaient pas, se jugeaient publiquement devant les quaranties, ou tribunaux ordinaires. Les accusés avaient la plus grande latitude pour se défendre; les avocats jouissaient même à Venise d'une haute considération. Dans tout ce qui ne concernait pas la politique, le peuple était assez libre si non de droit, du moins de fait; il rencontrait le plaisir dans les brillantes fêtes qu'on lui prodiguait, et la fortune

(1) *V.* notamment les art. 29, 30, 35, 37, 39, 46, 47 des statuts de l'inquisition d'état rapportés textuellement dans le t. 6, p. 389 et suiv. de l'Histoire de la république de Venise par M. Daru. *Paris*, 1821.

dans les spéculations du commerce, interdit
à la noblesse.

C'était principalement sur les hautes classes
que pesait l'arbitraire; l'aristocratie était en
effet seule à craindre puisqu'elle exerçait le
monopole des dignités. Les exils, les arrestations, les confiscations semblaient les privilèges négatifs de la noblesse. Les membres
héréditaires du grand conseil, quoique libres
chaque année d'annuler l'élection des membres du conseil des Dix, ou de s'y opposer,
étaient les premiers en butte à ses persécutions.

Gênes, long-tems rivale de Venise par ses
richesses et ses forces maritimes, fut loin de
posséder un gouvernement aussi énergique;
après avoir eu pour chefs d'abord deux consuls, ensuite un podestat, puis en 1257, un
capitaine du peuple ou de la liberté, et changé
souvent de maîtres et de lois, elle accepta,
en 1528, une constitution purement aristocratique. Les nobles furent appelés indistinctement aux emplois publics; ils remplirent le
grand et le petit conseil.

Le doge, assisté de douze sénateurs, dirigeait le pouvoir exécutif; mais à Gênes, comme
à Venise, son autorité était fort peu étendue :
élu seulement pour deux années, il ne lui était

République de
Gênes.

permis de recevoir aucune visite, de donner aucune audience, ni même d'ouvrir ses lettres hors la présence de deux sénateurs habitant avec lui; enfin il ne pouvait sortir de son palais sans un décret du grand conseil, comme s'il y eût été prisonnier. Tant il est vrai que les gouvernemens oligarchiques sont aussi oppressifs pour leurs chefs que pour les peuples!

La nouvelle constitution avait bien essayé de rétablir l'égalité entre les nobles; mais on n'avait pas même songé à la nombreuse population qui ne fesait point partie de cette classe privilégiée. Le peuple n'était pas représenté dans les élections; il végétait dans une sorte d'ilotisme. Cependant l'aristocratie génoise ne se montra pas dans la pratique aussi exclusive que celles de Lucques et de Venise. Le respect pour d'anciens souvenirs, ou plutôt la crainte de blesser la vanité des plébéiens facilita l'introduction de quelques hommes de cette classe dans le grand conseil; mais ces concessions apparentes, dont on fesait grand bruit, servirent merveilleusement à fortifier encore le despotisme de la noblesse. La république, en vieillissant, s'éloigna de plus en plus de la liberté.

Il existait aussi à Gênes des inquisiteurs d'état au nombre de sept, chargés de la police;

leurs yeux vigilans devaient pénétrer l'intérieur des familles, scruter les intentions, prévenir enfin tout ce qui pouvait nuire au
gouvernement. Malgré cette dangereuse puissance, ils n'inspirèrent jamais autant de terreur que le tribunal de Venise.

La procédure criminelle n'était pas ensevelie à Gênes dans les ténèbres du huis-clos;
la voix de la défense pouvait se faire entendre (1); toutes les affaires étaient plaidées
et les jugemens motivés. Rien de plus rare
que l'exécution d'une sentence capitale (2). Le
grand conseil usait souvent du droit de grâce
que lui concédait la constitution. Le desir de
plaire au peuple multiplia les remises de
peines; de là bientôt l'impunité. Les crimes
contre les personnes devinrent fréquens;
chacun, ne pouvant obtenir justice, se la

(1) Le droit romain était la loi générale de Gênes;
mais il y avait des statuts particuliers réunis dans un
volume in-folio sous le nom de *Statuto civile et
criminale.*

(2) On avait inscrit sur la porte de la prison de
Gênes ce mot : *Liberté.* Il est difficile de comprendre le
sens de cette inscription, qui contenait une parodie
insultante au malheur des détenus, à moins qu'on ait
voulu dire que l'arrestation des criminels assurait la
liberté des hommes de bien.

rendit à lui-même. Ainsi l'aristocratie, pour indemniser le peuple de son peu de coopération aux affaires de l'Etat, compromit plusieurs fois la sureté publique et privée.

Au mois d'avril 1796, les partisans de la démocratie voulurent profiter des victoires de Napoléon pour revendiquer leurs droits si long-tems méconnus. Le général les appuya. Le 6 juin 1797, fut signée la convention de Montebello qui transforma Gênes en *République ligurienne*. La nouvelle constitution, proclamée le 14 juin suivant, admettait également tous les citoyens au partage de la souveraineté. Remarquable par ses principes philantropiques, elle contenait des dispositions très favorables à la liberté individuelle (1). Malheureusement le règne de cette constitution ne devait pas être de longue durée : elle fut modifiée le 26 juin 1802 et abolie le 8 octobre 1805, époque de la réunion de l'Etat de Gênes à la France. Depuis 1814, cette ville a été incorporée au royaume de Sardaigne ; elle est maintenant obligée de supporter un régime despotique et une législation

(1) *V*. les art. 235, 236 et suivans, chap. 9 du Pouvoir judiciaire, de la constitution Ligurienne, dans la Collection des constitutions de l'Europe, t. 4, p. 362.

criminelle révoltante par son arbitraire. La noblesse génoise, malgré son opulence, n'exerce plus aucune influence politique ; de toutes ses anciennes prérogatives, elle n'a conservé que celle de ne pouvoir être arrêtée pour dettes.

On retrouve au moyen âge des républiques établies dans presque toutes les cités de l'Italie. La ville de Milan secoua, l'une des premières, le joug de la féodalité qui pesa principalement sur la Lombardie ; Pavie, Parme, Plaisance, Modène, Mantoue, Crémone suivirent son exemple, se donnèrent des institutions (1) indépendantes, et à peu près semblables. Elles entrèrent avec Milan dans la ligue lombarde contre l'empereur d'Allemagne, et substituèrent en même tems à leurs cousuls un podestat. Le gouvernement de ces républiques ne fut jamais très solide ; il l'était davantage à Bologne ; mais les nombreux écoliers (2) qui fréquentaient son université et ses écoles de droit, fomentèrent dans cette ville des émeutes sans cesse renaissantes.

Les villes de la Toscane parurent moins

Républiques lombardes.

(1) Il est inutile de retracer ici ces institutions qui ont été analysées plus haut, p. 510.

(2) Dans les treizième et quatorzième siècles on comptait dix mille écoliers à Bologne. (*V.* l'Histoire littéraire de l'Italie par Ginguené, t. 3, p. 561.)

empressées que les villes lombardes de s'affranchir de la suprématie impériale ; ce ne fut qu'en l'année 1150, que Florence, Pise, Sienne, Lucques s'érigèrent en républiques.

République de Florence.

Florence ! quels glorieux souvenirs rappelle le nom de cette cité, l'Athènes de l'Italie ! Bibliothèques, culte des arts et des lettres, commerce, industrie, beau langage, et surtout ardent amour de la liberté, elle posséda tout ce qui élève l'ame et agrandit l'esprit.

Gouvernée d'abord par des consuls annuels et par un sénat, Florence adjoignit, en 1207, aux consuls un podestat. A cette époque, l'aristocratie toute-puissante lui imposa une constitution qui fut renversée en 1250. Le peuple, fier de son triomphe, substitua au podestat un chef, nommé *capitaine du peuple* (1), et lui donna un conseil de douze membres, élus par chaque quartier, renouvelés tous les deux mois, et appelés *anziani* ou *buonuomini* (les anciens ou les bonshommes).

Après de longues dissensions intestines, on adopta, en 1282, la constitution qui subsista, sauf peu de modifications, jusqu'à la fin de la république. On avait partagé, depuis 1266,

_____

(1) *V.* Machiavel, *le Istorie Fiorentine, libro* 2, t. 1, p. 119. *Paris,* 1825.

les Florentins en diverses classes dont le nom était emprunté à leur profession. Le pouvoir exécutif fut remis d'abord à trois, puis à six des hommes les plus notables des arts majeurs, connus sous le titre de *prieurs des arts et de la liberté*. En 1288, on institua le gonfalonnier de justice élu par les prieurs, soumis tous les deux mois à une nouvelle élection, logé et nourri avec eux dans un palais dont il ne leur était point permis de sortir, qui, d'abord leur égal, devint ensuite leur supérieur et le représentant de la république. L'assemblée générale, ou grand-conseil, composée de 2500 personnes, exerçait la souveraineté. Il existait en outre un grand nombre de conseils changés tous les ans.

Dans ces élections multipliées, dans cette rénovation périodique des prieurs, qui pourrait méconnaitre la crainte des abus du pouvoir et le desir de faire participer tous les citoyens au gouvernement, de faire ainsi concourir toutes les volontés au bien général en y attachant tous les intérêts? Toutefois la démocratie, base de la constitution de Florence, a prouvé qu'elle n'est pas moins ennemie de l'égalité que l'aristocratie. La haine pour la noblesse y fut portée jusqu'à son comble. Non-seulement les gentilshommes ne purent aspirer

à aucune fonction publique, mais trente-sept
familles furent à jamais exclues de la dignité de
prieur, lors même que leurs membres em-
brasseraient une profession industrielle. Leurs
crimes étaient aussi punis plus rigoureusement. Qu'arriva-t-il? la noblesse fut pendant
quelque tems déconsidérée, anéantie; mais la
richesse commerciale fonda parmi les marchands une aristocratie bourgeoise peut-être
plus avide encore de pouvoir que la première.

Telle fut l'origine du crédit des Médicis
qui continuèrent leur commerce tout en gouvernant leurs concitoyens. Ces habiles négocians gardèrent d'abord avec soin les formes
extérieures des institutions républicaines; persuadés que, dans tous les tems, le peuple se
laisse facilement conduire avec ces mots sé-
duisans de liberté et d'égalité qui l'éblouissent
et le consolent en le trompant, ils respectèrent
jusqu'aux titres de gonfalonnier de justice et
de prieurs des arts et de la liberté. Mais en
1531, dès que leur autorité se fut complètement affermie, ils usurpèrent la souveraineté,
et remplacèrent le grand conseil par un sénat
permanent. A dater de l'année 1569, la république de Florence se métamorphosa en grand
duché de Toscane; Cosme Ier de Médicis obtint
du pape Pie V le titre de grand-duc.

L'élévation des Médicis trouva de nombreux ennemis dans une population jalouse de son indépendance; rien ne fut négligé pour les dompter; l'Italie se peupla d'émigrés florentins. Les Médicis d'ailleurs tâchèrent de se faire pardonner leur despotisme à force de bienfaits répandus sur le peuple et d'encouragemens donnés aux beaux-arts.

En 1737, le grand duché de Toscane échut en partage à la Maison de Lorraine. Les princes de cette famille, dont plusieurs montèrent sur le trône d'Autriche, se mirent en possession d'une puissance sans limites; mais leur administration paternelle, plus utile par le fait aux Toscans que les meilleures lois, fit oublier leur absolutisme. Il suffit de nommer Léopold pour rappeler à la reconnaissance publique un bienfaiteur de l'humanité.

A Florence, comme dans toutes les autres républiques de l'Italie, la législation criminelle était aussi défectueuse que sévère. Beccaria a le premier stigmatisé ses imperfections et ses cruautés. Elle fixa toute la sollicitude du grand-duc Léopold. Dans le code criminel qu'il a publié, ce prince recommande aux juges la plus prompte expédition des affaires afin d'abréger la détention préalable des accusés; il défend de les arrêter hors des cas néces-

34

saires, et prescrit leur interrogatoire aussitôt
après la saisie de leurs personnes. Un accusé
demande-t-il sa mise en liberté? elle doit lui
être accordée non-seulement sur l'offre d'une
caution, mais encore sur la simple promesse
de se représenter, à la charge seulement de
contracter une obligation pénale exécutoire
en cas de non-comparution. Partout respire
dans ce code le desir de concilier l'intérêt de
la sureté publique avec la liberté individuelle;
ce loyal et bon prince s'en est trop rapporté
peut-être à la sagesse des hommes chargés de
mettre ses lois en pratique; il a omis de les
rendre responsables de leur inexécution. Ainsi
il pose en principe que la détention préalable
ne doit pas avoir lieu quand le délit n'entraine
qu'une peine pécuniaire, et cependant il laisse
au magistrat la faculté de *retenir l'accusé en
prison aux frais du fisc ou à ceux dudit accusé pour le moins de tems possible lorsque
cela sera jugé nécessaire, à l'effet d'éclaircir
la vérité* (1). Cette dernière disposition exigeait une garantie d'autant plus efficace contre
les abus des magistrats qu'elle leur accordait
un plus grand pouvoir.

(1) *V.* les art. 15, 16, 29, 31 du code criminel de
Léopold.

Léopold abolit en outre la torture, la contrainte par corps contre les débiteurs, adoucit les peines, assainit les prisons. Ces heureuses innovations exercèrent une influence vive et profonde sur les mœurs publiques; les crimes devinrent rares à compter du jour où les châtimens cessèrent d'être atroces; les prisons restèrent vides durant trois mois, et la peine capitale, qui ne fut infligée qu'une seule fois pendant le règne de ce prince philantrope, finit par être abrogée.

La Toscane, réunie en 1807 à l'empire français, retomba, en 1814, sous l'autorité absolue de ses anciens princes; mais ils marchent sur les traces de leur illustre aïeul Léopold, et font bénir la douceur de leur gouvernement.

Pise, malgré sa puissance belliqueuse dans les douzième et treizième siècles, ne devra pas arrêter long-tems nos regards sur ses institutions, d'ailleurs à peu près pareilles à celles des autres villes d'Italie. Elle voulut essayer ses forces contre Florence, sa rivale; mais elle eut le tort grave en politique d'être vaincue.

Sienne fut d'abord l'alliée de Florence, et plus tard subit ses lois.

Lucques mérite, par la longue durée de sa république, une mention spéciale. Dans le

République de Lucques.

seizième siècle, sa constitution devint entièrement aristocratique; la noblesse, que les
Lucquois avaient voulu d'abord éloigner des
honneurs, s'en empara totalement; la loi Mar-
tiniana, du 15 novembre 1556, interdit l'entrée des fonctions publiques aux roturiers. La
liberté elle-même fut comprise dans les privilèges de l'aristocratie.

On demandait un jour à un paysan lucquois
son opinion sur la liberté. — Bonne pour les
nobles, répondit-il, mais non pas pour nous.
Cependant le mot *libertà* était gravé en lettres
d'or sur les portes de la ville, et à tous les
coins de rues. *A force de lire le nom*, dit
Dupaty (1), *le peuple a cru posséder la chose.*

Les lois criminelles n'étaient point écrites
à Lucques; leur application dépendait de la
volonté des juges, pris ordinairement parmi
les étrangers, dans la crainte des influences
locales. Après cet arbitraire, si dangereux
dans la pratique, ce qui doit le plus étonner,
c'est qu'on pouvait se pourvoir contre les jugemens civils tandis que les jugemens criminels
étaient sans appel. Ainsi dans cette ville,

(1) *V.* la 23ᵉ des lettres sur l'Italie en 1785, t. 1,
p. 65 et 74.

l'honneur, la liberté, la vie d'un citoyen étaient moins protégés que son intérêt pécuniaire.

L'aristocratie, éminemment conservatrice de sa nature, sut à Lucques, comme à Venise, maintenir la constitution jusqu'au moment où les principales villes de l'Italie ouvrirent leurs portes à Napoléon. Les Lucquois supplièrent le conquérant de leur donner pour souverain un membre de sa famille. Le 25 juin 1805, le prince de Piombino et la princesse Elisa jurèrent, en acceptant la nouvelle constitution délibérée par les Anciens, de respecter la liberté civile jusqu'alors inconnue au peuple.

Il existe maintenant encore en Italie une petite république, qui doit son indépendance à sa faiblesse, c'est celle de Saint-Marin (1). Avec son territoire de quatre à cinq lieues quarrées, elle a semblé ne pas valoir la peine d'une usurpation. Cet heureux oubli lui a permis, après plus de treize cents ans d'existence, après tant de révolutions qui ont détruit les cités voisines, de conserver ses gonfalonniers réélus tous les six mois, son conseil général et son petit conseil composé moitié de

République de Saint-Marin.

---

(1) Pour empêcher la corruption de s'introduire à Saint-Marin, les autorités ne permettent pas aux étrangers d'y séjourner plus de vingt-quatre heures.

patriciens, moitié de plébéiens, et de présenter, au dix-neuvième siècle, un modèle vivant des républiques italiennes.

Ces républiques ont-elles véritablement joui, au moyen âge, de la liberté individuelle ? telle est la question qui se présente naturellement après la lecture de cette rapide esquisse.

Dès le principe, on les voit avides de déterminer l'origine, la nature et la répartition du pouvoir. Leurs habitans ne paraissent demander, pour prix des héroïques efforts qui ont fondé leur indépendance, qu'une participation plus ou moins directe au gouvernement (1). Partout aussi sont créés des conseils nombreux, des élections fréquentes, des dignités éphémères. A Venise seulement le doge était nommé à vie. Chacun gardait l'espérance de remplir des places qui ne restaient confiées aux mêmes hommes que durant deux mois, six mois, un an au plus. Le citoyen même, dont l'ambition sur ce point n'était pas satisfaite, pouvait se dire avec fierté : L'autorité de chaque fonctionnaire émane de moi, puisqu'il ne

----

(1) Dans l'Italie du moyen âge, la vie de l'homme était celle de la cité, dit M. Michelet dans son Introduction à l'Histoire universelle, p. 54. *Paris,* 1831.

la doit qu'à l'élection et peut-être qu'à mon
suffrage.

Ainsi les républiques italiennes, à l'instar
des républiques anciennes et surtout de Rome,
se sont beaucoup occupées de garantir la liberté politique; mais elles ne songèrent point
assez à garantir également la liberté des personnes; aucune loi n'en consacrait l'exercice.
La procédure criminelle la livrait, même sans
défense, à la discrétion des magistrats; dans
un grand nombre de villes, l'instruction était
secrète, l'accusé privé du secours d'un conseil,
la torture applicable sans qu'on exigeât des
indices suffisans pour l'ordonner, les jugemens
non motivés, et les peines excessivement sévères. L'arbitraire de la législation favorisait
celui des tribunaux. Souvent choisis parmi les
étrangers, les juges ne pouvaient être retenus
ni par la crainte de s'attirer des inimitiés de famille, ni par le desir de se concilier l'affection
de leurs justiciables; à la vérité, en quittant
leurs charges, ils subissaient une enquête;
mais elle avait pour objet de vérifier s'ils ne
s'étaient point laissé corrompre. Rien ne limitait donc leur mode d'interpréter les lois
généralement incomplètes et sans précision.
Les podestats, siégeant presque toujours seuls
sur leurs tribunaux, mésusèrent du droit de

vie et de mort qui leur fut accordé; ils prouvèrent que nul ne peut, sans danger pour
les droits individuels, porter à la fois la toge
et l'épée.

Telle était la législation criminelle en tems
de paix. Qu'elle devait être insuffisante dans
ces tems de tumulte et d'exaspération où
les meilleures lois perdent leur empire, au
milieu de ces guerres civiles dont les emprisonnemens, les confiscations de biens et les
proscriptions en masse sont les funestes et
ordinaires conséquences! Faut-il maintenant
s'étonner que les Italiens, désespérés de ne
rencontrer sous leurs républiques ni tranquillité extérieure ni sureté personnelle (1) se
soient si facilement résignés au despotisme?
La liberté politique peut bien étendre et consolider la puissance d'un royaume; mais la

(1) Montesquieu a dit que les républiques italiennes
n'eurent pas plus de liberté que Rome n'en eut du
tems des décemvirs (*V*. ses Considérations sur les
causes de la grandeur et de la décadence des Romains,
p. 100. *Londres,* 1769.) Il ajoute ces mots dans l'Esprit des lois, liv. 11, ch. 6 : « Dans les républiques
» d'Italie, la liberté se trouve moins que dans nos
monarchies. (*V*. en outre l'Histoire des républiques
italiennes par M. de Sismondi, t. 16, p. 353, 359,
372 et suiv.)

liberté individuelle peut seule assurer le bien-
être de chaque citoyen, et, en l'attachant au
gouvernement qui la protège, devenir pour
l'Etat lui-même un gage certain de repos et
de stabilité.

CHAPITRE XV.

DE LA LIBERTÉ INDIVIDUELLE

AUX ÉTATS-UNIS.

Philadelphie, 4 juillet 1833.

Vous désirez savoir, mon ami (1), si la liberté individuelle s'est naturalisée en Amérique. Voici, sur cette question intéressante, le résultat imparfait de mes propres observations :

Les Etats-Unis forment un peuple à part dans l'histoire des nations ; semblables à un

(1) Voulant nous entourer des renseignemens les plus exacts sur les Etats-Unis, nous avons écrit à un de nos parens né et domicilié en Amérique. La lettre, qu'il nous a répondue, nous a suggéré l'idée de donner à ce chapitre la forme épistolaire. Puisse-t-elle répandre quelque variété dans cet ouvrage !

homme qu'une raison précoce fait rapidement passer de l'enfance à l'âge viril, ils sont sortis des ténèbres de la barbarie pour s'élever en peu de tems à un haut degré de civilisation. Au moment où ce beau pays fut découvert par le navigateur Cabot, en 1497, on le voit habité par des sauvages, avides, je dirai presque fanatiques d'indépendance personnelle, préférant aux charmes de la vie sociale la liberté des forêts, plaçant le droit dans la force, et ne reconnaissant que, dans un petit nombre de cas, l'autorité d'ailleurs très bornée de leurs Sachems. En matière criminelle, ils n'avaient accordé à ces chefs qu'une juridiction fort restreinte; les crimes contre les propriétés et les personnes étaient punis par la famille, et non par la loi. Le meurtrier recevait son châtiment de la main des héritiers de la victime. Pouvait-il en être autrement chez un peuple dont la principale divinité était la vengeance?... Néanmoins je vous ferai remarquer, avec une sorte de fierté pour mes compatriotes, que le despotisme de l'Afrique et de l'Asie s'est rarement appesanti sur les nations indigènes de l'Amérique, quelle que fût d'ailleurs la rudesse de leurs mœurs.

Dans les seizième et dix-septième siècles, les persécutions religieuses exercées tour à

tour en Angleterre contre les catholiques, les
anglicans, les puritains, la révocation de l'édit
de Nantes en France (1), les émigrations des
Hollandais peuplèrent successivement l'Amérique septentrionale; à chacune des révolutions qui ont bouleversé les divers royaumes
de l'Europe, les Etats-Unis sont devenus le
lieu d'asile des hommes martyrs de leurs opinions, la patrie adoptive des citoyens obligés
de fuir leurs foyers; tous ces réfugiés y transportèrent les lois, les mœurs, les habitudes
du gouvernement de leur pays. De ces débris
de sociétés, déjà avancées dans la civilisation,
se composa un peuple neuf; bientôt se manifestèrent avec énergie les sentimens qui avaient
réuni sur notre terre hospitalière cette nation
de proscrits; la liberté, fille des lumières,
succéda à la licence des sauvages; rien n'entrava et ne pouvait entraver ses progrès; point
de droits féodaux, de privilèges oppressifs,
de distinctions nobiliaires (2); l'agriculture,

(1) Dans le comté de Wertchester, il existe une
petite ville entièrement peuplée par les émigrés de la
Rochelle. Elle porte le nom de la *Nouvelle-Rochelle*.

(2) Presque toutes les constitutions nouvelles déclarent qu'il ne sera point créé de titres de noblesse
aux Etats-Unis.

l'esprit de propriété, la tolérance de tous les cultes, le souvenir même des injustices que nos pères avaient éprouvées, tout au contraire tendait à entretenir parmi eux l'égalité et l'indépendance individuelle.

Dès les premiers tems, l'Angleterre, qui avait favorisé la fondation des colonies, s'attribua sur elles toute la puissance d'un gouvernement métropolitain; chaque colonie conserva néanmoins son gouvernement particulier, plus ou moins soumis, suivant ses bases, à l'autorité britannique. Les Stuarts portèrent dans cette partie de leur administration ce mélange de faiblesse et d'arbitraire qui causa leur ruine; Charles II comprit le premier que des institutions libres pouvaient seules convenir à des hommes qui avaient tout quitté, tout sacrifié pour rester fidèles à leur conscience. Les chartes, octroyées par ce prince et ses successeurs, créèrent dans l'Amérique du nord un véritable gouvernement constitutionnel; il consistait en un conseil, une chambre des représentans, et un gouverneur envoyé par l'Angleterre; mais ce que vous n'avez peut-être pas observé, mon ami, c'est que ces chartes étaient fondées sur des principes tellement larges, tellement généreux qu'elles régissent encore aujourd'hui, sauf très peu de modifi-

cations, plusieurs Etats; dans le Rhode-Island
et le Connectitut notamment, le peuple jouissait d'une complète indépendance dans tous
les actes d'administration locale; aussi, au moment de la révolution, fut-il superflu de rien
changer à l'organisation intérieure de ces deux
colonies (1)! On s'était d'ailleurs empressé
d'introduire partout l'institution du jury et
l'acte d'habeas corpus, les deux plus fermes
garanties de la liberté individuelle; ainsi, mon
ami, nous n'avons pas attendu notre émancipation politique pour user réellement des
droits du citoyen.

Les colonies s'enrichirent promptement sous
la féconde influence du gouvernement représentatif; leur prospérité excita l'envie du parlement anglais; la métropole voulut accroitre
son pouvoir qui allait chaque jour s'affaiblissant; elle suivit, pour y parvenir, le système
le plus funeste aux rois et aux peuples, je veux
dire l'arbitraire qui commence par l'oppression des sujets et finit par le renversement des
trônes. L'impôt du timbre fut promulgué en
1765; soudain une révolte éclate à Boston;
une vive effervescence exalte tous les esprits;

____

(1) La constitution du Rhode-Island est encore
celle que Charles II donna à cet Etat.

les colonies s'opposent à l'exécution de cette
loi fiscale avec une imposante unanimité ;
elle est révoquée ; mais le bill, qui la rapporte,
contient un motif insultant pour les Américains, c'est que le parlement britannique a
droit dans tous les cas d'imposer aux colonies
des obligations, de quelque nature qu'elles
soient ; bientôt d'autres impôts sur le verre,
les couleurs, le thé provoquent une nouvelle
résistance : les Anglais persistent à lever la
taxe sur le thé, tandisque les Américains se
refusent de toutes parts à la payer.

Alors le gouvernement anglais, dont la
politique se montre ordinairement si habile,
a l'imprudente témérité de prendre des mesures d'une excessive rigueur ; les colons in-
dignés se réunissent à Philadelphie ; le 4 juillet
1776, ils se déclarent indépendans et confient
le commandement de leurs armées à l'un des
plus grands hommes dont le nom soit inscrit
dans les fastes de la liberté, à Washington.
Après huit années de malheurs, de combats,
de courage et de gloire, ils contraignent, à
l'aide des secours de la France, l'Angleterre
elle-même à reconnaitre solennellement l'indépendance des Etats-Unis.

Ici s'ouvre une nouvelle ère pour les colonies de l'Amérique septentrionale ; en con-

quérant la liberté politique, elles se placent
au rang des nations. Bientôt le besoin d'une
constitution, qui sanctionne la confédération
des Etats, se fait sentir ; rédigée en 1787,
elle est proclamée en 1788.

Le système républicain, qui existait déjà
dans les mœurs, est alors établi par les institutions. Depuis cette époque, le gouvernement
se compose du sénat, de la chambre des représentans qui forment le congrès, et du
président, nommés tous par la voie de l'élection, les sénateurs pour six années, les représentans pour deux ans, et le président
pour quatre ; ce premier magistrat des Etats-
Unis peut être réélu plusieurs fois ; mais
l'exemple de Washington, qui s'est retiré au
bout de huit ans d'exercice, a presque force
de loi. Le congrès n'est pas seulement investi
de l'autorité législative ; il participe encore au
gouvernement de l'Union ; c'est lui qui déclare
la guerre, règle les affaires commerciales avec
les puissances étrangères, fait les emprunts,
fixe les impôts, etc. ; le président est chargé
du pouvoir exécutif, et commande les armées.
Toute loi doit être approuvée par les deux
chambres et contresignée par le président qui
a le *veto* suspensif, lors toutefois qu'une majorité des deux tiers de la chambre des repré-

séntans ne s'élève pas contre lui. Le congrès s'occupe spécialement de la politique extérieure; car chaque Etat a une constitution, et un gouvernement particulier appuyé sur des bases républicaines et calqué sur celui de l'Union. Les membres des deux chambres et le gouverneur que possède chacun des Etats-Unis sont tous également appelés à leurs fonctions respectives par le choix libre de leurs concitoyens; ainsi, mon ami, l'élection des fonctionnaires qui influent directement sur nos destinées, la courte durée de leur mandat, la surveillance perpétuelle de leurs commettans, semblent d'insurmontables obstacles contre les abus d'un pouvoir si passager.

Les Américains, d'un caractère plus fier, plus orgueilleux peut-être encore que les Anglais, ne souffriraient pas impunément la moindre atteinte portée à la jouissance de leurs droits; égaux devant la loi, leur véritable souveraine, admissibles à tous les emplois, ils ne reconnaissent d'autre noblesse que celle du mérite; rien d'ailleurs n'est plus propre, que leur système électif, à développer parmi le peuple un esprit public qui devient à lui seul une puissance irrésistible.

Notre constitution ne se contente pas de garantir la liberté politique; elle protège avec

55

la même prévoyance la liberté privée. La déclaration des droits, rédigée en convention
générale à Williamsburg, le 1er juin 1776,
s'exprime ainsi (art. 1er) : « Tous les hommes
» naissent également libres et indépendans;
» ils ont des droits naturels et inhérens à leurs
» personnes dont ils ne peuvent, par quelque
» convention que ce soit, priver ni dépouiller
» leur postérité; tels sont le droit de jouir de
» la vie et de la liberté, ainsi que les moyens
» d'acquérir et de posséder des propriétés,
» de chercher et d'obtenir le bonheur et la
» sureté. »

Ces principes, que, dans l'ancien monde, le
despotisme a pu seul redouter et proscrire,
ont servi de fondement à la législation des
Etats-Unis; on les trouve reproduits presque
textuellement dans les constitutions de divers Etats, notamment dans celles du Massachussets, de la Pennsylvanie, du Delaware,
du Maryland, du New-Hampsire, de Vermont, de l'Ohio, du Mississipi, des Illinois,
du Maine. Mais l'énumération de ces droits
n'aurait pas suffi pour en assurer l'usage. Aussi
la constitution générale de 1787 et les constitutions particulières de chaque Etat renfer-
ment-elles de sages dispositions, destinées à

défendre la liberté individuelle contre les tentatives de l'arbitraire.

Suivant la section 9 de la constitution de 1787, le privilège attaché aux lettres d'habeas corpus, ne peut être suspendu, excepté dans les cas de rebellion et d'invasion où la sureté publique l'exigerait; en règle générale, il ne doit pas être décerné de bill d'attainder; cependant le congrès a le droit d'en voter un contre le citoyen convaincu de haute trahison; mais l'infamie et la confiscation des biens, qui sont la suite de ce bill, ne peuvent frapper que la personne condamnée (1).

La section VI a proclamé l'inviolabilité des sénateurs et des représentans; hors ce même crime de trahison et celui de perturbation de la paix publique, ils ne peuvent jamais être arrêtés durant la session législative, ni pendant leur voyage pour aller à Washington et en revenir.

En ratifiant la constitution, le congrès général décréta plusieurs articles additionnels, parmi lesquels je me crois obligé de vous citer les deux suivans : Art. 6. « Le droit des ci» toyens d'être à l'abri, dans leurs personnes,

_____

(1) *V.* au chapitre ix relatif aux Anglais, ce qu'on entend par habeas corpus, bill d'attainder, etc., p. 318 et 335.

» leurs maisons, leurs papiers et effets, de
» toutes saisies et recherches injustes ne sera
» point violé. » Art. 7. « Nul ne sera tenu de
» se défendre contre un crime capital ou infa-
» mant, sinon sur la dénonciation ou l'accusa-
» tion clairement précisée d'un grand jury. »

Si je voulais, mon cher ami, vous signaler ici
tous les articles (1) des constitutions de chaque
Etat favorables à la liberté individuelle, je
fatiguerais votre attention par une nomencla-
ture heureusement uniforme mais aussi fasti-
dieuse, je me bornerai donc à vous rappeler
qu'elles s'accordent presque toutes à consa-

(1) *V.* dans les constitutions : de Virginie les art. 10,
11, 12, 13; du New-Hampsire les art. 15, 17, 18, 19;
du Massachussets les art. 12, 13, 14, 15, 26; de Pennsylvanie les art. 28, 29 ; du Delaware les art. 16, 17 ;
du Maryland les art. 19, 20, 21, 22, 23 ; de la Caroline du nord les art. 7, 8, 9, 10, 11, 12 ; de la Caroline méridionale les art. 40, 41 ; du New-Jersey les
art. 16, 22; de la Géorgie les art. 59, 60 ; de New-
York les art. 34, 41 ; de Vermont les art. 10, 11, 12,
32 ; du Tennessée les art. 13, 14, 15, 18 ; du Kentucky les art. 9, 10, 15, 16 du titre 10 ; de l'Ohio les
art. 10, 11, 12, 13 du titre 8 ; de la Louisiane les
art. 18, 19,20 ; de l'Indiana les art. 8, 12, 13, 14, 15;
du Mississipi les art. 8, 9, 10, 11, 16, 17, 27, 28; des
Illinois les art. 7, 8, 9, 10, 11 ; du Maine les art. 5,
6, 7, 9, 10, 11.

crer ces quatre principes : 1° Chaque citoyen
doit être respecté dans sa personne, dans sa
liberté, dans sa propriété. 2° Nul ne peut être
privé de sa liberté ni de ses biens que par le
jugement de ses pairs (des jurés). 3° Tout
warrant (c'est un ordre donné par le juge pour
faire des visites domiciliaires ou pour arrêter
un citoyen), ne peut être délivré que sur des
preuves suffisantes, après une dénonciation
revêtue de l'affirmation du plaignant, et l'accomplissement des formalités prescrites pour
la régularité du warrant ; sans la réunion de
ces conditions, le warrant est déclaré oppressif et vexatoire. 4° On ne doit pas exiger
de cautionnemens excessifs, ni imposer de
trop fortes amendes, ni infliger des peines
cruelles et inusitées.

Un Américain arrêté se croit-il victime d'un
acte illégal ? deux moyens de se faire rendre justice sont à sa disposition ; il a droit d'invoquer
le privilège d'habeas corpus et de requérir le
prompt examen des causes de son arrestation ;
il peut ensuite demander son élargissement en
offrant une caution suffisante qui ne doit pas
être refusée, à moins qu'il ne soit vagabond
ou inculpé d'un crime capital. Sur ce dernier
point, notre législation se montre supérieure à
toutes les législations de l'Europe ; nous avons

pensé que les crimes dignes de mort étaient
seuls assez graves pour motiver, sans jugement, la détention préalable d'un citoyen, et
faire céder ainsi l'intérêt privé à l'intérêt de
la tranquillité publique. Du reste, cet emprisonnement provisoire ne peut être de longue
durée aux Etats-Unis; l'instruction prélimi-
naire est courte et rapide; on ne recueille
que par extraits les dépositions des témoins et
les interrogatoires des prévenus afin de mettre
l'attorney général à même de qualifier le délit
et de dresser l'acte d'accusation. Ici, mon
ami, il m'en coûte d'avoir à mentionner un
usage vraiment attentatoire à la liberté individuelle. Dans le but de conserver à la justice
les moyens de découvrir la vérité, on exige
des témoins et du plaignant un cautionnement;
lorsqu'ils ne peuvent le fournir ou trouver des
citoyens recommandables qui répondent de
leur comparution au jour du jugement, on les
met en prison; ils y restent jusqu'à ce que la
cour d'assises puisse les entendre (1).

(1) MM. de Beaumont et de Tocqueville, dans leur
ouvrage sur le système pénitentiaire aux Etats-Unis,
p. 315 (*Paris,* 1833), citent plusieurs exemples de
témoins ainsi incarcérés, quelquefois pendant une
année entière ; ils ajoutent ensuite ces réflexions : « En
Amérique, la condition du pauvre est encore plus

Grâce à l'institution des procureurs criminels, dont le ministère consiste à soumettre
aux grands jurys les cas d'infraction aux lois,
et de traduire ensuite les accusés devant les
tribunaux compétens, les parties lésées n'ont
pas à remplir en Amérique, comme en Angleterre, la tâche souvent fort onéreuse de
poursuivre eux-mêmes leurs agresseurs; les
crimes sont plus exactement et plus active-
ment réprimés. La loi, sanctionnant le droit
sacré de la défense, autorise, dans toutes les
causes, l'accusé à se faire assister d'un conseil;
s'il est dans l'impossibilité de s'en procurer,
la cour lui en désigne un d'office.

Nous avons emprunté aux Anglais le mode
de juger les procès criminels, c'est-à-dire, la
mise en accusation prononcée par un grand
jury, le droit de récuser vingt jurés sur une
liste de trente-six personnes, la publicité la

dure qu'en Europe; si le hazard le rend témoin d'un
crime, il doit se hâter de détourner les yeux; et s'il
en est lui-même la victime, il ne lui reste qu'à fuir,
de peur que la justice n'entreprenne de le venger. Les
Américains, fils des Anglais, ont tout prévu pour la
commodité du riche, et presque rien pour la garantie
du pauvre. Dans le même pays, où le plaignant est
mis en prison, le voleur reste en liberté s'il peut donner caution. »

plus complète des débats, l'examen des faits
soumis à un petit jury qui doit rendre, comme
le premier, sa décision à l'unanimité, et même
la coutume, si cruelle pour les condamnés,
de ne déterminer les peines qui leur sont appliquées qu'à la fin de la session des assises.

Autrefois la législation pénale était partout
fort sévère; la piraterie, la trahison, le meurtre, l'incendie, les vols de grands chemins,
les crimes commis en pleine mer étaient punis
de mort; mais plusieurs Etats de l'Union sont
entrés sur ce point dans la voie d'humanité
ouverte par la Pennsylvanie; maintenant la
peine capitale n'y est plus infligée qu'au meurtre prémédité et à l'incendie; du reste, point
d'autres châtimens corporels que l'emprisonnement; les condamnés exécutent leurs jugemens dans des maisons devenues célèbres
en Europe par leur système pénitentiaire (1);
cellules solitaires, propreté, travail, exhorta-
tions religieuses, telles sont les bases du régime

(1) Celles de New-York, d'Auburn, de Baltimore,
de Philadelphie, de Boston et de Wethersfield. On a
établi aussi à New-York, en 1825, à Boston en 1826,
et à Philadelphie en 1828, des maisons de refuge destinées à séparer des criminels endurcis les jeunes délinquans et à leur donner l'éducation qu'ils n'ont pu
recevoir de leurs parens.

de ces prisons-modèles dont le noble but est
de réformer le moral des détenus.

Malheureusement ces améliorations n'ont
point été introduites dans tous les Etats. Plusieurs possèdent encore les lois barbares qu'ils
ont importées de l'Angleterre. Dans le Massachussets, le Delaware, le New-Jersey, le Maine,
le Rhode-Island et le Connectitut, la peine de
mort est prononcée contre un grand nombre
de crimes; quelques lois permettent même
des cruautés indignes d'un peuple civilisé,
telles que la mutilation. Sur vingt-quatre Etats,
quinze n'ont encore rien changé à l'ancien
système de leurs prisons, généralement insa-
lubres et mal tenues (1).

L'estime publique est la principale récompense du fonctionnaire aux Etats-Unis; la
crainte de la perdre, en attentant à la liberté
d'un citoyen, serait seule une sanction suffisante des droits individuels; la constitution

___

(1) MM. de Beaumont et de Tocqueville, en visi-
tant dans leur voyage aux Etats-Unis la maison
d'arrêt de Cincinnati, ont trouvé la moitié des détenus chargés de fers et le reste plongé dans un cachot
infect; dans la prison de la Nouvelle-Orléans, ils ont
vu des hommes confondus pêle-mêle avec des pour-
ceaux, au milieu de toutes les ordures et de toutes les
immondices. « En général, disent-ils, pour leurs

(section IV) vient y ajouter encore une garantie légale ; elle déclare tous les fonctionnaires et le président lui-même responsables de leurs actes, et directement justiciables des tribunaux. Dans les vingt-quatre Etats, les juges sont révocables pour accusation de crime d'Etat; dans le Massachussets, le New-Hampshire, le Delaware, le Maryland, la Pennsylvanie, le Kentucky, la Louisiane et le Mississipi, ils peuvent de plus être révoqués pour mauvaise conduite, sur l'adresse de la majorité de la législature de l'Etat qu'ils habitent, ou sur le vote des deux tiers des suffrages. Ainsi la nécessité, justement sentie dans notre pays, d'une responsabilité effective, l'a emporté même sur le principe salutaire de l'inamovibilité.

Les colonies de l'Amérique du nord, fondées en grande partie par des Anglais, adoptèrent naturellement sur plusieurs points les statuts de

prisons comme pour le reste, les Etats du sud sont fort en arrière de ceux du nord. Dans quelques-uns d'entr'eux, la réforme du régime des prisons n'est nullement réclamée par l'opinion publique. Tout récemment on a aboli dans la Géorgie le système pénitentiaire qui y avait été établi un an auparavant. » (V. l'ouvrage sur le système pénitentiaire aux Etats-Unis, p. 27.)

la Grande-Bretagne. Malgré l'antipathie profonde que manifestent les Etats-Unis pour leur
ancienne métropole depuis la révolution et
surtout depuis l'injuste guerre de 1814, la
législation anglaise est encore invoquée dans
tous les cas que nos lois n'ont pas prévus (1);
en matière civile, les affaires d'un intérêt ex-
cédant 200 fr. sont jugés par les jurés; mais il
n'est point permis au créancier, comme en
Angleterre, d'user de violence pour assigner
et conduire le débiteur devant le magistrat;
dans la majorité des Etats, l'emprisonnement
pour dettes est effectué sur la seule représen-
tation du titre, quel que soit le montant de la
créance. Toutefois plusieurs constitutions (2),
particulièrement celles de l'Ohio, de New-
York et de Kentucky, ont essayé de tempérer
la rigueur de ce droit en prescrivant l'élargissement de tout débiteur insolvable qui fait de
bonne foi à ses créanciers la cession de tous
ses biens. Les créanciers, qui ont des faits de

(1) *V.* le Mémoire de M. de Talleyrand sur les relations commerciales des Etats-Unis avec l'Angleterre,
lu à l'Institut le 15 germinal an v.

(2) *V.* dans la Constitution de Pennsylvanie l'art. 28,
de la Caroline septentrionale l'art. 39, de Vermont
l'art. 33, de Tennessée l'art. 18, de Kentucky l'art. 17
du tit. 10, du Mississipi, l'art. 18, et des Illinois l'art. 15.

fraude à alléguer, peuvent former opposition
à la mise en liberté de leur débiteur; l'affaire
est portée devant un jury; et sur sa déclaration que le débiteur est de mauvaise foi, les
juges ordonnent qu'il sera reconduit en prison,
et privé à jamais du bénéfice de la loi. Dans
beaucoup d'Etats, les femmes sont exemptes
de la contrainte par corps; dans d'autres,
comme, par exemple, le New-Hampsire et le
Maryland, le débiteur ne peut être incarcéré
que pour une dette d'un taux assez élevé, fixé
par un réglement.

Je ne saurais trop déplorer avec vous, mon
ami, la jurisprudence établie aux Etats-Unis
de dépouiller ainsi, pour des sommes fort minimes, un citoyen d'une liberté si nécessaire
à son commerce et au rétablissement de sa
fortune; pourrez-vous croire que, durant
l'année 1808, treize cent soixante-dix personnes ont été emprisonnées dans la seule
ville de New-York, pour des dettes au-dessous de 25 dollars (1)? sur ce nombre huit
cent quatre-vingt-quinze furent libérées sans
payer leurs créanciers (2). On a évalué à sept

(1) Le dollar vaut environ 5 fr. 30 c.

(2) *V.* la Description historique des Etats-Unis
par M. Warden, t. 5, p. 370. *Paris,* 1820.

mille le nombre des citoyens arrêtés annuellement pour dettes dans la Pennsylvanie.

Mais ce qui doit nous affliger plus encore, ce qui est à la fois pour l'Amérique une honte et un fléau, c'est l'esclavage (1). Quel douloureux spectacle que de voir, sur la terre de l'égalité, près des citoyens les plus libres de l'univers, leurs semblables trainant péniblement la chaine de la servitude, de contempler ces marchés où se vendent pêle-mêle des meubles, des chevaux et des hommes, d'assister à ces révoltantes enchères où des êtres dégradés mettent tout leur orgueil à se faire acheter au plus haut prix possible? Déjà plusieurs Etats ont senti combien il importait à la gloire de l'Union de détruire peu à peu ce trafic infâme qui la déshonore plus que les malheureux qui en sont les victimes; sur ce point encore, la Pennsylvanie la première a donné l'exemple; elle a aboli l'esclavage par des lois publiées en 1780 et 1788. Les quakers,

(1) Tous les étrangers se sont accordés à flétrir sur ce point les institutions des Etats-Unis où le citoyen agite d'une main le bonnet de la liberté, et de l'autre frappe son esclave; où, selon l'expression de *Moore* au vicomte de Forbes, on trouve un étrange mélange d'orgueil et de misère, de chartes et de fouets, d'esclaves noirs et de démocrates blancs.

qui l'habitent en grand nombre, rendirent la
liberté à leurs esclaves, et défendirent à leurs
frères de s'en servir ; on ne comptait en 1811
que deux esclaves à Philadelphie, encore
l'étaient-ils de leur propre volonté (1)!

Par un acte daté du 31 mars 1817, le gouvernement de New-York décida que l'esclavage serait totalement supprimé à partir du
4 juillet 1827 ; à cette époque, tout nègre et
mulâtre, né avant le 4 juillet 1799, est devenu
libre de droit; le Massachussets, le Rhode-
Island, l'Ohio, l'Indiana, les Illinois, etc., ont
également anéanti une institution réprouvée
par la religion et l'humanité.

Maintenant l'esclavage ne subsiste plus que
dans onze Etats ; comme leur population est
moins considérable que celle des treize autres, surnommés les Etats libres (2), la plus
grande partie des Américains goûte réellement les bienfaits de la liberté. Dans ces onze
Etats, les rigueurs de la servitude ont été

(1) *V.* le Tableau de Philadelphie par M. Mease,
p. 242.

(2) On appelle ces Etats libres par opposition à ceux
où l'on tolère encore l'esclavage des nègres. (*V.* les
Lettres sur les Etats-Unis par M. Cooper, t. 2, p. 218,
Paris, 1828, et l'Introduction de la Description des
Etats-Unis par M. Warden.)

adoucies ; les maîtres, qui exigent un travail immodéré, sont condamnés à l'amende, et ceux qui tuent leurs esclaves, poursuivis comme meurtriers ; enfin une tendance philantropique se révèle de toutes parts ; l'accroissement des blancs, en diminuant leurs salaires, facilitera peut-être l'affranchissement des nègres dont les services seront alors moins indispensables. Vous connaissez sans doute ces mots du président Monroé dans un discours plein de patriotisme : *Le jour n'est pas éloigné où l'on ne trouvera plus un seul esclave en Amérique.* Puissent ces paroles prophétiques bientôt se réaliser (1) !

Rien alors ne manquera plus au bonheur de notre belle patrie ; tous les hommes, qui respireront l'air vivifiant des Etats-Unis, jouiront indistinctement et de la liberté individuelle, et de ces autres libertés non moins précieuses qui lui prêtent leur puissant appui, je veux dire la liberté de la presse qui exerce son utile surveillance par l'organe de 840 journaux, et la liberté des cultes plus vraie, plus complète parmi nous qu'en aucun pays des

----

(1) *V.* la dernière page du 2ᵉ tome d'un Voyage aux Etats-Unis par miss Wright, traduit de l'anglais par M. Parisot.

deux Mondes; on voit souvent les membres
d'une même famille professer différens cultes,
et des enfans se rendre séparément dans des
temples d'une secte opposée à celle de leurs
pères (1). Cette tolérance pratique nous a
épargné les guerres, les persécutions dont la
religion fut ailleurs le prétexte, et, ce qui est
peut-être plus pernicieux encore, la corruption de l'hypocrisie.

Une population élevée en quarante ans de
trois à près de quatorze millions, le nombre
des Etats doublé depuis 1783, une industrie et
un commerce qui rivalisent avec ceux de l'Angleterre, voilà, mon ami, après moins d'un
demi-siècle d'existence, les effets merveilleux
d'un gouvernement vraiment libre (2).

Vous parlerai-je maintenant de l'Amérique
du sud ? Les nations, qui l'habitent, ont
presque toutes arboré l'étendard de l'indépendance, et se sont donné un gouvernement
copié sur le nôtre; mais jusqu'à ce jour, leur
situation est si précaire, leur tranquillité si

(1) Suivant l'Almanach de Boston de 1830, on comptait, dans cette année, vingt-deux sectes religieuses
organisées aux Etats-Unis et dix-neuf mille églises.

(1) *V.* dans l'Abrégé de l'Histoire des révolutions
de l'Amérique septentrionale par M. Dufey de l'Yonne,
les pièces justificatives, t. 2, p. 442 et 443. *Paris*, 1827.

souvent troublée, la constitution de chacune d'elles encore si nouvelle qu'il serait difficile de bien apprécier les résultats de leurs institutions.

Je me contenterai de vous dire qué dans la Colombie, le Chili, le Pérou, le Mexique, les Provinces-Unies du Rio de la Plata, le Haut-Pérou ou Bolivia, la confédération de l'Amérique centrale, les gouvernemens sont tous républicains(1); ils se composent d'une chambre des représentans et d'un sénat revêtus du pouvoir législatif et du droit de coopérer aux principaux actes de l'administration, et d'un président ou d'un directeur dépositaire du pouvoir exécutif. Le Brésil seul possède une monarchie constitutionnelle; mais la récente abdication de Don Pédro, l'auteur de la charte de 1824, qui arracha, en 1821, ce pays aux horreurs de l'anarchie, que l'on décora du titre pompeux de défenseur perpétuel du

(1) Le docteur Francia gouverne depuis quelques années le Paraguay en monarque absolu sous le titre de directeur; mais on ne peut placer ce pays dans une catégorie particulière, attendu que l'autorité de cet homme extraordinaire ne semble attachée qu'à sa personne. L'entrée du Paraguay est fermée à tous les étrangers sans exception, sous peine d'être retenus prisonniers.

Brésil, a prouvé que cet empire n'est guère moins agité que les républiques qui l'environnent.

Toutes les constitutions de l'Amérique du sud garantissent la liberté individuelle (1); aux minutieuses précautions qu'elles prescrivent, on reconnait la ferme résolution des Américains de protéger leur sureté qui fut si souvent attaquée et violée par les Espagnols. La torture, les peines barbares, les cautions excessives ont été presque partout abolies. J'ai cependant remarqué dans la première constitution de la Colombie l'art. 126 qui permet au président de la république d'ordonner l'arrestation d'un individu lorsque l'intérêt général le commandera; seulement le citoyen arrêté

(1) *V*. 1° dans la constitution des Provinces-Unies de l'Amérique du sud les art. 109, 115, 116, 117, 118, 119, 120, 121, 122; 2° dans la première constitution de la république de Colombie les art. 3, 126, 127, 128, 159, 160, 161, 162, 165; 3° dans les constitutions : du Mexique les art. 19 et 30; 4° du Brésil l'art. 178 divisé en 34 paragraphes; 5° du Chili le chapitre relatif au pouvoir judiciaire. *V*. en outre les Extraits de la constitution de Colombie publiée en 1830, et des constitutions du Pérou, de Bolivia et des Provinces-Unies du Rio de la Plata dans le Supplément de la Collection des constitutions de l'Europe, p. 176, 183 et 189. *Paris*, 1830.

doit être traduit, dans les quarante huit heures, devant le magistrat compétent. Cette disposition, quelque peu arbitraire, a été encore aggravée par un décret du dictateur Bolivar, du 27 août 1828, qui pose cette exception : « Les précautions légales ne sont pas exigées » dans les arrestations ordonnées pour délits » de police, ni dans celles que la sureté pu- » blique rendrait nécessaires. »

Quand on se représente les divisions intestines, les guerres, les banqueroutes, les révolutions qui bouleversent sans relâche l'Amérique du sud, on croit voir un des nombreux volcans, qu'elle renferme, toujours en éruption, et dont le cratère ne cesserait de vomir des laves enflammées. Pour moi, je gémis sur la destinée de ces diverses républiques ; mais j'aurais été étonné qu'elle fût différente. Les Américains du sud ne me semblent pas encore murs pour la liberté ; ils ont passé trop brusquement du despotisme à l'indépendance ; puis ils se sont élancés dans leur nouvelle carrière comme des coursiers fougueux et indomptés. Pour être républicain, il faut avoir des vertus et des lumières ; or les indigènes sont ignorans, superstitieux, et la plupart même grossièrement corrompus. L'instruction sera long-tems encore trop peu répandue parmi ces hommes naguère sauvages, et maintenant déjà citoyens, pour qu'ils puissent user sans péril du système électif. Espérons toutefois, mon ami, que l'ordre se consolidera, que les propriétés, concentrées dans quelques familles, se répartiront plus également, et que les esclaves, jusqu'à ce jour si brutalement traités, si multipliés et si malheureux, verront enfin luire l'aurore d'un meilleur avenir !

CHAPITRE XVI.

RÉSUMÉ.

Dans le cours de cet ouvrage, nous nous sommes efforcé de constater l'état de la liberté individuelle chez les principaux peuples anciens et modernes; elle nous a paru l'effet plus ou moins immédiat des institutions et des autres causes indiquées dans l'introduction; nous essaierons, dans ce résumé, de la présenter elle-même comme cause constamment influente, et sur le bonheur des particuliers, et sur la prospérité des Etats.

La liberté individuelle ne se réduit pas au droit de n'être arrêté ni détenu que dans les cas prévus par la loi; la considérer exclusivement sous ce rapport en quelque sorte judiciaire, ce serait méconnaitre sa nature et ses conséquences. Liberté de la personne, elle comprend, suivant nous, tous les droits personnels; ainsi elle entraine avec elle la faculté d'aller, de venir, d'exprimer ses pensées, d'exercer son industrie, de disposer de ses propriétés et de toutes ses actions, à la seule condition de ne point nuire à autrui et de se conformer aux lois (1).

Envisagée sous ce rapport général, la liberté individuelle est évidemment le bien le plus précieux de l'homme, en quelque position que la nature l'ait placé; c'est le premier besoin de son ame (2), d'autant plus impérieux que ses sentimens sont plus nobles et ses lumières plus étendues; c'est le but de sa vie, la source de ses progrès, la base essentielle de son bonheur. En possession de la liberté indivi-

(1) « Par liberté individuelle j'entends, dit lord John Russel, l'absence des entraves mises à des actions qui ne sont pas criminelles; il faut y comprendre aussi l'absence de tous privilèges personnels exclusifs, tels que droits seigneuriaux, exemption de taxes, monopole des emplois civils et militaires, car ce qui est privilège pour l'un est une gêne et une exaction pour l'autre. » (*V.* L'Essai historique sur la constitution et le gouvernement anglais, *Paris*, 1821.)

(2) « La liberté, dit M. de Châteaubriand, est de droit naturel ; chaque homme l'a reçue en naissant sous le nom d'indépendance individuelle. » (Etudes historiques, t. 1er, p. 3.)

duelle, l'homme n'est jamais entièrement malheureux ; il conserve l'espérance de réparer
les débris de sa fortune, et souffre plus patiemment les maux qui accablent sa patrie. Sans
liberté individuelle, son existence se décolore
et se flétrit ; il n'a plus l'usage complet de ses
facultés, il ne peut plus se servir, quand il lui
plait, de celle qui l'élève en quelque façon
jusqu'à Dieu, de sa volonté ; souvent même il
est contraint de faire ce qui ne lui convient
pas. Ainsi on le dépouille d'une portion de
son libre arbitre, et on détruit partiellement
en lui le plus beau présent de la Providence.
Qu'arrive-t-il alors ? l'homme, plus ou moins
dominé par son semblable, se traine à sa
remorque ; son esprit se retrécit, son ame se
dégrade, peu à peu sa vie se matérialise ;
d'homme, il devient machine (1). Telle est la
destinée de l'esclave chez les anciens et les
modernes, du serf sous le régime féodal,
des femmes renfermées dans les harems de
l'Orient, souvent du domestique de nos jours,

---

(1) Qu'est-ce qu'un esclave ? C'est, dit M. Ozaneaux,
un homme qui n'est plus homme, une machine dé-
vouée aux ordres d'un être fort, une volonté qui
s'est évanouie dans une autre volonté, un corps ajouté
à un autre corps. (Nouveau système d'études philosophiques, p. 448, *Paris*, 1830.)

et quelquefois du sujet dans certains États despotiques.

Sans liberté individuelle, le citoyen perd encore la force de s'acquitter de ses devoirs; pour les bien remplir, deux conditions sont de rigueur : vouloir et pouvoir. Tant qu'il demeure maître de ses passions, ses intentions sont loyales et pures; mais divers obstacles l'arrêtent souvent au moment de les manifester; le plus puissant de tous, c'est la crainte.

Qu'elle soit inspirée par le despotisme d'un souverain, ou par la tyrannie d'un parti, par la perfide cruauté d'un Tibère, ou par les échafauds des Jacobins de 93, ses effets sont à peu près les mêmes; dès que la crainte a pénétré dans le cœur d'un homme, elle s'en saisit comme d'une proie; c'est elle qui le pousse ou le retient, qui enflamme son zèle ou commande son silence; elle l'absorbe tout entier, l'endurcit et étouffe en lui tous les sentimens généreux.

Sous un gouvernement oppresseur ou trop faible, qu'ils sont désastreux les résultats de cette crainte universelle! elle met sans cesse les hommes aux prises avec leur intérêt personnel; quelquefois même elle ébranle l'énergie des ames le plus fortement trempées. Le particulier tremble pour ses biens, sa liberté, son existence; au fond de toutes ses pensées, il aperçoit la sinistre image d'une prison. Le fonctionnaire frémit à chaque instant d'effroi pour sa place, pour son avenir, pour celui de ses enfans ; il imite la prudence du pilote qui, avant d'agir, monte toujours sur le tillac afin d'examiner de quel côté le vent souffle.

Que de lâchetés, que de bassesses viennent alors souiller le sanctuaire de la justice ! le témoin se parjure, le magistrat fait pencher sa balance au gré de son ambition, et le juré, épouvanté par les menaces des factions, reste sourd à la voix de sa conscience.

Partout l'égoïsme substitue ses froids calculs aux sublimes inspirations de l'honneur ; personne n'a plus le courage de son opinion ; les sermens les plus sacrés sont foulés aux pieds ; les hommes abjurent insensiblement leur dignité. Ainsi le défaut de sureté personnelle engendre la corruption, et finit par démoraliser les êtres les plus vertueux.

Sans l'exercice raisonnable de ses facultés, sans la force d'accomplir ses devoirs, qui pourrait se croire heureux sur la terre ! La liberté individuelle est donc nécessaire à la félicité des particuliers. Inutile sans doute de démontrer plus longuement cette vérité ; chacun s'en est convaincu par sa propre expérience. Aussi l'article 4 de la charte de 1830,

qui consacre la liberté individuelle, réunit-il,
par un rare privilège, toutes les opinions. Les
uns s'indignent des excès de la presse; les
autres ne sont pas assez tolérans pour mettre
en pratique la liberté des cultes; quelques-uns
redoutent la liberté de l'enseignement; mais
tous veulent la liberté individuelle parce
qu'elle est indispensable à tous.

———

Quand les membres d'un corps sont sains
et robustes, il est impossible que le corps
ne soit point lui-même plein de vigueur et de
santé; de là la liberté individuelle, qui assure
le bien-être de chaque citoyen, doit inévitablement contribuer à la prospérité de l'Etat.

En se réunissant en société, les hommes
ne se sont point dessaisis de leur liberté; ils
en ont remis une partie entre les mains de
leurs magistrats pour jouir paisiblement de
tout le reste; puis ils ont comblé d'honneurs
et de richesses les dépositaires de l'autorité,
mais à la charge que ceux, qui en seraient investis, leur garantiraient en échange leur
fortune et leur sécurité. D'après ce contrat
tacite, mais incontestable, la liberté personnelle ne devait subir d'autres restrictions que

celles exigées par le bien public (1). Malheureusement il n'en a point été ainsi; dans la majorité des nations, la liberté individuelle a été,
et maintenant encore, est indignement violée.
On a vu dans cet ouvrage combien il est restreint le nombre des peuples qui l'ont connue;
on a pu aisément compter le peu d'années pendant lesquelles ceux-ci mêmes en ont profité.
Affligeante destinée de l'homme qui ne doit
jamais rencontrer un bonheur parfait en ce
monde, soit comme individu, soit comme
membre de la société! Il n'achète qu'au prix
des plus grands sacrifices la possession des
droits les plus naturels, et, à l'époque où il
est parvenu à les conquérir, sa dépravation
vient souvent en pervertir l'usage.

Recherchons d'abord si la liberté individuelle
a existé chez les peuples anciens, surtout chez
ceux qui se vantaient le plus d'être libres.

Sans cesse occupés d'intérêts généraux dans
les camps, au forum ou sur la place publique,
les Anciens menaient une vie tout extérieure.
Le grand nombre d'esclaves chargés des travaux manuels, le manque de commerce dans
plusieurs cités, leur population d'ordinaire

---

(1) *In civitate singulorum libertas restringitur quoad
eas actiones quæ ad bonum publicum promovendum
faciunt.* (Wolf, *Jus naturæ*, 8ᵉ partie, § 47.)

peu considérable, les mœurs long-tems simples et sans luxe, l'oisiveté des citoyens en tems de paix, tout favorisait cette participation quotidienne aux affaires publiques ; chacun s'estimait libre parce qu'il exerçait fréquemment une partie de la puissance législative ou judiciaire. Choisir leurs magistrats, juger les crimes graves, obéir aux seules lois qu'ils avaient approuvées de leurs suffrages, voilà quelle était la liberté des Anciens qui se proclamaient libres. « Sous ce nom de liberté, » les Romains et les Grecs se figuraient, ainsi » que l'a dit Bossuet (1), un état où personne » ne fut sujet que de la loi, et où la loi fut plus » puissante que les hommes. »

Mais cette liberté seulement politique, qui grandissait leur importance personnelle, qui flattait leur orgueil, aveugla tellement les Anciens qu'ils ne songèrent point à garantir leur liberté individuelle (2).

Pour eux, la vie privée était sans charmes ;

(1) Discours sur l'Histoire universelle, 3e partie, p. 412.

(2) Dans les républiques anciennes, dit M. Daunou, on s'était beaucoup plus occupé de la part que chacun aurait aux délibérations et résolutions publiques, que de la sureté des personnes et des propriétés, du libre exercice de l'industrie et de l'indépendance des opi-

les femmes, reléguées dans des appartemens séparés, ne partageaient point leurs repas, et se voyaient rarement traiter comme leurs égales et leurs compagnes. Ils ne pouvaient dès lors gouter les plaisirs si doux et si délicats de leur société habituelle. La crainte, plus que l'amour filial, retenait leurs enfans au foyer paternel et leurs serviteurs rampaient avilis à leurs pieds.

D'ailleurs en Egypte, à Lacédémone, à Carthage, à Rome, la loi, portant partout son œil scrutateur, disciplinait les citoyens comme des soldats; elle s'immisçait dans les plus petits détails de la vie domestique. Quoi de plus assujettissant, de plus intolérable que ce despotisme légal! Lorsque la loi est ainsi minutieuse et tracassière, que, sous prétexte de surveiller les mœurs, elle pénètre jusque dans les relations les plus intimes, il n'est plus de liberté individuelle, car nul ne peut disposer, à son gré, de sa personne ni de ses actions. La loi, qui veut ainsi tout prévoir, ressemble

nions. Tout y était sacrifié à des intérêts généraux qu'on envisageait comme distincts de tous les intérêts particuliers, et qui souvent en effet se conciliaient fort mal avec eux. (*V*. l'Ecrit sur les Garanties individuelles inséré dans le tome 10 du Censeur européen, p. 18.)

à un guide qui fatigue le voyageur en cher-
chant à diriger tous ses pas.

Chez les Anciens en outre, point de liberté
d'écrire, point de liberté des cultes, aucune
de ces libertés spéciales qui soutiennent et
complètent la liberté individuelle. Le gouvernement imposait à chaque citoyen sa religion
et son système d'éducation. Sous peine d'être
puni comme sacrilège, il fallait adorer les
impudiques divinités du paganisme. Socrate
fut condamné à mort pour avoir voulu réformer l'éducation de la jeunesse et montré
la nécessité d'un seul Dieu.

Où pourrait-on rencontrer dans l'antiquité
la liberté individuelle?

Serait-ce chez les Assyriens, les Lydiens,
les Perses, les Mèdes, les Syriens, les autres
nations de l'Asie et de l'Afrique? L'histoire a
justement reproché aux souverains de ces
contrées la soif de l'or et des impôts, la folie
des conquêtes, le despotisme le plus effréné.

Serait-ce dans ces républiques si préconisées
par d'enthousiastes admirateurs?

A quelle faible minorité se réduiraient
d'abord les hommes qui auraient pu recueillir
les bienfaits de cette liberté! Il faut en effet
retrancher les esclaves, tellement multipliés
à Rome, en Grèce et surtout en Laconie, qu'ils

étaient, relativement aux citoyens, dans la proportion de quatre à un, les femmes partout dépendantes qui forment la moitié de la population, les enfans, les prolétaires, les exilés (1), les accusés détenus, les condamnés.

Resteraient donc seulement les citoyens : or nous avons déjà remarqué combien leur liberté était entravée dans ces républiques, et particulièrement à Sparte par les perpétuelles exigences de la loi, à Rome, par les recherches inquisitoriales des censeurs et le despotisme du sénat. Les Athéniens furent, à la vérité, indépendans dans leurs rapports, soit entr'eux, soit avec les étrangers; la loi s'ingéra beaucoup moins dans leur vie privée; ils pouvaient embrasser la carrière de leur choix, s'enrichir par le commerce, et quitter, suivant leurs gouts, le territoire de leur patrie (2). Aussi furent-ils les hommes les plus heureux de la Grèce !

Cependant, en présence de l'aréopage, qui avait droit de contrôler tous les actes, parce

(1) Lorsque Alexandre ordonna à toutes les cités de la Grèce de rappeler leurs exilés, le nombre de ceux-ci, dit M. Hume, monta à vingt mille.

(2) *V.* l'ouvrage allemand de M. Auguste Bœckh sur l'Economie politique des Athéniens, traduit par Laligant, t. 1, p. 61, 73 et suiv. *Paris*, 1828.

que l'inspection des mœurs embrasse les faits
les plus indifférens, dans la crainte des rigueurs de l'ostracisme, au milieu des atteintes
continuelles portées à la tranquillité publique,
l'Athénien lui-même ne jouissait pas complètement de la liberté individuelle; il se montrait plus fier de dire : j'ai voté telle loi, j'ai
fait bannir Aristide, que d'être libre dans son
intérieur. Sa liberté se manifestait, dans tout
son éclat, sur la place publique; elle consistait plutôt dans les satisfactions de la vanité
que dans les douceurs d'un bien-être permanent; en un mot, elle était plus politique
que individuelle.

Tel a été réellement le caractère distinctif
de la liberté des Anciens (1); tel fut aussi, au
moyen âge, celui des républiques italiennes; tel
est actuellement encore celui de certaines villes
d'Allemagne et de plusieurs cantons Suisses.

Quels sont maintenant les peuples modernes
qui ont joui de la liberté individuelle?

Ecartons d'abord ces siècles de barbarie où
la force brutale était l'unique puissance, où

(1) *V.* l'ouvrage de M. de Chastellux sur la Félicité
publique, t. 2, p. 135, et le Discours de Benjamin
Constant sur la liberté des Anciens comparée à celle
des Modernes, t. 4, p. 243 du Cours de politique
constitutionnelle.

les Goths, les Huns, les Normands se précipi-
taient, comme des torrens, sur les divers
royaumes de l'Europe, et portaient partout la
flamme et la mort. La liberté individuelle est
fille de la légalité et de l'ordre public; elle ne
peut s'acclimater sous la tente de ces peuplades vagabondes, qui, jalouses d'une liberté
sauvage, ne reconnaissent d'autre justice que
celle du sabre. Sans doute, après les conquêtes
des Scandinaves et des Germains, quelques
chefs, quelques comtes étaient libres! Mais
cette liberté exclusive et privilégiée ne servait qu'à faire plus vivement ressortir l'oppression et la misère de leurs vassaux.

Franchissons rapidement ces longues années
du régime féodal; les serfs remplacèrent alors
les esclaves, l'arbitraire s'organisa, et le peuple
fut proclamé taillable et corvéable à merci.

Arrêtons-nous devant les trois derniers
siècles; c'est seulement à cette époque que les
esprits plus éclairés ont commencé à comprendre l'utilité de garantir la plus vitale des
libertés.

La France jusqu'à la révolution de 1789,
le Danemark, l'Autriche, la Prusse, quelques
Etats d'Allemagne, le royaume des Deux-
Siciles jusqu'à nos jours, ont eu un gouvernement absolu; la liberté individuelle n'y a pas

reçu des institutions ni des lois un appui tutélaire; mais en fait, grâce à la modération de
la plupart des princes et à la puissance des
coutumes et de l'opinion publique, les sujets
y ont conservé, dans leur conduite privée,
une indépendance réelle. Maîtres de leurs
biens, de l'emploi de leurs journées, de l'établissement de leurs enfans, de leurs actions,
ils ont possédé non pas uniquement cette tranquillité morne et silencieuse que le cimeterre
du sultan assure à ses peuples dans l'Orient (1);
mais encore ils ont obtenu ce que plusieurs
auteurs appellent la liberté civile.

Cette liberté de fait n'est autre chose que la
liberté individuelle sans garanties légales.
Peut-être accusera-t-on cette distinction entre
la liberté individuelle et la liberté civile d'être
quelque peu subtile! Mais, dans la pratique,
elle se fonde sur d'importantes différences.

Le sujet, qui n'est libre que par tolérance,
sous le bon plaisir du souverain, ne peut
pas vivre en pleine sécurité; son sort dépend

---

(1) « Que gagnent les peuples à cette tranquillité, dit
J.-J. Rousseau, si les guerres que l'ambition du despote leur attire, si son insatiable avidité, si les vexations de son ministère les désolent plus que ne feraient
leurs dissensions? » (V. le Contrat social , ch. 4 du
livre 1er, p. 9. *Paris,* 1791.)

du caractère, de la volonté, de l'existence du monarque ; il est dès-lors incertain et précaire comme tout ce qui tient aux hommes. Est-il injustement traité par un délégué du pouvoir ? comment, lui, sans argent et sans crédit, pourra-t-il faire parvenir ses plaintes aux oreilles du prince ? Il ne peut invoquer les lois, car elles ne protègent pas sa faiblesse contre les prévarications des agens de l'autorité.

Dans les pays, au contraire, où les institutions consacrent la liberté personnelle, le citoyen en use paisiblement comme d'une propriété inaliénable ; si l'on ose y porter atteinte, il la revendique comme un droit, poursuit devant les tribunaux le coupable, et réclame avec énergie une éclatante réparation.

Ces pays sont, suivant nous, au nombre de quatre. La liberté individuelle nous parait régner aux Etats-Unis depuis 1783, en Angleterre depuis 1688, en France depuis 1821, en Belgique depuis 1830.

Peut-être pourrait-on ajouter à cette liste, beaucoup trop courte, l'ancienne république de Hollande, quelques cantons de la Suisse si l'on ne se rappelait les vexations journalières de l'oligarchie communale, la Suède

depuis la constitution de 1809, si les privilèges de la noblesse, et l'exclusion des fonctions publiques prononcée pour cause de religion ne blessaient pas les principes de l'égalité et de la justice.

Sans doute dans les quatre premiers Etats,
la liberté individuelle n'est ni entière ni universelle ; ainsi on déplore aux Etats-Unis la
lèpre honteuse de l'esclavage ; en Angleterre,
la presse des matelots, la détresse des prolétaires, la barbarie de la législation pénale ; en
France, les imperfections des codes criminels
et des lois sur la responsabilité des fonctionnaires (1) ; en Belgique, la position encore chancelante du gouvernement. Mais quelque incomplète que soit encore chez ces
peuples la liberté individuelle, il est possible
d'apprécier quelle a pu être son influence sur
leur destinée.

Suivant les publicistes et la plupart des

(1) Pendant que cet ouvrage était sous presse, un
projet de loi sur la responsabilité des ministres et des
agens du pouvoir a été présenté à la chambre des députés par le gouvernement. Déjà le rapport de la
commission, chargée de l'examiner, a été fait par
M. Bérenger ; mais la discussion n'est pas encore
commencée. (Mars 1834.)

économistes (1), l'accroissement de la population, les progrès de l'agriculture, l'activité du commerce sont les signes les plus décisifs de la prospérité d'un pays. Si ces heureux symptômes s'observent dans tous les Etats où fleurit la liberté individuelle, si même ils sont d'autant plus frappans qu'elle est plus respectée, on doit nécessairement en conclure qu'elle contribue puissamment au bonheur public.

Maintenant exposons les faits :

A dater du jour où l'indépendance des Etats-Unis permet d'appliquer la déclaration des droits de Williamsburg, partout s'opère un merveilleux changement. La population, de 3,000,000 en 1783, s'élève en 1810 à 7,000,000, en 1820, à 10,50,000, en 1830, à 13,243,407 habitans; en 1833, elle excède 14,000,000; ainsi elle s'est presque quintuplée en cinquante années. Les Etats, unis d'abord au nombre de treize, se portent à vingt-quatre; les vastes solitudes de l'Amérique se métamorphosent en riches campagnes, ou se couvrent de grandes fabriques, de belles cités et de magnifiques monumens; une multitude de vaisseaux

---

(1) *V.* les Recherches sur les causes de la richesse des nations par Adam Smith, t. 1, p. 131.

sillonnent les mers les plus éloignées, une
marine formidable fait partout honorer le
pavillon américain ; bientôt les Etats-Unis se
placent au premier rang des nations commer-
çantes ; en moins d'un demi-siècle, ce peuple
se crée lui-même, et, par ses incroyables
succès, mérite l'admiration de l'univers. Voilà
sans contredit la preuve la plus authentique
de l'influence de la liberté individuelle ; on
dirait qu'elle a choisi les Etats-Unis comme sa
terre de prédilection pour y montrer aux
hommes tous les prodiges qu'elle est capable
d'enfanter.

L'Angleterre est montée plus lentement au
faîte actuel de son immense puissance ; les
troubles, qui ont suivi la révolution de 1688,
ont quelque tems arrêté son essor ; puis, ses
libertés ne se sont développées que successivement ; il s'est écoulé peu d'années depuis le
jour où l'émancipation des catholiques est
enfin venue établir la liberté des cultes si
long-tems méconnue ; aussi nous ne signale-
rons le mouvement de sa population qu'à
partir du dix-neuvième siècle. En 1801, l'Angleterre, le pays de Galles et l'Ecosse renfermaient ensemble 10,942,646 habitans ; en
1811, 12,609,864 ; en 1821, 14,391,631 ;
en 1831, 16,537,397. Ainsi, en trente années,

la population de la Grande-Bretagne s'est
augmentée de cinq millions et demi, c'est-à-
dire, de la moitié en sus. Parlerons-nous ici
de ses innombrables manufactures, des chefs-
d'œuvre de son industrie, de l'inconcevable
étendue de ses relations commerciales, des
ressources de cet empire colossal qui domine sur toutes les mers et dans les deux
Mondes? Pourquoi faut-il, qu'au travers de
la fastueuse opulence des négocians et de
l'aristocratie, ou aperçoive la plaie effrayante
du paupérisme (1), qui semble s'élargir à mesure qu'on prodigue les remèdes destinés à la
cicatriser!

Au mois d'août 1789, l'Assemblée constituante sanctionna, par un texte formel, la
liberté individuelle en France; mais durant
vingt-cinq ans, notre malheureuse patrie eut
à subir, tantôt au nom de la liberté scanda-
leusement parodiée, les sanglans désastres de
l'anarchie, tantôt sous le prestige d'une gloire
éblouissante, les ruineux excès du despotisme.
La liberté individuelle fut violée, attaquée ou
suspendue jusqu'en 1821.

A cette époque, les lois exceptionnelles

(1) On entend par paupérisme la taxe des pauvres que
l'on paie aux indigens inscrits sur le livre des pauvres.

sont abrogées; la liberté individuelle est enfin délivrée de ses chaines. Soudain tout s'anime et s'ébranle, les arts, les lettres, le commerce, l'industrie ; l'aisance se répand dans les diverses classes de la société (1), et, malgré les justes inquiétudes des amis de la constitution, la France s'élève à un haut degré de prospérité matérielle.

Le chiffre, toujours ascendant de la population, en est à la fois le témoignage et la conséquence. De 29,152,743 ames en 1815, il parvient, le 1er janvier 1827, à 31,845,428, et atteint, en 1830, plus de 32,000,000; donc, en quinze années, la population s'est accrue d'environ trois millions; depuis 1830, cette progression continue (2).

La révolution de juillet éclate avec la rapidité de la foudre ; en trois jours, tout est consommé; mais la vive commotion, qu'elle excite, devait avoir un plus long retentissement. Les

(1) Avant 1814, la dépense moyenne d'un ouvrier de Paris ne dépassait pas 600 fr., dit M. Sauvan, dans sa description des rives de la Seine ; en 1826, elle montait déjà à 754 fr., suivant M. Alexandre de Laborde dans son ouvrage sur *Paris municipe*. Il y avait donc une amélioration de 154 fr. par an.

(2) *V.* les Annuaires du bureau des longitudes de 1816, de 1828, de 1830 et de 1833.

orages populaires ne se dissipent pas aussi promptement qu'ils se forment. Pendant deux années, l'émeute met en péril la sureté publique sur plusieurs points de la France ; bien qu'elle soit partout comprimée et vaincue par la fermeté du gouvernement, néanmoins les esprits sont effrayés, les capitaux se resserrent, plus de mille faillites (1) sont déclarées seulement à Paris, les maisons de banque les plus solides s'écroulent, trente millions sont prêtés au commerce pour satisfaire à ses premiers besoins. Pourquoi tant d'anxiétés et de malheurs ?..... Parce que chacun pouvait se dire avant de se livrer au sommeil : demain peut-être je serai pillé, blessé ou arrêté dans une émeute.

Pendant l'année 1833, les désordres se sont presque totalement appaisés ; les hommes les plus turbulens ont senti la nécessité du repos ; dès lors les arrestations, qui sont tout ensemble un signe et une cause d'agitations, ont sensiblement diminué. Les effets de ce rétablissement de la tranquillité intérieure ne se sont pas fait attendre. Une sève féconde a subite-

(1) Suivant le compte de l'administration de la justice criminelle présenté au roi par M. le garde des sceaux pour l'année 1831, il y a eu dans cette seule année 2058 faillites en France, dont 697 dans le département de la Seine.

ment pénétré les diverses parties du corps social, toutes les sources de richesses se sont rouvertes, tout a repris une prodigieuse activité : dans plusieurs villes, les bras n'ont plus suffi au travail, ni les produits à la consommation (1). Ces trois dernières années ne semblent-elles pas avoir eu pour but de prouver combien la liberté individuelle est utile à la conservation de tous les intérêts publics et privés ?

De graves motifs nous ont déterminé à ranger la Belgique parmi les nations qui nous semblent en possession de la liberté individuelle. Nous citerons notamment l'esprit de sa nouvelle constitution, les améliorations introduites depuis 1830 dans l'organisation judiciaire et la législation criminelle, le respect porté à toutes les libertés, les garanties données aux citoyens contre les empiètemens du pouvoir. Mais pour décrire les fruits d'institutions si récentes, il faut attendre leur maturité.

On ne se formerait qu'une idée imparfaite de l'influence de la liberté individuelle, si

(1) *V*. le discours prononcé par M. Charles Dupin, le 24 novembre 1833, au conservatoire des arts et métiers, sur l'industrie en France et la condition actuelle des ouvriers.

l'on ne portait ensuite ses regards sur la situation des peuples qui en ont été dépouillés.

Est-il un spectacle plus instructif sous ce rapport que celui des Grecs écrasés, durant quatre siècles, sous le joug des Turcs? Leurs infortunes ont éveillé toutes les sympathies. Quelle ame généreuse n'a pas gémi sur les incomparables souffrances de ces pauvres rayas, chaque jour vexés, battus, incarcérés ou déportés (1)? Ce n'était pas assez pour les féroces pachas d'assouvir leur cupidité; souvent encore ils vendaient le droit de lever les impôts à de simples particuliers, et ces hommes fiscaux pouvaient, suivant leurs caprices, arrêter, emprisonner, recourir aux moyens les plus odieux pour extorquer aux Grecs quelques deniers amassés à force de sueurs. Les descendans de Périclès et de Démosthène n'avaient pas même la permission de briller par leurs talens. Dans ce cas, s'ils ne fuyaient pas sur la terre étrangère, la prison ou la mort leur fesait expier leur supériorité.

Les Turcs eux-mêmes habitent un beau pays, un climat tempéré, un sol fertile; que sont devenus tous ces bienfaits de la provi-

(1) *V.* le Voyage de M. Cousinery en Macédoine.

dence ! Le despotisme et l'absence de la liberté
individuelle les ont annihilés. Partout les ressources du terroir sont négligées, les plaines
désertes et incultes, les villes en ruine; la
population diminue d'année en année, surtout dans les campagnes.

Nous avons démontré, au chapitre des
Etats despotiques, qu'une partie de l'Asie et
de l'Afrique, que le Portugal et l'Espagne,
présentaient les mêmes caractères de décadence. En Afrique principalement, la liberté
individuelle est presque partout traitée par les
souverains comme un ennemi personnel; aussi
l'ignorance, le fanatisme, la barbarie des coutumes, la traite des nègres, l'esclavage, enfin
toutes les causes du malheur des peuples semblent s'y être concentrées et perpétuées.
Qu'on ne s'étonne plus si la population de
l'Afrique n'est que le quart de celle de l'Europe, quoique la superficie de l'Afrique soit
près de quatre fois plus étendue.

« On a souvent répété, dit M. Say (1), que
» le Nouveau-Monde avait dépeuplé l'Espagne;
» ce sont ses mauvaises institutions qui l'ont
» dépeuplée. » On n'y compte que cent un

(1) *V.* Traité d'économie politique, t. 2, p. 388.
Paris, 1826.

habitans par mille carré, tandisqu'en France deux cent huit personnes vivent dans le même espace (1).

Peut-être opposera-t-on à nos preuves tirées de l'accroissement de la population le vaste empire de la Chine qui contient cent soixante-dix millions d'habitans ! Nous ferons deux réponses à cette objection : d'abord un savant célèbre (M. Rémusat) a prouvé que le gouvernement chinois n'était pas aussi tyrannique qu'on l'a long-tems supposé. Puis, dans cette contrée, tout tend à favoriser la propagation des familles, la nature du climat, la fécondité extraordinaire des femmes (2), les encouragemens du gouvernement pour multiplier les mariages.

Chose remarquable ! la population chez les anciens ne suivait pas une progression aussi rapide que chez les modernes; souvent même au lieu de s'étendre, elle s'affaiblissait; à Sparte, par exemple, composée d'abord de huit mille citoyens en état de porter les armes,

---

(1) *V*. le Tableau statistique de l'Europe, p. 594, dans l'Abrégé de géographie de M. Balbi, auquel nous avons emprunté la plupart des renseignemens statistiques transcrits dans ce Résumé.

(2) *V*. l'Esprit des lois, liv. 8, ch. 21, et le Traité d'économie politique de M. Ganilh, t. 1er, p. 312.

elle se réduisit à douze cents. Et cependant
la plupart des nations de l'antiquité ont flétri
le célibat, et même prononcé des peines contre
ceux qui le gardaient ; quelques gouvernemens ont cru devoir exciter les époux, par
l'appât des récompenses, à suivre les plus doux
penchans de la nature ; il suffit d'indiquer ici
la Laconie, où le père de quatre enfans obtenait l'exemption des charges publiques. A quoi
doit-on imputer cette différence entre les anciens et les modernes, si ce n'est au grand
nombre d'esclaves qu'avaient les premiers, et
par conséquent au défaut de liberté individuelle
pour une classe fort considérable de la société?
Des hommes, aussi malheureux que ces esclaves, pouvaient-ils desirer transmettre à leurs
fils le fardeau de leur existence (1)?

Ainsi, dans tous les pays où la liberté individuelle est violée, la population décroit,
l'agriculture est abandonnée, l'industrie languit, le commerce souffre, le peuple opprimé
croupit dans la misère.

Dans tous les Etats au contraire où cette
liberté est respectée, la population augmente,

(1) Le chancre rongeur de l'antiquité fut l'esclavage,
dit M. de Sismondi. (Nouveaux principes d'économie
politique, t. 2, p. 436).

l'agriculture fertilise les terres, le commerce répand partout l'abondance, l'industrie se perfectionne, le peuple vit content des produits de son travail.

Ainsi le bien-être moral et matériel des peuples semble subordonné au plus ou moins de liberté individuelle dont ils jouissent ; la mesure de leur liberté est celle de leur bonheur.

A l'aspect de ce tableau, on s'écriera sans doute que nous l'avons chargé de couleurs, que nous exagérons l'influence véritable de la liberté individuelle, que nous lui attribuons libéralement les effets d'un grand nombre d'autres causes, telles qu'une habile administration, une longue paix, une presse active, une grande aptitude du peuple aux arts industriels.

Assurément nous ne nierons pas que ces causes ne contribuent d'une façon plus ou moins directe aux résultats que nous avons signalés ; mais aussi on sera obligé de convenir qu'elles ne sont actives que dans les royaumes où la liberté existe au moins en fait. Ce qui établit jusqu'à l'évidence que la plus efficace de ces causes est la liberté individuelle, c'est que, si on la supprime entièrement, ces brillans résultats sont impossibles.

Les faits, que nous venons de résumer, nous semblent dignes de fixer les méditations des amis de l'humanité; ils justifient entièrement cette proposition énoncée dans l'épigraphe de cet écrit : La liberté individuelle est aussi nécessaire à la prospérité des Etats qu'au bien-être des citoyens.

Maintenant la conclusion de cet ouvrage est facile à tirer.

S'il est vrai que la liberté individuelle est tellement avantageuse et profitable aux Etats, qui pourrait encore empêcher les Rois de l'octroyer aux peuples, déjà préparés par la civilisation, qui ne l'ont jamais connue (1)? La félicité publique, but de tous les gouvernemens éclairés, l'intérêt matériel des peuples, la sureté personnelle des princes eux-mêmes plus souvent exposée dans les pays despotiques (2), tout leur en impose l'obligation.

(1) Massillon a dit : « Les rois ne peuvent être grands qu'en se rendant utiles aux peuples, et leur portant la liberté, la paix et l'abondance. — La liberté que les princes doivent à leurs peuples, c'est la liberté des lois. » (Petit-carême, sermon pour le jour de l'Incarnation, p. 135 et 136. *Paris*, 1802).

(2) *V.* à la p. 184 de cet ouvrage, la preuve, appuyée sur des faits historiques, des dangers du despotisme et de l'absolutisme pour la sureté personnelle des rois.

Quant aux nations qui déjà jouissent de cette liberté, ne devront-elles pas plus fortement s'y attacher, en comparant leur position à celle des peuples qui en sont privés?

La France est heureusement placée dans cette seconde catégorie; le principe de la liberté individuelle y est à jamais gravé dans la charte et dans tous les cœurs; sans doute les lois, que nous ont léguées la révolution et l'empire, sont loin de la couvrir sur tous les points de leur égide; mais espérons que bientôt le silence des partis et l'affermissement de la paix intérieure laisseront au gouvernement le tems de les mettre en harmonie avec nos institutions; du moins, jusqu'à ce qu'elles soient modifiées, que la pratique en corrige les défauts; qu'elle étende en outre et complète les améliorations introduites depuis 1830 dans la législation criminelle; qu'en un mot, elle se montre partout digne de l'esprit philantropique du dix-neuvième siècle.

Les conséquences d'une juste et sincère application des lois sont incalculables; nous nous bornerons à les analyser ici, et dans ce but, du fond de notre obscurité, nous oserons dire aux fonctionnaires publics : Que tous vos actes soient empreints d'un constant et scrupuleux respect pour la liberté individuelle; en

38

la protégeant, vous fortifiez le gouvernement, vous faites chérir l'autorité royale, vous assurez le bonheur du peuple. Puis nous dirons aux citoyens : Défendez avec persévérance la possession intacte d'une liberté que vous ont également accordée la nature et la constitution; en soutenant votre intérêt personnel, vous rendez en même tems un important service à la couronne, vous plaidez la cause de tous vos concitoyens, et vous coopérez à la prospérité de la patrie.

FIN.

ERRATA.

Page 5, ligne 7, au lieu de sans lequel il *n'est* pas, lisez sans lequel il *n'existe* pas.

P. 63, l. 16, au lieu de la *palce* publique, lisez la *place* publique.

P. 128, l. 5, au lieu de le *coupable,* lisez le *crime.*

P. 218, l. 16, au lieu de leur affranchissement avait *éprouvé* de graves difficultés, lisez avait *rencontré.*

P. 314, l. 9, au lieu de sans que la cause en *ait* été indiquée, lisez en *eût* été.

P. 349, l. 12, dans quelques exemplaires, au lieu de la loi si *puissante,* lisez la loi si *respectée.*

P. 560, l. 19, dans plusieurs exemplaires, au lieu de vous *parlerais-je,* lisez vous *parlerai-je.*

TABLE.

et aux rois : d'abord aux peuples, 182. — Différence
du despotisme et de l'absolutisme , 183. —Puis aux
rois; preuves historiques des dangers du despotisme et de l'absolutisme pour les rois , 185.

FIN DE LA TABLE.